探究心理时间

黄希庭○著

商务印书馆
创于1897　The Commercial Press

2020年·北京

图书在版编目(CIP)数据

探究心理时间/黄希庭著.—北京:商务印书馆,2014
(2020.5重印)
ISBN 978-7-100-10353-4

Ⅰ.①探… Ⅱ.①黄… Ⅲ.①心理学—研究 Ⅳ.①B84

中国版本图书馆 CIP 数据核字(2013)第 249751 号

探究心理时间

黄希庭 著

商 务 印 书 馆 出 版
(北京王府井大街 36 号 邮政编码 100710)
商 务 印 书 馆 发 行
北京艺辉伊航图文有限公司印刷
ISBN 978-7-100-10353-4

2014 年 1 月第 1 版 开本 710×1000 1/16
2020 年 5 月北京第 4 次印刷 印张 27½ 插页 2
定价:68.00 元

探究心理时间的目的，是使我们能够
成为时间的主人。

黄希庭 2013年6月25日

2011年4月与夫人孙承惠女士

2005年8月与家人在一起

自序

　　在读北大哲学系心理专业二年级的时候，我开始对心理时间的某些特点有了点滴了解。1957年上半年，程乃颐先生给我们班讲授普通心理学，他讲到人们对时间往往会产生错觉，产生时间错觉：一段充满要紧、有趣事情的时间好像很快就过去了，觉得时间短些，而一段充满不要紧、无聊事情的时间好像过得很慢，觉得时间长些；一段快乐、开心的时间好像很快过去了，而一段忧愁、苦闷、厌倦、无聊或期待的时间好像过得很长。他还用巴甫洛夫高级神经活动理论来解释这种现象，认为时间之所以被低估是大脑皮层中兴奋过程比抑制过程占优势的结果，从而导致在神经细胞中发生着的那些同物质代谢相联系的过程加快；而单调或忧愁刺激是由于抑制过程占优势的结果。当时我觉得很新奇，心想能不能设计一个实验来研究一下：测量一段时间里有趣事情或无聊事情的多少是怎样影响时间知觉的，是否符合兴奋过程和抑制过程的量？我的这个想法在大学毕业后参加工作时的1961年才得以实现，实验设计是要求5~9岁儿童对纸做的小汽车行驶距离、速度与时间的长短进行评估。从那时起我一直对心理时间很感兴趣。为了弄清心理时间的性质，我阅读了有关阐述物理时间性质的一些著作，例如史蒂芬·霍金著的《时间简史》（长沙：湖南科学技术出版社，2002年）、伊戈尔·诺维科夫著的《时间之河》（上海：上海科学技术出版社，2001年）等；从中了解到快速运动的物体能够减缓时间的运动，时间流还受到引力场的作用，时间和空间具有不可分割的联系；量子论宇宙学甚至还告诉我们，时间在特定宇宙空间的流动过程，我们的邻居中子星上的时间如何变慢，黑洞中的时间如何终止，时间如何在白洞边缘四处飞溅，以及时间和空间如何互相转换等等。这些观点是物理学家对时间的看法。

　　在庆祝 Science 创刊125周年之际，该刊公布了125个最具挑战性的科学问题，其中第35个问题为"时间为何不同于其他维度"[①]。时间是什么？这

---

　　① http://www.sciencemag.org/site/feature/misc/webfeat/125th/.

是哲学的基本问题之一，许多著名的哲学家都提出过关于时间的论述。亚里士多德（*Aristotle*，公元前384~公元前322）认为"时间是关于前和后的运动的数，并且是连续的"①。奥古斯丁（*Augustinus*，354~430）问道："那么时间究竟是什么？没有人问我，我倒清楚，有人问我，我想说明，便茫然不解了"②。康德（*Kant*，1724~1804）对时间概念做了先验的阐明，强调时间的主观属性，认为时间是一种先验（*a prior*），是我们内部感觉的一种形式③。胡塞尔（*Husserl*，1859~1938）区分了客观时间与主观时间，提出内在时间意识起源于体验流的变化与流动，时间意识将不同的体验结合在一起④⑤。

世界范围内的三个时间计量系统分别为格林尼治时间、历书时和原子时。其中格林尼治时间和历书时来源于地理学和天文学的发展，原子时则归功于物理学的研究。1884年华盛顿国际经度会议规定，将格林尼治的当地时间作为全世界的标准时间，即格林尼治时间⑥。各地的当地时间与格林尼治时间之差等于该地的地理经度。但是格林尼治时间受到地球自转速度变化的影响，不是一种均匀的时间系统。1958年国际天文学联合会通过决议，用历书时作为基本的时间计量系统⑦，规定1900年初太阳几何平黄经为279°41′48″04的瞬间，作为历书时1900年1月0日12时正。历书时的"秒"定义为回归年长度的1/31556925.9747。由于较难准确地对星体的位置进行观测，历书时的准确性较差。1967年第十三届国际计量委员会决定，采用原子时作为国际时间计量系统⑧。原子时的"秒"定义为，铯原子基态的两个超精细能级间在零磁场下跃迁辐射9192631770周所持续的时间。从此，为满足人类社会对计时准确性的要求，时间计量标准正式由宏观的天文学过渡到了更为准确的微观物理学。为了协调全世界的时间工作，在法国巴黎设立了国际时间局。它收集和处理世界各国的测时和守时资料，为世界各国的授时中心提供准确的时间服务数据，并保持着国际原子时的尺度。从1972年开始，原子时已在全世界全面使用。

人类社会的历史是一部时间的历史。在史学研究中，时间无处不在。时间

① 亚里士多德著，张竹明译. 物理学. 北京：商务印书馆，1982：127.
② 奥古斯丁著，周士良译. 忏悔录. 北京：商务印书馆，1963：242.
③ 康德著，邓晓芒、杨祖陶译. 纯粹理性批判. 北京：人民出版社，2004：34~41.
④ 胡塞尔著. 内在时间意识的现象学讲座. 见：倪梁康（编）. 胡塞尔全集（下）. 上海：上海三联书店，1997：540~555.
⑤ 胡塞尔著. 现象学的时间意识和意向结构. 见：倪梁康（编）. 胡塞尔全集（下）. 上海：上海三联书店，1997：556~574.
⑥ 韩梁. "原子时"取代"世界时"？或将告别格林尼治时间. 新华每日电讯，2011年11月5日：第3版.
⑦ 王昆杰. 历书时简介. 测绘通报. 1963，(1)：3~7.
⑧ http://www.hko.gov.hk/gts/time/basicterms-TAIc.htm.

是历史的线索，将不同的历史事件在时间中进行排序，形成人类的编年史；时间也是理解历史的钥匙，可以通过时间背景理解历史事件的产生、发展以及终止的深层原因。法国历史学家勒高夫（*Le Goff*，1924~）从心理学、语言学、历史学等角度对过去与现在、古代与现代的概念进行分析，认为历史学是"时间的科学"①②。中国社会科学院世界历史所俞金尧研究员也认同"历史学是时间的科学"这一命题。他认为"社会中的任何存在都是历史性的存在，这就为历史研究规定了时间的界限。历史时间承载着意义。历史演变的轨迹，体现了历史学家的时间观。时间可以作为理解历史和评判历史的重要因素。最后，从时间角度说，可以把人类历史看作一部人类从适应自然的时间到争取时间的历史"③。

　　时间，是许多学科共同研究的对象，也是心理学家的研究对象。科学心理学的诞生源自于对反应时（*reaction time*）的研究，而认知心理学研究更离不开反应时。心理学家研究心理时间。心理时间不同于物理时间。在日常生活中，物理时间是一维的、不可逆的、均匀而精确的，它均匀地由过去流向现在，再流向未来。虽然爱因斯坦的相对论预测宇宙中可能存在时光隧道"虫洞"，但是能够让人回到过去、穿越未来的时间机器还只存在于科学幻想中。心理时间既可以是一维的、不可逆的、均匀而精确的，也可以是多维的、可逆的、不均匀且模糊的。心理时间旅行是人类的一项重要能力，我们能够回忆过去、展望未来，有时觉得度日如年，有时又觉得光阴似箭。时间还是人生的动力，它贯穿于人的一生，以秒分日月年环环相连。只有把握住今天，才能赢得明天；只有环环都不松，才能达到光辉灿烂的顶峰。

　　这本论文选集收录了我以及我和我的课题组成员 50 年来合作完成并在国内杂志上发表的一些研究报告和学术论文，内容包括时间的无意识加工、时间知觉、时间估计、时间记忆、时间推理、时间认知分段综合模型和时间人格等方面的研究。

　　专题一"时间的无意识加工研究"，由四篇论文组成。该专题回顾了内隐时间认知加工的主要研究方法及其应用前景；采用表征动量范式论证了人类存在着时间信息的无意识认知的加工机制，表明内隐时间表征具有方向性、顺序性、连续性和认知不可渗透性；还探索了时间修饰词和汉字字组顺序所包含的时间信息在记忆中的内隐表征形式，发现时间修饰词的概念加工会自动激活相

---

① 勒高夫著，方仁杰，倪复生译. 历史与记忆. 北京：中国人民大学出版社，2010.
②③ *http://whb.news365.com.cn/tp/201212/t20121203_817690.html.*

关的内隐时间属性表征，内隐时间顺序表征受知觉表征系统的支配，具有自动加工和提取的特点。

专题二"时间知觉研究"，由五篇论文组成。该专题论证了知觉中注意分配机制会根据时间结构的不同来调整对时间信息和非时间信息的资源分配，从而形成时间信息和非时间信息之间的不同关系；用两个实验考察了哪些因素会影响观察者判断运动物体到达某一特定点的碰撞时间的准确性；探讨了时序知觉中的重复启动效应的作用机制及其影响因素；还用事件相关电位初步探讨了时间知觉的神经加工进程和相关脑区的激活状况。

专题三"时间估计研究"，由七篇论文组成。该专题回顾了时间估计的三个认知模型：存储容量模型、加工时间模型以及变化/分割模型的证据和预测效度；考察了 5~9 岁儿童对 30s 内时距估计的特点，发现不同年龄段儿童时间估计准确性与会不会利用时间标尺有关，儿童越幼小，越倾向利用空间关系来估计时间，Kappa 效应越明显；还发现对时间的估计会随着活动的量和复杂度的增加而增加；时间判断视听通道效应源自记忆的特点而不是感觉储存的特点；变化/分割模型对时间估计具有较好的预测效度。

专题四"时间记忆研究"，由十篇论文组成。该专题主要探究了回溯式时间记忆、预期式时间记忆以及时间性前瞻记忆的某些特点：用新闻片段和公众性新闻事件为实验材料，考察了回溯式时间记忆表征的特点，发现老年人回溯式时间记忆能力下降可能是由于信息加工速度减慢和情节记忆加工能力衰减之故。回顾了预期式时间记忆理论与实验模型；对预期式的时点、时距和时序信息在长时记忆中的表征特点进行了研究，发现它们的时间记忆既存在层次网络的特征也存在着线性结构的特征；还探讨了时间性前瞻记忆与事件性前瞻记忆具有不同的认知机制问题。

专题五"时间推理研究"，由六篇论文组成。该专题综合考察了周期性时间现象（生肖年、季节、符号月、数字月）在词表表征和数字表征上的加工特点，证明数字表征是产生越界效应的必要条件，数值运算的加工方式是产生越界效应的关键因素；对层次网络结构的时间（由日构成月，由月构成年）推理，采用"顶层—底层"的加工方式，出现层次效应和越界效应；模糊分组的时间也存在主观的模糊层次网络结构；还发现个体在对时间事件进行推理时会使用多种模型，受多种因素的影响；时间贴现的分段性，大致可分为现在到未来两周、未来两周到未来 10 年、未来 10 年到未来 50 年三个时段。对不同生活事件解释水平效应的研究发现，不论该时间距离指向未来还是过去，高解释水平的事件同较远的心理时间距离相联系，低解释水平的事件同较近的心理时间距离相联系，负性事件被认为发生在更远的过去。

专题六"时间认知分段综合模型研究"，由六篇论文组成。该专题用时间词义赋值特征的分析方法系统地探讨了过去与未来两个时间段的分段性；论证了时间认知分段综合模型的合理性，并完整地阐述了该模型的理论要点：人类对时间的认知具有分段性，不同时距具有不同的表征，个体无论对哪一种时距的认知均受多种因素（例如事件的数量与结构、通道性质和特点、时序和时点的性质、注意资源、编码方式、分段和提取策略、实验指标，以及个体的时间信念、情绪、人格特征、疾病等）的影响；还阐述了时间心理学研究的三个值得注意的新方向：时间知觉与意识的关系、时间认知的脑机制问题以及时间人格等问题的研究。

专题七"时间人格研究"，由八篇论文组成。该专题较系统地论证了时间管理倾向、时间洞察力和时间自我三个方面时间人格的特点。时间给每个人以相同的机会，但每个人对待时间的态度、看待时间的价值、管理和规划时间的能力却是不同的，人们在时间上的这些稳定个体差异，我们称之为时间人格。研究表明，个人的时间管理倾向由时间价值感、时间监控观及时间效能感构成，所编制的青少年时间管理倾向量表具有较好的信效度。不同自我同一性的被试对其过去、现在和将来的时间体验存在质的差别；探讨了大学生过去时间洞察力和青少年未来取向的心理结构，所编制的大学生过去时间洞察力量表和青少年未来取向问卷具有一定的信效度。最后论述了时间自我评价的功能以及跨文化的普适性和特异性。一个人一生的时间是一定的，然而，生活方式是可以由我们自己选择的，时间对于我们的意义也是可以由我们自己决定的，这里的关键是我们要懂得科学地管理时间。不懂得时间管理就会错失良机。与时间管理倾向相联系的时间洞察力时时刻刻都在影响着我们的决策与行为，正视今天，展望明天，未雨绸缪，人生会更加幸福、成功。这也表明时间人格上的优良品质其实就是健全人格的一种重要组成因素。

我们探究心理时间花了50年光阴，转瞬即逝。回想起来，今天我们对心理时间的性质已有了较多的了解，但仍然觉得有许许多多的问题需要我们深入探究。作为一位年老的心理学工作者，我在每一专题论文前面写了一段题记，概括了我对这个问题的认识和感悟，并且还写了一个"引言"，其目的是引导读者怎样来阅读下面的这些论文。我希望这本书能得到读者的喜欢，并期望得到大家的批评指正，以促进人们对心理时间的更多了解。

时间是物的存在方式，也是心理活动、心理状态和心理特征的存在方式。心理现象形式各样，瑰丽多姿，无论哪一个心理学问题都离不开时间。有的问题涉及心理学研究的核心理论，例如时间知觉和意识的关系，时间记忆、心理时间旅行可能是人类自我意识的源泉；有的问题则与我们每个人的日常生活息息相关，例如时间人格在健全人格和幸福人生中的作用。热爱心理学的年轻朋友们，让我们共同努力来探究这令人神往的心理时间！

　　是为序。

黄希庭谨识

2013 年元月于西南大学有容斋

自序

探究心理时间

专题一　时间的无意识加工研究

Freud 反对用实证方法来研究潜意识，今天许多心理学家用多种实证方法来研究时间的无意识加工特点。这说明科学研究是无禁区的。

引　言

我一向对无意识现象很感兴趣。意识（*consciousness*）一般是指一种觉知状态，即个人的觉知心理状态，它监视我们自身和环境，使感知、记忆、思维能正确地表现在觉知中，并且控制我们自身和环境，从而使我们能产生和终止行为或认知活动。意识不同于前意识（*preconscious*），许多当前不在意识中的记忆、思维和想象必要时可以被回忆起来，成为我们意识中鲜明的组成部分。这些可以进入意识的心理内容和过程被称为前意识。而无意识或潜意识（*unconscious*）是指个体不能觉知的一种状态，它的含义很广泛。例如由麻醉或昏睡、晕厥、深睡所表现的无反应状态、长期的植物人状态等都被视为无意识。*Freud* 的精神分析论则认为，无意识是由主动的心理过程组成，它们与意识活动很相似，却在我们的意识之外进行；由于情绪和动机的原因，有意识体验到的事件被压抑到无意识之中，但仍在那里以某种形式保持主动。这种动力的无意识活动可以在个人的不合理行为和梦中推断出来。本专题讨论的时间的无意识加工（*unconscious processing of time*），其含义也很广泛。

我们身上的生物钟是时间无意识加工的一种形式。每天清晨，我们许多人都会在一个大约固定的时间自动醒来，甚至只相差几分钟。生物钟是与人类的健康与生存密切相关的时间无意识加工。人的生理活动的周期是 24.25~25.5 小时，当环境中的时间信息都被隔离后，人仍然能够以近似的时间周期进行活动。生物钟与视交叉上核（*suprachiasmatic nucleus, SCN*）有关，电刺激 *SCN* 可以引起生理性昼夜节律的改变；在切除 *SCN* 后，会导致睡眠、进食和饮水等生理性昼夜节律的混乱①。身体中的许多细胞也包含生物钟，生物钟基因及其编码的蛋白质组成反馈回路，维持振荡系统与环境周期保持同步②。生物钟基因除了产生生物节律使机体适应环境之外，与许多基本的生命活动和疾病关系密切，如肿瘤发生及生长、心血管疾病、骨性关节炎、支气管哮喘等。生物钟失调会对人体的健康造成严重损害，例如睡眠紊乱、免疫功能下降、肿瘤易感性增加③。生物钟基因还与精神疾病的发生发展密切相关④，这方面的研究，有可能成为治疗抑郁症的关键⑤。

自闭症也称为孤独症（autism），是一种行为极端孤独、自我沉湎并影响躯体、社交及语言技能的神经生物性障碍，通常于 2.5 岁前出现，但早期征象不易觉察。自闭症儿童对人们表现出的喜爱感情或身体接触无动于衷，虽然后来会对父母或某些成人产生依恋，或对物体的不适当依恋；语言能力发展很差；对疼痛无反应，或对明白无误的危险不能认识，常伴有不顾环境有何改变的强迫性欲求；自闭症患者有明显的时间认知障碍，主要表现在：①时间感障碍，不像正常儿童那样能随着年龄的增长、生活经验的增多，对时间长短、时间顺序的感知逐渐正确；②时间记忆障碍，不能回答事件发生在何时的情节记忆内容，自由回忆中不能以时间线索或事件的时间关联性线索进行回忆；③时间行为障碍，每天所有的活动都按同样的顺序进行，如果有一天这一活动未按预先的顺序进行，就会表现出非常强烈的敌对反应；④自我认同障碍，由于时间感差而又有时间记忆障碍，他们难以形成自我认同。许多研究表明，自闭症患者的时间认知障碍是神经生物性缺陷所致。有研究认为，自闭症患儿很幼小时就表现出的昼夜节律异常、神经内分泌的生理周期失调、脑电图异常及严重的睡眠障碍等，这些自动化的计时系统（生物钟）发育障碍很可能是其时间认知障碍的一个重要原因⑥。

自动化的运动反应是许多体育竞技运动的基础。在一些运动控制任务中，没有外显地要求被试加工时间信息，但是该任务会按照固定的节奏进行运动反

① 贝尔，科勒斯，帕罗蒂斯著，王建军等译. 神经科学——探索脑（第 2 版）. 北京：高等教育出版社，2004.
② 李经才，于多，王芳，何颖. 生物钟基因研究新进展. 遗传，2004, 26(1): 89~96.
③ 胡晓峰，薛红，宋开源. 生物钟基因的一些非生物钟效应研究进展. 成都医学院学报，2012, 7(1): 154~158.
④ McClung, C. A. Circadian genes, rhythms and the biology of mood disorders. Pharmacology & Therapeutics, 2007, 114(2): 222~232.
⑤ Li, J., Lu, W. Q., Beesley, S., Loudon, A. S., Meng, Q. J. Lithium impacts on the amplitude and period of the molecular circadian clockwork. PLoS One, 2012, 7(3): e33292.
⑥ 陈莹，黄希庭. 孤独症患者的时间认知障碍. 中国临床心理学杂志，2003, 11(3): 233~234.

应，这样就会产生自动化的内隐计时[1]。运动控制中的内隐计时研究在体育竞技中有着重要的应用价值。长期的运动训练是形成自动化内隐计时的必要途径。我国成语用"熟能生巧"来概括内隐计时等运动技能的形成过程。"熟能生巧"源自《欧阳文忠公文集·归田录》，说有一位卖油的老翁，把一个葫芦立放在地上，用铜钱盖在它的口上，慢慢地用勺子把油倒进葫芦，油从铜钱的孔中注进去，却不沾铜钱，老人说："我亦无他，惟手熟尔"。现在贝叶斯统计学也证明运动技能的形成与先前的经验有着密切的关系[2]，因此改变旧的节奏感、形成新的内隐计时需要艰辛而长期的练习。刘翔是世界一流的跨栏运动员，他练习了近十年的八步上栏技术，形成了强烈的节奏感。随着力量的提高，为了进一步提高成绩，他开始练习七步上栏。从八步上栏到七步上栏，不仅仅是脚步稍微迈大一点的问题，而是改变了内隐的节奏感，所以这一重要战术的改变是非常艰难的，"难度不亚于左撇子换右手吃饭"[3]。此外篮球、乒乓球、跳水、体操等运动均需要对运动的节奏进行控制，因此探明内隐计时的产生机制对提高体育竞技水平有着重要的应用价值。

内隐时间加工广泛存在于知觉系统中，时刻影响交通驾驶等领域的安全。我们对运动物体的知觉存在一个被称为"表征动量"（*representational momentum*）的效应，该效应指人们对外部世界中运动物体最终位置的判断，会沿着刺激运动的方向发生向前偏移的心理现象[4]。表征动量是内隐时间表征的一种反映，并且具有方向性、顺序性、连续性和认知不可渗透性的特点。对表征动量的神经机制的探索也有新的突破。一项脑磁图（*magnetoencephalography, MEG*）研究[5]发现，大脑在大约 200*ms* 就能够对视觉刺激实际呈现的空间状态与期望状态的不一致性进行自动的检测；功能性磁共振成像（*functional magnetic resonance imaging, fMRI*）研究[6]发现，表征动量任务激活前额叶皮质，说明表征动量涉及前额叶的高级认知加工。这些研究表明大脑会按照一定的规律，自动计算物体的运动轨迹。外部物体的运动状态通

① *Praamstra, P., Kourtis, D., Kwok, H. F., Oostenveld, R. Neurophysiology of implicit timing in serial choice reaction-time performance. Journal of Neuroscience*, 2006, 26(20): 5448~5455.

② *Jazayeri, M., Shadlen, M. N. Temporal context calibrates interval timing. Nature Neuroscience*, 2010, 13(8): 1020~1026.

③ *http://sports.xinmin.cn/2012/02/20/13711379.html.*

④ *Freyd, J. J., Finke, R. A. Representational momentum. Journal of Experimental Psychology*: *Learning, Memory, and Cognition*, 1984, 10(1): 126~132.

⑤ *Amorim, M. A., Lang, W., Lindinger, G., Mayer, D., Deecke, L., Berthoz, A. Modulation of spatial orientation processing by mental imagery instructions*: *A MEG study of representational momentum. Journal of Cognitive Neuroscience*, 2000, 12(4): 569~582.

⑥ *Rao, H., Han, S., Jiang, Y., Xue, Y., Gu, H., Cui, Y., et al. Engagement of the prefrontal cortex in representational momentum: An fMRI study. NeuroImage*, 2004, 23(1): 98~103.

常会和大脑的计算非常一致，但在部分情况下，物体的运动与大脑的计算差别非常大，甚至引发交通事故。例如，我们去观察在公路上行驶的汽车，如果该汽车的车灯偶尔闪烁一次，我们会发现闪动的车灯是落后于汽车的，仿佛车灯不是在汽车上，这个效应称为"闪光滞后效应"（*flash-lag effect*）[①]。我们在夜晚一般会将车灯的位置判断为汽车的位置，所以"闪光滞后效应"在夜晚是非常容易诱发交通事故的。在汽车驾驶、航空航天等领域中，时间信息的无意识加工研究有助于我们避免运动错觉所带来的安全隐患。

本专题的四篇论文反映了时间的无意识加工的某些特点。其中"应当关注时间心理无意识的研究"一文回顾了内隐时间认知的主要研究方法，指出内隐时间认知实验范式在时间人格与社会心理学领域中的应用前景。"内隐时间表征的实验研究"采用表征动量范式探讨时间信息的无意识加工，证明内隐时间表征具有方向性、顺序性、连续性和认知不可渗透性。"时间修饰词内隐记忆的实验研究"和"汉字字组时间顺序的内隐记忆研究"分别探索了时间修饰词和汉字顺序所包含的时间信息在记忆中的内隐表征形式，发现时间修饰词的概念加工会自动激活相关的内隐时间属性表征，内隐时间顺序表征受知觉表征系统支配，具有自动加工和提取的特点。

人类大部分神经系统中的活动是无意识的[②]。随着科学技术的发展和研究的深入，时间的无意识加工研究可能会有新的重大突破。功能性磁共振成像被誉为大脑的显微镜，可以在毫米的空间尺度上，探明认知加工相关的神经结构；脑电图则像是大脑的读卡器，可以在毫秒的时间尺度上，探明认知加工的时间进程。借助于功能性磁共振成像、脑电图等技术，时间的无意识加工的脑机制研究将可能会取得新的成果。另外，在意识到的时间加工研究，已经发现不同长度的时间的表征方式是不同的[③]，电生理的研究发现时间的无意识加工也存在着分段性[④]，这方面有许多问题有待进一步探讨。例如，为什么时间的无意识加工会存在分段性？分段性背后的神经基础是什么？无意识加工的分段性对人类的生存有什么重要意义？时间的无意识加工有着许多令人神往的问题，期待着我们去探索！

---

① *Nijhawan, R. Neural delays, visual motion and the flash-lag effect. Trends in Cognitive Sciences,* 2002, 6(9): 387~393.

② *Susan Blackmore* 著，耿海燕等译校. 人的意识. 北京：中国轻工业出版社，2008：212.

③ 黄希庭. 时间心理学的若干研究. 见：中国心理学会（编）. 当代中国心理学. 北京：人民教育出版社. 2001：19~23.

④ *Näätänen, R., Syssoeva, O., Takegata, R. Automatic time perception in the human brain for intervals ranging from milliseconds to seconds. Psychophysiology,* 2004, 41(4): 660~663.

应当关注时间心理无意识的研究

在心理学史上，对心理无意识的探究可追溯至 *Sigmund Freud*（1856~1939）和 *William James*（1842~1920）。*Freud* 根据对歇斯底里病人的观察和对梦、失误及笑话等现象的分析，将心理活动分为三个成分：意识、前意识和无意识。意识是指我们此时此刻觉知到的思想、情感、动机及行动。前意识包括那些当前不被意识所觉知但在一定条件下能够进入意识的心理内容。无意识则包括那些在任何情况下都不可能被意识到的心理内容。*James* 根据其歇斯底里和多重人格的临床观察，将意识划分为初级的和次级的（也可能有三级的或更多级的）两种"意识"，而其中只有一种能够随时意识到。为避免可能出现否定意识的矛盾，*James* 把那种没有意识到的心理状态称为共存意识（*co-conscious*）或下意识（*subconscious*）心理状态，而不是"无意识"（*unconscious*）；基于同样的原因，英文中的"*unconscious*"一词似应译为"潜意识"为妥。认知心理学的兴起使心理无意识的探究走上了科学的证实之路。近年来，随着无意识研究在记忆、学习、知觉和思维等领域的兴起，内隐时间认知也逐步成为时间心理学中的一个研究热点。许多研究显示，在时距和时序的认知加工中都存在着无意识成分。早在 1979 年，*Hasher* 等就曾提出五个评判时间信息自动加工与控制加工的标准。根据这些标准，有研究结果表明时序信息存在着自动加工[1]。*Palmer* 和 *Krumhansl* 对音乐事件认知的研究发现，听者的内隐知识影响其对时间序列的知觉，也影响时序的编码和检索[2]。*Olson* 和 *Chun* 的研究表明时间维度的编码可能是潜意识的[3]。我们的研究验证了在项目学习过程中时序信息是在对项目编码时附着上的，通常是自动的、无需认知努力[4]。更多的研究结果表明，事件的时间属性是自动地在记忆汇总时编码的，几乎毋需注意资

① *Jackson, J. L. The processing of temporal information*: *Do we indeed time our mind? In*: *J. T. Fraser. Time and mind*: *Interdisciplinary Issues. The study of time. VI. Connecticut Madison*: *International Universities Press, Inc*, 1989: 43~57.

② *Palmer, C., Krumhansl, C. L. Mental representations for musical meter. Journal of Experimental Psychology*: *Human Perception and Performance*, 1990, 16(4): 728~741.

③ *Olson, I. R., Chun, M. M. Temporal contextual cuing of visual attention. Journal of Experimental Psychology*: *Learning, Memory, and Cognition*, 2001, 27(5): 1299~1313.

④ 王振勇，黄希庭. 时序信息加工机制及其通道效应的实验研究. 心理学报，1996，28(4): 345~351.

源的参与，这类加工不同于认知努力的加工[①]。时间心理无意识现象，确实值得我们关注。而要对时间心理无意识现象进行研究，就必须要讲究科学的研究方法。内隐时间认知的方法是值得我们借鉴的一种研究取向。

一、内隐时间认知的研究方法

当前内隐时间认知的研究主要有四种方法：分离范式、序列学习范式、表征动量范式和计时分布相关范式。

（一）分离范式

分离范式（*dissociation paradigm*）也称实验性分离，是指在实验中观察到的两个不同处理之间的差异。时间，和大小、高度、颜色等一样，都是事物的一般属性。就像对事物其他属性的研究一样，只要在记忆材料中加载时间维度作为记忆对象，就能对时间信息的记忆过程进行考察。近年来，时间认知研究逐步与记忆研究相结合[②]，记忆研究的各种方法被借鉴到时间认知领域，其中一个重要的表现就是内隐记忆研究的分离范式被引入时间认知领域，用于探讨时间认知的无意识特性。

1. 任务分离程序

任务分离法是内隐记忆分离范式中较原始的一种。其基本假设是完成不同的测验任务所需要提取的信息是不同的，参与的心理加工过程也不同，因此，不同的测验任务可以揭示不同的心理功能。如果同一自变量使不同测验任务有不一致的结果，那么就可以推测这两项测验任务的心理过程之间存在差异。在内隐记忆领域，诸如自由回忆和再认等直接测验对应于外显记忆，在指导语上明确要求被试有意识地回想他们经历过的某些事件，并把它们从记忆中提取出来；而诸如残词补全等间接测验则对应于内隐记忆，在指导语上不要求被试有意识地提取过去学习的信息。根据上述逻辑，如果有一变量使直接测验和间接测验结果不同，就可以推论内隐记忆和外显记忆是两种不同的心理过程。当上述直接测验和间接测验中，记忆的对象是测试材料的时序维度时，便可以分离时序记忆中的内隐和外显加工。

梁建春和黄希庭的一项实验[③]就是这样做的。整个实验分为学习阶段和测试阶段。学习阶段的材料是由三个汉字组成的汉字组（目标字组和非目标字组），对其匹配呈现，要求被试注意目标字组。这样，对不同字组的注意水平就是实验用来分离内隐与外显加工的变量。实验时，非目标字组是由目标字组得来的，

---

① 王振勇，黄希庭. 时序信息的加工：自动还是控制. 心理科学，1997，20(1): 23~25，30.
② 黄希庭，郑涌. 时间记忆的理论与实验范型. 心理科学，1995，18(4): 201~205.
③ 梁建春，黄希庭. 汉字字组时间顺序的内隐记忆研究. 心理科学，2003，26(4): 595~598.

将目标字组的第一个和第三个汉字对换就是非目标字组。在测试阶段，将目标字组的第一和第二个字对换，形成 20 个新汉字组，同时将它们与目标字组和非目标字组匹配呈现，要求被试再认或依据偏好程度进行选择。其中，再认为直接测验，偏好测验为间接测验。纵观整个实验程序，不难发现被试必须注意汉字出现时的先后时间顺序，才能成功完成上述两项测验任务。所以，实验的操纵使得被试的记忆对象为测试材料的时序维度，根据任务分离法的逻辑，如果注意水平对两项测验的影响不同，则可以推论内隐时序记忆和外显时序记忆是两种不同的心理过程。实验结果发现了注意水平和测验类型的交互作用，注意水平影响直接测验成绩，但不影响间接测验成绩，两种任务的分离间接验证了内隐汉字时序记忆不同于外显时序记忆，是独立存在的。

2. 加工分离程序

任务分离法假设直接测验的结果代表外显加工过程，而间接测验的结果代表内隐加工过程，但实际上研究者很难在实验中保证测验任务的纯净性，直接测验可能既包含了外显加工又包含了内隐加工，间接测验也是如此。因此，*Jacoby*[①] 提出了加工分离程序（*process dissociation procedure，PDP*）来分离同一测验任务中意识和无意识的贡献。加工分离程序是内隐记忆分离范式中较高级的一个。该程序设计两种不同的指导语进行两种测验：包含测验（*inclusion test*）和排除测验（*exclusion test*），来分离意识和无意识加工。在包含测验中，要求被试用先前学习过的项目完成测验，如果这种回忆失败，也可以用其他任何适合的信息，即在包含测验中，被试利用有意识提取和无意识熟悉性两种加工来完成任务。而在排除测验中，要求被试用首先想到的，但又不能是先前学习过的项目来完成测验。排除测验实际上包含这样一种逻辑——如果一个被试在排除测验中错误地使用了曾经学习过的项目来完成测验任务，那么可以得出结论：这些项目是无意识加工成分，即排除测验反映的是排除意识加工之后的无意识熟悉性的作用。和时序记忆的任务分离研究一样，当加工分离程序中记忆对象为时序维度时，它便可以被用来分离时序记忆中的意识与无意识成分。

郭秀艳和黄希庭在一项研究中[②] 曾借鉴 *PDP* 程序来分离时序知觉中的意识和无意识成分，实验程序为：给被试听觉呈现一系列声调，先后奏两遍，第二遍呈现时改变其中的一个音，要求被试记下该改变音在系列声调中的顺序数。实验有两个自变量：第一个是测验类型包含测验或排除测验，包含测验要求被

① *Jacoby, L. L. A process dissociation framework: Separating automatic from intentional uses of memory. Journal of Memory and Language*, 1991, 30(5): 513~541.
② 郭秀艳, 黄希庭. 时序知觉中意识与无意识的贡献. 西南师范大学学报（自然科学版），2004，29(1): 134~137.

试记下改变音的顺序数,而排除测验则要求被试不要写第一个响起的顺序数,而写第二个响起的顺序数;第二个自变量为任务难度,即系列声调中包含声音的个数,有三个水平——3 个、4 个和 5 个。通过公式和计算意识(R)贡献和无意识(A)贡献后发现:在三种难度下,时序加工都既包含了意识成分,也包含了无意识成分;然而意识成分受任务难度影响较大,而无意识成分则不受任务难度的影响。这表明相对于外显加工而言,内隐时序加工更稳定、更具抗干扰性。这与内隐认知的其他领域所获得的结果十分相似。可见,不论是任务分离法还是加工分离程序,当测验任务的记忆对象为时间信息时,分离范式就可以用来分离时间信息记忆过程中的内隐和外显加工。虽然人们对时距信息的知觉和记忆呈一定的模糊性和缺乏精确性,目前研究者采用分离范式探讨的也大多是时序记忆,但是如何使用分离范式来分析时距记忆则可以成为今后研究的方向。

(二)序列学习范式

分离范式一般用于对内隐时序记忆的探讨,在一个测验任务中只能加载单维时间信息,要么时序,要么时距,下面讨论的序列学习范式则能成功地将时序和时距两个维度的信息组合为节律,对内隐节律的学习过程进行研究。

序列学习范式(*sequence learning paradigm*)又称序列反应时(*serial reaction time*,*SRT*)任务,是 *Nissen* 和 *Bullemer* 于 1987 年提出的,最初被用于研究位置序列的内隐学习过程[①]。从表面上看,似乎是一个选择反应时任务,要求被试对刺激出现的位置进行选择反应;而事实上,刺激出现的位置符合固定的序列规律,即可以从之前的一个或数个刺激项来推测下一刺激项将出现的位置。*Nissen* 和 *Bullemer* 发现,在实验中被试反应时不断下降,但当位置序列从符合某一固定规则变为完全随机时,被试的反应时又急剧上升,这说明反应时下降得益于被试对整个序列结构的敏感化(学习),而并非选择任务的练习效应,并且外显测验表明被试对于这样的学习效果并不知晓,即被试内隐地习得了序列规则。仔细分析,在经典 *SRT* 任务中,被试内隐习得的规则实际上是有关位置出现顺序的规则,即事物出现的时序规则,从这层意义上说,经典 *SRT* 已成功验证了时序信息可以被内隐地习得。近年来,有研究者将经典 *SRT* 范式中的空间特征序列替换成了刺激呈现时长所组成的固定时间序列,来预测目标刺激的出现。这样所生成的 *SRT* 变式成功地在一个序列中包含了两个维度的时间信息,即时序和时距,即不同长度的时距按某一时序排列成一固

---

① *Nissen, M. J., Bullemer, P. Attentional requirements of learning: Evidence from performance measures. Cognitive Psychology*, 1987, 19(1): 1~32.

定的节律序列，对后继目标项起预测作用。例如：一旦四个连续刺激的呈现时间依次为 200*ms*、400*ms*、100*ms*、250*ms*，那么目标刺激就必定紧跟着出现。结果，研究者发现当序列不再按照某一固定节律呈现，节律信息完全随机化后，被试的反应时急剧上升，这表明由时序和时距共同制约的节律信息对目标刺激的提示作用可以被内隐地习得[1]。

此后，郭秀艳、李林和朱磊设计了"双维度 *SRT*"（*double-dimensional SRT*）来进一步验证时间节律信息的内隐习得过程，并对时间节律信息和单独时序信息在内隐学习上的异同加以分析[2~4]。所谓"双维度 *SRT*"，即产生一个在时间节律上和字母顺序上都符合固定规则的复合序列，使时间节律的变化规则与字母顺序（时序）的变化叠加在一起，共同预测特定的目标刺激。例如：当且仅当某四个连续刺激为 *BADC*，并且其呈现时长依次为 200*ms*、400*ms*、100*ms*、250*ms* 时，特定的目标刺激才会出现。这种"双维度 *SRT*"的优点在于可以操纵序列随机化的水平——字母顺序随机化、节律随机化、两者都随机化——来分析字母时序信息和节律信息各自的习得过程。他们的系列实验包含四个阶段：学习阶段 1、测试阶段 1、学习阶段 2、测试阶段 2。在学习阶段，序列的字母顺序和节律都按一定规则变化，而测试阶段，序列则可以字母顺序随机化、节律随机化或两者都随机化。结果发现在三种随机化水平下，被试的反应时起初都逐步下降，当序列随机后，反应时又有所上升，并且再认测试显示被试无法有意识地再认符合规则的序列。这一结果验证了 *Olson* 和 *Chun* 的结论：复合的节律信息和单维的时序信息一样，也能被内隐地习得。进一步分析数据发现，节律信息的习得较字母顺序规则来得慢，节律的内隐学习只发生在第二阶段，在测试阶段 1，节律随机化并不引起反应时的急剧上升。这可能是由于双维的节律，信息量更大，内隐习得所需的时间更长。

（三）表征动量范式

分离范式和序列学习范式都离不开这样的逻辑：时间是事物的属性，当时间信息成为任何一种心理过程的对象时，本来应用于研究此种心理过程的研究方法便可成功地被借鉴于时间认知研究。然而，有些时候，借鉴的方法往往带

---

[1]　*Olson, I. R., Chun, M. M. Temporal contextual cuing of visual attention. Journal of Experimental Psychology: Learning, Memory, and Cognition, 2001, 27(5): 1299~1313.*

[2]　*Guo, X. Y. Double-dimensional studies on the nature of implicit learning SRT paradigm. 28th International Congress of Psychology. Beijing, 2004: 297.*

[3]　*Li, L., Zou, Q. Y., Jiang, X. M., Lin, L. Local and integral in implicit temporal sequence learning. 28th International Congress of Psychology. Beijing, 2004: 297.*

[4]　*Zhu, L., Wei, Z. C., Ge, X. J., Su, X. Y. Implicit learning of letter sequence is not the same as learning of temporal sequence in double-dimensional SRT. 28th International Congress of Psychology. Beijing, 2004: 297.*

有某种心理过程本身的特点，而无法独立地分析时间认知的独特特点，例如：无法使用分离范式来研究内隐时间认知的方向性（即时间始终朝前走的特点）。所以，除了从其他无意识研究领域借鉴外，内隐时间认知的研究者还创造了一些独特的研究范式，其中包括从内隐运动出发的表征动量范式和从时距估计分布出发的相关范式。

表征动量范式（*representation momentum paradigm*）的诞生源于研究者对内隐运动及时间表征的思考。*Freyd* 等认为我们每天都面临动力性的环境，这种环境使得人类能预期事件的运动，人们对静止视觉刺激位置的记忆会随由于这种预期作用而产生的内隐运动或内隐时间表征变化的方向而发生偏移。据此，*Freyd* 等提出了表征动量范式用来分析内隐时间表征的特性[1-3]。表征动量的典型实验是，当某种图形以不同的角度相继呈现，构成一种内隐的运动时，观察者的记忆会受到歪曲，使对角度方向的判断偏向于朝前运动。其实验逻辑为如果存在内隐的运动即可推知内隐时间的存在。这种实验逻辑在心理旋转实验中已有证明：当图形以不同角度相继呈现时，图形偏离中央位置的角度越大，则正确判断所需时间越长，说明存在一种内隐的心理运动，且这种心理运动是需要时间的，其中图形的运动和运动轨迹是内隐的，观察者看到的是静止的图像。换句话说，与外显的运动需要外显的时间一样，内隐运动也需要内隐时间，通过对内隐运动的考察可以间接地证明内隐时间的存在。*Freyd* 等进一步指出这种对运动或时间维度的内隐表征和外部运动与时间一样，具有方向性（外部时间总是向前的）和连续性。除 *Freyd* 等人之外，许多研究者都注意到了这种内隐时间表征的存在。*Michon* 提出时间表征可分为外显表征和内隐表征两种，内隐时间表征是无意识的、具有动力性的时间结构，是对外界环境的一种自动的、直接调节的时间模式，与内隐记忆有关[4]。*Block* 进一步指出内隐时间表征具有认知不可渗透性[5]。认知不可渗透性指概念和背景知识对内隐时间的认知加工不产生影响[6]。

为了验证上述内隐时间表征的各种特性，研究者借助表征动量范式对此进

① *Freyd, J. J., Finke, R. A. Representation momentum. Journal of Experimental Psychology: Learning, Memory, and Cognition. 1984, 10(1): 126~132.*
② *Freyd, J. J., Johnson, J. Q. Probing the time course of representation momentum. Journal of Experimental Psychology: Learning, Memory, and Cognition, 1987, 13(2): 256~264.*
③ 梁建春，黄希庭. 几种时间表征的研究概述. 心理科学，1999，22(1): 10~13.
④ *Michon, J. A. Implicit and explicit representations of time. In: R. A. Block. Cognitive models of psychological time. Hillsdale, NJ Lawrence: Erlbaum Associates, 1990: 37~58.*
⑤ *Block, R. A. Cognitive models of psychological time. NJ: Lawrence Erlbaum Associates, 1990: 31~35.*
⑥ *Macar, F., Poulhas, V., Friedman, W. J. Time, action and cognition: Towards bridging the gap. Dordrecht: Kluwer Academic, 1992: 307~321.*

行分析。*Halpern* 等的研究[1]发现表征动量的记忆偏移效应不受客体物理运动速度的背景知识的影响，即验证了内隐时间表征的认知不可渗透性。*Wallis* 的实验[2]中让被试从不同的位置（−90°、−45°、0°、45° 和 90°）观察三组顺序不同的脸，观察过程就是看到一个头从左边缓慢地旋转到右边，实验后让被试对呈现过的脸作相同还是不同的判断，结果发现以不同时间顺序呈现的脸比相同时间顺序呈现的脸的错误辨别更多一些。*Wallis* 将此结果解释为时间顺序可能是再认中的一个重要变量，其实从另一个角度讲，这些按时间顺序依次呈现的脸也形成了一种内隐的运动，此结果也说明了客体内隐运动变化的表征具有时间上的顺序性特点，即内隐时间表征具有方向性和顺序性。

此外，黄希庭和梁建春也用表征动量范式对内隐时间表征的特点做过研究[3]。该研究的实验设计是使用按一定时间顺序从左到右（或从右到左）依次以不同视角呈现的四个相同图形来产生内隐运动，前三个为诱导图形，其中第三个为识记图形，第四个为测试图形。测试图形出现的位置与识记图形之间的偏移分为 +0.2°、0.0°、−0.2° 三种，分别表示测试图形出现的位置与识记图形相比向前（或向后）偏移 0.2° 视角或两者位置相同，这样测试图形出现的方向与诱导图形内隐运动的方向则分为一致（向前）和不一致（向后）两种情况。以 ±0.2° 位置偏移判断的错误率为指标进行统计后，结果发现：测试图形与诱导图形内隐运动方向一致条件下的错误率显著大于不一致条件，说明内隐时间表征具有一致向前的方向性；当打乱诱导图形出现的时间顺序一致性后，这种方向性不再存在，说明内隐时间表征具有顺序性；依次改变识记图形与测试图形之间的时间间隔后，发现该时间间隔与反应错误率间存在明显的线性关系，说明内隐时间表征具有连续性；改变实验中所使用的具体图形（如：小汽车和牛、铁和棉花），发现各个图形所代表的不同背景知识没有对被试的操作产生影响，说明内隐时间表征具有认知不可渗透性。此处，值得一提的是，内隐时间表征的认知不可渗透性和内隐记忆不受加工深度影响、内隐学习的抗干扰性等异曲同工，这或许暗示了无意识加工所具有的某种普遍性。

（四）计时分布相关范式

不同于以上三种范式，计时分布相关范式（*timing distribution correlation paradigm*）对计时过程中内隐加工的验证是相当间接的。它的基本理论假设是：不连续的运动任务需要自我激发式的外显计时加工的介入，在进行此类任务时，

① *Halpern, A. R., Kelly, M. H. Memory biases in left versus right implied motion. Journal of Experimental Psychology: Learning, Memory, and Cognition*, 1993, 19(20): 403~408.
② *Wallis, G. Spatio-temporal influences at the neural level of object recognition. Network: Computational Neural Systems*, 1998, 9(2): 265~278.
③ 黄希庭，梁建春. 内隐时间表征的实验研究. 心理学报，2002，34(3): 235~241.

被试往往有意识地对任务周期进行计时，并在某一特定时刻启动特定动作，比如赛跑运动员等待起跑时，对发令枪声出现的时距的估计就是一种外显计时加工；再比如重复用手拍打桌面的任务中，被试是有意识地估计两次拍打间的时距，并启动下次拍打动作，而连续的运动任务则需要内隐计时加工的介入，在进行此类任务时，对运动周期计时和动作启动是自动的，不受被试意识的控制，比如赛跑运动员在跑步过程中对启动脚运动的时间点的控制和对到达终点的估计就是一种内隐计时加工；再比如连续画圈任务中，由于被试的意识集中在不停画圈上，他们不需要有意识地控制自己何时该去画下一个圈，连续运动的模式决定了上一次画圈完成的时间点就是下一次画圈开始的时间点，因此，被试对每次画圈所需要时距的估计是内隐的。从理论上说，如果两个任务具有相同的计时加工，那么，就可以用一个任务计时分布（被试在运动中每两次运动的间隔时间的数据分布）的变异来预测另一个任务的计时变异，即两个任务的计时分布间应该存在显著的正相关。根据上述理论假设，两项连续运动任务由于都需要外显计时加工，它们的计时分布间应存在显著的正相关；两项不连续运动任务由于都需要内隐计时加工，它们的计时分布间也应存在显著的正相关；而一项连续任务和一项不连续任务，由于所包含的计时加工不同，它们计时分布间的相关应低于显著水平。由此，计时分布相关范式的逻辑是：验证已知的不连续运动任务间的高相关，从而验证这些任务享受共同的计时加工过程——外显计时加工；验证某些连续任务和已知不连续任务相关不显著，从而来推断存在一种不同于有意识控制的外显计时加工的内隐计时加工。

大量研究数据为此种验证逻辑提供了证据。比如：有研究发现，即便是运动计时任务的效应器不同，只要两项任务都是非连续运动的模式，它们之间就会存在显著的正相关，Keele 和 Hawkins 发现不连续手指和手臂运动任务的计时变异分布间存在显著正相关[1]，Franz、Zelaznik 和 Smith 发现不连续手臂和下颌运动计时也存在这种相关[2]。再者，Ivry 和 Hazeltine 的实验[3]发现非连续任务——手指重复敲打任务和需要有意识计时的听觉时距辨别任务的计时变异相对于时间间隔的函数具有相同的斜率。Ivry 及其同事认为这一共同的斜率代表了外显计时机制的参与。这些研究都支持了计时分布范式验证逻辑中的第

① Keele, S. W., Hawkins, H. L. Explorations of individual differences relevant to high level skill. Journal of Motor Behavior, 1982, 14(1): 3~23.

② Franz, E. A., Zelaznik, H. N., Smith, A. Evidence of common timing processes in the control of manual, orofacial, and speech movement. Journal of Motor Behavior, 1992, 24(3): 281~287.

③ Ivry, R. B., Hazeltine, R. E. Perception and production of temporal intervals across a range of durations: Evidence for a common timing mechanism. Journal of Experimental Psychology: Human Perception and Performance, 1995, 21(1): 3~18.

一点，即不连续任务享有共同的外显计时加工。研究者进一步转向验证该逻辑中的第二个假设。比如：*Robertson* 等人的研究[①]要求被试进行一项不连续任务——手指敲打任务和一项连续任务——连续画圈任务，两项任务的运动周期相同。结果发现：手指敲打任务和画圈任务的计时变异分布间不存在显著相关；当研究者改变画圈任务的运动周期后，敲打和画圈任务计时变异函数的斜率不再相同，敲打任务的斜率显得更大。所以，他们推断存在一种不同于有意识控制的外显计时加工的内隐计时加工。*Zelaznik*、*Spencer* 和 *Doffin* 的一项后续研究[②]进一步显示以上两种任务计时变异上的差异并非是由于两项任务的最优运动速率的不同，即使当被试采取最适宜的运动速率时，两项任务的计时分布间也不存在显著相关。*Zelaznik*、*Spencer* 和 *Ivry* 的研究[③]采用四项不同的任务综合验证了上述两个假设。这四项任务为：手指敲打任务，即以每800*ms*一次的速率不断敲打桌面；连续画圈任务，即以800*ms*画一个圆圈的速率不停地画圈；间歇式画圈任务，即要求被试以400*ms*画一个圆圈的速率间歇式地画圈，并在每次画圈后停顿400*ms*；听觉辨别任务，即给被试呈现四个声音，分为两组，两组间间隔1*s*，第一组两个声音间总是间隔400*ms*——标准间隔，第二组两个声音间间隔变化——比较间隔，被试判断比较间隔比标准间隔长还是短。前三项任务的运动周期一致为800*ms*。研究者假设第一和第三项任务，由于每次运动中间需要插入停顿时间，所以被试需要自我激发内在的外显计时机制来控制运动的启动时点，外显计时机制提供了对敲打和画圈的初始时点的外显表征，而最后一项任务没有运动参与，直接要求被试外显计时，只有第二项任务采取连续运动的模式，对计时的控制更多地依赖于一种运动模式而自发产生，所以第一、第三项任务的计时分布和第四项任务的正确性分布间应显著相关，而它们与第二项任务的相关应不显著。实验数据的确验证了这些假设。

计时分布相关范式从相同加工的数据分布变异相同的角度出发，根据连续与不连续任务的低相关或不相关来分离外显计时加工与内隐计时加工，这种从统计概率分布出发的分离逻辑的确可以为后人的研究提供启迪，然而，研究者也应看到上述范式及其研究中的某些不足之处。比如，高相关代表两项任务可

① Robertson, S. D., Zelaznik, H. N., Lantero, D., Bojczyk, K. G., Spencer, R. M., Doffin, J. G., et al. *Correlations for timing consistency among tapping and drawing tasks: Evidence against a single timing process for motor control. Journal of Experimental Psychology: Human Perception and Performance*, 1999, 25(5): 1316~1330.

② Zelaznik, H. N., Spencer, R. M., Doffin, J. *Temporal precision in tapping and circle drawing movements at preferred rates is not correlated: Further evidence against timing as a general purpose ability. Journal of Motor Behavior*, 2000, 32(2): 193~199.

③ Zelaznik, H. N., Spencer, R. M. C., Ivry, R. B. *Dissociation of explicit and implicit timing in repetitive tapping and drawing movements. Journal of Experimental Psychology: Human Perception and Performance*, 2002, 28(3): 575~588.

能具有部分相同的加工，但这一加工一定是外显计时加工吗？

二、展望

通过前述对内隐时间认知四种研究方法的分析可以看出，当前在时间认知研究领域中，分离范式主要是用来考察时序信息的内隐记忆，序列学习范式将时序和时距结合成节律用来分析节律主要信息的内隐习得过程，表征动量范式是从内隐运动出发间接地探究内隐时间的存在及其特性，而计时分布相关范式则从相同加工的数据分布变异相同的角度出发分离内隐时距估计和外显时距估计。人们对时间的认知包括对时距、时序和时点的认知，借鉴上述研究范型，我们可以研究时间知觉、时间记忆和时间推理的内隐性。时间心理的无意识特性不仅表现在时间认知上，也表现在时间人格和时间社会心理方面。例如我们日常生活中的自动化定时行为、内隐决策、内隐时间紧迫感和内隐时间焦虑感等，都是无需占用注意资源的时间行为。今后对时间心理无意识的研究，不仅要继续深入探讨时间认知无意识的特性，也要探讨时间人格与社会心理的无意识特性。内隐时间认知实验范型在无意识时间人格和社会心理学中的研究也有相当的前景。

合作者：郭秀艳、朱磊、尹华站；原文载于：心理科学，2006，29（3）：514~519.

内隐时间表征的实验研究

　　在时间的认知加工研究中，时间表征的研究令人困惑，主要原因为：①时间表征是时间认知加工研究的核心问题，涉及的时间现象复杂，较难作整体认识；②时间的认知加工研究最初以时间判断、时距估计等的研究为主[①]，近年来时间认知研究与记忆研究相结合，时间表征的问题被逐步认识和了解[②]；③尚未形成系统、完善的研究途径和实验方法，对该领域的探讨多为间接性的。*Michon* 提出时间表征可分为外显表征和内隐表征[③]：外显时间表征是一种有意识的、概念性的时间结构，是对外界环境中时间关系的一种主观的表达方式；内隐时间表征是潜意识的、具有动力性的时间结构，是对外界环境的一种自动的、直接调节的时间模式，与内隐记忆有关[④]。近年来对时间认知的研究，主要涉及外显的时间表征，内隐时间表征至今尚无人做过实验性探讨[⑤]。

　　该如何用实验来验证内隐时间表征的存在？内隐时间表征具有哪些特点和认知结构？其认知加工方式是什么？按照 *Michon* 的设想，外显的时间表征具有认知可渗透性，通过各种时间概念来表达；内隐的时间表征具有认知不可渗透性，通过内隐记忆中的操作表达，不能用外显的命题或概念来表征[⑥]。认知可渗透性是指概念和背景知识对认知加工过程的影响；如果概念和背景知识影响对某种作业的加工，则此种加工被认为具有认知可渗透性[⑦]。基于此，可以设想，对内隐时间表征的实验研究，至少可以选择两种途径：①探索时间记忆表征的认知可渗透性；②采用内隐记忆的启动效应范型。

　　本研究以表征动量的实验变式来探索内隐时间表征的性质。表征动量是类似于物理动量的一种现象，根据物理学的原理，由于惯性的作用，物体沿着运动轨迹呈持续运动，即使在阻力作用下也会继续移动一段时间，同样地，客体

　　① 黄希庭. 时距信息加工的认知研究. 西南师范大学学报（自然科学版），1993，18(2): 207~215.

　　② 黄希庭，郑涌. 时间记忆的理论与实验模型. 心理科学，1995，18(4): 201~205.

　　③⑥ *Block, R. A. Cognitive models of psychological time. Hillsdsle, NJ: Hove and London*, 1990: 37~58.

　　④ *Macar, F., Poulhas, V., Friedman, W. J. Time, Action and cognition: Towards bridging the gap. Dordrecht: Kluwer Academic*, 1992: 307~321.

　　⑤ 梁建春，黄希庭. 几种时间表征的研究概况. 心理科学，1999，22(1): 10~13.

　　⑦ *Pylyshyn, Z. W. The imagery debate: Analogue media versus tacit knowledge. Psychological Review*, 1981, 88 (1): 16~45.

的心理表征也会在客体停止运动后沿着内隐的轨迹继续移动。表征动量的典型实验是，当某种图形以不同的角度相继呈现，构成一种内隐的旋转运动时，观察者的记忆会受到歪曲，使对角度方向的判断偏向于前者，其中图形的运动和运动轨迹是内隐的，观察者看到的是静止的图像[①]。之所以选择此种实验范型作为内隐时间表征研究的切入点，是因为表征动量与存在于时空世界中的物理动量一样，具有一定时空关系的表征系统的特征，是时间内化的产物[②]。鉴于此，本研究用两个实验五种作业对表征动量中内隐时间表征存在的可能性及特点作初步探讨。

一、实验一

（一）目的

操纵测试图形与诱导图形之间位置偏移方向的一致性、顺序性以及两者之间的时距和偏移程度，以考察表征动量中内隐时间表征是否存在及可能的特点。

（二）方法

1. 被试

本科生 52 名，其中男 30 名、女 22 名，被试分成三组，各完成表征动量实验中测试图形与诱导图形之间位置偏移方向的一致性（16 名）、顺序性（16 名）和连续性（20 名）三种作业。被试身体健康，视力或矫正视力正常，无类似实验经验。

2. 仪器

586 多媒体兼容机，14 寸标准彩显和扫描器各一台，键盘用纸板覆盖，留 P、Q 两键作为反应键。

3. 诱导与测试图形

用碳素墨水绘制两张外形相同的黑色小汽车线条图，规格各为 $4.74° \times 1.59°$（视角），一张图车头向左，另一张车头向右（图 1.1），用扫描器输入计算机。微机屏幕下半面为黑色，上半面为灰白色，图形在屏幕上下两半分界线上呈现，从左到右（或从右到左）顺序依次呈现四个相同的小汽车图形，前三个为诱导图形，其中第三个为识记图形，第四个为测试图形。

4. 程序

作业 1：表征动量中客体记忆表征时间维度的方向性实验，采用 2×3 被

① Freyd, J. J., Finke, R. A. Representational momentum. *Journal of Experimental Psychology: Learning, Memory, and Cognition*, 1984, 10(1): 126~132.

② Freyd, J. J., Johnson, J. Q. Probing the time course of representation momentum. *Journal of Experimental Psychology: Learning, Memory, and Cognition*, 1987, 13(2): 259~264.

试内设计，变量分别为诱导图形内隐运动方向（向左、向右）和测试图形与识记图形位置偏移方向的一致性（+0.2°、0.0°、−0.2°）。向右运动时，出现"嘟"的提示音，250ms 后呈现第一个图形，位置在屏幕中央垂线向左 3.6°视角处，然后向右依次呈现第二个和第三个图形、第一个与第二个，第二个与第三个图形在屏幕上的间距都为 1.8°视角，每个图形在屏幕上的保持时间及第一个与第二个、第二个与第三个图形之间的信号间的时距为 250ms；向左运动时，图形呈现方式与向右相同，但方向相反（图1.1）。由于前三个图形在屏幕上出现的时间及位置不同，分别构成向左、向右两个方向内隐的、诱导图形序列。

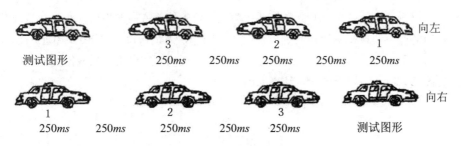

图 1.1　向左和向右方向的小汽车图形呈现方式

无论向左或向右，识记图形的位置正好位于屏幕中央，测试图形出现后保持在屏幕上，直到被试作出反应，之后伴随"嘟"的提示音，又呈现下一轮图形。测试图形出现的位置与识记图形的位置偏移分为 +0.2°、0.0°、−0.2°三种，"+"表示测试图形出现的方向与诱导图形内隐运动的方向相同（向前）；"−"表示方向相反（向后）；+0.2°表示测试图形的位置与识记图形之间向前偏移 0.2°的视角距离；−0.2°表示向后偏移 0.2°的距离；0.0°表示两种图形的位置相同。

被试端坐于微机前，面部离屏幕约 60cm，认为测试图形与识记图形的位置相同，用右手食指按 P 键；认为不同，用左手食指按 Q 键。实验前告诉被试测试图形与识记图形位置相同和不同的次数各占 50%，在不同的条件下，方向相同（向前偏移）和方向不同（向后偏移）的次数各占 50%，每个被试共做 60 次实验。

作业 2：表征动量中客体记忆表征时间维度的顺序性实验，将作业 1 中第一、第二个诱导图形呈现顺序和位置互换，使诱导图形内隐运动的一致性时间顺序消失。前三个诱导图形向右呈现时，第一个图形首先出现在离微机屏幕中央垂线向左 1.8°视角位置，第二个图形出现在离中央垂线向左 3.6°视角位置，第三个图形在屏幕中央，向左运动的情况与此相反，每个被试共做 60 次实验。

作业 3：表征动量中客体记忆表征的时间维度的连续性实验，将作业 1

中识记图形与测试图形之间的时间间隔由 250*ms* 改为从 16.6*ms*（微机上可实现的时距单位）到 149.4*ms* 范围的九种时距，分别为：16.6*ms*、33.2*ms*、49.8*ms*、66.4*ms*、83.0*ms*、99.6*ms*、116.2*ms*、132.8*ms*、149.4*ms*；同时将测试图形与识记图形之间的记忆位置偏移改为：−3.1°、−2.3°、−1.5°、−0.8°、0.0°、+0.8°、+1.5°、+2.3°、+3.1° 九种，诱导图形的呈现时间及各图形间的时距仍为 250*ms*。其中一半被试完成从左至右的实验，另一半完成从右至左的实验，每个被试共做 324 次，每完成 60 次休息 3*min*。

（三）结果与分析

1. 作业 1 中被试在向前和向后两种条件下反应的平均错误率

以 ±0.2° 位置偏移判断的错误率为记忆位置偏移方向的指标，在 ±0.2° 偏移的情况下，被试判断两者之间位置"相同"，为错误反应，±0.2° 水平的偏移用来确定表征动量的存在。剔除一名有完全正确和完全错误反应的被试，15 名被试的错误率用于统计，结果如图 1.2 所示。

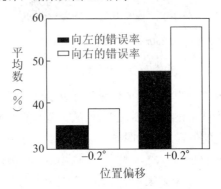

图 1.2　作业 1 中向前和向后 (+0.2°、−0.2°) 条件下被试反应的平均错误率（%）

方差分析表明：客体内隐运动的两种方向（左、右）之间无显著差异（$p > 0.05$），说明被试对向左、向右方向图形判断所依据的标准是一致的，被试的作业成绩未受被试的视觉或行为习惯的影响；测试图形与识记图形位置偏移方向的一致性（向前、向后）之间有显著差异：$F_{(1,15)} = 6.27$，$p < 0.05$，其中测试图形与诱导图形内隐运动方向一致（向前）的平均错误率为 53.13，大于内隐运动方向不一致（向后）的平均错误率为 37.5，表征动量存在，说明客体的记忆表征具有一致性向前的方向。

2. 作业 2 中被试在向前和向后两种条件下反应的平均错误率

剔除两名成绩有完全正确和完全错误反应的被试，14 名被试错误率成绩用于统计，平均错误率如图 1.3 所示。

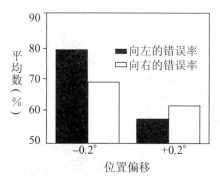

图 1.3　作业 2 中向前和向后（+0.2°、−0.2°）条件下被试反应的平均错误率（%）

方差分析表明：测试图形与识记图形位置偏移的一致性（向前、向后）之间无显著差异：$F_{(1,14)}$ =9.55，$p > 0.05$，表征动量不存在，说明客体内隐运动的时间顺序的一致性改变对表征动量有影响，表征动量与诱导图形依次出现的时间顺序有关。

3. 作业 3 中时间维度连续性的估计

剔除两名有完全正确和完全错误反应的被试，18 名被试的反应成绩用于正式统计。完成对图形"小汽车"向左和向右内隐运动位置判断的被试各为九名。算出被试在每种位置偏移上作"相同"反应次数的百分比（错误率）为记忆位置偏移的指标（0.0°偏移位置上为正确率），图 1.4 列出了 –3.1°~+3.1°九种水平位置偏移作"相同"反应的次数百分比。

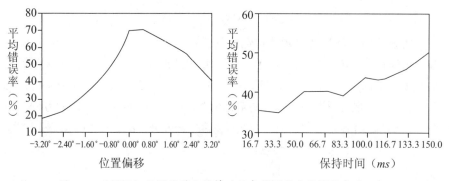

图 1.4　不同记忆位置偏移和保持时间条件下的平均错误率（%）

根据图 1.4 所示的数据作出不同保持时距条件下记忆位置偏移与被试反应错误率之间的一元二次方程；求出每种保持时距条件下一元二次方程曲线的顶点作为每种时距条件下所估计的记忆位置偏移，求出的九个顶点所在的记忆位置偏移如图 1.5 所示。

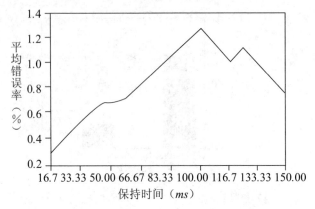

图 1.5　不同保持时间条件下所估计的记忆位置偏移

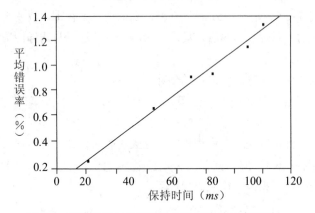

图 1.6　保持时间与估计的记忆位置偏移的线性回归

　　所估计的九种保持时距的记忆位置偏移均值为 0.79°，范围 0.26°~1.24°，都为正偏移。从图 1.5 可看出，所估计的识记图形与测试图形之间记忆位置偏移在 100*ms* 的保持时间以内，呈上升趋势，100*ms* 后开始呈曲线下降趋势，将 100*ms* 以内的保持时距与所估计的记忆位置偏移值之间建立一元回归方程，如图 1.6 所示，两者之间存在明显的线性关系（$r=0.96$，$p < 0.001$），说明客体记忆表征的时间维度具有连续性。

二、实验二

（一）目的

　　操纵水平方向和垂直方向上客体的相关概念和背景知识，以考察表征动量中内隐时间表征的认知可渗透性。

（二）方法

1. 被试

本科生 80 名，其中男 48 名、女 32 名，被试分成两组，各完成水平方向（32 名）和垂直方向（48 名）作业。被试身体健康，视力或矫正视力正常，无类似实验经验。

2. 仪器

同实验一。

3. 诱导与测试图形

在预备实验中要求被试用顺序量表法对计算机屏幕上呈现六种客体的图形——小汽车、狗、牛、载重车、卡车、马（规格为 4.74°×3.18° 视角）——运动速度的快慢作出判断，选出被认为跑得最快和跑得最慢的两种客体（"小汽车"和"牛"）用于本实验的作业 1；作业 2 为直径为 2.74° 视角的黑色圆球状（边缘凹凸不平）图案一个。

4. 设计与程序

作业 1 为 2×2×5 设计："小汽车"和"牛"两种代表客体运动速度的不同背景知识，客体内隐运动方向为向左、向右，测试图形的位置偏移参考相关文献分别为 −0.7°、−0.2°、0.0°、+0.2°、+0.7° 五种[1]。图形在水平方向上向左、向右呈现，实验操作程序同实验一。被试端坐于微机前，判断测试图形与识记图形的位置是否相同，认为相同，用右手食指按 P 键；认为不同，用左手食指按 Q 键。每个被试完成 120 次实验，每 60 次休息约五分钟。

作业 2 为 2×2×5 混合设计：组内变量为诱导图形的内隐运动方向（向上、向下）和测试图形的位移（−0.7°、−0.2°、0.0°、+0.2°、+0.7°）；组间变量为一组被试（21 人）被告知图形是"棉花"，另一组被试（27 人）被告知图形是"铁"。图形在中央垂线垂直方向向上、向下呈现构成内隐运动。向上运动时，出现"嘟"的提示音，250ms 后，第一个诱导图形的位置在离屏幕中央垂线向下 3.6° 视角位置，依次向上呈现第二个和第三个图形、第一个与第二个，第二个与第三个图形之间在屏幕上的间距都为 1.8°，每个图形在屏幕上的保持时间及第一个与第二个、第二个与第三个图形之间的信号间的时距为 250ms；向下运动时，图形呈现方式与向上相同，但方向相反。每个被试完成 100 次实验，每 50 次休息约五分钟。

---

① Reed, C. L., Vinson, N. G. Conceptual effects on representation momentum. *Journal of Experimental Psychology: Human Perception and Performance*, 1996, 22: 839~850.

（三）结果与分析

1. 被试对图形"牛"和"小汽车"在各种条件下判断的平均错误率

以测试图形与识记图形之间位置偏移判断的错误率作统计指标，在两种图形有记忆位置偏移的情况下，被试仍判断两种图形位置"相同"，为错误反应。以 ±0.2° 的记忆位置偏移用来确定被试表征动量效应的存在，结果如表 1.1 所示。

表 1.1　被试对图形"牛"和"小汽车"在各种条件下判断的平均错误率（%）

客体	运动方向	偏移量（度）				
		−0.70	−0.20	0.00	+0.20	+0.70
小汽车	向左	34.89	69.27	15.62	79.68	20.84
	向右	23.96	67.18	20.83	73.43	30.73
牛	向左	29.16	76.04	14.07	78.65	30.73
	向右	21.36	67.18	22.92	80.20	35.42

方差分析表明：在 ±0.2° 水平上，被试对测试图形与识记图形之间位置偏移一致性判断的差异显著：$F_{(1,31)}$ =5.82，$p < 0.05$，说明表征动量存在，其他效应均不显著。其中，运动速度不同的两种客体之间：$F_{(1,31)}$ =1.20，$p > 0.1$，说明表征动量未受运动速度的背景知识影响；诱导图形的内隐运动方向：$F_{(1,31)}$ =2.61，$p > 0.1$，说明在作业中，被试的左右视觉或行为习惯对表征动量没有影响。±0.7° 的位置偏移是实验中特设的控制变量，这一偏移量比用于表征动量标准的 ±0.2° 约大四倍，目的在于侦察被试在实验过程中是否意识到了实验意图而有意产生表征动量效应，如果被试严格按指导语做实验，在保持正确的前提下尽快反应，那么位置偏移量越大错误率应更小。统计表明：±0.7° 位置上的平均错误率比 ±0.2° 小（28.93vs73.95），说明被试在实验过程中没有刻意产生表征动量效应，实验是客观的，表征动量是自动产生的。

2. 被试对图形"铁"和"棉花"在各种条件下判断的平均错误率

以错误率作统计指标，±0.2° 的图形记忆位置偏移用来确定表征动量的存在，48 名被试反应的平均错误率如表 1.2 所示。

表 1.2　被试对图形"铁"和"棉花"在各种条件下判断的平均错误率（%）

客体	运动方向	偏移量（度）				
		−0.70	−0.20	0.00	+0.20	+0.70
铁	向上	31.55	70.24	17.27	75.59	41.07
	向下	41.66	82.74	18.46	76.78	35.13
棉花	向上	37.89	77.26	30.31	62.86	28.04
	向下	45.45	76.51	25.78	66.66	31.82

方差分析表明，在 ±0.2° 水平上，测试图形与被试识记图形之间位置偏移的一致性有主效应：$F_{(1,48)}=8.88$，$p < 0.01$，说明表征动量存在，其他变量均无显著主效应，各变量间无交互作用。比较图形"铁"和图形"棉花"两组被试，在 ±0.2° 水平上表征动量无显著差异：$F_{(1,48)}=1.47$，$p > 0.1$，说明铁和棉花的概念知识对表征动量没有影响；在 ±0.7° 水平上，平均错误率比 ±0.2° 水平低（$36.67 vs 73.85$），虽然方差分析表明测试图形、识记图形位置偏移的一致性主效应显著，但内隐运动方向不一致条件下的错误率比一致性条件下的错误率更高（$39.14 vs 34.02$），出现了负效应，说明实验是客观的，被试并未猜测实验意图而有意产生表征动量。

三、总的讨论

本研究借鉴表征动量的实验范型探索时间认知领域的一个新问题：内隐的时间表征。实验一的三种作业探讨的是内隐时间表征存在的可能性及其特点。作业 1 的实验结果显示，无论诱导图形内隐运动方向向左还是向右，测试图形与被试识记图形之间位置偏移的错误率在与诱导图形内隐运动方向一致（向前）的条件下比不一致的（向后）条件下更大，出现了表征动量现象，说明对客体图形位置的记忆受到了诱导图形内隐运动方向的干扰，客体内隐运动变化的记忆表征具有一致性（向前）的方向，但是客体记忆位置向前偏移的现象是否由诱导图形本身的空间或结构属性所造成，而与其出现的时间顺序无关呢？作业 2 在向左和向右的方向上改变诱导图形呈现的位置，造成其内隐运动时间顺序的改变，结果显示表征动量不存在，说明动量效应与诱导图形呈现的时间顺序有关，客体内隐运动变化的记忆表征具有时间顺序性；作业 3 探讨识记图形、测试图形之间的时距与记忆位置偏移之间的关系，发现在 $100ms$ 的时间范围内，保持时距与所估计的记忆位置偏移之间呈线性相关，说明表征动量所反映的客体内隐运动变化的记忆表征中的时间维度具有连续性。

时间总是与一定的客体或事件运动相联系的，三种作业的结果肯定了客体内隐运动变化的记忆表征的时间维度与物理时间一样，具有方向性、顺序性和连续性的特点，客体内隐运动变化的时间记忆表征是客观存在的[①]。问题是，这是不是一种内隐的时间表征呢？在实验中，被试注视的是静止的图像，客体的运动和运动轨迹是由客体图形呈现的方向和位置不同而构成，是一种内隐的运动，且表征动量效应产生于极短的时间范围（$16.6~100ms$），在此时间内，客体记忆表征的位置偏移受个体意识控制的可能性很小，如果被试在作业中有意地对各种偏移位置进行比较加工，就不可能产生在 $16.6~100ms$ 的时间间

---

① Finke, R. A., Freyd, J. J. Mental extrapolation and cognitive penetrability: Reply to ranney and proposals for evaluative criteria. *Journal of Experimental Psychology: General*, 1989, 118(4): 403~408.

隔内，客体记忆位置偏移随保持时间的延长而持续增大的结果。因此可以认为动量效应是自动产生的，表征动量中的时间记忆表征是内隐的。实验二从表征动量是否具有认知可渗透性的角度对实验一的结论作进一步验证。作业1通过预备实验在六种客体中选出运动速度不同的两种客体："牛"和"小汽车"，利用"小汽车"比"牛"跑得快的先占概念，在左右水平方向顺序呈现"牛"和"小汽车"的图形以构成诱导图形的内隐运动，发现"小汽车"和"牛"两种图形之间表征动量并无显著性差异，说明表征动量未受客体运动速度的背景知识影响，表征动量具有认知不可渗透性。作业1采用的是完全不同的两种客体图形，有可能因客体本身的特殊性而得出特殊的结论。作业2对此不足而采用相同的刺激图形，变量的差异仅为被试对客体图形的概念知识的不同，在垂直方向上考察表征动量的认知可渗透性，结果发现被视为"铁"组和被视为"棉花"组被试之间表征动量并无显著差异，说明两种客体的概念知识并未对表征动量产生影响，表征动量具有认知不可渗透性。

　　±0.7°作为一种控制变量，比±0.2°大将近四倍，作业1中方差分析其主效应不明显，且错误率均数比±0.2°水平小，作业2中虽然测试图形与识记图形位置偏移的一致性主效应显著，但测试图形与诱导图形内隐运动方向不一致条件下的错误率比一致性条件下的错误率更高，出现了负效应，说明被试在实验中的反应是客观的，被试并未猜测实验意图而有意产生表征动量。综合实验结果，由于表征动量产生的时间极短，客体的时间记忆表征不受客体概念和背景知识影响，不受被试有意识的控制，是自动产生的，表征动量中客体记忆的时间表征是一种内隐的时间表征，具有方向性、顺序性、连续性和认知不可渗透性等特点。内隐的时间表征问题是一片亟待探索的领域，受实验方法所限，本研究仅探讨了表征动量中的内隐时间表征。内隐时间表征还具有哪些形式？其认知加工方式如何？这些问题将有待今后进一步研究。

四、结论

　　用两个实验共五种作业，探讨内隐时间表征存在的可能性及其特点。结果表明：在表征动量中，①无论诱导图形内隐运动方向向左还是向右，测试图形与识记图形之间位置偏移的错误率在与诱导图形内隐运动方向一致的条件下比不一致的条件下大；②诱导图形内隐运动的一致性时间顺序消失之后，表征动量不存在；③在100ms的时间范围内，识记图形、测试图形之间的保持时距与记忆位置偏移呈线性相关；④在水平方向和垂直方向上，客体的概念和背景知识对表征动量无影响。研究结果肯定了表征动量中内隐时间表征的存在并具有方向性、顺序性、连续性和认知不可渗透性的特点。

　　合作者：梁建春；原文载于：心理学报，2002，34（3）：235~241.

时间修饰词内隐记忆的实验研究

研究人类的时间行为，必然涉及对时间表征问题的探索。人类是如何在认知上对时间信息进行表征的？这是时间认知加工研究中的一个重要问题。目前的研究表明：时间表征可分为外显表征和内隐表征两种[①]，时间的外显表征是一种有意识的、概念性的时间结构，是对外界环境中时间关系的一种主观的表达方式，分别用时距、时序、时点以及过去、现在和未来等时间维度来表示[②]；内隐时间表征是潜意识的、具有动力性的时间结构，是对外界环境的一种自动的、直接调节的时间模式，与内隐记忆有关。内隐记忆典型的研究方式为启动效应实验[③]，近期的研究表明，启动效应可分为知觉启动和概念启动两种[④]，知觉启动与对词汇和客体图形的知觉有关，易受材料的结构属性、知觉形式、知觉特征的匹配程度等的影响，不受学习材料的精细加工或有意义的、概念性的认知加工策略影响；概念启动不受学习和测试材料的知觉特征影响，对词汇进行概念性的、有意义的深加工比在浅加工条件下启动效应更大，概念内隐记忆的启动作业的一般形式为：范畴线索联想（*category-cued association*）和一般知识联想（*general knowledge association*）等形式。

时间概念的认知加工中是否存在着启动效应？时间概念的启动效应有何特点？时间概念的认知加工过程中是否存在着内隐的时间表征？其认知加工特点是什么？对于此类问题，有人曾提出，概念外显和内隐记忆的加工可分为编码和检索两阶段[⑤]，概念编码涉及外显加工和内隐加工两种成分，两者受不同变量影响产生不同的记忆表征，外显加工的编码有目的、有意识地指向词汇，编码性质和强度由加工过程的作用决定，学习策略、背景信息和其他变量对加工过程有影响，因此外显加工是一种有目的的加工，所产生的表征在编码强度

① *Richard, A. B. Cognitive models of psychological time. Hillsdsle, NJ: Hove and London*, 1990: 37~58.

② 黄希庭. 时距信息加工的认知研究. 西南师范大学学报（自然科学版），1993, 18(2): 207~215.

③ 杨治良. 内隐记忆的初步实验研究. 心理学报，1991, 23(2): 113~119.

④ *Chandan, J. V. Eidence for multiple mechanisms of conceptual priming on implicit memory tests. Journal of Experimental Psychology : Learning , Memory , and Cognition*, 1997, 23(6): 1324~1343.

⑤ *Nelson, D. L., Schreiber, T.A., Mcevoy, C. Processing implicit and explicit representation. Psychological Review*, 1992, 99(2): 322~348.

上有差异；内隐加工是通过学习而使当前刺激有关的联想（语音、语义等）自动激活，与刺激有关的联想在数量和强度上都不同，其激活过程非常迅速，是无意识无目的、自动内隐的，外显和内隐加工所产生的表征是分离的。相应地，概念的检索有外显检索和内隐检索两种，外显检索就是对学习阶段外显编码操作所产生的概念表征的匹配，内隐检索就是对测试目标及测试线索内隐激活表征的匹配。时间概念的加工是否存在着内隐的加工和检索过程？时间概念的内隐加工和检索是否受内隐的时间表征支配？

本研究采用词汇线索联想的实验范型，以 48 个常用时间修饰词作刺激，进行时间概念启动效应的内隐记忆实验，对上述问题作初步探讨。

一、方法

（一）被试

大学一年级本科生 20 名。被试身体健康，视力或矫正视力正常，无类似实验经验。

（二）仪器与刺激

386 计算机及附属设备。刺激为 48 个时间修饰词，分别选自黄希庭"未来时间的心理结构"和"过去时间的心理结构"两文中的实验用词[1][2]，根据各词在各时间段中的接近程度两两相配组成 16 对具有意义联系的时间词表作为旧词，剩下的 16 个词为新词，选词与配词规则为：①每一时间段中的词字数相同，为两字词；②每一时间段中的词与其他时间段中的词选频数相差最大的；③每一时间段内的词尽量按频数量最接近的原则两两相配为旧词，新词与旧词之间的频数为次接近。另备被试在完成作业过程中所依据的判断标准简易问卷一份。

（三）程序与实验设计

实验为 2×2 混合设计。变量为测量任务（联想、回忆）和刺激类型（学过、未学过）。其中，测量任务为被试间因素，刺激类型为被试内因素。学习阶段被试看懂指导语，经主试讲解后按空格键开始实验。被试端坐于计算机前面，刺激呈现在屏幕中央。实验开始时，伴随"嘟"的一声，屏幕中央出现"……"符号，两秒后旧词成对出现，每一词对在屏幕上的呈现时间为三秒，前后两对词之间间隔两秒，要求被试看到词对后在心中默念几遍并记住该时间词对。16 对词呈现完之后，将词与词之间的秩序打乱，让被试再学习一遍。

① 黄希庭. 未来时间的心理结构. 心理学报，1994，26(2): 124~127.
② 黄希庭，孙承惠，胡维芳. 过去时间的心理结构. 心理科学，1998，21(1): 1~4,16.

测试阶段在 16 对已学习过的时间词对中随机选出各对中的一个时间修饰词，与前面选出的相应时间段的频数次接近的 16 个新的时间词对混在一起构成新的时间词表作为刺激测试时，伴随"嘟"的一声，屏幕中央出现"★"符号，两秒后 32 个新、旧时间修饰词在屏幕上随机呈现，每个词在屏幕上呈现时间为被试反应后结束。被试完成两种作业：①词汇线索联想：要求看到屏幕中央呈现的词后，根据自己的第一感觉写出心里所想到的第一个词；②词汇线索回忆：要求回忆出一个在学习阶段看到过的，与屏幕上的词最有关的词。前三次实验作为练习不计入统计成绩。

完成上述作业后，计算机屏幕上呈现问卷测题，要求被试对问卷中的问题进行五级评定，以判断被试在完成作业时所依据的标准。问卷问题为："你在完成作业时，是根据下列条目中的哪一种情况进行判断的？"条目内容依次为：①词的意义；②词的时间长度；③词在头脑中的空间形象；④词的时间单位；⑤自己的情绪；⑥过去的生活经验。评定等级分别为：①从未采用；②很少采用；③有时采用；④经常采用；⑤全部都采用。被试按相应的数字键选择。

二、结果

（一）词汇线索联想和词汇线索回忆的启动效应和回忆成绩

以击中测试材料中未出现的旧词的正确率作为启动值统计指标，SPSS 软件分析结果如图 1.7 所示：

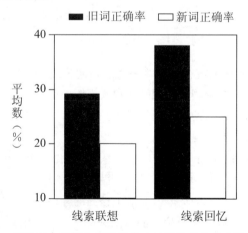

图 1.7　词汇线索联想和词汇线索回忆两种作业的平均正确率

对词汇线索联想和词汇线索回忆的方差分析表明，词汇线索联想和词汇线索回忆两种任务之间平均击中率的差异效应显著：$F_{(1,18)} = 6.54$，$p < 0.05$，出现了任务分离。从各种条件的均值可以看出，词汇线索回忆比词汇线索联

想的击中率更高，说明再认记忆存在；新词和旧词之间的总体差异显著：$F_{(1,18)}=$ 15.63，$p<0.005$，其中，对旧词的击中率比新词的击中率更高，在词汇线索联想条件下，旧词击中率为 29.41±6.74，新词为 20.11±6.68，表明两者之间有显著差异：$t=2.77$，$p<0.05$，说明启动效应存在。在词汇线索回忆条件下，旧词击中率为 38.29±9.27，新词击中率为 25.29±8.84，两者之间差异显著：$t=2.87$，$p<0.05$，说明外显记忆存在。测量任务和刺激学习类型之间并无交互作用（$p>0.1$）。

（二）两种作业依据的判断标准等级

求出被试在六种判断标准下的平均等级，如表1.3所示，分别用一、二、三、四、五、六代表六种判断标准，等级分数越高，说明被试在完成任务时采用该条标准的机会和频数越大，也就是说，被试更多地依据该条标准进行判断。

根据等级分数的大小，被试依据的判断标准顺序依次为：①词的意义；②词的时间单位；③词的时间长度；④过去的生活经验；⑤词汇在头脑中的空间形象；⑥自己的情绪。从这种顺序可以看出，被试在作业中受自己情绪影响较小，被试认真地完成了作业，且主要根据词的意义和时间属性来完成词汇线索联想和词汇线索回忆作业。

表1.3 六种判断标准的平均等级

	一	二	三	四	五	六
M	3.58	3.05	2.79	3.16	2.47	2.84
SD	1.07	1.18	1.03	0.96	1.22	1.34

三、讨论

对48个时间修饰词进行词汇线索联想和词汇线索回忆的实验结果表明：学过和未学过的时间修饰词之间词汇线索联想的均值有显著差异，出现启动效应，说明学习过程中激活的词汇表征对作业成绩有潜在影响；词汇线索回忆和词汇线索联想两种作业出现了分离现象，说明两种作业的记忆加工过程是不同的；被试在完成两种作业的过程中，首先依据的判断标准是词的意义，其次是词的时间属性（长度、时间单位），然后是过去生活经验等。按照 Nelson 等人的观点，看到一个熟悉的词，就激活了该词的各种联系，在长时记忆中产生了一种内隐表征，这种表征对项目的再认和回忆都有影响[①]。因此记忆并非仅是一编码和检索的过程，记忆与过去的知识经验有关，反映了编码、保持以及相关知识经验的特点。个体在加工刺激材料时，对所加工的某些内容是有意识

---

① Nelson, D. L., Mckiney, V. M., Gee, N., et al. Interpreting the influence of implicitly activated memories on recall and recognition. Psychological Review, 1998, 105(2): 229~324.

的，但也有很多信息自动地进行加工，没有意识觉察。在实验中，学过和未学过的时间概念都是从以前的实验报告中挑选出来的频数接近的时间修饰词，各词之间在各自的时间段上的联系是很强的，但实验结果仍发现学过的词和未学过的词之间启动值有显著差异，我们认为这或许由时间修饰词的特殊性决定的。时间修饰词不同于一般意义的词汇，除了词汇本身的语义表征外，还涉及内隐的时间属性（长度、顺序、透视点等）表征，学习过的词汇在学习阶段不仅激活了其意义表征，还激活了与此有关的时间属性表征，因此被试在测试阶段更易按照要求而把测试词汇的时间属性线索与学习阶段所激活的时间属性表征相匹配。未学习过的词汇在测试阶段不仅要重新激活意义表征和相关的内隐时间属性表征，而且要对测试线索的时间属性进行有意识或自动的检索，最终进行匹配，因而，两种刺激材料由于学习与未学习推敲加工的差异而产生了启动效应的差异。

由此可以认为，在阅读和学习时间修饰词时，涉及两种加工成分：激活该词意义表征时，也激活了相关的时间属性（长度、顺序、透视点等）表征，意义表征的激活是一种外显的加工，与意义有关的时间属性（长度、顺序、透视点等）表征却是一种内隐表征，其激活是一种自动的、内隐的加工过程。从实验结果看，被试并没有意识到联想过程中时间属性表征的激活和影响，被试客观地回忆出心里所想到的第一个词，然而不自觉地把测试词的时间属性表征与已学过的时间修饰词的表征相匹配，形成了新的联系，这种加工是内隐的，取决于时间修饰词内隐表征的匹配。

根据实验结果，我们认为对时间修饰词的检索过程也具有相同的特点。对时间修饰词进行编码时，产生了两种独立的表征：内隐的时间表征和外显的时间表征，内隐的时间表征代表着过去的经验中相关时间属性（长度、顺序、透视点等）信息的自动激活，这种激活是一种潜意识的记忆检索过程，是快速、平行地进行加工的，直接接通了与刺激有关的时间知识和属性，出现了刺激及其联系的内隐表征或痕迹。当某一时间修饰词的内隐表征激活以后，迅速扩展到相关的联系上，并与记忆中已存在的有关时间信息产生相互作用，同时这种激活扩散也增加了时间内隐表征的强度。在检索过程中，测试材料以及作业要求所提供的测试线索接通了时间的内隐表征以及记忆系统中的相关信息，也就是说，在理解某一时间修饰词意义的同时，也激活了相应的时间属性的内隐表征及其联系，因而根据激活的强度而在时间内隐表征、相关联系以及记忆中所贮存的时间修饰词相关信息之间产生了匹配加工，直到被试完成作业任务。

从实验结果还可以看出，外显表征和内隐表征在时间修饰词检索加工中的作用是相互独立的，受测试要求或指导语所控制。如果要求根据测试线索而有目的、有意识回忆或再认所学习过的时间修饰词，那么时间修饰词的两种表征都可能在相关时间信息的检索中起一定的作用；相反，如果要求说出心里所想到的与时间修饰词有关的第一个词，那么可以认为，这种检索主要取决于内隐的时间表征。因此，不同的作业要求或指导语决定了检索加工的目标，从而使时间内隐表征在检索相关时间信息的过程中所起的作用也不同。受时间内隐表征支配的目标词的检索，主要由测试线索所激活的时间属性的相关信息与学习阶段所激活的各种信息之间的匹配决定。

综上所述，我们认为对时间修饰词的概念加工不仅要激活其外显的意义表征，同时也会自动激活相关的内隐时间属性表征，受作业目标任务的影响，各种表征在检索过程中所起的作用也不一样，外显表征主要指向词的意义，内隐表征主要指向词的时间属性（长度、顺序、透视点等），外显表征的加工方式为控制性加工，内隐表征的加工方式是自动的。

合作者：梁建春；原文载于：心理科学，2002，25（4）：395~397.

汉字字组时间顺序的内隐记忆研究

在心理时间研究领域，随着时间认知加工研究的逐步发展，时间分段与时间综合、时间知觉与时间记忆、时间行为与时间表征、外显时间表征与内隐时间表征等问题之间的相互制约关系日益明显，从多学科、多因素的角度来探讨时间问题已成为时间认知研究的必然趋势[①]。时间记忆的研究离不开对时间心理表征问题的探讨，时间的心理表征就是外部世界中的物理时间在人的心理上的一种反映，是人的大脑对时间信息的一种储存、加工和表达的方式。时间心理表征可分为外显表征与内隐表征两种[②]，因此时间记忆的研究也可以分别从时间的外显记忆和时间的内隐记忆两个方面来进行。

人们以往的研究多涉及外显的时间表征，研究者把外显的时间表征区分为似真表征、隐喻表征、形式表征三种形式[③]，并以时距、时序、时点，过去、现在、未来等时间概念和分段综合等理论构想来对时间的表征方式进行解释[④]，近期的研究涉及对内隐的时间表征进行探讨[⑤]。内隐的时间表征是对外部动力环境的一种自动的、直接调节的时间模式。自然环境中许多事件和情节本身具有动力性，具有一定的结构顺序，人们不可能以外显的、有意义的方式把时间信息从其内隐结构中区分出来，但却能表达时间、调节行为，并与动力性的环境相互作用而维持自己的生存和发展，这说明人类具有一种能根据情境中的时间序列采取行动的能力，在某些情况下，不一定要依靠意识到的、概念性的时间表征结构。对内隐时间表征问题的探讨目前仍是初步的，我们曾提出可以从时间记忆表征的认知可渗透性和时间的内隐记忆两个方面来对内隐的时间表征进行分析[⑥]，我们认为这两种途径都是可行的，具有可操作性。我们曾以客体图形和时间修饰词作为刺激，对表征动量效应的认知不可渗透性和时间修饰词的内隐记忆进行了研究，初步证明了两种条件下时间内隐表征的存在。

①　黄希庭，郑涌. 时间记忆的理论与实验模型. 心理科学，1995，18(4): 201~205.
②　*Block, R.A. (Ed.) Cognitive models of psychological time. Hillsdsle N J: Lawrence Erlbaun Associates Publishers*, 1990: 37~58.
③　梁建春，黄希庭. 几种时间表征的研究概况. 心理科学，1999，22(1): 10~13.
④　黄希庭. 未来时间的心理结构. 心理学报，1994，26(2): 121~127.
⑤　梁建春，黄希庭. 时间修饰词的内隐记忆研究. 心理科学，2002，25(4): 395~397.
⑥　黄希庭，梁建春. 内隐时间表征的实验研究. 心理学报，2002，34(3): 235~241.

内隐记忆研究的典型范式为启动效应实验[1]，启动效应可分为知觉启动和概念启动两种[2]。表征动量实验虽可以看成是知觉启动实验的一种变式，但表征动量所反映的内隐时间表征并不能揭示内隐时间表征的所有属性。那么内隐时间表征的其他表现形式如何？内隐时间表征还可以在什么样的条件下存在？其特点是什么？本研究以汉字字组为刺激材料，采用启动效应实验，对汉字字组的时间顺序进行内隐记忆研究，以探明汉字字组内隐的时间顺序表征及其特点。

一、方法

（一）被试

大学一、二年级本科生 128 名，分成 10 组，其中有两组各为 14 名。被试身体健康，视力或矫正视力正常，无类似实验经验。

（二）仪器与刺激

386 计算机及附属设备。从《现代汉语通用字典》[3]中选出单字若干，随机组成三字一组的字组 20 个，选字规则为：①笔画在 5~10 画之间；②字形尽量相似或相同；③避免同音同义字；④避免生涩、冷僻、不常用的字；⑤字组尽量没有意义联系或音、形上的近似。组成的 20 个字组作为学习阶段呈现的目标字组，将这些字组的第一、第三个字对调，各构成新的 20 个字组，作为学习阶段的非目标字组；将这些字组的第一、第二个字对调，各构成新的 20 个字组，作为测试阶段的新字组材料（图 1.8）。

安匦划	划匦安	匦安划	居判奋	奋判居	判居奋
肮劳对	对劳肮	劳肮对	们容扯	扯容们	容们扯
包进特	特进包	进包特	成号恰	恰号成	号成恰

图 1.8　实验所用的部分汉字字组

（三）实验设计与程序

实验为 3×2×2 混合设计。变量分别为刺激呈现时间（750ms、1000ms、3000ms）；测量任务（再认、偏好）；注意程度（目标字组、非目标字组）。其中刺激呈现时间和测量任务是被试间变量，注意程度是被试内变量，实验前先用四对字组进行练习。

---

[1] 杨治良. 内隐记忆的初步实验研究. 心理学报, 1991，23(2): 113~119.
[2] *Chandan, J. V. Evidence for multiple mechanisms of conceptual priming on implicit memory tests. Journal of Experimental Psychology: Learning, Memory, and Cognition,* 1997, 23(6): 1324~1343.
[3] 中国人民大学语言文学研究所. 现代汉语通用字典. 北京：外语教学与研究出版社，1987.

学习阶段被试看懂指导语，经主试讲解后按空格键开始实验。实验开始时，伴随"嘟"的一声，屏幕中央出现"……"符号，两秒后，目标字组与非目标字组在屏幕上"……"符号消失的位置成对呈现，目标字组下标"*"符号，目标字组与非目标字组随机配对呈现，出现在符号左、右位置的概率各占一半，每对字组在屏幕上呈现的时间分为 750ms、1000ms 和 3000ms 三种，要求被试记住每一对字组中下标"*"符号的目标字组，并在心里默念几遍。

测试阶段随机选 10 个在学习阶段出现过的目标字组和 10 个非目标字组作旧字组，用 20 个第一、第二个字对调后构成的字组作新字组，将新旧字组混合在一起，让被试完成再认和偏好测验，再认测验要求被试判断屏幕上呈现的 40 个字组中哪些是已学过的旧字组，哪些是未学过的新字组，认为是旧字组，就用右手食指按 P 键，认为是新字组，就用左手食指按 Q 键；偏好测验要求被试看到屏幕上呈现的字组时回答是否喜欢该字组，如果喜欢，就用右手食指按 P 键，不喜欢就用左手食指按 Q 键，新旧字组在屏幕中央随机呈现，每个字组呈现时间为 10s。

二、结果

（一）偏好测验目标字组的启动效应和再认测验的成绩

以对旧字组的击中率作为统计指标，运用 SPSS10.0 软件对数据进行比较处理，表 1.4 列出了变量各水平的均值和 t 值。

从表 1.4 可以看出，再认测验目标字组的成绩均超出随机水平，750ms、1000ms、3000ms 三种时间条件下的 t 值分别为 5.66（$p<0.01$）、7.01（$p<0.01$）和 2.71（$p<0.05$），说明目标字组的再认测验存在外显记忆。非目标字组的再认测验在 750ms 和 1000ms 两种时间条件下具有显著性差异，t 值分别为 2.63（$p<0.01$）、4.39（$p<0.05$），在 3000ms 条件下，非目标字组再认测试成绩接近但未达到显著水平。

（二）偏好测验非目标字组的启动效应和再认测验的成绩

从表 1.4 看，三种时间条件下目标字组的再认测验成绩都高于偏好测验的成绩，但三种时间条件下非目标字组偏好测验的成绩都高于再认测验的成绩，这种结果符合内隐记忆存在的直接逻辑。方差分析表明，在几种变量中，注意因素主效应明显：$F_{(1,128)}=71.67$，$p<0.001$；注意程度 × 测量任务交互作用显著：$F_{(1,128)}=10.96$，$p<0.01$，其他变量及变量之间的交互作用检验均无显著性差异（$p>0.1$）。

表 1.4　偏好测验的启动效应和再认测验的成绩

测验类型	注意程度	呈现时间（ms）		
		750	1000	3000
再认	目标字组	74.55（5.66）***	76.00（7.01）***	70.00（2.71）**
	非目标字组	30.00（2.63）**	31.00（4.39）**	38.00（2.09）
偏好	目标字组	70.91（5.33）***	62.00（2.09）	63.00（1.71）
	非目标字组	50.00（0.7）	45.00（0.76）	47.69（0.35）

注：旧字组正确击中率的随机水平为 0.50，*** 表示与 0.50 有非常显著的差异（$p<0.01$），** 表示与 0.50 有显著差异（$p<0.05$），无 * 的值表示差异不显著。括号内为 t 值。

偏好测验中，在 750ms 时间条件下，目标字组的击中率为 70.91，$t=5.33$，$p<0.01$，旧字组的击中率显著高于随机水平，出现了正向启动效应，其他时间条件下测验成绩差异不显著（$p>0.05$）。

对三种时间条件下再认与偏好两种任务之间目标字组和非目标字组进行的单个检验表明：750ms、1000ms、3000ms 三种时间条件下，两种任务的目标字组之间差异不显著，t 值分别为 0.62（$p>0.05$）、2.05（$p>0.05$）、0.66（$p>0.1$）；非目标字组中，750ms 时间条件下差异显著：$t(20)=2.23$，$p<0.05$，1000ms 和 3000ms 时间条件下差异不显著：t 值依次为 1.78（$p>0.05$）、1.08（$p>0.05$）。结合偏好测验中非目标字组的正确率比再认测验中非目标字组正确率更高的事实，表明在 750ms 时间条件下，非目标字组的测验成绩是来源于与再认测验不同的一种记忆，内隐记忆是存在的。

综合实验结果，虽然在三种变量的方差分析中只发现了注意因素的主效应以及注意与测量任务之间的交互作用具有显著性差异，但是在 750ms 时间条件下，目标字组的偏好测验出现了正向启动效应，说明目标字组产生了任务分离，间接地测出了内隐记忆存在的事实，非目标字组的测验也证明了这一事实，在 750ms 时间条件下，非目标字组偏好测验的成绩比再认测验成绩更高，且两种任务之间非目标字组的测验成绩存在显著性差异，说明这种效应是来源于内隐记忆。

三、讨论

Schacter 等认为[①]，内隐记忆中的启动效应很大程度上依赖于知觉表征系统，该系统由许多子系统（视觉字词系统、听觉字词系统、结构描述系统等）

---

① Schacter, D. L., Cooper, L. A., Delaney, S. M. Implicit memory for possible and impossible objects: Contrasts on the construction of structural descriptions. Journal of Experimental Psychology: Learning, Memory, and Cognition, 1991, 17(1): 3~9.

构成，这些不同的知觉表征系统受晚期形成的大脑皮层区域支配，在前语义水平、感觉道的特殊水平上起作用，表征刺激的形状和结构的信息，而不表征刺激的意义及相关的特征。也就是说，知觉表征系统并不依靠语义的或是概念的加工，而是依靠不同感觉道的知觉信息而起作用。该理论提出后，得到了许多认知和临床神经心理学实验证据的支持[1]，但一个重要的问题是：知觉表征系统究竟表征了客体哪些方面的信息？许多研究者采用命名实验和客体可能性决策实验，对客体大小（size）、左右方向、位置、照度、对比度、颜色、质地（texture）等维度的变化进行过外显和内隐记忆测验[2]，然而实验结果却发现上述客体维度的变化都未产生明显的启动效应，这与客体三维结构和形状改变所引起的启动效应具有显著性差异的事实形成了对照，研究者认为知觉表征系统中调节客体内隐记忆的是一种更高水平的、抽象的结构描述表征，启动效应与对客体形状的评价或对客体图形的识别有关，涉及更高级的客体识别表征[3]。

本研究在 750ms、1000ms 和 3000ms 三种时间条件下，运用任务分离的测量原理，发现在 750ms 的刺激呈现时间范围，无论目标字组还是非目标字组都出现了正向启动效应。目标字组偏好测验中的启动值虽然比再认测验成绩低，但显著地高于随机水平，这就反映出内隐记忆是存在的，说明被试在偏好测验中，不随意地提取了在学习阶段所获取的项目的有关信息，或者说学习阶段所留下的痕迹在测试阶段中，不随意地对被试测试阶段的操作起到了易化的作用。这一结论在非目标字组的测验成绩中也得到了证明：在 750ms 的时间条件下，被试偏好测验非目标字组的测验成绩比再认测验的成绩高且有显著差异，这反映出再认和偏好两种测验任务的分离，说明被试在学习阶段不随意地知觉到了项目的有关信息，因而在以后的间接测验成绩中反映出来了，本研究结果无疑是对 Schacter 等人研究成果的有力验证和补充。

我们知道，时间是一种独立的信息维度，与客体的大小、形状、颜色等物理维度一样具有度量的属性[4]，遗憾的是，Schacter 等人在验证知觉表征系统究竟表征了客体哪些信息维度时，却忽视了客体的时间维度。根据加工水平说的观点，加工时间与加工深度是一致的，代表一种意义变量，与再认测验的提

① Williams, P., Tarr, M. J. Structural processing and implicit memory for possible and impossible figures. Journal of Experimental Psychology: Learning, Memory, and Cognition, 1997, 23(6): 1344~1361.

② Biederman, I., Cooper, E. Size invariance in visual object priming. Journal of Experimental Psychology: Human Perception and Performance, 1992, 8(1): 121~133.

③ Cooper, L. A., Schacter, D., Ballesteros, S. Priming and recognition of transformed three-dimensional objects: Effects of size and reflection. Journal of Experimental Psychology: Learning, Memory, and Cognition, 1992, 18 (1): 43~57.

④ Macar, F., Poulhas, V., Friedman, W. J. Time, Action and Cognition: Towards Bridging the Gap. Dordrecht: Kluwer Academic Publishers, 1992: 309~323.

取加工相匹配，因此加工时间对概念驱动的再认测验会起较大的易化作用，本研究在 750ms、1000ms、3000ms 三种时间条件下进行，然而只在 750ms 的时间条件下，汉字字组出现启动效应，这说明：汉字字组中各字之间时间顺序的加工不受字组意义加工的影响，只在知觉表征范围内进行，受知觉表征系统的支配。同时，本研究结果也表明，知觉表征系统不仅表征客体的形状和结构的信息，也表征客体的时间顺序信息。在实验中，学习项目和测试项目中新字组与旧字组之间的差别，只在于字组中各字之间的时间顺序不同，文字内容是完全相同的。在 750ms 的时间条件下内隐记忆存在的事实，证明字组中各字之间时间顺序的改变，对被试的记忆作业产生了影响。这种影响可以说明两个问题：其一，时间和空间是密不可分的，汉字字组时间顺序的改变，意味着该字组结构关系发生了变化，因此 Schacter 等人所提出的调节客体内隐记忆的知觉表征系统或结构描述系统等，势必要考虑到客体的时间维度；其二，汉字字组存在着时间顺序的内隐表征，时间顺序有自动提取的加工过程。

本研究在选择刺激材料时，尽量避免了所选三字字组之间有任何意义上的联系。在实验中，目标字组再认测验的成绩并未出现随时间延长而增高的现象，说明被试的记忆加工并不受有意识的刺激项目意义加工的影响，同时也表明本研究所选择的刺激材料是成功的。在实验中我们还可以看到，注意因素对被试的再认测验成绩有影响，这也说明被试在学习阶段中更大程度上所获取的是一种知觉编码，受刺激项目的知觉特征影响。

综上所述可以初步认为，汉字字组中字与字之间存在内隐的时间顺序表征，这种内隐的时间顺序表征是对刺激项目的知觉特征中时间维度的一种反映，受心理表征系统中的知觉表征系统支配，具有自动加工和提取的特点，可以通过内隐记忆实验进行研究。至于这种内隐的时间表征是如何被激活的？其加工过程如何？与其他心理表征系统之间存在什么关系等问题，有待于今后进一步研究。

合作者：梁建春；原文载于：心理科学，2003，26（4）：595~598.

专题二 时间知觉研究

人类没有专门的时间感受器，但却有时间知觉。时间知觉就是知觉到的现在，它包括时距知觉和时序知觉。时间知觉是所有高级认知能力的基础。

引　言

不像对光和声那样，我们对于时间没有专门的感受器。我们对时间的知觉是建立在对周期性和非周期性变化的经验基础上的。时间瞬息即逝，而真正意义上的时间知觉是不能有记忆功能参与的，它必须是对时间的"直接"反映，即在大约几秒钟的时限内，把相继排列有序的刺激知觉为一个单元，例如一系列的数字码、一个简单的句子、一个节律结构、一个曲调旋律等。因此，时间知觉实际上就是"知觉到的现在"（*perceived present*）。知觉到的现在包括对时间持续性知觉和时间顺序性知觉。各种刺激知觉到现在的上限是有差异的：对英语诗句平均持续时间为 3*s*，对光的平均持续时间约为 6*s*、对乐音的平均持续时间约为 2~5*s*，一般认为知觉到现在的平均持续时间的上限为 3~5*s*。在时间知觉的研究领域中，从刺激的瞬间体验过渡到刺激的持续体验的持续性组织和从刺激的同时体验过渡到刺激的相继体验的顺序性组织是时间知觉阈限的基本结构。用心理物理法对这两类时间知觉阈限的测定结果表明，顺序性时间知觉阈限略高于持续性阈限，说明这两种时间知觉并非一个连续体[①]。时间知觉是运动控制、语音识别、音乐欣赏等活动的必要条件，是高级认知能力的基础，更是人们合理安排生活和工作的前提。

时间知觉的准确与否在航天等领域至关重要。对于飞行员、宇航员来说，时间知觉的毫秒之差，就会影响到整架飞机和机上乘客的生命安全。因此在选

---

① 黄希庭. 心理学导论（第二版）. 北京：人民教育出版社，2007：248~253.

拔飞行员时，时间知觉是决定取舍的关键一项。特别是在航空母舰上，由于空间的限制以及海情海况的影响，甲板上的跑道并不是稳定的，每次降落的参数都不同，舰载机降落作业尤为困难。1981年美国"尼米兹"号的一次重大事故，就是一架 EA-6B 夜间进场后因降落过程中飞行员在时间和速度的把握上出现偏差，一头撞进 F-14 机群里面，引起大火，使14人丧失了生命，42人被大火烧伤或被导弹爆炸的碎片击中致伤；另有11架飞机被毁或被烧坏，造成巨大损失[①]。在陆地上，飞机着陆除了要对准跑道外还要减速，而在航母上正好相反，舰载机降落的时候一定不能减速，而且必须在保持3°的角度降落的同时，在很短的距离和时间内放出起落架，勾住阻拦索，在不到2s的时间里时速从145英里降到0，否则必须开足马力再次起飞，可见着舰难度之大。为了保障航母降落作业的安全，除了需要先进的助降设备，还需要在选拔飞行员时，做严格的时间知觉的测试。另外，时间知觉的专业训练，可以使飞行员形成更精确的时间感。当前，中国正在建造自己的航空母舰，时间知觉的研究对于舰载机飞行员的选拔和培训具有重要的参考价值。同样的情况，在挑选公共汽车、火车、轮船等大众运输工具的驾驶员时，也都需要把时间知觉列入考核的范围。除此之外，在涉及运动控制的领域中，运动员的选拔与训练、音乐演奏专业人员的培训中，时间知觉测验和训练都起着重要的作用。

除了运动控制之外，时间知觉在语音识别的过程中也扮演着重要的角色。发展性阅读障碍是指某些儿童具有正常的智力水平和接受教育的机会，没有明显的神经或器质上的损伤，却在标准阅读测验的成绩上低于正常读者约两个年级[②]。汉语为母语的儿童阅读障碍发生率在4%~8%之间[③]。学龄儿童一旦产生阅读障碍，对其认知、情感、自我概念及社会性发展都会产生重大影响。因而，发展性阅读障碍成为教育学、心理学、认知神经科学和行为遗传学等多门学科共同关注的课题。研究发现，时间知觉与发展性阅读障碍有着密切的关系。一般认为，阅读障碍的儿童可能是由于对于听觉时间信息加工能力的缺陷，影响了他们对于言语刺激的知觉，并导致了阅读障碍，也可能是两者共同作用的结果[④]。

对10~13岁患有阅读障碍儿童的听觉加工能力的测试表明，阅读障碍儿童的成绩随着声音信号呈现时间的增长而得到很大的提高，达到了正常儿童的水平；而改变前后两个声音信号的时间间隔并不能提高阅读障碍儿童的成绩。

① *http://news.sohu.com/20080526/n257068630.shtml.*
② 孟祥芝，周晓林. 发展性阅读障碍的生理基础. 心理科学进展，2001，10(1)：7~10.
③ 张承芬，张景焕，常淑敏，周晶. 汉语阅读困难儿童认知特征研究. 心理学报，1998，30(1)：50~55.
④ 周晓林，孟祥芝，陈宜张. 发展性阅读障碍的脑功能成像研究. 中国神经科学，2002，18(2)：568~572.

在声音信号的呈现时间加长的情况下，阅读障碍儿童时间顺序判断的成绩与完成语音任务的成绩呈显著正相关[①]。不但阅读障碍儿童的听觉时间加工能力与阅读能力的存在相关，在18~22岁的大学生群体中，阅读能力出众的大学生听觉时间加工能力要好于阅读能力一般的大学生。这说明听觉时间加工能力与阅读能力的相关是广泛存在的[②]。因此，可以通过听觉时间加工和言语训练来提高阅读障碍儿童的语音加工和语言理解的能力，同时根据阅读障碍儿童时间加工的特点来呈现阅读材料，对于改善阅读障碍儿童的语音意识及阅读能力都有一定的帮助[③]。

在这一专题中，收录了我们对时间知觉所做的一些研究："认知加工中时间与非时间信息的相互关系"一文探讨了注意分配机制会根据事件结构的不同来调整对时间信息和非时间信息的资源分配，从而形成时间信息和非时间信息之间不同的关系。"运动视觉信息中时间知觉线索的实验研究"考察了哪些因素影响观察者判断运动物体到达某一特定点的碰撞时间（即时间知觉）的准确性。"短时距知觉中的面积效应"探讨了短时距知觉中时空依赖性的面积效应。"重复启动对时序知觉的影响"初步探讨了时序知觉中的重复启动效应的作用机制及其影响因素。"时间知觉的注意调节：一项ERP研究"采用了事件相关电位（event-related potential，ERP）技术，这种具有极高时间分辨率的方法对时间知觉的神经加工进程和脑激活区域进行了探讨。该专题中的五篇论文反映了我们对时间知觉问题的探索，为我们今后进一步研究积累了经验。

其实，我们对时间知觉的研究是远远不够的。时间知觉的理论探索和神经机制研究中还存在许多问题：人的神经系统是通过类似于时钟的方式来实现对一段时间知觉的吗？答案是不确定的。虽然在客观世界中，时间独立于任何具体客体，然而对时间的主观知觉却受到客体具体属性和观察者自身状态，如情绪、记忆等的影响。对时间知觉脑机制的研究也会受刺激类型、实验任务中以何种方式利用时间信息等的影响。在我们的主观世界中，时间并不是完全独立的，而试图找出独立的时间加工结构的研究，很可能是过分强调了时间的独立性[④]。此外对于时间知觉的性质，我们还可以借助新的技术方法如脑电、核磁

① Martino, D. S., Espesser, R., et al. "The temporal processing deficit" hypothesis in dyslexia: New experimental evidence. Brain and Cognition, 2001, 46(1): 104~108.

② Au, A., Lovegrove, B. Temporal processing ability in above average and average readers. Perception and Psychophysics, 2001, 63(1): 148~155.

③ Tallal, P. Language comprehension in language learning impaired children improved with acoustically modified speech. Science, 1996, 271: 81~84.

④ 万群，林苗，钱秀莹. 时间知觉的脑机制：时钟模型的困境和新导向. 心理科学进展，2010，18(3): 394~402.

共振和经颅刺激等进行更深入的研究[1]。在应用方面，对时间知觉的研究不仅在运动控制领域、语音识别领域有着重要的应用价值，而且在医学领域也有其应用价值，在一些疾病的早期甄别和评估治疗效果方面也有着一定的参考价值，例如临界闪烁融合频率阈值（*critical flicker fusion frequency threshold, CFFFT*）可用于对早期帕金森病的评鉴。*CFFFT* 是指所有低频的断续闪光都被感知为闪烁，当频率升高到临界融合（*CFF*）的某个阈限值时便感觉到融合的这一阈值，帕金森病患者的 *CFFFT* 上升，并且显著高于健康人的平均的 *CFFFT*[2]，这一特点可以有效地评鉴早期帕金森病。可以推想，还有更多潜在的价值有待我们去发掘。

① *Ivry, R., Schlerf, J. Dedicated and intrinsic models of time perception. Trends in Cognitive Sciences*, 2008, 12(7): 273~280.
② *Curran, S., Wattis, J. Critical flicker fusion threshold: A potentially useful measure for the early detection of Alzheimer's disease. Human Psychopharmacology*, 2000, 15(2): 103~112.

认知加工中时间与非时间信息的相互关系

一、引言

在认知心理学领域，事件的时间信息和非时间信息之间的关系一直是研究的焦点。时间信息和非时间信息是定义事件的两类必需因素，因为现实世界中所有事件都是动态的，并且以一定的时间进程呈现出来，而且，这个时间进程的存在通常是由非时间信息来标记[1]。时间信息包括时距（客观现象的持续性）和时序（客观现象的顺序性）两个方面，时距是指两个连续事件间的间隔或某一事件持续的时间段；时序是指事件出现的顺序、位置和间隔，也就是个人所知觉到的事件的相继性和顺序性[2]。时序依赖于我们对变化的体验，两个事件可以先后发生，也可以同时发生，从而被感知为按顺序组织的不同事件[3]。非时间信息则是事件项目本身的一些属性，比如音调就是音乐事件的非时间信息。

在现实世界中，时间与非时间信息是紧密结合，不可分割的。比如音乐，这一长久以来备受瞩目的领域，就是时间信息和非时间信息高度结合的产物。音乐中，音高或音调联系的形式（包括音阶、和弦、旋律等不同等级）体现的是非时间信息，而节奏、重音等体现的是时间信息（节奏包括拍子、节拍等）。而且这两种信息间有密切关系，音乐中的音高联系能够标志旋律的开始和结束，节奏的各种规律能够易化旋律的知觉。再比如人类语言，它也是两类信息相结合的产物，其非时间信息以语音、语调的形式呈现，而时间信息则表现为发音长短、停顿等形式。由此可知，时间信息通常以语音等非时间信息为载体，而非时间信息则会随时间信息的变化而变化，如单词持续时间的长短不一、先后顺序的不同，能够表达不同的语气、情绪，反映不同的含义。

然而，时间信息与非时间信息如何在认知系统中被加工？这是很久以来争论不休的焦点问题。有些研究者认为它们是以各自独立的形式被认知系统加工的，两种信息不能同时被学习和记忆；而另一些研究者认为它们是联合起来被认知系统加工的，对一个维度的注意会导致对另一个维度的学习，无论个体是

① Boltz, M. G. *The processing of temporal and nontemporal information in the remembering of event durations and musical structure. Journal of Experimental Psychology: Human Perception and Performance*, 1998, 24 (4): 1087~1104.
② 黄希庭，孙承惠，胡维芳. 过去时间的心理结构. 心理科学，1998, 21(1): 1~16.
③ 徐青，魏琳. 时间知觉与估计的认知理论综述. 应用心理学，2002, 8(2): 58~64.

先学习一个维度，还是同时学习两个维度，最终它们都能够被学习和记忆。由于研究者们所使用的实验方法各不相同，研究内容各不相同，故而他们各有侧重、各执一词，都不能全面地阐述时间信息与非时间信息的相互关系。

为了对时间信息与非时间信息的认知加工过程有较全面的认识，本文分析整理了对特定条件下时间信息与非时间信息的关系的研究，并尝试对它们进行一定程度上的整合。

二、时间信息与非时间信息相互独立

有研究[1][2] 表明，时间信息与非时间信息在认知系统中是独立加工的，一个维度的加工不依赖于另一维度的特性。

Monahan 和 *Carterette*[3] 在 1985 年进行了一项实验：在各种音高模式下，要求听者对不同旋律作相似性判断，结果发现无论音高模式如何，特定的节奏都使听者的判断准确性提高，反应速度加快。*Palmer* 和 *Krumhansl*[4] 在 1987 年的一个实验中要求听者对旋律的完成与否作判断（音乐理论表明：和谐的旋律容易使人在心理上产生一种旋律完整感、完成感，而不和谐旋律则会使人产生心理上的不完整感和未完成感），结果也表明特定节奏可以促进听者的判断。这些实验表明，某种特定的节奏类型即时间信息能够促进注意和记忆，而并不需要音高维度即非时间信息的参与。因此他们认为：音高（非时间信息）和节奏（时间信息）是独立加工的，对一个维度的加工不依赖于另一个维度的特性。

其实，特定的节奏能够易化注意和记忆，而不需要音高模式的参与，这表明时间信息与非时间信息在认知系统中可能是独立加工的。这里可能的原因：一是节奏足够简单，听者对节奏的加工达到了自动化，根本不需要在时间信息上消耗过多的资源，或仅需很少的注意资源，剩余的大量资源使听者能够在音高模式变化的情况下，依然很好地完成实验任务；二是该节奏与听者已有的知识经验相吻合，这种熟练也使听者的时间信息加工出现了一定程度的自动化，因此听者对旋律的知觉和判断水平上升。也就是说，在认知加工中，当时间或非时间信息的加工比较简单或相对熟练，即出现一定程度的自动化时，两者会呈现出相对的独立性。接下来的实验很好地证明了这种假设。

Brown 和 *Bennett* 的一项实验，他们通过前测—练习—后测的范式研究了

①③ Monahan, C. B., Carterette, E. C. *Pitch and duration as determinants of musical space. Music Perception*, 1985, 3(1): 1~32.

②④ Palmer, C., Krumhansl, C. L. *Independent temporal and pitch structures in determination of musical phrases. Journal of Experimental Psychology: Human Perception and Performance*, 1987, 13(1): 116~126.

非时间信息自动化对时间与非时间信息双任务完成的影响①。在这项研究的实验一中非时间任务为追踪屏幕上的目标，时间任务是复制 5s 时间间隔。先是前测，告知被试时间与非时间任务是同等重要的，均要求被试很好地完成。被试用优势手拖动鼠标，追踪屏幕上运动的目标，而非优势手则按反应键，复制 5s 的间隔。接着是练习，被试接下来的三天内进行屏幕追踪任务的训练，即仅在非时间单任务条件下进行练习。最后接受双任务条件下的后测，结果发现双任务条件下，被试复制时间间隔的成绩有明显提高。这表明经过练习后，非时间任务的完成的确出现了一定程度的自动化，这大大降低了注意资源的需求，从而提高了另一任务的完成。在这项研究的实验二中非时间任务有所变化，通过镜子阅读材料，时间任务仍为复制 5s 时间间隔。实验程序不变，依然按照前测—练习—后测的范式进行，被试用非优势手复制时间间隔，同时大声读出镜子中的材料内容。结果也发现，三天的阅读训练提高了被试的双任务完成水平。为了进一步研究练习的"量"对任务完成的影响，研究者还系统地变化了练习的程度，但结果发现，无论练习的程度如何，后测中被试在双任务条件下的时间复制成绩都有显著增加，这表明无论练习的程度如何，即无论任务出现何种程度的自动化，都会使所需注意资源减少，更有利于双任务的完成。

从时间信息与非时间信息的角度来看，上述实验表明，无论非时间任务是什么，结果都会出现非时间任务的作业恒定不变，而时间任务的作业不断上升的趋势；从而反映出在认知加工中时间信息与非时间信息的相互独立性。

由以上实验结果可知，时间信息和非时间信息在认知系统中，有时可以独立加工。这可以用资源限制理论来解释。时间任务与非时间任务的完成都需要一定量的注意资源，只有在极端情况下，即其中的一种任务趋于自动化所需资源很少时，便会呈现出一个任务的作业不变而另一个则上升或下降的分离情形。

三、时间信息与非时间信息相互竞争

也有研究者认为，时间信息与非时间信息在认知加工中是相互竞争的。个体进行任何活动时，对一个维度注意的增加会减少另一个维度的注意，即两类信息加工会出现干扰效应。相互竞争的观点中还存在一些不同的理论模型，但大多将注意资源分配作为中介机制，即通过操纵注意分配方式来考察被试时间信息和非时间信息加工的关系。注意都要被分配到时间和非时间信息上，为了

① Brown, W., Bennett, E. D. The role of practice and automaticity in temporal and nontemporal dual-task performance. *Psychological Research*, 2002, 66(1): 80~89.

完成各自的信息加工，两者自然会争夺有限的注意资源。

时间和非时间双重作业的实验范式正是为了探讨时间信息和非时间信息加工之间的干扰效应而设计的，即让被试进行时距估计作业的同时，要求其完成一项具有干扰性的作业。通过比较双重作业条件下的时间估计与控制条件下的时间估计的变化来确定干扰作业对时间估计的影响[1]。

Brown、Stubbs[2][3]先后进行了这方面的研究。他们要求被试在听取一段旋律的同时进行校对任务，一部分被试被提前告知将会作时间判断（预期式），另一些被试则不知道自己将会作时间判断（回溯式）。结果在预期式条件下，被试对旋律的时间判断很准确，但校对成绩很差；在回溯式条件下，校对成绩很好，但时间判断不准。

在预期式情况下，由于被试提前知道自己将作时间估计，其注意会有意识地指向时间信息；而回溯式条件下，被试的注意没有明确原因会指向时间信息，或者可以假定，被试的注意指向了非时间信息。既然预期式条件下，被试有意识地监测时间段，在时间信息加工上分配了较多的资源，那么时间估计任务准确性、可靠性必然会提高；而回溯式条件下，事先没有告知被试将进行时间判断，由于没有明确的原因使注意分配到时间信息上，被试很可能将大量的注意资源指向非时间信息加工，因此被试的时间估计就会不准确且易变。这说明，对一个维度的注意确实影响了另一维度的加工，两类信息出现了干扰效应，即相互竞争有限的注意资源。

而且，还有研究[4]表明：随着任务的复杂性增加，时间估计所受的干扰就越大。*Hicks、Miller* 及 *Kinsbourne* 的实验要求被试对纸牌进行分类，按照颜色分成两类（简单）或按照花色分成四类（复杂），然后进行时间估计。结果发现，随着非时间任务复杂性的增加，被试预期、回溯方式下的时间估计准确性下降，并出现不同的偏向：在预期式条件下，被试对复杂操作（按花色）的时间估计比简单操作（按颜色）的时间估计产生明显的低估倾向；而回溯式条件下相反，复杂操作的时间估计出现高估偏向。

在预期式条件下，被试注意资源倾向于指向时间信息，但随着非时间任务复杂性的增加，更多的注意资源不得不被分配到非时间信息加工上，即非时间

① 黄希庭，张志杰. 时距估计干扰效应的研究与思考. 西南师范大学学报（人文社会科学版），2001，27(4): 84~88.

② *Brown, S. W. Time perception and attention: The effects of prospective versus retrospective paradigms and task demands on perceived duration. Perception & Psychophysics, 1985, 38(2): 115~124.*

③ *Brown, S. W., Stubbs, D. A. Attention and interference in prospective and retrospective timing. Perception, 1992, 21: 545~557.*

④ *Hicks, R. E., Miller, G. W., Kinsbourne, M. Prospective and retrospective judgments of time as a function of amount of information processed. American Journal of Psychology, 1976, 89(4): 719~730.*

信息开始争夺更多的注意资源，这导致认知系统对时间信息的编码减少，因此时间判断准确性下降并且估计时间变短；回溯式条件下，被试的注意原本就没有明确指向时间信息，而随着非时间任务复杂性的增加，越来越多的注意资源分配到了非时间信息上，被试没有对时间信息进行编码，当要求进行时间估计时，被试不得不根据非时间信息来进行估计，因此非时间信息越复杂，被试就越倾向于认为持续时间长，因而出现高估行为。这种高估现象被称为"可得性启发"，此概念来自 Ornstein 和 Block，是指记忆中的持续时间受记忆中非时间信息数量的干扰，既然回溯式条件下没有对持续时间进行编码，被试只能依靠可得性信息资源组块的数量或非时间信息序列的变化来判断[1][2]。

这种"可得性启发"引起的高估现象在 McClain[3] 语义加工的实验中也得到了证实。他在语义加工任务中同时变化单词的难度和数量，结果发现，单词的增多会导致较长的回溯式时间估计，即回溯式条件下的高估现象。然而，也存在一些与之相反的结论，Boltz 的系列研究[4]-[6]中给被试多次、重复地呈现一系列旋律或自然环境中的声音，然后突击性地要求他们再认或再生总持续时间，结果发现，被试的操作成绩是高度准确和可靠的。也就是说，如果有足够的学习经验，时间信息在回溯状态下也能够被认知系统编码。这可以用由于熟悉导致的自动化来解释：由于熟悉，该任务所需要的注意资源减少，因而注意能够较多地分配到另一信息资源，这样任务就能较好地完成。

综上所述，时间信息和非时间信息在认知加工系统中，有时也是相互竞争的。由于任务的成功完成必须满足一个条件：所需的资源不超过注意总资源提供的量[7]（两类信息加工所需的资源总和就是心理负荷[8]）。因此当心理负荷超过注意总资源时，两者便会出现争夺资源和相互竞争的现象。概言之，在

① Ornstein, R. E. On the experience of time. Baltimore M D: Penguin, 1969.

② Block, R. A. Contextual coding in memory: Studies of remembered duration. In: J. A. Michon., J. L. Jackson. Time, mind, and behavior. Berlin: Springer Verlag, 1985: 169~178.

③ McClain, L. Interval estimation: Effect of processing demands on prospective and retrospective reports. Perception &Psychophysics, 1983, 34(2): 185~189.

④ Boltz, M. G. The remembering of auditory event durations. Journal of Experimental Psychology: Learning, Memory, and Cognition, 1992, 18(5): 938~956.

⑤ Boltz, M. G. The generation of temporal and melodic expectancies during musical listening. Perception & Psychophysics, 1993, 53(6): 585~600.

⑥ Boltz, M. G. Changes in internal tempo and effects on the learning and remembering of event durations. Journal of Experimental Psychology: Learning, Memory, and Cognition, 1994, 20(5): 1154~1171.

⑦ Navon, D., Gopher, D. On the ecomony of the human-processing system. Psychological Review, 1979, 86(3): 214~253.

⑧ Brown, S. W., Bolz, M. G. Attentional processes in time perception: Effects of mental workload and event structure. Journal of Experimental Psychology: Human Perception and Performance, 2002, 28 (3): 600~615.

时间信息和非时间信息所需的注意资源总和即心理负荷接近或大于注意总资源时，两类信息的加工就出现竞争和干扰。这可能是因为时间信息、非时间信息所需要的注意资源在"量"上没有明显差异，而注意总资源有限，两者便相持不下，争夺资源。此时，两类信息任务要求的不同会影响注意资源的分配。在预期式条件下，时间任务要求较高，注意分配机制便将注意倾向于时间信息，因而时间任务完成好于非时间任务；在回溯式条件下，任务没有明显要求，注意分配机制没有明显倾向于时间信息，因而时间任务的完成没有明显优势。

四、时间信息与非时间信息相互促进

除相互独立和相互竞争之外，还有一种观点[1-3]，即认知加工中时间信息和非时间信息可以相互促进。

Boltz 认为，自然事件的编码和记忆依赖于学习和事件本身的结构，事件可以分为一致性和不一致性事件。所谓一致性是指：有高度的内部可预测性，并且在所有的时间范围内，项目都以规律的时间顺序展开，可以组成更高级顺序的块或组[4]。演讲、谈话时的抑扬顿挫都是一致性事件[5]。高度一致性事件的时间和非时间信息是结合起来被编码的，无需额外努力，而且对一个维度的注意会导致对另一个维度的偶然学习；不一致性事件的编码则需要选择性注意的参与。为了证实自己的假设，*Boltz* 做了两个实验。实验一为 2×2×4 混合设计，音乐结构为被试内变量，分为一致和不一致两个水平；被试间变量有两种：旋律（A、B）和注意指向（音高、持续时间、音高与持续时间、无）。实验时，48 名被试被分配到 8 个被试间条件中，每组 6 人。所有被试首先对旋律进行学习，试听旋律一段时间后进行等级评定。等级评定有四种，每种十个等级：熟悉度如何？旋律规律性（可预测性）如何？旋律愉悦度如何？旋律学习和记忆容易度如何？这种等级评定使被试对旋律进行了充分的学习。最后要求被试通过再现的方式对旋律的持续时间进行回忆。结果发现：音乐结构（一致／不一致）的主效应显著，即无论注意维度如何，高一致性旋律比低一致性旋律更

① *Boltz, M. G. The remembering of auditory event durations. Journal of Experimental Psychology: Learning, Memory, and Cognition*, 1992, 18(5): 938~956.

② *Boltz, M. G. The generation of temporal and melodic expectancies during musical listening. Perception & Psychophysics*, 1993, 53(6): 585~600.

③ *Boltz, M. G. Changes in internal tempo and effects on the learning and remembering of event durations. Journal of Experimental Psychology: Learning, Memory, and Cognition*, 1994, 20(5): 1154~1171.

④ *Boltz, M. G. Some structural determinants of melody recall. Memory & Cognition*, 1991, 19(3): 239~251.

⑤ *Grosjean, F., Grosjean, L., Lane, H. The patterns of silence: Performance structures in sentence production. Cognitive Psychology*, 1979, 11(1): 58~81.

容易预测，也更容易学习和记忆；音乐结构与注意维度存在交互效应，即选择性注意的变化能够影响持续时间记忆，但这些效应也依赖于事件结构一致性的程度。实验二与实验一相似，仅在注意指向变量中增加了节奏水平。实验二的选择性注意条件有五种：一组注意总持续时间；一组只注意特定节奏；一组注意音高；一组同时注意音高和节奏；一组无任何信息。结果与实验一相同：音乐结构（一致／不一致）的主效应显著；音乐结构与注意维度存在交互效应。

以上两个实验说明高度一致的事件以不同方式易化了编码和记忆，研究者的解释是：由于两类信息高度一致，同时输入两个维度和单独输入一个维度需要同等数量的加工努力，那么对一个维度的注意可以导致对另一维度的偶然学习。因此，同时注意两个维度没有使作业成绩降低。这些研究表明，时间信息和非时间信息可以相互促进，前提是事件结构高度一致。其实，在认知加工中，事件结构高度一致是指，时间信息具有特定的规律并能够对非时间信息的组织产生重要作用，从而使得时间信息成为非时间信息的属性之一。比如在音乐事件中，节奏（时间信息）可以成为音高（非时间信息）的辅助属性。节奏就是特殊的时间栅栏，时间栅栏是由内部生物钟或起搏器产生的一系列相等的时间间隔，当音高以特定的时间序列出现时，就落在了节奏栅栏上，这就如同给音高做了标记和组织，造成了个体直接知觉（自下而上）的易化[①]。再比如在诗歌中，韵律（时间信息）就成为语音（非时间信息）的辅助属性，易化了语音的知觉。此时，个体的知觉对象是非时间信息，而时间信息则退为背景，被纳入非时间信息的属性，因此个体只需要在非时间信息上分配注意，而个体对非时间信息的加工又会自然而然地引起对时间信息的加工，于是，个体仅需很少的注意资源就完成了两类信息的加工，时间信息和非时间信息实现了相互促进。

另外，相互促进的过程与学习经验程度也有关。学习初期，时间信息与非时间信息两个维度可能是相互独立的，随着学习经验的增加，个体就会掌握规律性组织的方法，学会用时间信息组织非时间信息，从而实现相互促进。比如初学朗读的人，其语音和节奏是分离的，不易于学习和记忆，随着朗读熟练程度的提高，语音就被停顿、长音等时间信息有机地组织，从而利于学习和记忆。这表明，时间信息和非时间信息的有机结合会促进彼此的加工。

① *Krumhansl, C. L. Rhythm and pitch in music cognition. Psychological Bulletin,* 2000, 126(1): 159~179.

五、小结

关于认知加工中时间信息和非时间信息的关系，仁者见仁，智者见智。相互独立观点、相互竞争观点、相互促进观点在说明时间信息与非时间信息的关系上各有贡献：相互独立观点认为时间信息与非时间信息能够独立作用于任务操作，而不依赖于另一信息的特性；相互竞争观点则强调时间信息与非时间信息在加工时存在干扰效应，对一类信息的注意增强会影响另一任务的完成；相互促进观点则引入了事件结构，尤其提出事件结构一致时两类信息是相互促进的，为研究两类信息的关系打开了新局面。但三者提出的只是总体现象的某个部分，都不能清晰、整体地说明时间信息与非时间信息的关系，因此，有必要对时间信息与非时间信息的关系进行整理和概括，其关系大致可归纳为图 2.1。

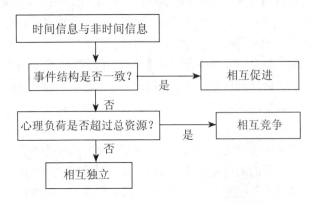

图 2.1　认知加工中时间信息与非时间信息的关系

时间信息和非时间信息是事件的两个基本属性，共同决定事件的本质，图 2.1 表明，时间信息和非时间信息在知觉中的地位不是一成不变的，这取决于事件的结构。如果事件结构不一致，时间和非时间信息就分别成为知觉的对象。注意分配机制会进一步作出判断：心理负荷即两类信息所需的资源总和是否大于总资源？如果时间信息和非时间信息所需的资源总和（心理负荷）小于总资源，两类信息在认知系统中就相互独立。这种独立加工包括两种情形：一种是时间信息和非时间信息所需要的资源相当，由于总资源充沛，认知加工没有受到任何影响，于是对一个维度的加工就不依赖于另一个维度特性的变化，其中一个任务的完成水平是单独加工作用的结果；另一种是时间信息和非时间信息所需要的资源量有差异，比如其中之一过于简单，或与个体知识经验吻合，或者受到一定程度的练习，这种自动化会使另一个任务的完成水平提高，从而促进整体信息加工水平。

如果时间信息和非时间信息所需的资源总和即心理负荷大于总资源，两者就相互竞争，争夺到较多资源的那一方就获得较好的加工。这种竞争包括两种情形：一种是时间信息和非时间信息所需要的资源量相当，此时注意分配机制不得不根据任务要求来判断更倾向哪一方，比如预期式条件下注意在时间信息上分配的更多，而回溯式条件下则相反，因此预期式条件下时间任务的完成好于非时间任务，回溯式条件下则无此结果；另一种是两者需要的资源量有差异，这种差异大多是由于学习和练习造成的，此时注意分配机制的压力得到缓解，由于学习或练习节省的资源就分配给另一任务。所以该条件下任务的完成好于第一种条件。

如果事件结构高度一致，两者会相互促进，此时加工机制将对它们的知觉地位作出变换：非时间信息成为知觉对象，而时间信息退为背景。由于两类信息在结构上高度结合，时间信息被纳入非时间信息中，成为非时间信息的一个属性，从而大大节省了任务完成所需的注意资源。即使个体没有将注意分配到时间信息上，只要他对非时间信息进行注意和加工，也就潜意识对时间信息进行了偶然学习，于是个体的选择性注意不会影响对任务的完成。

时间信息和非时间信息相互促进的关系尚有许多问题值得深入研究。当时间信息和非时间信息具有高度紧密的结构关系时，非时间信息成为知觉对象而时间信息退为知觉背景，那么时间信息究竟如何对非时间信息进行组织？时间信息的认知是否是内隐的？有什么特点？学习经验程度如何影响时间信息对非时间信息的组织？可以预期，随着这些问题的解决，时间信息与非时间信息关系的研究将会更加深入。

合作者：郭秀艳、聂晶；原文载于：心理科学，2003，26（5）：770~774.

运动视觉信息中时间知觉线索的实验研究

一、引言

运动视觉是视觉系统的基本维度，观察者准确判断视觉流域中运动物体到达某一特定点的时间——碰撞时间（*time-to-collision*）或接触时间（*time-to-contact*）即 *TTC* 的能力是至关重要的。心理学家对 *TTC* 知觉线索的研究表明，当物体沿视轴运动时（$d\theta/dt=0$），*TTC* 知觉和计时行为并非根据速度和距离信息作出，而是以物体视觉影像相对扩张率的倒数（$\Phi/d\Phi/dt$）即 *tau-margin* 信息为主要线索，由视觉变量 τ 表示。当物体向偏离视轴的特定目标（$d\Phi/dt \neq 0, d\theta/dt \neq 0$）运动时，物理信息和视觉信息都被观察者用于 *TTC* 判断[1]。*Delucia* 等通过实验发现，物体大小也是影响 *TTC* 知觉的重要因素，当物体差异很大时，人们倾向于认为大物体先到达目标[2]。研究还证实，人的 *TTC* 判断存在很大的性别差异，男性的判断准确性普遍高于女性[3]。对于另一种情况（$d\Phi/dt=0$）下 *TTC* 知觉线索的研究较少，此时运动物体不存在视觉扩张信息（$\Phi/d\Phi/dt$），仅存在视觉边界的收缩信息（$\theta/d\theta/dt$）[4]。现实生活中不乏其例，体育运动中举行环行自行车赛和汽车赛，以及司机驾驶机动车改变方向时，车道外的行人为避免碰撞和准确估计车辆到达目标的时间就会进行 *TTC* 判断。本研究采用绝对判断法考察在 $d\Phi/dt=0$ 的情况下 *TTC* 知觉线索及其中是否存在性别差异。

二、研究方法

本研究用两个实验考察在运动物体的时间知觉中影响 *TTC* 判断的因素，被试端坐在距计算机 $2.5m$ 处，头放在一个特制的凹型木架上，保持视线与计算机屏幕中线齐平，以保证 $d\Phi/dt=0$，整个实验在自然光照条件下进行。正式实验前先让被试进行预备实验，目的是使之熟悉操作并加快反应速度。

①③④ 刘瑞光，黄希庭. 运动视觉中时间知觉信息源的研究. 西南师范大学学报（自然科学版），1997，22(6): 727~734.

② *Delucia, P. R., Warren, R. Pictorial and motion-based depth information during active control of self-motion: Size-arrival effects on collision avoidance. Journal of Experimental Psychology: Human Perception and Performance*, 1994, 20(2): 783~798.

（一）仪器、材料

微机 486 一台，计时精确性校正到毫秒，运动物体和目标分别是一个正方形物体和一竖线，均由计算机产生。

（二）被试

西南师范大学物理系、中文系和心理系的 40 名在校大学生自愿参加实验，男女各半，裸视力正常，平均年龄 22 岁。

（三）设计

实验一操纵三个因素，距离有两个水平（16cm、20cm），速度有三个水平（1cm/s、2cm/s、4cm/s），性别（男、女），采用 2×3×2 混合实验设计，距离和速度为被试内因素，性别为被试间因素。实验二操纵两个因素，第一个因素为物体大小，两水平（大、小），第二个因素为运动方式，两水平（匀速、加速），被试内设计。

（四）程序

实验一：首先计算机屏幕上出现实验说明与要求，被试按空格键后屏幕正中出现开始示示符"+"，持续 500ms，接着屏幕左方出现一长为 20cm 的红色竖线（目标），同时在距竖线右方的 20cm 或 16cm 处出现一边长为 4cm 的蓝色正方形物体（正方形物体的左边距竖线 20cm 或 16cm），定格 3s 后，物体以恒定的速度向目标运动（计算机计时开始），物体的运动速度有三种：1cm/s、2cm/s、4cm/s。当物体运动到其初始位置与竖线（目标）距离的 2/3 位置处物体消失，要求被试判断物体何时到达目标，当被试认为物体到达目标（以物体的左边到达竖线为准）时，用右手迅速按下键盘上的"J"键，与此同时清屏，计算机记录被试的判断时间、物体的实际到达时间及判断的误差。各种处理组合平衡随机出现，被试按空格键开始下一次判断。每个被试需完成五段实验，共 120 次判断，其中每段包括四节，每节中各处理组合平衡随机出现一次。被试实验中可随时休息，实验后被试均得到一定的报酬。

实验二：基本同实验一，区别在于物体的初始位置固定，与目标的距离为 20cm；物体的大小分为两种，一是边长为 4cm 的正方形大物体，一是边长为 2cm 的正方形小物体；运动方式有两种，一是物体以 2cm/s 的恒定速度向目标运动，另一是物体以 $0.2cm/s^2$ 的加速度向目标运动，初速度为 2cm/s。每个被试需完成五段实验，共 80 次判断，其中每段包括四节，每节中各处理组合平衡随机出现一次。其他要求同实验一。

（五）结果

1. 实验一

利用 *SPSS* 对实验数据进行 *ANOVA* 分析。结果表明，距离因素的效应极其显著 [$F_{(1,22)}$ =9.02，*P*<0.01]，运动速度的效应显著 [$F_{(2,44)}$ =4.26，*P*<0.05]，性别因素的效应也极其显著 [$F_{(1,22)}$ =9.23，*P*<0.01]。距离与速度、距离与性别和速度与性别间的一阶交互作用不显著 [$F_{(2,44)}$ =1.85，*P*>0.05；$F_{(1,22)}$ =1.53,*P*>0.05；$F_{(2,44)}$ =1.43，*P*>0.05]，距离、速度与性别之间的二阶交互作用也不显著 [$F_{(2,44)}$ =2.46，*P*>0.05]。由此得知，距离和速度对被试的 *TTC* 判断具有很大的影响，它们是主要的时间知觉线索，被试的时间判断不仅仅依赖于呈现的视觉刺激以及物体视觉边界的收缩信息（$\theta/d\theta/dt$），而是通过观察物体的距离和速度后作出的。

表 2.1　被试 *TTC* 判断中的绝对误差平均值和标准差（*ms*）

性别	距离		速度		
			1*cm/s*	2*cm/s*	4*cm/s*
男	20*cm*	M	605	904	319
		SD	332	486	211
	16*cm*	M	447	257	336
		SD	291	292	308
女	20*cm*	M	1832	1170	724
		SD	2147	1073	474
	16*cm*	M	738	721	374
		SD	402	668	259

表 2.1 显示，短距离的时间判断优于长距离的判断，快速运动时的 *TTC* 判断优于慢速运动时的判断。继续对速度因素（*B*）的三个水平的均值进行 *Duncan* 检验得知，B2（2*cm/s*）与 B1（1*cm/s*）间的差异不显著（*P*>0.05），B3（4*cm/s*）与 B2（2*cm/s*）、B3（4*cm/s*）与 B1（1*cm/s*）间的差异均显著（*P*<0.05），这说明当物体以 4*cm/s* 的速度运动时，被试对 *TTC* 判断的准确性显著优于另两种条件下的判断准确性。由此可知，在短距离或快速运动条件下，被试判断时间利用视觉信息的可能性较大，随着距离的增加、速度的减慢，物理信息在判断中作用逐渐增大，此种条件下，视觉信息和物理信息都是重要的 *TTC* 知觉信息源。

表 2.2　各种实际 *TTC* 条件下被试的 *TTC* 判断及相对误差平均值（*ms*）

实际 *TTC*	4000	5000	8000	10000	16000	20000
相对误差	−55	−118	−168	−258	346	738
绝对误差（男）	24	191	−9	−279	−45	478
绝对误差（女）	−135	−427	−327	−237	648	988

方差分析的结果还表明，在运动物体的 TTC 判断中存在显著的性别差异，男性的判断准确性普遍高于女性。从表 2.2 给出的被试 TTC 判断及相对误差平均值来看：就整体而言，当实际的 TTC 不大于 10s 时，被试的时间判断呈高估倾向，与男性相比女性趋于高估时距；而当实际 TTC 超过 10s 后，则呈现低估时距倾向，这时女性比男性更趋于低估时距。由数据分析得知，被试的 TTC 判断值与实际的 TTC 值相差不远，总是围绕着实际 TTC 值波动，男女被试在各种处理条件下 TTC 判断值的散点图显示出了实际 TTC 及相应的 TTC 判断值间的线性关系，对两者进行线性拟合得出回归直线为：

$Tr=0.966TTC+0.280$

其中 TTC 表示实际的 TTC，Tr 表示判断的 TTC。经回归方程的方差分析，结果极其显著 $[F_{(1,22)}=9.37，P<0.01]$。

2. 实验二

经 $ANOVA$ 分析，物体的大小效应不显著 $[F_{(1,15)}=3.38，P>0.05]$，运动方式的效应极其显著 $[F_{(1,15)}=30.98，P<0.001]$，物体大小与运动方式的交互作用效应也显著 $[F_{(1,15)}=6.80，P<0.05]$。这说明被试在 TTC 判断中没有利用物体大小线索，而物体的运动是否存在加速度对其判断产生了很大的影响。将每个被试作为区组重新进行方差分析，除得出显著的组间变异外，其他各因素的效应及交互作用的效应与以上相同。尽管大小因素的主效应不显著，但它与运动方式的交互作用极大地影响被试的判断，继续对交互作用进行简单效应检验得知，运动方式（B）在物体的大小（A）两个水平上都有极显著的影响 $[B$ 在 $A1$（大物体）水平上，$F_{(1,15)}=14.40，P<0.01；B$ 在 $A2$（小物体）水平上，$F_{(1,15)}=35.91，P<0.001]$。结果表明，无论是大物体还是小物体，被试在进行时间判断时都考虑了运动方式——是否加速——这一知觉线索。

表 2.3　各种处理下被试 TTC 判断的误差平均值与标准差（ms）

		大物体	小物体
匀速	M	898	1189
	SD	325	426
加速	M	532	590
	SD	220	272

由表 2.3 可知，与物体匀速运动的情况相比，当物体加速运动时，被试 TTC 判断的准确性更高，判断值的差异较小，判断更容易些。由此得知，尽管物体视觉轮廓的变化率保持不变，物体边界与目标间的视觉收缩信息对被试的 TTC 知觉产生较大的影响，视觉信息也是重要的时间知觉线索。

根据被试在各种处理条件下 TTC 判断的相对误差平均值绘成图 2.2，此图显示出，无论大物体或小物体，随着实际 TTC 的减小，判断的相对误差值由正变为负，这体现出被试低估长时距、高估短时距的倾向，并且当物体匀速运动时（实际 TTC 为 10s），相对误差值较小，而当物体加速运动时，则出现了较大的相对误差值。这说明，10s 的时距较难于判断，或许 10s 左右存在着 TTC 的一个知觉阈限。

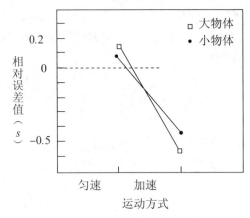

图 2.2　物体大小和运动方式对 TTC 判断的影响

三、讨论

当前研究表明，在运动物体视觉影像的扩张率保持不变的情况下（$d\Phi/dt=0$），TTC 知觉利用了物理信息源的距离和速度，观察者不仅能够统合两种信息，而且还能从物体的运动中获得加速度估计，无论大物体或小物体这种区分都是有效的。本实验条件下 TTC 知觉没有发现显著的大小效应，这与 Bootsma 等人的研究结果一致[1]。之所以大小效应不显著，是因为此种条件下物体视觉轮廓的扩张率不变，视觉轮廓本身的大小对判断不起作用，物体消失之前，观察者所注意的是物体边界与目标间的视觉收缩信息（$\theta/d\theta/dt$）以及物体的运动状态。这使得 Tresilian 区分的"global" tau 对于 TTC 判断的贡献不可低估[2]，此时 Tau-margin 是一种重要的时间知觉线索。从本研究来看，在短距离、快速运动条件下，被试观察物体运动的时间较短，其 TTC 判断是通过"知觉—运动"系统选择一种迅速、直接作出行为的途径，即利用了 Tau 信息，TTC 判断

① Bootsma, R. J., Oudejans, R. R. Visual information about time to collision between two objects. Journal of Experimental Psychology: Human Perception and Performance, 1993, 19(5): 1041~1052.
② 刘瑞光，黄希庭. 运动视觉中时间知觉信息源的研究. 西南师范大学学报（自然科学版），1997，22(6): 727~734.

的正确率较高，较长的 *TTC* 导致被试时间判断的正确率降低。而物体一旦消失，此线索就不复存在。根据生态学观点，来自运动的持续的感觉输入与其知觉特点不相关，决定知觉的是视觉信息而不是感觉刺激[①]。本研究条件下的时间知觉线索来源于运动物体提供给观察者的多种信息源，最终用于 *TTC* 估计的是视觉信息和物理信息统合的结果[②]。实验中体现出的长时距低估、短时距高估现象（以 10*s* 为界）与先前的研究结果一致，但与物体沿视轴运动情况下（$d\theta/dt=0$）的结果正相反，究其原因也许是后一种计时任务包含躲避倾向，因此并非所有的 *TTC* 判断任务都是相同的，不同任务具有不同的时间知觉线索。就观察者判断的 *TTC* 和实际 *TTC* 来看，物体匀速运动时，两者的关系适合用线性模型来描述。这与 *Yakimoff* 等人提出的模型一致[③]。*TTC* 判断中极其显著的性别差异在本实验中得到充分体现，男性的判断准确性普遍高于女性，*TTC* 知觉中性别差异归因于两性空间能力的差异、时空信息的经验以及采用的不同判断技术。另外，由本实验结果还得出这样的启发，人的 *TTC* 判断是否在 10*s* 左右存在着一个时间知觉"阈限"？对此还有待于进一步探索。

四、小结

在运动物体视觉影像的扩张率保持不变（$d\Phi/dt=0$）的条件下，本研究得出下述结论：

（1）视觉信息和物理信息是重要的时间信息源，*TTC* 知觉线索是视觉信息和物理信息的统合。

（2）时间判断存在显著的性别差异，男性的判断准确性普遍高于女性。

（3）当物体匀速运动时，*TTC* 判断值与实际 *TTC* 间的关系适合用线性模型来描述。

合作者：刘瑞光；原文载于：心理学报，1999，31（1）：15~19.

① *Freeman, T. C. A., Harris, M. G., Tyler, P. A. Human sensitivity to temporal proximity: The role of spatial and temporal speed gradients. Perception & Psychophysics*, 1994, 55(6): 689~699.

② *Tresilian, J. R. Perception and cognitive processes in time to contact estimation: Analysis of prediction-motion and relative judgment tasks. Perception & Psychophysics*, 1995, 57(2): 231~245.

③ *Yakimoff, N., Mateeff, S., Ehrenstein, W. H. Motion extrapolation performance: A linear model approach. Human Factors*, 1993, 35(3): 501~510.

短时距知觉中的面积效应

　　人对刺激的某些空间特点的知觉，如视觉中刺激间的距离、方向听觉中刺激的频率影响着人对刺激的持续性的知觉，即所谓 *Kappa* 效应。反之，对刺激的持续性的知觉也会影响到人们对刺激的某些空间特点的判断，如肤觉、视觉中的距离，亦即所谓 *Tau* 效应。这种现象称为时空依赖性。

　　综观前人对时空依赖性的研究，绝大多数集中在对刺激间的距离或长度的知觉与对刺激的持续时距的知觉的相互影响，研究中所用的材料也多为相继呈现的离散刺激所形成的空"距离"与空时距[①]。对时空依赖性的解释主要有两种观点。*Anderson* 等人以速度、时间、距离三者关系的整合在时间、空间判断中的作用解释时空依赖性，即所谓归因的匀速假说（*imputed velocity hypothesis*）[②-④]。而 *Jones* 和 *Huang* 则把 *Kappa* 和 *Tau* 效应归结为背景性（*context*）错觉[⑤]，认为是由于实验情境所具有的特点，导致被试把相继呈现的离散刺激归结为匀速运动（但并未真正感受到这种运动），因而，速度、时间、距离三者的物理关系为进行时间—空间判断提供了一个自然背景，从而产生刺激间距离越大，知觉到的时距越长的错觉，特别是当这种判断的难度较大时，更是如此；反之亦然。

　　尽管上述归因的匀速假说能较好地说明大多数以相继呈现的离散刺激为材料的空时距的实验现象，但却难以预测和解释以线段、矩形、立体框架等刺激为材料的实时距的实验结果。例如，在对超短时距（100*ms* 以下）的研究中，*Thomas* 和 *Cantor* 发现，刺激的面积大小影响着知觉到的时距的久暂[⑥⑦]，而

　　①⑤　*Jones, B., Huang, Y. L. Space-time dependence in psychological judgment of extent and duration: Algebraic models of the tau and kappa effects. Psychol. Bull, 1982, 91: 128~142.*

　　②　*Cohen, H., Hansel, C. E. M., Sylvester, J. D. Interdependence in judgments of space, time and movement. Acta Psychologica, 1955, 11: 360~372.*

　　③　*Anderson, N. H. On the role of context effects in psychological judgment. Psychological Review, 1975, 82(6): 462~482.*

　　④　*Collyer, E. Discrimination of spacial and temporal intervals defined by three light flashes: Effects of spacing on temporal judgments. Reception & Psychophysics, 1977, 21(4): 357~364.*

　　⑥　*Thomas, E. A., Cantor, N. E. On the duality of simultaneous time and size on perception. Perception & Psychophysics, 1975, 18(1): 44~48.*

　　⑦　*Thomas, E. A., Cantor, N. E. Simultaneous time and size perception. Perception & Psychophysics, 1976, 19(4): 353~360.*

Bobko 等使用长时距（55*s*）和有意义的材料（在不同大小的显示器上放映同一游戏）也得到了时距估计的长短与显示器的显示面积大小有关这一结果[①]。事实上，这种以线段、矩形、立体框架等刺激为材料的研究尚不多见。从 *Kappa* 和 *Tau* 效应都是一种背景性错觉这一理论假设出发，我们设想，在短时距中，刺激本身的面积与体积大小也可能会影响时距知觉。如果这一猜想得到证实，进一步的问题就是能否由此说明在一定条件下对刺激的大小的加工是被试表征时间体验的一个重要因素？为此，本研究设计了两个实验来探讨短时距中刺激的面积大小、立体框架大小对时距知觉的影响及其主要原因。

一、实验一

（一）目的

检验关于短时距下平面上静止的刺激的面积大小影响再现时距的假设。

（二）方法

采用被试内设计（5×5），自变量为标准刺激图形（实心矩形）的面积大小与呈现时距的长短（1*s*、2*s*、3*s*、4*s*、5*s*）。刺激时距的范围根据 *Fraisse* 的观点确定，刺激图形的绝对大小以在计算机屏幕所能容许的为准，其长宽比为 3:2，最大面积为 384*cm*²，其相对大小比值为：1、13、38.81、87.58、313.13。观测变量为再现时距与反应时。使用两台 *ST-286* 微机（带 *EGA* 卡）自动呈现标准刺激并记录被试的反应时和再现时距，程序设计全部采用汇编语言，计时精度为 1*ms*。被试为在读本科大学生 10 名，其中男 6 名、女 4 名，并且有 8 名被试在实验前使用过计算机。实验后，付给被试少量酬金。

实验的具体做法是：计算机自动呈现标准刺激（其面积、时距水平均经随机化），刺激消失后，被试尽快按下 *shift* 键再现出刺激时距；然后被试做一道一位数减法题（计算机自动呈现题目，以大减小），最后被试按任一键进行下一次测试。实验前被试首先阅读书面指导语，接着由主试简要讲解并指导被试练习 2~8 次，约 2*min*，内容与正式实验相同。待被试熟悉实验程序后，正式实验开始。

（三）结果与分析

全体被试在五种刺激时距与五种面积水平下的再现时距、反应时的平均值列入表 2.4。

---

① *Bobko, D. J., Bobko, P., Davis, M. A. Effect of visual display scale on duration estimates. Human Factors*, 1986, 28(2): 153~158.

表2.4 各种刺激时距（A）及面积水平（B）下的再现时距、反应时的平均值（s）

		B1 $\bar{x}$	B2 $\bar{x}$	B3 $\bar{x}$	B4 $\bar{x}$	B5 $\bar{x}$
A1	再现时距	1.01±0.34	0.90±0.39	1.69±0.56	1.55±0.58	1.43±0.45
	反应时	0.70±0.37	0.76±0.37	0.70±0.43	0.70±0.38	0.95±0.16
A2	再现时距	1.74±0.63	1.79±0.90	2.76±0.98	2.33±0.86	2.36±0.74
	反应时	0.82±0.43	0.76±0.37	0.71±0.46	0.59±0.27	0.75±0.36
A3	再现时距	2.56±0.79	2.38±0.90	3.14±1.21	3.65±1.54	3.11±1.24
	反应时	0.63±0.41	0.79±0.48	0.74±0.36	0.70±0.34	0.66±0.37
A4	再现时距	3.34±1.17	2.90±0.93	4.13±1.17	3.94±1.08	4.13±1.31
	反应时	0.72±0.50	0.70±0.42	0.67±0.38	0.83±0.42	0.75±0.46
A5	再现时距	3.95±1.61	3.69±1.27	4.35±1.14	4.66±1.30	4.88±1.39
	反应时	0.82±0.52	0.80±0.60	0.72±0.36	0.68±0.42	0.68±0.40

对变换后的再现时距进行方差分析，结果表明，刺激时距对再现时距的影响极其显著 $[F_{(4,36)}=255.29，P<0.001]$。同时，正如我们所设想的，时距刺激的面积大小对再现时距的影响也是极其显著的 $[F_{(4,36)}=45.70，P<0.001]$，并且刺激时距与面积对再现时距的交互作用不显著 $[F_{(16,691)}=0.87，P>0.05]$。这一结果表明，在短时距下（1~5s），时距刺激的面积大小显著影响再现时距的长短。

对反应时的方差分析结果显示，刺激时距与面积大小及其交互作用对反应时的影响均不显著。考虑到这一结果是在排除了个体差异的影响的前提下取得的，而指导语又强调了反应的速度，并且实验的难度不大，被试的反应标准又无变化，所以这一结果是合理的。

（四）讨论

实验一的结果，证实了时距刺激的面积大小影响知觉到的时距长短这一构想。但是，造成这种影响的原因尚未确定。一方面，由于面积较大的刺激其轮廓较大，若被试对时间信息的加工与刺激的轮廓大小有关，则在同一时距下较大轮廓的刺激引起较长的时距知觉是不足为奇的。*Fraisse* 曾指出，在空间和时间之间存在着交互影响，空间的大小与时间的长短是可以互相影响的，就如同 *Müller-Lyer* 错觉影响对线段长度的知觉一样[①]。另一方面，由于刺激材料为

---

① *Fraisse, P. Temporal integration of elements in optical-geometric illusions and inversion of the Müller-Lyer illusion. L'Année Psychologique*, 1971, 71: 53~72.

填充图形，故在同一刺激时距下，面积较大的刺激所具有的刺激强度也较大，引起较强的神经兴奋，从而时距知觉较长，*Fraisse* 对 *Vander Waals* 和 *Roelofs* 结果就是这样解释的[①]，但未提供直接证据。当然，更可能的是这两种因素共同起作用的结果。我们预期面积效应主要源于轮廓大小，即在一定条件下人对刺激的大小的加工是表征时间体验的一个重要线索，因此，有必要以未填充图形为材料进行研究，若未填充图形的轮廓大小同样显著地影响时距知觉，则支持轮廓大小是造成面积效应的主要因素这一设想，否则，支持后两种设想。以下称未填充的立体刺激的体积大小为立体框架大小。

二、实验二

（一）目的

通过对短时距下刺激的立体框架大小对再现时距的影响的探索，初步探讨形成面积效应的主要原因。

（二）方法

实验材料为相对大小比为 1、12.6、29.4、90.67、702.7 的空心立体框架，最大"体积"为 $219cm^2$。被试为 9 名在读本科大学生，其中男生 5 名。实验的其他方面除指导语中关于材料的说明不同外，均同实验一。

（三）结果分析与讨论

全体被试在各种刺激时距与立体框架下的再现时距、反应时的平均值见表2.5。

表 2.5　各种刺激时距（A）与立体框架（B）下的再现时距、反应时的平均值（s）

		B1 $\bar{x}$	B2 $\bar{x}$	B3 $\bar{x}$	B4 $\bar{x}$	B5 $\bar{x}$
A1	再现时距	1.91±1.46	2.90±2.93	2.45±3.38	1.96±1.73	1.56±0.58
	反应时	0.56±0.21	0.62±0.33	0.79±0.35	0.77±0.42	0.72±0.24
A2	再现时距	3.20±1.60	3.07±1.67	2.83±1.66	3.98±3.95	3.23±2.81
	反应时	0.67±0.31	0.63±0.29	0.52±0.26	0.52±0.25	0.60±0.21
A3	再现时距	3.73±1.57	4.63±4.35	4.13±2.48	4.15±3.59	4.07±2.42
	反应时	0.57±0.24	0.52±0.22	0.55±0.27	0.49±0.22	0.61±0.28
A4	再现时距	5.13±2.45	4.67±2.65	4.07±1.24	4.50±2.21	5.14±3.37
	反应时	0.53±0.25	0.50±0.20	0.60±0.40	0.53±0.26	0.61±0.36
A5	再现时距	7.37±4.65	4.72±1.43	5.72±4.07	5.45±2.70	
	反应时	0.45±0.31	0.54±0.23	0.55±0.27	0.48±0.18	

① Fraisse, P. Temporal integration of elements in optical-geometric illusions and inversion of the Müller-Lyer illusion. L'Année Psychologique, 1971, 71: 53~72.

对再现时距和反应时的数据进行多元方差分析，结果发现，除刺激时距对再现时距及反应时的影响极其显著外 $[F_{(8,1008)}=7.00,\ P<0.001]$，时距刺激的立体框架大小 $[F_{(8,1008)}=0.71,\ P<0.6]$ 以及立体框架大小与面积大小对再现时距和反应时的交互作用均不显著 $[F_{(32,1008)}=0.82,\ P>0.7]$。这一结果似乎表明，在短时距下，时距刺激的立体框架大小不影响再现时距及反应时的长短，同时也揭示实验一中的面积效应主要可归结为强度上的不同所致，而非轮廓的大小。

但是，这一统计检验结果与我们对数据的直观分析不符。从交互作用示意图上看（图 2.3），至少立体框架大小与刺激时距对再现时距的交互作用应当是显著的。因而我们不能轻易地接受两者中任何一个结果。根据前人在时空关系的研究中关于个体差异的存在可以产生 Kappa 效应、Kappa 效应的逆效应、无效应三种迥然不同的研究结果[①]，不同被试的反应类型的不同，可能导致前人 Kappa 研究中结果上的混乱和本研究中统计检验与对数据的直观分析不符，因而有必要深入探讨个体差异及其对研究结果的影响。只有这样才能得到可靠的结论。为此，作者尝试性地提出和运用了个体水平的统计分析这一解决个体差异难题的有效方法。

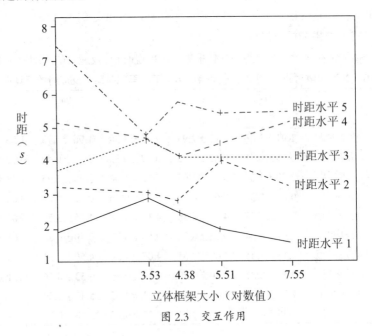

图 2.3 交互作用

① Collyer, E. Discrimination of spacial and temporal intervals defined by three light flashes: Effects of spacing on temporal judgments. Reception & Psychophysics, 1977, 21(4): 357~364.

运用个体水平的统计分析思想方法，我们对实验二的数据再次进行统计分析，结果发现：仅在两名男性被试身上发现立体框架大小显著影响时距知觉的长短（简称为"大小依存者"），而且其中有一名被试有显著高估倾向（大约为其他被试的再现时距的 2~3 倍），遗憾的是实验后对被试的口头询问未发现这两名被试的策略与其他被试有何不同；对排除了这两名被试后的样本数据进行的统计分析与直观分析一致，即立体框架大小及其与刺激时距交互作用均不显著；对全体被试的校正数据——在各个被试的反应数据中扣除其独特性个差部分——进行的统计分析与直观分析一致，即立体框架大小及其与刺激时距交互作用均不显著。从上述结果可以得出如下结论：存在两种不同反应类型的被试——大小依存者与非大小依存者，在不同反应类型的被试中刺激的立体框架大小对短时距知觉的影响不同，刺激的立体框架大小对大小依存者的短时距知觉的影响极其显著，但对非大小依存者的影响不显著。

运用个体水平的统计分析思想方法，我们对实验一的数据再次进行统计分析，结果发现：所有被试身上均发现面积大小显著影响时距知觉的长短；对全体被试的校正数据——在各个被试的反应数据中扣除其独特性个差部分——进行的统计分析与对原始数据的统计分析一致，即面积大小及刺激时距对时距知觉的影响极其显著。

综合实验一、实验二的上述结果，刺激的面积大小对短时距知觉的影响极其显著；存在两种不同反应类型的被试——大小依存者与非大小依存者，在不同反应类型的被试中刺激的立体框架大小对短时距知觉的影响不同，刺激的立体框架大小对大小依存者的短时距知觉的影响极其显著，但对非大小依存者的影响不显著。由此可初步推断：在不同类型的被试中产生面积效应的原因不同，在非大小依存者被试中产生面积效应的主要原因是刺激的强度，但在大小依存者被试中产生面积效应的主要原因却是刺激的大小。

合作者：张蜀林；原文载于：心理科学，1995，18（1）：6~9.

重复启动对时序知觉的影响

时间知觉包括对刺激呈现时间长度的时距知觉和对连续刺激的时序知觉[①②]。在"分段综合"[③④]的理论框架下，时序知觉属于极短时距的研究范畴，其加工机制不同于其他较长时距范围内的时序信息加工[⑤~⑦]。近年来，启动对时序知觉的影响也逐渐受到关注[⑧~⑩]。研究发现，在时序判断任务中，被试会把重复启动的靶刺激知觉为早于未被重复启动的靶刺激出现[⑪]，这种现象称为时序知觉的重复启动效应。

重复启动对时序知觉的影响研究一般是采用时序判断任务进行的，即在屏幕中央的注视点的上或下（左或右）的位置分别随机呈现两个不同的靶刺激，这一对靶刺激是同时或间隔极短时间出现的，在有启动条件下会在两个靶刺激之前呈现一个启动刺激，要求被试对这两个靶刺激的时序作出判断。如，Scharlau 等要求被试对两个间隔 0ms、32ms、64ms、96ms 和 128ms 出现的靶图形进行时序判断，结果发现主观同时点（point of subjective simultaneity, PSS）在有启动和无启动条件下的差值为 33ms[⑫]。在言语材料的实验中，在两

---

① 黄希庭. 时距信息加工的认知研究. 西南师范大学学报 (自然科学版)，1993，18(2): 207~215.

② Wittmann, M. Time perception and temporal processing levels of the brain. Chronobiology International, 1999, 16(1): 17~32.

③ 黄希庭，郑涌. 时间记忆的理论与实验范型. 心理科学，1995, 18 (4): 207~215.

④ 黄希庭，李伯约，张志杰. 时间认知分段综合模型的探讨. 西南师范大学学报 (人文社会科学版)，2003，29(2): 5~9.

⑤ 李国军. 时间顺序信息加工的实验研究. 心理学报，1994，16(5): 257~264.

⑥ 王振勇，黄希庭. 时序信息加工机制及其通道效应的实验研究. 心理学报，1996，28(4): 345~351.

⑦ 李宏翰，黄希庭. 时序信息提取机制的探索. 心理学报，1996，28(2): 180~191.

⑧ Stolz, J. A. Word recognition and temporal order judgments: Semantics turns back the clock. Canadian Journal of Experimental Psychology, 1999, 53(4): 316~322.

⑨ Scharlau, I. Leading, but not trailing, primes influence temporal order perception: Further evidence for an attentional account of perceptual latency priming. Perception& Psychophysics, 2002, 64: 1346~1360.

⑩ Scharlau, I., Ansorge, U., Horstmann, G. Latency facilitation in temporal-order judgments: Time course of facilitation as a function of judgment type. Acta Psychologica, 2006, 122(2): 129~159.

⑪ Burnham, B. R., Neely, J. H., O'Connor, P. A. Priming effects on temporal order judgments about words: Perceived temporal priority or response bias? Psychonomic Bulletin & Review, 2006, 13(3): 429~433.

⑫ Scharlau, I., Neumann, O. Perceptual latency priming by masked and unmasked stimuli: Evidence for an attentional interpretation. Psychological Research, 2003, 67(3): 184~196.

个靶单词同时呈现条件下，被试作出"被启动的靶单词先出现"判断的比率是0.75，显著高于随机水平[①]。

目前有很多理论试图对时序知觉的重复启动效应加以解释。如，异步更新模型（*asynchronous updating model*）假设视觉信息有两个加工水平：注意空间映射的特征编码和注意的定向。启动所引发的对启动的靶刺激的注意而导致的易化加工过程，使被试将其知觉为先出现的[②]。知觉修正模型（*perceptual retouch model*）则假设视觉信息加工包括两个并行的传入加工：在视皮层的基本特征的特异编码和在非特定通路（丘脑核）的非特异加工。非特异的加工慢于特异的加工，而且一个刺激只有经过非特定的激活才能被意识到（这种非特异的调节称为知觉修正）。由于启动引发的非特定的激活使启动的靶刺激能很快建构其有意识的表征，所以将其知觉为先出现的[③]。激活扩散理论（*spreading activation account*）认为来自启动刺激的激活扩散导致了启动的靶刺激的记忆表征的预激活，这使其比未被启动的靶刺激的表征能更快到达识别阈限[④]。可以看出，上述三个理论都说明了启动刺激的呈现加速了被启动的靶刺激的知觉加工过程，因而可统称为知觉加工增强观，但也有研究对此提出了挑战。如，反应偏向理论（*response bias account*）认为，由于靶刺激之间的时间间隔很短，被试是很难知觉到时序的，因而会采取策略把启动的靶刺激判断为先出现的[⑤]。所谓的启动效应实质上是决策水平上的反应偏向，可称为判据效应（*criterion effect*）。如，实验发现，当要求被试使用三项判断（如"启动的靶刺激先出现"、"未启动的靶刺激先出现"、"两者同时出现"）时，启动效应消失了[⑥]。这说明，在使用两项判断的迫选式回答时，被试没有获得明确的时序信息，但又必须作出决策，所以就把被启动的靶刺激作为了判断标准。

启动刺激在 *Scharlau* 等的研究中是呈现在被启动的靶刺激位置上的[⑦]，这种实验方法使时序知觉的重复启动效应混淆了由启动刺激所在位置引发的注意

① Burnham, B. R., Neely, J. H., O'Connor, P. A. *Priming effects on temporal order judgments about words: Perceived temporal priority or response bias? Psychonomic Bulletin & Review,* 2006, 13(3): 429~433.

② Scharlau, I., Neumann, O. *Temporal parameters and time course of perceptual latency priming. Acta Psychologica,* 2003, 113(2): 185~203.

③ Bachmann, T. *Twelve spatiotemporal phenomena and one explanation. Advances in psychology.* In: G. Aschersleben, T. Bachmann, J. Müsseler. *Cognitive contributions to the perception of spatial and temporal event.* Amsterdam: Elsevier, 1999: 173~206.

④ Stolz, J. A. *Word recognition and temporal order judgments: Semantics turns back the clock. Canadian Journal of Experimental Psychology,* 1999, 53(4): 316~322.

⑤ Pashler, H. *The psychology of attention.* Cambridge, MA: MIT Press, 1998.

⑥ Jaskowski, P. *Selective attention and temporal-order judgment. Perception & Psychophysics,* 1993, 22: 681~689.

⑦ Scharlau, I. *Evidence against a response bias in temporal order judgments with attention manipulation by masked primes. Psychological Research,* 2004, 68(4): 224~236.

定向因素，因而 *Burnham* 等把启动刺激呈现在了屏幕中央的注视点位置[①]，此时的启动刺激不能有效预测被启动的靶刺激的出现位置，所以就消除了空间位置提示因素的影响，净化了启动刺激本身引发的重复启动效应。而且，为了考察决策水平的反应偏向，实验常采用相反指导语的方法，即把指导语分为进行"先出现"的判断和进行"后出现"的判断。因此，如果实验中出现了显著的指导语效应，就说明存在着决策水平的反应偏向。*Burnham* 等在正式实验中采用 200 对英文单词，把每对词中的一个单词作为启动单词。被试内因素是两个靶单词的 *SOA*（*stimulus-onset asynchrony*），包括 0*ms*、17*ms* 和 200*ms* 三种水平；被试间因素是指导语，分为"判断哪个位置的单词先出现"和"判断哪个位置的单词后出现"两种指导语[②]。实验结果发现了显著的启动效应和指导语效应，所以 *Burnham* 等认为，时序知觉重复启动效应涉及增强的知觉加工过程和决策水平的反应偏向。

从以往研究可以发现，重复启动对时序知觉的影响可能包含对知觉加工和决策判断过程的双重影响，但该结论目前仅来自于言语材料研究，并没有采用非言语材料进行验证，而且 *Burnham* 等研究的每一个实验中都会呈现启动单词，也就是说缺乏无启动实验条件的对照。另外，考虑到最近有研究表明，通过"被启动的刺激先出现"的判断频率来评估启动效应量较为充分[③]。基于此，为了更全面考察重复启动对时序知觉的影响，本研究采用了图形材料，在实验中把启动条件分为有启动和无启动两种水平，并且把对被启动的图形的判断频率作为因变量指标。

一、实验一

（一）目的

探讨采用图形材料在注视点位置呈现启动刺激对时序知觉的影响。

（二）方法

1. 被试

西南大学 18 名本科生自愿被试（8 名男生，10 名女生，平均年龄 21 岁），所有被试的视力或矫正视力正常，实验后均获得适量报酬。

①② Burnham, B. R., Neely, J. H., O'Connor, P. A. *Priming effects on temporal order judgments about words: Perceived temporal priority or response bias? Psychonomic Bulletin & Review*, 2006, 13(3): 429~433.

③ Scharlau, I., Ansorge, U., Horstmann, G. *Latency facilitation in temporal-order judgments: Time course of facilitation as a function of judgment type. Acta Psychologica*, 2006, 122(2): 129~159.

2. 材料

采用 Scharlau 在实验中使用的一对图形材料：正方形和正菱形[①]。两个靶图形的边长是 4cm，靶图形之间的距离是 9cm。两个启动图形与靶图形的形状相同，边长是 2cm。

3. 设计

实验为 2×9×2 的被试内设计，自变量分别为：①启动条件，分为有启动和无启动两个水平；② SOA，即两个靶图形出现（onset）之间的时间间隔，分为 ±112ms、±84ms、±56ms、±28ms 和 0ms 九个水平，正值表示启动的靶图形出现在未启动的靶图形之前，负值与之相反，0ms 表示两个靶图形同时出现；③指导语，包括"判断哪个靶图形先出现"和"判断哪个靶图形后出现"两种水平。

4. 程序

实验程序采用 E-Prime 软件编制。每个被试在单个实验房间内进行实验，与显示器（17 英寸彩色显示器，垂直频率 75Hz）的距离为 60cm。在实验中，首先在屏幕中央呈现注视点"+"500ms，然后在该位置上呈现启动图形 70ms，间隔 70ms 后，在注视点的上方或下方分别呈现两个靶图形（SOA 分别是 ±112ms、±84ms、±56ms、±28ms 和 0ms），靶图形的呈现时间均为 28ms。"判断哪个靶图形先出现"的指导语是"请你在实验过程中注视着 '+'，并准确地尽快判断在 '+' 的上方或下方出现的两个图形中哪一个图形是先出现的。如果方形先出现，就按 '1' 键；菱形先出现，就按 '2' 键"；"判断哪个靶图形后出现"的指导语是"请你在实验过程中注视着 '+'，并准确地尽快判断在 '+' 的上方或下方出现的两个图形中哪一个图形是后出现的。如果方形后出现，就按 '1' 键；菱形后出现，就按 '2' 键"。而且，另一半被试的反应键则与之相反，"2" 键代表方形，"1" 键代表菱形。每名被试在正式实验中要完成 144 个条件（2 启动 ×2 指导语 ×9SOA×2 靶图形 ×2 靶图形出现的空间位置），重复 5 次，共 720 次试验，所有实验变量条件和非实验变量（靶图形及其空间位置）条件均随机呈现。每部分指导语实验前先进行 72 次练习。每做 90 次试验休息片刻，实验共需时约 50min。

（三）结果与分析

统计时把被试的反应转换为在各种条件下作出"被启动的靶图形先出现"判断的频率，结果见图 2.4。从图中可以发现，在 SOA 为负时均出现了重复启

① Scharlau, I. Evidence against a response bias in temporal order judgments with attention manipulation by masked primes. Psychological Research, 2004, 68(4): 224~236.

动效应，即在两种指导语条件下，被启动的图形在有启动时被判断为先出现的频率都高于无启动时的频率；但在 SOA 为正时却都出现了重复启动效应的反转，即在两种指导语条件下，被启动的图形在有启动时被判断为先出现的频率不是高于，而是都低于无启动时的频率。这说明，在两个靶图形出现顺序不同时，重复启动效应的表现并不相同。因此，数据结果的统计分析将分成 SOA 为负、正和零三种情况。

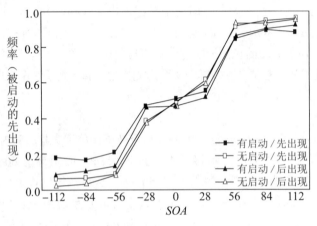

图 2.4　实验一的结果

当 SOA 为负时，重复测量方差分析结果显示，启动具有显著的主效应，$F_{(1,17)}=15.46$，$p=0.001$；指导语具有显著的主效应，$F_{(1,17)}=14.67$，$p=0.001$；启动和指导语的交互作用达到边缘显著水平，$F_{(1,17)}=4.21$，$p=0.056$，简单效应检验结果表明，在两种指导语条件下均存在显著的启动效应（$p=0.002$），在有启动条件下的指导语效应显著（$p=0.003$），无启动条件下的指导语效应不显著（$p=0.157$）。SOA 具有显著的主效应，$F_{(3,51)}=209.08$，$p<0.001$，多重比较检验结果表明，SOA 在 $-28ms$ 时均显著大于 $-56ms$、$-84ms$ 和 $-112ms$ 时的"被启动的靶图形先出现"的判断频率（$p<0.001$），在 $-56ms$ 时均显著大于 $-84ms$ 和 $-112ms$ 时的"被启动的靶图形先出现"的判断频率（$p<0.05$）。其他交互作用均不显著（所有 $p>0.05$）。

当 SOA 为正时，方差分析结果显示，启动的主效应显著，$F_{(1,17)}=38.04$，$p<0.001$；SOA 的主效应显著，$F_{(3,51)}=155.90$，$p<0.001$，多重比较检验结果表明，SOA 在 $112ms$ 时显著大于 $28ms$ 和 $56ms$ 时的"被启动的靶图形先出现"的判断频率（$p<0.001$），在 $84ms$ 时显著大于 $56ms$（$p<0.05$）和 $28ms$（$p<0.001$）时的"被启动的靶图形先出现"的判断频率，在 $56ms$ 时显著大于 $28ms$ 时的"被启动的靶图形先出现"的判断频率（$p<0.001$）。指导语的主效应和所有的交

互作用均不显著（所有 *p*>0.05）。

当 *SOA* 为零时，方差分析结果显示，启动和指导语的主效应及交互作用均不显著（所有 *p*>0.05）。

（四）讨论

实验一的结果中出现了显著的启动效应和指导语效应，这说明，重复启动对时序知觉的影响包含对知觉加工和判断决策两方面的作用，这与言语材料的研究结果[①] 是一致的。

启动单词在 *Burnham* 等的实验中的呈现时间为 100*ms*[②]，启动图形在本研究中的呈现时间为 70*ms*，这两个研究均发现了指导语效应；而 *Scharlau* 的实验在启动图形的呈现时间为 32*ms* 时并没有发现显著的指导语效应[③]。因此，指导语效应似乎依赖于启动刺激的呈现时间。在对启动刺激的有意识知觉水平上，被试更可能采用某种策略进行判断，因而出现反应偏向，导致了指导语效应。如果降低启动刺激的呈现时间，是否会降低或消除指导语效应呢？实验二把启动图形的呈现时间从 70*ms* 降到了 14*ms*，对此进行考察。

与以往研究不同，实验一在 *SOA* 为正，即被启动的靶刺激先出现时，发生了重复启动效应的反转。也就是说，相对于未启动条件，被试在有启动条件下把被启动的靶刺激判断为先出现的频率不是增加，而是显著减少了。这说明，重复启动对时序知觉的影响是复杂的，可能涉及对时序知觉加工的促进和抑制两种效应。重复启动效应的反转现象在以往的时序知觉研究中并没有出现，这种现象是否可靠稳定呢？实验二对此进行了检验。

二、实验二

（一）目的

考察在启动图形呈现时间较短时重复启动对时序知觉的影响。

（二）方法

1. 被试

西南大学 18 名本科生自愿被试（10 名男生，8 名女生，平均年龄 21 岁），所有被试的视力或矫正视力正常，实验后均获得适量报酬。

2. 材料

同实验一。

---

①② Burnham, B. R., Neely, J. H., O'Connor, P. A. *Priming effects on temporal order judgments about words: Perceived temporal priority or response bias? Psychonomic Bulletin & Review*, 2006, 13(3): 429~433.

③ Scharlau, I. *Evidence against a response bias in temporal order judgments with attention manipulation by masked primes. Psychological Research*, 2004, 68(4): 224~236.

3. 设计

同实验一。

4. 程序

启动图形的呈现时间为 14ms，其余同实验一。

（三）结果与分析

数据处理同实验一，结果见图 2.5。从图中可看出，结果模式与实验一相同，在 SOA 为正时也出现了重复启动效应的反转。因此，统计分析也分成三部分进行。

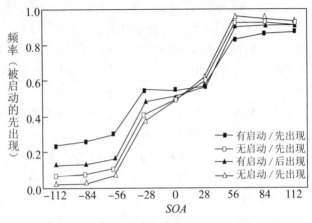

图 2.5   实验二的结果

当 SOA 为负时，重复测量方差分析结果显示，启动的主效应显著，$F_{(1,17)} = 22.61$，$p<0.001$；指导语的主效应显著，$F_{(1,17)} =18.43$，$p=0.005$；启动和指导语的交互作用显著，$F_{(1,17)} =5.20$，$p=0.036$，简单效应分析结果表明，在判断"哪个先出现"的指导语（$p=0.001$）和"哪个后出现"的指导语（$p<0.001$）条件下都存在显著的启动效应，在有启动条件下的指导语效应显著（$p=0.008$）。SOA 的主效应显著，$F_{(3,51)} =298.09$，$p<0.001$，多重比较检验结果表明，SOA 在 –28ms 时显著大于 –56ms、–84ms 和 –112ms 时的"被启动的靶图形先出现"的判断频率（$p<0.001$），在 –56ms 时显著大于 –84ms 和 –112ms 时的"被启动的靶图形先出现"的判断频率（$p<0.05$）。其他交互作用均不显著（所有 $p>0.05$）。

当 SOA 为正时，方差分析结果显示，启动的主效应显著，$F_{(1,17)} =18.43$，$p<0.001$；SOA 主效应显著，$F_{(3,51)} =252.75$，$p<0.001$，多重比较检验结果表明，SOA 在 56ms、84ms 和 112ms 时均显著大于 28ms 时的"被启动的靶图形先出现"的判断频率（$p<0.001$）。指导语的主效应和所有交互作用均不显著（所有 $p>0.05$）。

当 *SOA* 为零时，方差分析结果显示，启动和指导语的主效应及交互作用均不显著（所有 *p*>0.05）。

（四）讨论

实验二的结果显示，在启动刺激呈现时间较短时，重复启动对时序知觉的影响的作用模式与实验一相同，再次验证了实验一的重要结果：一是在未启动的靶图形先出现时存在显著的启动效应和指导语效应；二是在被启动的靶图形先出现时会发生重复启动效应的反转。

在实验一和实验二中，*SOA* 最长为 112*ms*，启动图形和首先出现的靶图形之间的时间间隔固定为 70*ms*。那么，重复启动效应的反转是否在更长的时间范围内仍稳定存在呢？实验三对此进行了考察。在实验三中，*SOA* 增加到 210*ms*，而启动和先出现的靶图形的时间间隔为 56*ms*、126*ms* 和 196*ms* 三个水平。而且，通过对实验一和实验二的数据进行合并，把启动呈现时间作为被试间因素进行统计分析的结果表明，在被启动的靶图形先出现时的指导语和启动呈现时间的主效应及所有因素的交互作用均不显著（所有 *p*>0.05）。这说明，重复启动效应的反转并不依赖于指导语和启动图形呈现时间。因此，在实验三中，只要求被试作出哪个靶图形先出现的时序判断。

三、实验三

（一）目的

考察在更长的时间范围内的时序知觉重复效应的反转。

（二）方法

1. 被试

西南大学 17 名本科生自愿被试（8 名男生，9 名女生，平均年龄 20 岁），所有被试的视力或矫正视力正常，实验后均获得适量报酬。

2. 材料

同实验一。

3. 设计

实验为 2×3×6 的被试内设计。自变量依次为：①启动条件，分为有启动和无启动两个水平；② *ISI*（*inter-stimulus interval*），指启动图形消失（*offset*）和首个靶图形出现（*onset*）之间的时间间隔，包括 56*ms*、126*ms* 和 196*ms* 三个水平；③ *SOA*，即两个靶图形出现之间的时间间隔，有 ±42*ms*、±126*ms* 和 ±210*ms* 六个水平。

4. 程序

只要求被试做哪个靶图形先出现的判断。每名被试在正式实验中要完成

144 个条件（2 启动 ×3*ISI*×6*SOA*×2 靶图形 ×2 靶图形出现的空间位置），
重复 5 次，共 720 次试验。其余同实验二。

（三）结果与分析

数据处理同实验一，结果见图 2.6。从图中可看出，在 *SOA* 为正时发生了
重复启动效应的反转。因此，统计分析将分为两部分进行。

当 *SOA* 为负时，重复测量方差分析结果显示，启动的主效应显著，$F_{(1,16)}$ =
15.59，p=0.001；*ISI* 的主效应显著，$F_{(2,32)}$ =3.51，p=0.042；启动和 *ISI* 的交
互作用显著，$F_{(2,32)}$ =10.37，p<0.001，简单效应检验结果表明，在 *ISI* 的三个
水平上均存在显著的启动效应（所有 p<0.05）；*SOA* 的主效应显著，$F_{(2,32)}$ =
29.35，p<0.001，多重比较检验结果表明，*SOA* 在 –42*ms* 时均显著大于 –126*ms*
和 –210*ms* 时的"被启动的靶图形先出现"的判断频率（p<0.001）；其他交
互作用均不显著（所有 p>0.05）。

当 *SOA* 为正时，方差分析结果显示，启动的主效应显著，$F_{(1,16)}$ =33.48，
p<0.001；*SOA* 的主效应显著，$F_{(2,32)}$ =24.04，p<0.001，多重比较检验结果
表明，*SOA* 在 126*ms* 和 210*ms* 时均显著大于 42*ms* 时的"被启动的靶图形先
出现"的判断频率（p<0.001）；*ISI* 的主效应和其他交互作用均不显著（所有
p>0.05）。

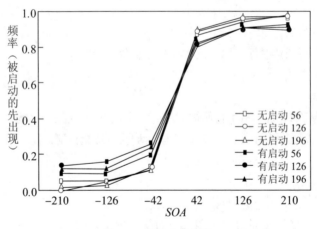

图 2.6　实验三的结果

（四）讨论

实验三的结果说明，在被启动的靶刺激先出现时，在更长的时间范围内仍
会发生重复启动效应的反转，从而再次验证了实验一和实验二的结果。这说明，
重复启动效应的反转现象是非常稳定可靠的。

四、总讨论

（一）重复启动对时序知觉的作用机制

有采用言语材料的研究显示，重复启动对时序知觉的影响涉及时序知觉加工的增强过程和决策水平的反应偏向[1]。本研究使用两个几何图形作为实验材料，实验结果与此结论是一致的。这说明，重复启动对时序知觉的影响发生在两个阶段：一是在知觉加工阶段上使被试把启动的靶刺激知觉为先出现的，表现为启动效应；二是在后知觉加工阶段即决策水平上把被启动的靶刺激作为时序知觉的判断标准，表现为指导语效应。

（二）指导语效应

实验一和实验二的结果说明，指导语效应并不显著依赖于启动图形的呈现时间。将实验一和实验二的数据进行合并，把启动刺激的呈现时间作为被试间因素进行统计分析也发现，当 SOA 为负时，启动刺激呈现时间的主效应（$p=0.373$）及其与其他因素的交互作用均不显著（所有 $p>0.05$）。这再次说明，启动刺激的呈现时间并不能有效解释指导语效应，被试采取知觉判断策略所产生的反应偏向与其对启动刺激的有意识知觉水平并没有显著相关。

根据实验结果可以推测，指导语效应可能与时序判断任务难度有关，这是因为被试更可能在时序较难判别时采取把启动的靶刺激判断作为正确反应的判断标准的策略。在实验一和实验二中，在 SOA 为负时出现了显著的指导语效应，而在 SOA 为正时却减弱了，指导语主效应的显著水平在实验二中只达到了 0.093，并没有达到 0.05 的显著水平。通过分析，可以发现，时序判断任务的难度在 SOA 为负和正时是不同的。当 SOA 为负时，启动条件下的刺激呈现序列是启动图形—未启动的图形—被启动的图形，所以被试要快速辨别启动图形和未启动的靶图形这两个不同的图形，较难的任务引发了显著的指导语效应；在 SOA 为正时，启动条件下的刺激呈现序列是启动图形—被启动的图形—未启动的图形，被试要迅速辨认启动图形和被启动的靶图形这两个相同的图形，相对较易的任务导致了指导语效应的减弱。

为什么 Scharlau 在启动图形呈现时间为 32ms 时没有发现显著的指导语效应[2]呢？这是因为启动图形在该实验中是呈现在启动的靶图形的位置上的，此时的启动图形起到一种有效的空间线索作用，因而时序判断任务相对就更为容

① Burnham, B. R., Neely, J. H., O'Connor, P. A. *Priming effects on temporal order judgments about words: Perceived temporal priority or response bias? Psychonomic Bulletin& Review*, 2006, 13(3): 429~433.

② Scharlau, I. *Evidence against a response bias in temporal order judgments with attention manipulation by masked primes. Psychological Research*, 2004, 68(4): 224~236.

易，所以该实验并没有发现显著的指导语效应。对于 *Burnham* 等在启动单词呈现时间为 100*ms* 时发现的指导语效应[①]，这是因为在该研究的正式实验中的 200 对靶单词都不重复，因此每个时序判断试验就相对较为困难，故而出现了显著的指导语效应。所以，指导语效应与启动刺激的呈现时间关系不大，可能取决于时序判断任务的难度。未来的研究需要对此进一步检验。

（三）重复启动效应的反转和双加工表征匹配调节假说

实验首次发现，在被启动的靶刺激先出现的条件下发生了重复启动效应的反转，这种现象是非常稳定的。这说明重复启动对时序知觉的影响还涉及对时序知觉的抑制作用，其本质是一种负启动效应。不过，通过进一步分析实验数据，可以发现，启动刺激的出现在 SOA 为负和正时都降低了时序判断的正确率。在实验中，启动刺激是呈现在注视点位置上的，被试不仅被告知中间出现的刺激图形是与任务无关的，而且要求只对出现在注视点上面或下面的两个图形作出时序判断。因此，启动图形实际上可能会干扰时序判断。那么，相对于无启动条件，启动刺激为什么在 SOA 为负时促进被试把启动的刺激判断为先出现的，而在 SOA 为正时会抑制被试把启动的刺激判断为先出现的呢？也就是说，重复启动对时序知觉的影响为什么在两个靶刺激出现顺序不同时是不同的呢？应该如何从一个综合的理论视角来系统整合并解释已有研究的发现呢？根据 *Tipper* 等的观点，抑制过程并不是压制了干扰项表征的激活状态，而可能是阻止了知觉表征转译成反应代码。在启动测试中抑制项激活了内部表征，但却抑制了反应输出；如果抑制项紧接着作为目标出现，这种输出抑制就会导致对该项目反应的延时[②]。另外，输入与记忆项目进行比较的过程基本上是自下而上的。但是，总决策机制可以通过改变一个特定表征的匹配标准，自上而下地影响这一加工[③]。因此，在上述理论框架内，结合当前的实验结果，本研究尝试提出一个初步假说，即双加工表征匹配调节假说来解释现有研究的结果。该假说有两个要点：一是启动图形的加工包含了两个加工过程，即表征激活过程和反应抑制过程；二是这个双加工过程对时序知觉的影响是通过表征匹配环节进行调节的。如先出现的靶刺激与启动刺激的表征相匹配，则反应抑制加工会继续下去，抑制对该刺激的知觉加工，从而把启动的刺激判断为后出现的，即发

① *Burnham, B. R., Neely, J. H., O'Connor, P. A. Priming effects on temporal order judgments about words: Perceived temporal priority or response bias? Psychonomic Bulletin & Review,* 2006, 13(3): 429~433.

② *Tipper, S. P., Cranston, M. Selective attention and priming: Inhibitory and facilitatory effects of ignored primes. Quarterly Journal of Experimental Psychology: Human, Experimental Psychology,* 1985, 37(4): 581~611.

③ 黄希庭，谢红灵. 注意在人的信息加工中的地位和作用. 见：西南师范大学心理学系编. 黄希庭心理学文选. 重庆：西南师范大学出版社，2000：231~251.

生了重复启动效应的反转；如先出现的靶刺激与启动刺激的表征失匹配，则反应抑制加工会减弱，而留存的启动刺激的表征激活加工会易化对被启动的刺激的加工，从而把启动的刺激判断为先出现的。

应用双加工表征匹配调节假说可以较好地解释本研究的实验结果。在靶刺激 *SOA* 为正时，首先出现的靶刺激是被启动的靶刺激，它与启动刺激的表征相匹配，反应抑制过程就会持续到被启动的靶刺激上，导致对其加工的抑制，减慢了对其的知觉加工过程，因而就倾向于把未启动的靶刺激判断为先出现，产生了重复启动效应的反转。在靶刺激 *SOA* 为负时，先出现的靶刺激是未启动的靶刺激，它与启动刺激的表征不匹配，因而启动刺激的反应抑制过程就会减弱，但启动刺激的剩留的表征激活所引发的被启动的靶刺激表征的预激活加工过程，导致把被启动的靶刺激知觉为先出现的。在 *SOA* 为零时，两个靶刺激是同时出现的，此时既存在启动刺激与先出现的靶刺激的表征相匹配，又存在不匹配的情形，重复启动对时序知觉的影响则主要取决于每个被试会先去觉察哪个靶刺激。因而，在总体上没有表现出显著的重复启动效应。

那么，为什么在 *Burnham* 等的研究[1]中没有发现显著的重复启动效应的反转呢？通过仔细分析发现，该研究并没有设置无启动条件作为基线水平，更重要的是实验对启动单词进行了掩蔽。虽然在注视点呈现的启动单词是一种要求忽略的刺激，会引发表征激活和反应抑制加工，但由于随后出现的掩蔽刺激与启动刺激的表征不匹配，因而反应抑制加工就降低了，所以就没有表现出重复启动效应的反转。这进一步支持了本研究所提出的双加工表征匹配调节假说。不过，未来的研究仍需对这个假说加以考察和检验。

五、结论

我们的研究进一步证实了重复启动对时序知觉的影响涉及知觉加工和决策水平两个方面，而且发现启动刺激的呈现时间并不显著影响指导语效应。研究首次发现在被启动的靶刺激先出现时发生了重复启动效应的反转，而且提出了双加工表征匹配调节假说用于综合解释目前的研究结果。

致谢：衷心感谢陶维东、刘宁和陈有国的帮助！

合作者：张锋、郭秀艳；原文载于：心理学报，2008，40（7）：766~773.

① *Burnham, B. R., Neely, J. H., O'Connor, P. A. Priming effects on temporal order judgments about words: Perceived temporal priority or response bias? Psychonomic Bulletin & Review*, 2006, 13(3): 429~433.

时间知觉的注意调节：一项 *ERP* 研究

时间知觉（*time perception*）在时间认知分段综合模型[①②]里属于极短时距（5*s* 内）的研究范围。时间知觉包括对事件持续性和顺序性的知觉[③④]。目前从认知神经科学角度对时间知觉的研究仅限于事件持续性知觉[⑤~⑦]。时间知觉的理论模型分为生物取向、认知取向以及综合取向，生物取向模型主要强调有机体时间信息加工或计时活动的内源性成分，假设有机体大脑内存在一个生物钟或内部时钟，内部时钟是时间信息表征的前提。认知取向模型主要强调时间信息加工的外源性成分，即外部刺激因素、环境因素以及其他认知活动过程对时间知觉的影响，认为时间是从刺激环境特别是刺激的变化中加以抽象和建构而来的，是认知过程的间接结果，尤其是记忆和注意的结果。综合取向模型将以上两种观点加以整合，认为时间知觉是各种内部和外部因素共同作用的结果，因此较具生态学效度[⑧]。生物取向观点强调时间知觉中的自动加工成分，认知取向观点强调时间知觉中的控制加工成分，综合取向则认为两种加工均存在于时间知觉中。时间认知分段综合模型强调认知时间的分段性[⑨⑩]，时间知觉中自动与控制加工的关系也应该随着时距的不同而动态地变化。

认知神经科学提供了不同时距加工机制不同的证据。对一名叫 *H.M.* 的脑损伤病人的研究最早发现了不同时距加工机制分离现象。*H.M.* 是一名两内侧颞叶（*bilateral medial temporal lobe*）损伤病人，研究者要求 *H.M.* 再现 1~300*s* 范围内的时距，结果发现 *H.M.* 能够较精确地再现 20*s* 以下的时距，而系统低

①⑨ 黄希庭，徐光国. 对变化/分割模型的验证 (II). 心理学报，1999，31(2): 135~141.

②⑩ 黄希庭，李伯约，张志杰. 时间认知分段综合模型的探讨. 西南师范大学学报（人文社会科学版），2003，29(2): 5~9.

③ *Fraisse, P. The psychology of time. New York: Harper & Row, 1963.*

④⑧ 凤四海，黄希庭. 时间知觉理论和实验范式. 心理科学，2004，27(5): 1157~1160.

⑤ *Gibbons, H., Rammsayer, T. H. Electrophysiological correlates of temporal generalization: Evidence for a two-process model of time perception. Cognitive Brain Research, 2005, 25(1): 195~209.*

⑥ *Meck, W. H. Neuropsychology of timing and time perception. Brain and Cognition, 2005, 58(1): 1~8.*

⑦ *Meck, W. H., Malapani, C. Neuroimaging of interval timing. Cognitive Brain Research, 2004, 21(2): 133~137.*

估 20s 以上的时距[①]。*Eisler* 和 *Eisler* 用幂函数拟合了 *H.M.* 再现时距的数据，发现其心理物理函数有明显的断裂，分裂为高低两段[②]。神经药理学的研究进一步表明自动加工与控制加工的关系随着时距的不同而有差异。*Rammsayer* 运用神经药理学方法发现影响工作记忆的药物均会影响大约 500ms 以上时距的加工，而大约 500ms 以下的时距加工则有赖于基底神经节多巴胺活动性，表明约 500ms 以下时距不受认知控制影响，而约 500ms 以上时距则受工作记忆的调节[③]。*Lewis* 等回顾了功能性磁共振成像研究成果后认为，对时距信息有自动加工和认知控制加工两种加工机制，"1s"是两种加工机制的分界点[④]。对"秒下"（*sub-second*）时距主要是自动加工，不受注意、唤醒等因素的影响，所涉及的脑区称为"自动计时系统"（*automatic timing system*），主要包括小脑、基底神经节、辅助运动区等。对"秒上"（*supra-second*）时距加工主要是认知控制加工，易受注意、唤醒等因素的影响，与之有关的脑区称为"认知控制计时系统"（*cognitively controlled timing system*），主要包括前额叶皮质、顶叶等。*Lewis* 以自动加工和控制加工为标准划分不同的计时系统能够解释许多 *fMRI* 研究结果，但是由于 *fMRI* 时间分辨率较低，以此为依据提出以"秒上"和"秒下"为时间点来划分脑的加工机制则尚需实验加以验证。

注意调节对时间知觉的影响是划分两种加工的重要指标之一。最近的研究发现，在视觉通道内对时间的注意调节能够对时间知觉产生影响。例如 *Coull* 等报告了一项 *fMRI* 的研究[⑤]，操纵对时间的注意程度，证明了时间知觉受注意调节的影响，即时间知觉中存在控制加工。研究者在双任务实验条件下，通过指导语让被试按照比例将注意分配到视觉刺激的时间和颜色属性上，结果发现随着对时间注意的增加，时间分辨任务成绩提高，而颜色分辨任务成绩下降，同时前辅助运动区、右岛盖的活动性也提高，表明上述脑区与对时间的注意调节有关。时间任务比颜色任务更加激活的脑区有前辅助运动区、右岛盖、右背外侧前额叶、右背侧前运动区、左腹内侧前额叶、右颞下回、右颞中回、右颞上回、左顶下小叶、右顶下小叶、左前壳。表明以上区域与时间信息加工有关。此项研究明确了视时间知觉中控制加工涉及区域，但不能确定控制加工开始的时间点。

① *Richards, W. Time reproductions by H. M. Acta Psychologia (Amsterdam)*, 1973, 37(4): 279~282.

② *Eisler, A. D., Eisler, H. Subjective time in a patient with neurological impairment. Psychologica*, 2001, 28: 193~206.

③ *Rammsayer, T. H. Neuropharmacological evidence for different timing mechanisms in humans. Quarterly Journal of Experimental Psychology B*, 1999, 52(3): 273~286.

④ *Lewis, P. A., Miall, R. C. Distinct systems for automatic and cognitively controlled time measurement: Evidence from neuroimaging. Current Opinion in Neurobiology*, 2003, 13 (2): 250~255.

⑤ *Coull, J. T., Vidal, F., Nazarlan, B., et al. Functional anatomy of the attentional modulation of time estimation. Science*, 2004, 303(5663): 1506~1508.

事件相关电位具有极高的时间分辨率，能够弥补以上神经药理学和 *fMRI* 研究的不足。关联性负变（*contingent negative variation*，*CNV*）被认为与时间信息加工密切相关[1]，有研究者对 *CNV* 波幅、峰值等与时间信息加工的关系进行了一系列的研究[2~4]。以 *CNV* 为指标研究自上而下的对时间的注意调节，结果发现对同一刺激的时间和非时间属性的注意所激活的脑区有差异。例如，*Gibbons* 等要求被试对同一听觉刺激分别进行时间和音调分辨任务，结果发现注意时间属性时额叶和中央区电极在 150~1000*ms* 诱发更负的波，后部电极在 500~1000*ms* 诱发更负的波[5]；*Pouthas* 等对同一视觉刺激分别进行时间和强度分辨任务，结果发现注意强度属性的最大波幅位于楔叶、前扣带回、左前额叶，注意时间属性比注意强度属性在右额叶诱发更大的波幅[6]。但是以上的研究均是简单地将注意时间与非时间属性所激活的脑区相比较，而没有操纵对时间属性的注意程度这一变量。

本研究采用改进的 *Macar* 双任务实验范式[7]，要求被试完成时间分辨和音调分辨双任务作业，实现对时间知觉的注意调节。*Macar* 双任务实验范式是通过指导语要求被试按照比例将注意分配到刺激的时间属性与非时间属性上，形成五种注意条件：只注意时间属性，忽略非时间属性；注意时间属性多于非时间属性；同等注意时间属性和非时间属性；注意非时间属性多于时间属性；只注意非时间属性，忽略时间属性。以往的研究发现，要求被试以不同的比例注意事件的时间属性与非时间属性[8][9] 时，被试均能按实验要求的比例分配注意，并影响其时间估计。本研究中以时间知觉所诱发的 *CNV* 为指标，操纵对刺激时间属性的不同注意程度，探讨此动态过程中听时间知觉的脑区激活特点。

---

[1] lbert, T., Ulrich, R., Rockstroh, B., et al. The processing of temporal intervals reflected by CNV-like brain potentials. Psychophysiology, 1991, 28(6): 648~655.

[2] Pfeuty, M., Ragot, R., Pouthas, V. Processes involved in temporal perception: A CNV analysis. Psychophysiology, 2003, 40(1): 69~76.

[3] Macar, F., Vida, F. The CNV peak: An index of decision-making and temporal memory. Psychophysiology, 2003, 40(6): 950~954.

[4] Bendixen, A., Grimm, S., Schrger, E. Human auditory event-related potentials predict duration judgments. Neuroscience Letters, 2005, 383(3, 5): 284~288.

[5] Gibbons, H., Brandler, S., Rammsayer, T. H. Dissociating aspects of temporal and frequency processing: A functional ERP study in humans. Cortex, 2003, 39(4~5): 947~965.

[6] Pouthas, V. G. L., Ferrandez, A. M., Renault, B. ERPs and PET analysis of time perception: Spatial and temporal brain mapping during visual discrimination tasks. Hum Brain Mapping, 2000, 10(2): 49~60.

[7] Macar, F., Grondin, S., Casini, L. Controlled attention sharing influences time estimation. Memory and Cognition, 1994, 22 (6): 673~686.

[8] Coull, J. T., Vidal, F., Nazarlan, B., et al. Functional anatomy of the attentional modulation of time estimation. Science, 2004, 303(5663): 1506~1508.

[9] Macar, F., Grondin, S., Casini, L. Controlled attention sharing influences time estimation. Memory and Cognition, 1994, 22 (6): 673~686.

一、方法

（一）被试

19 名本科生自愿参加本实验，其中男 4 名、女 15 名，年龄为 18~22 岁（平均年龄 20.11±1.10 岁）。左利手 1 人，其余均为右利手，听力正常，视力或矫正视力正常，没有脑部损伤或神经系统疾病，在实验后给予适当报酬。其中有两人因为错误率过高而被剔除，有效被试为 17 人，男 4 名，女 13 名，平均年龄为 20.24±1.03 岁。

（二）刺激

计算机屏幕背景为黑色，注意提示图片为边长 5cm 的正方形，如图 2.6 所示，均由 Photoshop 6.0 绘制。纯音刺激由 Edifier 耳机呈现，声音强度为 50dB，频率分别为 974Hz、1000Hz、1026Hz，呈现时间分别为 540ms、1080ms、1620ms，声音刺激均由 Adobe Audition 1.5 产生。实验程序由 E-prime 1.1 编制，刺激的呈现和反应记录均由计算机自动控制。

（三）程序

实验中的注意分配提示如图 2.7 所示，注意资源用黑色表示，左边表示对时间的注意比例，右边表示对音调的注意比例。五种注意条件从左向右分别为：T 条件，只注意时间，忽略音调；Tp 条件，注意时间多于音调；tp 条件，同等注意时间和音调；tP 条件，注意音调多于时间；P 条件，只注意音调，忽略时间。

所有被试在实验前进行练习以熟悉实验过程，练习阶段与正式实验程序相同。在练习阶段被试学习并掌握如图 2.7 所示的分配注意方法。首先向被试呈现指导语和注意提示，确认被试懂得实验过程和注意提示含义后开始练习。练习完一组后，要求被试向主试解释实验过程与注意提示的含义。主试根据被试的回答纠正其中存在的错误，然后继续练习。至少练习五组，确认被试熟悉并掌握实验过程和任务要求后，结束练习。

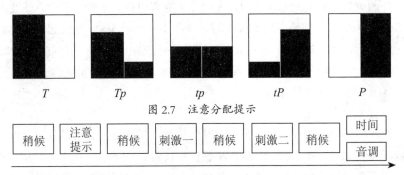

图 2.7 注意分配提示

图 2.8 实验流程

正式实验阶段，主试不要求被试解释实验过程与注意提示的含义，其余过程与练习阶段相同。实验流程如图2.8所示，实验开始时呈现注意提示（图2.7）。要求被试将注意分配到刺激的时间、音调或两者之上。然后呈现两个声音刺激。第一个声音刺激呈现时间为1080ms，音调为1000Hz，第二个声音刺激呈现的时间随机选取540ms、1080ms、1620ms之一，音调随机选取974Hz、1000Hz、1026Hz之一，根据前面的刺激提示被试将注意分配到两个刺激的时间与音调属性上。最后呈现反应信号汉字"时间"或"音调"。当呈现"时间"时，判断第二个刺激呈现时间比第一个刺激"短"、"相等"或者"长"。当呈现"音调"时，判断第二个刺激音调比第一个刺激"低"、"相等"或者"高"。被试用食指、中指和无名指按"1"、"2"、"3"三个数字键之一反应（"1"表示较短/较低；"2"表示相等；"3"表示较长/较高。用左手反应时无名指按"1"，中指按"2"，食指按"3"；右手反应时食指按"1"，中指按"2"，无名指按"3"）。在一次试验中被试只做一次按键反应。在不同注意提示下对时间判断与音调判断的反应比例是相应改变的，在 T 条件下，100%的反应均为时间判断；在 Tp 条件下，75%的反应为时间判断，25%的反应为音调判断；在 tp 条件下，50%的反应为时间判断，50%的反应为音调判断；在 tP 条件下，25%的反应为时间判断，75%的反应为音调判断；P 条件下，100%的反应为音调判断。

实验共分为十组。每组只包含一种注意条件，由36次试验组成。采用拉丁方顺序平衡五种注意条件，每个被试前五组用左手按键，后五组用右手按键。在每组实验之间由被试自己调节休息时间（约1min）。做完正式实验的时间约为60min。

（四）脑电记录

采用 Brian Products ERP 记录与分析系统。按照国际10~20扩展的64导电极帽记录脑电。采用 Ag/AgCl 电极，并以双乳突连线为参考电极，前额接地，双眼外侧安置电极记录水平眼电，左眼上下安置电极记录垂直眼电。滤波带通为 DC—100Hz。采样频率为 500Hz/导，头皮电阻小于 5kΩ。连续记录脑电数据后离线分析，数字滤波为 0.01~40Hz，自动矫正眨眼等伪迹，波幅大于 $\pm 80\mu V$ 将自动排除。分析时程为刺激呈现后的1400ms，基线为刺激呈现前100ms。

（五）数据和统计分析

1. 行为数据

在脑电实验过程中，记录被试对时间与音调任务反应的错误率和反应时。时间任务包括 T、Tp、tp、tP 四种注意条件，音调任务包括 Tp、tp、tP、P 四种注意条件。为检验被试是否按比例将注意分配到时间属性与音调属性上，对每个被试每种任务类型的四个点分别用线性回归求其斜率。然后对时间与音调

任务斜率作配对 t 检验，并对每个被试时间和音调高／低估百分数分别作配对 t 检验。为检验时间分辨任务和音调分辨任务难度差异，时间任务以 T、Tp、tp、tP 顺序，音调任务以 P、tP、tp、Tp 顺序对两任务反应时和错误率分别配对 t 检验。

2. ERP 数据

对五种注意条件下两个听觉刺激所诱发的 ERP 进行叠加平均，各条件的有效叠加次数均达到了 90 次以上。综合考虑以往对 CNV 的研究[1]和对时间的注意的脑功能定位的结果[2][3]，本文选取 Fz、FCz、Cz、CPz、Pz、$F3/F4$、$FC3/FC4$、$C3/C4$、$CP3/CP4$、$P3/P4$ 15 个电极点，对 $P1$、$N1$、$P2$ 的波幅与潜伏期分别进行二因素（注意条件、电极点）重复测量方差分析。对 CNV 平均始潜时（CNV 与 X 轴的交点）至 540ms 平均波幅进行二因素（注意条件、电极点）重复测量方差分析。所有方差分析的 p 值均用 $Greenhouse$-$Geisser$ 法矫正。脑地形图由 64 导电极数据绘制。

3. 偶极子溯源分析

使用 $Brain\ Electrical\ Source\ Analysis$（$BESA$ 5.0）软件，选用四壳椭球模型（4 $shell\ ellipsoidal\ head\ modal$），对 300~540$ms$ 时段只注意时间诱发波形减去只注意音调诱发波形所得到的差异波进行源分析。首先根据主成分分析（PCA）确定偶极子数目，然后不限制偶极子的方向和位置，使用遗传算法（$genetic\ algorithm$）自动确定偶极子的位置，以相应的残差作为偶极子定位是否真实的评价指标。

二、结果

（一）反应时与错误率分析

行为数据分析发现两名被试的错误率过高，其数据没有进入分析。图 2.9 为 17 名被试时间与音调分辨任务行为数据结果。时间任务反应时的斜率均值为 79.697 ± 61.475，音调任务反应时的斜率均值为 -91.864 ± 74.621，对时间与音调任务反应时的斜率作配对 t 检验，两种任务差异显著，t（16）=7.707，$p<0.001$，结果表明对时间属性的注意减少时，时间任务的反应时增加，音调任务的反应时减少。时间任务错误率的斜率均值为 0.036 ± 0.068，音调任务错误率的斜率均值为 -0.304 ± 0.055，对时间与音调任务错误率的斜率作配对 t 检验，两种任务差异显著，t（16）=2.736，$p<0.05$，表明对时间属性的注意减

① 张志杰，袁宏，黄希庭. 不同时距加工机制的比较：来自 ERP 的证据（Ⅰ）. 心理科学，2006, 29(1): 87~90.

② Coull, J. T., Vidal, F., Nazarlan, B., et al. Functional anatomy of the attentional modulation of time estimation. Science, 2004, 303(5663): 1506~1508.

③ Macar, F., Lejeune, H., Bonnet, M., et al. Activation of the supplementary motor area and of attentional networks during temporal processing. Experimental Brain Research, 2002, 142(4): 475~485.

少时，时间任务的错误率增加，音调任务的错误率减少。时间任务低估率均值为 $5.3\pm6.07\%$，高估率均值为 $8.38\pm7.93\%$，对时间任务高／低估计百分数分别作配对 t 检验，高／低估计百分数差异显著，$t（67）=-2.623$，$p<0.05$，表明时间任务倾向于高估。音调任务低估率均值为 $9.02\pm8.75\%$，高估率均值为 $10.59\pm12.48\%$，高／低估计不存在显著差异，$t（67）=-1.024$，$p>0.05$。以上的结果表明被试是按照实验要求将注意按比例分配在时间任务与音调任务上。对时间反应实验以 T、Tp、tp、tP 顺序，对音调反应实验以 P、tP、tp、Tp 顺序，将这两种任务反应时配对 t 检验，结果反应时差异不显著，$t（67）=-1.906$，$p>0.05$。对两种任务错误率配对 t 检验，结果错误率差异不显著，$t（67）=-0.952$，$p>0.05$，表明时间任务与音调任务难度不存在显著差异。

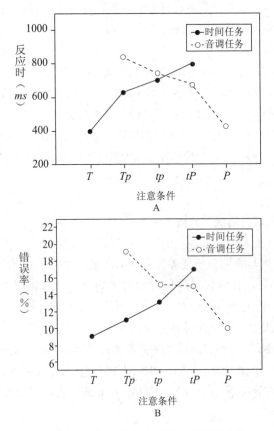

图 2.9　时间与音调分辨反应实验结果
A. 五种注意条件下对时间与音调分辨的反应时。B. 五种注意条件下对时间与音调分辨反应的错误率。对时间的注意逐渐减少时，时间分辨的反应时逐渐增加，反应错误率上升。对音调的注意逐渐增加，音调分辨的反应时逐渐减小，反应错误率下降。

（二）ERP 分析

五种注意条件下，时间知觉所诱发的 ERP 见图 2.10，首先为正波 P1，其波峰位于约 48ms 处，主要分布于颞、额叶；接着为负波 N1，其波峰位于约 100ms 处，主要分布于额叶；随后为正波 P2，其波峰位于约 174ms 处，主要分布于中央、顶叶；最后诱发 CNV 成分，其始潜时位于大约 190ms 处，波幅在大约 300ms 时开始平缓，主要分布于额叶。由于将刺激一的 1080ms 与刺激二的 540ms、1080ms 和 1620ms 三种时距所诱发 CNV 波形叠加，所以在 700~800ms、1100~1300ms 观察到波幅下降。

P1、N1 和 P2 成分分析。分别以峰值和潜伏期为因变量进行方差分析，注意条件主效应均不显著（所有 $p>0.05$）。但对五种注意条件下 P2 峰值 LSD 法多重比较发现，只注意时间（T 条件）与只注意音调（P 条件）的差异达到显著性水平（$p<0.05$），只注意时间诱发 P2 波幅均值为 $-0.115\pm1.785\mu V$，只注意音调诱发 P2 平均波幅为 $0.48\pm1.871\mu V$。注意条件与电极点的交互作用均不显著（所有 $p>0.05$）。

CNV 成分平均波幅分析。以 CNV 成分始潜时至 540ms 平均波幅为因变量进行方差分析，注意条件差异显著，$F_{(4,64)}=4.771$，$p<0.01$。主要表现为随着对时间注意的减少，五种注意条件诱发波幅呈下降趋势，平均波幅见图 2.11。进一步使用 LSD 法作多重比较（其结果见表 2.6）。由表 2.6 可知，T 条件与 Tp、tp、tP、P 差异显著，Tp 条件与 tP、P 条件的差异达到显著性水平，同时 tP 条件与 P 条件的差异边缘显著（$p=0.052$）。电极主效应显著，$F_{(14,224)}=54.146$，$p<0.001$。主要表现为额叶电极波幅最大，FCz 的平均波幅为 $-5.527\pm2.331\mu V$，Fz 的平均波幅为 $-5.361\pm2.224\mu V$。注意条件与电极交互作用不显著，$F_{(56,728)}=1.350$，$p>0.05$。

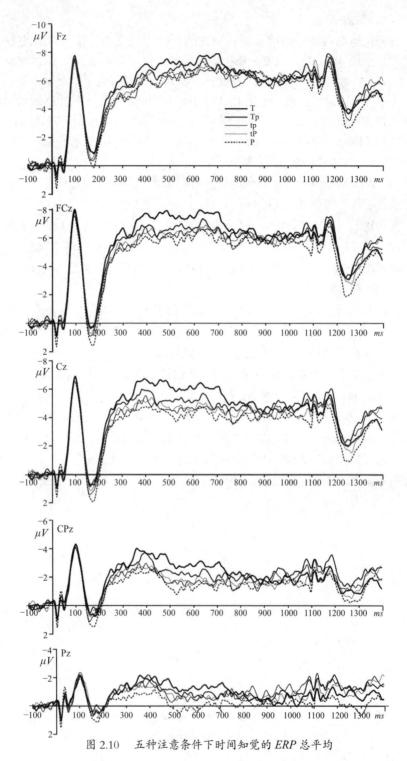

图 2.10　五种注意条件下时间知觉的 ERP 总平均

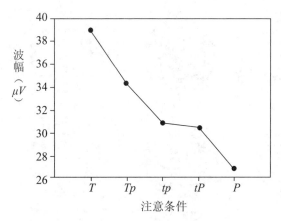

图 2.11　五种注意条件下 CNV 平均波幅

表 2.6　五种注意条件均值多重比较结果（*Mean Difference*）

注意条件	T		Tp		tp		tP	
	MD	p	MD	p	MD	p	MD	p
Tp	−0.471	0.036*						
tp	−0.808	0.010*	−0.336	0.245				
tP	−0.857	0.002**	−0.386	0.012*	−0.049	0.873		
P	−1.215	0.001**	−0.743	0.011*	−0.407	0.293	−0.358	0.052

注：* 表示 $p<0.05$，** 表示 $p<0.01$。

对只注意时间减去只注意音调的差异波进行电压地形图分析（图 2.12）。由图 2.12 可知，由 P2 开始出现差异波，其主要位于额叶后部、中央及顶叶区域。并且随时间的推移，具有由额叶向顶叶移动的趋势。

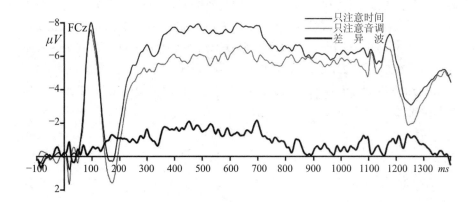

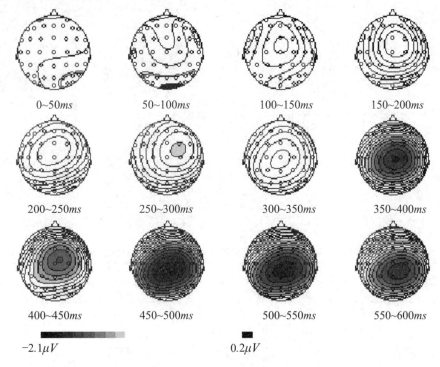

图 2.12 差异波（只注意时间减去只注意音调）及其 0~600ms 内每隔 50ms 的地形图

（三）偶极子溯源分析

使用 *BESA* 对只注意时间减去只注意音调的差异波进行偶极子溯源分析，首先对 300~540*ms* 时段差异波进行主成分分析，发现前三个成分分别能够解释总变异的 84.8%、8.0%、1.8%。不限制偶极子的方向和位置，选用三个偶极子进行拟合。偶极子 1 定位于额上回（*BA6*，辅助运动区），其 *Talairach* 坐标为（18.3，6.9，52.1）；偶极子 2 定位于顶下小叶（*BA40*），其 *Talairach* 坐标为（29.8，−51.2，35.2）；偶极子 3 定位于额中回（*BA6*，辅助运动区），其 *Talairach* 坐标为（−19.9，−10.3，45.1）。该脑模型的残差为 11.19%，具体结果见图 2.13。

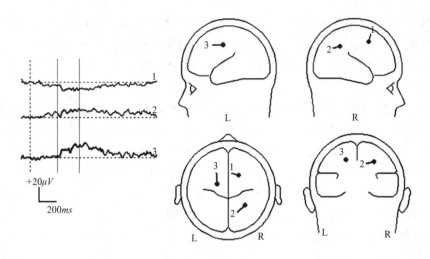

图 2.13 差异波（只注意时间减去只注意音调）的偶极子溯源分析

三、讨论

（一）听时间知觉注意调节的动态过程

从图 2.9 可以看出，*P*1、*N*1 在五种注意条件下没有显著差异，*ERP* 数据统计也发现 *P*1、*N*1 五种注意条件主效应不显著，这可能是由于 *P*1、*N*1 只与听觉加工的早期阶段有关。

*P*2 峰值在五种条件下主效应不显著，但多重比较发现只注意时间（*T*）条件与只注意音调（*P*）条件差异显著，从图 2.11 可见 *T*–*P* 差异波开始出现于 *P*2。这表明 *P*2 阶段存在时间信息加工。其他研究者对时间属性与非时间属性加工特点的研究，也得到同样的结果，如在 *Gibbons* 等的实验中要求被试对相同声音刺激进行时间与音调分辨，结果发现两种任务所诱发的 *P*2 峰值差异显著，表明 *P*2 阶段存在时间信息加工[1][2]。由时距差异诱发的失匹配负波（*mismatch negativity*，*MMN*）是时间信息自动加工的指标。*Kujala* 等的一项对时间 *MMN* 的研究中标准时距间隔为 120*ms* 偏差时距间隔为 20*ms*，在消极 *Oddball* 实验模式下诱发的 *MMN* 恰好位于 190*ms* 附近，该时间范围对应 *P*2 阶段[3]，从另一个角度证明 *P*2 存在时间信息加工。但是在 *P*2 阶段注意能否对

---

① Gibbons, H., Rammsayer, T. H. Electrophysiological correlates of temporal generalization: Evidence for a two-process model of time perception. Cognitive Brain Research, 2005, 25(1): 195~209.

② Gibbons, H., Brandler, S., Rammsayer, T. H. Dissociating aspects of temporal and frequency processing: A functional ERP study in humans. Cortex, 2003, 39(4~5): 947~965.

③ Kujala, T., Kallio, J., Tervaniemi, M., et al. Themis match negativity as an index of temporal processing in audition. Clin Neurophysio, 2001, 112(9): 1712~1719.

时间知觉产生调节作用呢？从图 2.10 可知，五种注意条件在 *P2* 发生了一定的分离，但主效应不显著，这表明 *P2* 阶段注意调节可能还未影响时间知觉。当然也可能实验方法精确性受限所致。在 *P2* 阶段注意调节是否影响时间知觉尚需进一步研究。

从图 2.10 可见，本研究在 *P2* 之后时间知觉诱发 *CNV*，五种注意条件下 *CNV* 波形发生了明显的分离，数据统计发现，在五种注意条件下 *CNV* 波幅主效应显著，其波幅随着分配在时间属性上的注意的减少而逐渐降低，同时行为数据发现对时间的注意逐渐减少时，时间任务的反应时逐渐增加，反应错误率上升，这表明 *CNV* 反映时间知觉的注意调节过程。其他研究者也认为 *CNV* 与注意有密切的关系。如 *Pfeuty* 等在听觉通道研究了不同时距诱发的 *CNV* 波，发现右侧 *CNV* 的波幅增加直到时距结束[①]，反映了对时间信息持续的注意过程。*Pouthas* 等在视觉通道进行相同的任务也得到了类似的结果[②]。表明视听通道时间知觉诱发 *CNV* 均可以反映对时间的注意过程。本研究中注意调节为自上而下的控制加工，故 *CNV* 为时间知觉存在控制加工的生理指标。

Lewis 等提出"自动"与"认知控制"计时系统的观点对该领域的研究具有启发作用[③]，但是将"秒"作为两系统分界点的观点，尚需更多的实验证据支持。*Lewis* 所引用的前人以及自己的实验研究均只涉及两个时距脑区激活情况比较，如 *Lewis* 等比较了 0.6*s* 与 3*s* 时距脑区激活情况，结果发现 0.6*s* 比 3*s* 更加激活的脑区有前额叶皮质、前运动皮质、岛叶、颞叶和小脑，3*s* 比 0.6*s* 更加激活的脑区有顶叶和扣带回[④]。在实验中不能证明"1*s*"为两种加工的分界点，也不能证明 0.6*s* 时时间信息加工为自动加工。其他研究者也提出两种加工分离的不同的时间点。如 *Rammsayer*[⑤] 在神经药理学研究的基础上提出 500*ms* 以下不受认知调节的影响，但 *Rammsayer* 也没有精确地测定控制加工开始出现的时间点。在本研究中从图 2.10 可以看出约 250*ms* 后五种注意条件即出现明显的分离，说明注意对时间知觉产生了调节作用，即时间信息加工中

---

① *Pfeuty, M., Ragot, R., Pouthas, V. When time is up: CNV time course differentiates the roles of the hemispheres in the discrimination of short tone durations. Experimental Brain Research*, 2003, 151(3): 372~379.

② *Pouthas, V. G. L., Ferrandez, A. M., Renault, B. ERPs and PET analysis of time perception: Spatial and temporal brain mapping during visual discrimination tasks. Hum Brain Mapping*, 2000, 10(2): 49~60.

③ *Lewis, P. A., Miall, R. C. Distinct systems for automatic and cognitively controlled time measurement: Evidence from neuroimaging. Current Opinion in Neurobiology*, 2003, 13(2): 250~255.

④ *Lewis, P. A., Miall, R. C. Brain activation patterns during measurement of sub- and supra-second intervals. Neuropsychologia*, 2003, 41: 1583~1592.

⑤ *Rammsayer, T. H. Neuropharmacological evidence for different timing mechanisms in humans. Quarterly Journal of Experimental Psychology B*, 1999, 52(3): 273~286.

存在控制加工，提示时间知觉中控制加工的存在应该以 *CNV* 的出现为指标。控制加工开始出现的具体时间可能与刺激类型、任务等因素有关。在本研究中控制加工在 200~300*ms* 左右出现，而不是"秒"为分界点。

由以上的分析可知，听时间知觉诱发 *P1*、*N1* 可能只与听觉加工的早期阶段有关，*P2* 阶段存在时间信息加工，但在 *P2* 阶段注意调节是否影响时间知觉尚需进一步研究，*CNV* 反映时间知觉的注意调节过程，时间知觉中存在控制加工应该以 *CNV* 的出现为指标。

（二）听时间知觉的脑定位特点

本研究发现辅助运动区和顶下小叶与时间信息的加工过程有关。溯源分析中有两个偶极子定位于辅助运动区，其他研究者的相关的研究结果也发现辅助运动区与时间知觉有关，如 *Macar* 等利用 *ERP* 研究了时间产生和时间分辨任务中脑区激活的情况，发现目标时距较长时辅助运动区诱发 *CNV* 波幅较大[1]。随后 *Macar* 等利用 *fMRI* 比较时间产生任务和力产生任务激活脑区的差异，发现时间产生任务中辅助运动区被持续激活[2]。也表明辅助运动区在时间知觉中起着重要作用。但是辅助运动区在时间知觉中的具体作用也存在一定的争议，*Lewis* 等[3] 提出辅助运动区属于"自动计时系统"，只具有自动加工功能；而 *Macar* 等则认为辅助运动区在不同时距中均被激活，既具有自动加工又具有控制加工功能[4]。本研究结果支持 *Macar* 的观点，不支持辅助运动区只具有自动加工功能的观点。因此，辅助运动区可能为时间知觉的核心成分。

同时，本研究通过对听觉通道的时间知觉注意调节进行研究，发现随着对时间注意的增加，时间分辨任务成绩提高，辅助运动区活动性也提高。而 *Coull* 等对视觉通道的时间知觉注意调节进行研究[5]，得到了与本研究类似的结果，看来辅助运动区在时间知觉中的作用不局限于听通道，可能具有跨通道效应。

本研究溯源分析中有一个偶极子定位于顶下小叶附近，表明顶下小叶与时间的注意有关，这也与 *Coull* 等对视觉通道的时间知觉注意调节研究结果[6] 一致。在另一项实验中 *Macar* 等也发现顶下叶为时间信息加工所激活的注意系

[1] Macar, F., Vidal, F., Casini, L. The supplementary motor area in motor and sensory timing: Evidence from slow brain potential changes. Experimental Brain Research, 1999, 125(3): 271~280.

[2] Macar, F., Anton, J. L., Bonnet, M., et al. Timing Functions of the supplementary motor area: An event-related MFRI study. Cognitive Brain Research, 2004, 21(2): 206~215.

[3] Richards, W. Time reproductions by H. M. Acta Psychologia (Amsterdam), 1973, 37(4): 279~282.

[4] Macar, F., Coull, J. The supplementary motor area in motor and perceptual time processing: FMRI studies. Cognitive Processing, 2006, 7(2): 89~94.

[5][6] Coull, J. T., Vidal, F., Nazarlan, B., et al. Functional anatomy of the attentional modulation of time estimation. Science, 2004, 303(5663): 1506~1508.

统的一部分[1]。但是顶下小叶与时间的注意可能并不是特异的，即顶下小叶为基本注意系统的一部分。对注意的研究证实了这个观点，如 *Huang* 等通过体觉刺激对注意进行研究，发现顶下小叶被激活，认为包括顶下小叶、缘上回、前扣带皮质和背外侧前额叶皮质的顶—额回路为基本的注意控制系统[2]。以上分析表明顶下小叶与对时间的注意之间的关系并不是特异性的。

本研究也存在一定的不足。首先，由于采用拉丁方顺序平衡五种注意条件，而有效被试为 17 人，并不是完全的拉丁方设计（15 人是完整的拉丁方设计），两个被试的顺序误差对总体结果存在一定的影响。其次，采用偶极子源定位具有一定的局限性，用三个偶极子只能大致定位于主要的区域，还有其他区域与时间信息加工有关。因此在今后的研究中将对前述提及的问题深入进行研究，进一步明确这些脑区及其在时间信息加工中的作用。

四、结论

（1）*P2* 阶段存在时间信息加工；

（2）*CNV* 反映时间知觉的注意调节，时间知觉中存在控制加工应该以 *CNV* 的出现为指标；

（3）辅助运动区可能为时间知觉的核心成分，具有跨通道效应；

（4）顶下小叶与对时间的注意有关，但并不是特异性的；

（5）本研究不支持 *Lewis* 提出的"自动"与"认知控制"计时系统理论中"秒"为两系统分界点以及辅助运动区只属于"自动计时系统"观点。

致谢：感谢美国新墨西哥大学的 *Prof Akaysha Tang* 参与研究结果讨论；感谢李丹、谢钰涵、王晓刚、王琳、宋晋、张莹、杜李琴、彭春花、陈煦海、李怀虎、陆文春、罗文波、陶维东参与本研究中所做的工作。

合作者：陈有国、张志杰、郭秀艳、袁宏、张甜；原文载于：心理学报，2007，39（6）：1002~1011.

---

① *Macar, F., Lejeune, H., Bonnet, M., et al. Activation of the supplementary motor area and of attentional networks during temporal processing. Experimental Brain Research*, 2002, 142(4): 475~485.

② *Huang, M. X., Lee, R. R. A parietal frontal network studied by somatosensory oddball MEG responses, and its cross-modal consistency. NeuroImage*, 2005, 28(1): 99~144.

专题三　时间估计研究

时间估计是人们依据可用的信息，凭借主观经验对客观时间的持续性和顺序性得出结论的过程。时间估计往往是不准确的，因为它受许多主客观因素的影响。清醒地认识时间估计的这种特点，将有助于时间管理的决策成功。

引　　言

时间估计（*time estimation*）也称为时距估计（*duration estimation*）和时序判断（*temporal order judgment*），是个体完全凭借主观经验对客观事件的持续性和顺序性的认知反应。可以用多种方法进行时距估计实验：比较法——主试呈现两个时距，要求被试估计哪个时距较长或较短或相等；产生法——要求被试产生出一个主试预先限定好的一段时距以便对此作出估计；估计法——要求被试用某种物理时间单位的言语报告形式来估计目标时距的长短；再现法——要求被试用某种操作以再现的方式来估计目标时距；等级评定法——要求被试以等级量表的形式来估计目标时距。这些估计时距的方法无一完美，都会产生误差，即使是短时距（几秒或几分钟）也都会产生误差。时距估计的准确性除了受时距估计的方法影响外，还受其他多种因素的影响，例如被估计时距的长度、要求被试对时距估计进行加工的性质、活动的内容以及态度情绪、甚至性别、年龄等都会影响时距估计。研究发现，对持续时间的估计有"向中趋势"，即对短于一秒的时距估计偏长，对长于一秒的时距估计偏短；而且时间越长，对时间的估计误差越大。从事有趣且紧张的工作，觉得时间过得快，估计时间短些，从事单调、不愉快的工作，觉得时间过得慢，估计时间长些；而回忆的时间估计则正好与之相反。期待高兴的事情时觉得时间过得慢,估计时间长些;

而想逃避不愉快的事情时觉得时间过得快，估计时间短些。预期式估计比回溯式估计时间要长些。逝去的事件时间越久远，显得越短。时间估计还具有明显的个体差异和年龄差异，以及时间顺序误差和通道效应。被试主动参与任务的时间估计的准确性要比被动观察的高得多。

日常经验表明，我们的时间估计并不准确，即使像日常的吃饭、工作、散步、读书等用了多长时间，当我们没有时钟、手表或手机时就会犯下不应有的错误。主观的心理时间不同于客观的物理时间，而人们往往习惯于自己的心理时间。如人们熟知的"欢乐恨时短"、"寂寞嫌时长"。心情愉快时，感觉时间过得更快；反之，抑郁、悲伤状态下，感觉时间过得很慢[1]。同时，对时间的主观感觉也会反过来影响人们的情绪，交通堵塞或买票排队时，人们专注于等待，会感觉时间过得非常之慢，即使只过了几分钟，也会感觉等了很久。据调查，美国人每年花在排队上的时间大概有 370 亿小时，中国人花在等待中的时间更长。等待的主要成本是情感成本：压力、烦躁的心情及对生命悄然流逝的抱怨。多年前，休斯敦机场的高管们收到了大量来自顾客们关于取到行李时间太长的抱怨，为此，他们增加了行李存放处工作人员的数量，使得等待时间降到大概八分钟，但是抱怨声仍然不断。他们经过细致分析发现，乘客一分钟就走到行李处，有七分钟时间是在等待，也就是大约 88% 的时间是站着等待行李。所以，机场改变了设计，使乘客需要走六七分钟的时间才取到行李，抱怨就消失了。这启示管理者要根据人们的主观时间来设计环境，减少因纯粹等待时间产生的消极情绪体验。因等待时间长造成的负面情绪体验还严重危害身体健康，增加心血管系统的患病率。时间心理学的研究将提供更多的方法，提高工作效率和生活质量。

时间估计也有重要的临床应用价值。注意缺陷多动障碍（*attention deficit hyperactivity disorder*，ADHD）首次在 20 世纪初被讨论，它是儿童期最为常见的一种心理和行为障碍，主要特征是不正常的注意力不集中、活动过多并有弥散性冲动，这种障碍往往伴随着读写困难、发展性协调困难。根据流行病学调查统计，我国学龄儿童多动症患病率为 3%~5%，这意味着中国有近 2000 万儿童患有多动症，相当于每 50 个孩子的班级有 2~3 名多动症儿童。如果得不到及时治疗，50%~60% 的患儿症状将持续到成年甚至终身带病[2]，成年期 75% 的患者有可能发展成为反社会人格障碍、违法犯罪和物质滥用的风险度是正常儿童的 5~10 倍[3]。因此，对 ADHD 的早期诊断和及时治疗尤为重要。

---

① *Schirmer, A. How emotionschange time. Frontiers in Integrative. Neuroscience*, 2011, 5: 58.
② *http://news.163.com/12/0511/20/818H593400014AED.html.*
③ 秦炯. 注意缺陷多动障碍主要诊断标准简介与比较. 实用儿科临床杂志, 2006, 21(12): 799~800.

目前，诊断工具包括国际上公认的 *DSM-IV* 和 *ICD*-10，以及根据中国情况编制的 *CCMD*-3；对 *ADHD* 的争端还借助临床观察和神经心理测试进行筛查[①]。*DSM-IV-TR* 对 *ADHD* 的诊断有两个症状清单：一是包括注意分散、难以集中和组织条理性差等症状，二是包括多动症和行为冲动症状；从而将 *ADHD* 分为三个亚型：注意分散型、多动冲动型和混合型。研究发现第一型和第三型在时距估计上存在差异：注意分散型儿童在口头估计和再现任务中与正常组无显著差异，而混合型在时间估计上的稳定性和精确性都差。尽管 *DSM* 标准有用[②]，但仍存在某些局限性。看来时间估计能为 *ADHD* 儿童的诊断提供一种新的途径，通过考察 *ADHD* 的时间估计能力，可能有助于为 *ADHD* 的早期诊断。

本专题的七篇论文展现了时间估计的研究成果。"时距信息加工的认知研究"一文比较了时距估计的认知模型：存储容量模型、加工时间模型和变化／分割模型在时间加工中的有效性，发现变化／分割模型的预测效度是最高的。"5~8 岁儿童时间知觉的实验研究"和"5~9 岁儿童时间观念发展的实验研究"考察了儿童对 30 秒内时距的估计特点，发现不同年龄儿童的时间估计与对时间标尺的利用程度有关；儿童越小，越倾向于利用空间关系来估计时间，*Kappa* 效应越明显。"活动对短时距知觉影响的初步研究"的研究发现，对时间的估计会随着活动量和复杂度的增加而增加。"时间判断的视听通道效应的实验研究"的结果表明，通道效应的产生机制源于记忆的特点而不是感觉储存的特点。"对变化／分割模型的检验（Ⅰ）"和"对变化／分割模型的检验（Ⅱ）"在立即和延迟操作条件下，操作目标时间的分割段数，进一步验证了变化／分割模型的预测效度。这七篇论文从不同的侧面探索了时间估计的特点，为今后进一步研究积累了经验。

不同的时间信息加工模型争论的本质问题是时间信息在大脑中是如何进行表征的。由于研究者所关注的信息加工层次不同，时间信息的表征方式又有多种形式。对时间信息加工的研究大致可以分为三种取向：生物取向、认知取向和综合取向[③]。时间估计涉及的范围较长，容易受到事件的内容和组织结构、通道、编码方式、情绪、人格等多种因素的相互影响[④]。在今后的研究中，我们需要结合神经病理学、生物化学和药理学的成果，借助脑电图技术、功能性磁共振成像等技术，以及质性的研究方法，从基因、细胞、组织、行为等多个层次上，综合多个相关学科的知识，从多个层面上探讨时间信息的表征方式。

---

① 程小菁，刘金同. 注意缺陷多动障碍临床诊断与评估的研究现状. 精神医学杂志，2007，20(5): 333~336.

② 刘卫卫，刘翔平，钟姝. 不同亚型 *ADHD* 儿童的视通道时距估计能力. 心理发展与教育，2008，(3): 30~35.

③ 凤四海，黄希庭. 时间知觉理论和实验范型. 心理科学，2004，27(5): 1157~1160.

④ 黄希庭. 时间与人格心理学探索. 北京：北京师范大学出版社，2007.

时距信息加工的认知研究

　　在改革开放的今天，人们谈论着 *Ben Franklin* 的一句名言"时间就是金钱"；实验心理学家则认为"时间就是认知"。时间是物质存在的基本形式，它已成为许多学科如哲学、经济学、社会学、美学、心理学、生物学、医学、历史学等的研究对象。一个跨学科的国际性学术团体（*International Society for the Study of Time*）已从不同的角度对时间进行了多年的研究，并出版了一系列著作。

　　对时间的研究是心理学家最关注的一个问题。自 19 世纪心理学发展成为一门实验科学以来，反应时间的测量便成了一种标准的实验技术。在这方面，荷兰生理学家 *F. C. Donders* 作出了重要的贡献。他发明了测量心理活动速度的相减法，用以分析心理活动的各个阶段[①]。这也是现代认知心理学分析认知过程的一种主要方法。在现代认知心理学中，反应时间的利用和测量研究已成为一个专门的方法学领域。认知心理学家认为，时间不仅是一种因变量，而且是一种自变量。在人类的信息加工系统中，时间不是一种输入—输出同一的不变参数，而是需要被进行加工的重要信息。

　　时间，这个概念可以区分为相继（*succession*）和持续（*duration*）两个子概念。前者指人们能将两个或两个以上的事件知觉为不同的并且按顺序组织起来的，我们称之为时序；后者指界于两个相继事件之间的间隔时间，我们称之为时距。本文将讨论时距信息加工的认知研究。关于时序信息加工的认知研究，将另撰文讨论。

一、时距估计的认知模型

　　在日常生活中，我们身体的生理节律、宇宙环境的周期性变化以及日历、钟表等时计，为我们对时距长短的估计提供了信息。然而，当缺乏精密时计可供使用时，人们仍然能够对时距长短作出判断和估计，但这时对时距的判断和估计，就不一定会与物理时距相符。心理时间不同于物理时间。同样长的物理时距，例如，15*min*，有时觉得长一些，有时又觉得短一些。那么，人类是怎

---

　　① *Donders, F. C. Die Schnelligkeit Psychischer Processe.Arch Anat Phys*, 1986, 657~681. 见：*E.G.* 波林著，高觉敷译. 实验心理学史. 北京：商务印书馆，1981：167.

样估计（判断）时距的呢？对于这个问题的解释，有两种观点：一种是生物学的观点，如生物钟理论；另一种是信息加工的理论，即认知的观点。用认知观点探讨人类如何形成时距估计，心理学家已提出了三种模型，这就是存储容量模型、加工时间模型和变化／分割模型。

存储容量模型（*storage size model*，简称 *SS* 模型）是由 *Ornstein* 提出的。该模型假设，人对持续时间的估计取决于他记忆中存储事件的数量。同样长的物理时距，储存的信息越多，对时距的估计就越长；反之，则觉得时距越短。*Ornstein* 还认为："存储容量依存于两个因素：①在这一时距内觉察到的信息量或事件发生的数目；以及②信息被'堆放'和'存储'的方式。"[1]

一些学者[2-5]用加工时间模型（*processing time model*，简称 *PT* 模型）来解释时距估计。这个模型假设，人类的信息加工系统中存在着一个认知计时器（*cognitive timer*），专门负责加工和编码时间信息；和一个刺激加工器，专门负责对刺激进行加工和编码。对时距的估计是由计时器和刺激加工器的输出来决定的。*Thomas* 等的观点很有代表性，他们认为："这一理论关键性的假设是：①一般来说，时间信息是从一个计时器（*f* 加工器）和一个视觉信息加工器（*g* 加工器）得到的；②注意分配于 *f* 和 *g* 加工器之间，如果 *g* 加工器得到更多的注意，*f* 加工器的输出便不那么可靠了。"[6] 也可以这样说，需要深加工的任务夺去了对计时器的注意，结果使得时间知觉缩短；而浅加工的任务则把更多的注意留给计时器，因而觉得时间较长些。由于该模型强调注意资源的有限性，强调注意对加工器的分配，所以加工时间模型也被称为注意模型（*attention model*）。

变化／分割模型（*change/segment model*，简称 *CS* 模型），最初由

---

① *Ornstein, R. E. On the experence of time. Harmondsworth, England: Penguin, 1969: 104.*

② *Adams, R. D. Intervening stimulus effects on category judgments of duration. Perception and Psychophysics, 1977, 21(6): 527~534.*

③⑥ *Thomas, E. A. C., Brown, I. Jr. Time perception and the filled duration illusion. Perception and Psychophysics, 1974, 16(3): 449~458.*

④ *Thomas, E. A. C., Weaver, W. B. Cognitive processing and time perception. Perception and Psychophysics, 1975, 17(4): 363~367.*

⑤ *Zakay, D., Nitzan, D., Glicksohn, J. The influence of task difficulty and external tempo on subjective time estimation. Perception and Psychophysics, 1983, 34(5): 451~456.*

Fraisse[①] 提出，后为不少学者[②-⑥]所发展。该模型也与上述两个模型一样，认为我们对时距的估计依存于在这段时间内感知或记忆信息的数量和组织，依存于对时间信息的加工程度。但该模型与这两个模型的主要区别在于，不是强调单一的计时原理，而是强调刺激的数量、事件的可记忆性、注意、态度、动机、目标以及组织过程等因素在估计时距中的作用。并认为知觉时间就是知觉变化，时间估计就是记忆经验被分割为片段的过程，即把所经历的变化划分为可记忆的时间段[⑦]。*Poynter* 把该模型总结为"时距判断就是知觉到的事件数（感官的和机体的）、事件的分离性以及事件的可记忆性（储存、提取、被组块的难易度）的函数"[⑧]。

二、三个模型预测效度之比较

下面我将尝试用 *SS* 模型、*PT* 模型和 *CS* 模型对已有的主要实验结果进行解释，比较这三个模型的预测效度（*predictive validity*）。这些实验可分为三类：①操纵事件数和事件组织结构的实验；②操纵刺激复杂度的实验；③操纵对非时间信息加工深度的实验。

（一）操纵事件数和事件组织结构的实验

在下面两个实验中，时距内的刺激恒定，操纵的实验条件是要求被试记住时距内的刺激数。*Block*[③] 在 160s 时距内呈现单词，这些单词或者以范畴关系组成的块呈现，或者以随机方式呈现。结果，在组块条件下，被试对时距估计明显长些，并且回忆分数较高。*Poynter* 在 195s 时距内呈现易记或难记的词。在估计时距任务前，给一半的被试以记忆提示。结果，与存储容量模型相符，估计的时距与回忆成绩相同，即对填充易记单词的时距估计和记忆提示组对时

① *Fraisse, P. Psychology of time. New York: Harper & Row,* 1963: 65~280.
② *Block, R. A., Reed, M. A. Remembered duration: Evidence for a contextual change hypothesis. Journal of Experimental Psychology: Human Learning and Memory,* 1978, (4): 656~665.
③ *Block, R. A. Temporal judgments and contextual change. Journal of Experimental Psychology: Learning, Memory, and Cognition,* 1982, 8(6): 530~544.
④ *Poynter, W. D. Duration judgment and the segmentation of experience. Memory & Cognition,* 1983, 11(1): 77~82.
⑤ *Poynter, W. D., Homa, D. Duration judgment and the experience of change. Perception and Psychophysics,* 1983, 33(6): 548~560.
⑥⑧ *Poynter, W. D. Judging the duration of time intervals: A Process of remembering segments of experience. In: I. Levin, D. Zakay. Time and human cognition: A life-span perspective. Amsterdam: North-Helland,* 1989: 305~331.
⑦⑨ *Block, R. A. Memory and the experience of duration in retrospect. Memory & Cognition,* 1974, 2(14): 153~160.

距的判断为最长[①]。

　　下面三个实验仅操纵时距内的刺激数，而不管被试是否记住了它们。在 *Buffardi*[②] 的实验中，用配对比较任务（*paired comparison task*）以确定事件数和组织对估计时距的影响。呈现时距为 $1056ms$，填充事件有听觉的（$1200Hz$ 的嘟嘟声）、触觉的（食指上短暂的振动）和视觉的（闪光）。结果是，刺激事件数对知觉时距的影响很明显。不考虑通道因素，时距判断是事件数的正函数。事件数解释了 69% 的反应变异，事件组织解释了 23%。*Adams*[③] 用 0~5 个嘟嘟声填充于呈现时距 800~$1200ms$ 之中，结果发现，觉察时距与事件数之间的正相关系数（*FDI*）大小依存于对时距内嘟嘟声的注意程度。当从另一听道的耳机呈现填充嘟嘟声而无终点标记时，*FDI* 减小；将呈现时距掩置于光脉动背景下，*FDI* 也减小。*Poynter* 和 *Homa* 用 0~8 个闪光填充于呈现时距为 0.8~$16s$ 之中，要求被试再现。结果发现，对于短时距（$< 2.4s$）再现时距是闪光数的增函数。但当钟时距升至 $16s$ 时，闪光数与时距估计的函数呈 "*U*" 形；时距中少于两个事件有时被判断为比更多填充事件的时距要长些[④]。图 3.1 是 *Poynter* 和 *Homa* 提出的解释钟时距、事件数和觉察时距之间的假设关系。图 3.1 表明，估计时距依存于感官事件数与钟时距的函数关系：当钟时距较短时，是正函数；钟时距较长时，是负函数；钟时距中等长度，呈 "*U*" 形。*Predebon*[⑤] 的研究结果表明，时距判断受时距中的事件数和钟时距长短的影响，验证了 *Poynter* 等人的假设。

---

　　① Poynter, W. D. Judging the duration of time intervals: A Process of remembering segments of experience. In: I. Levin, D. Zakay. Time and human cognition: A life-span perspective. Amsterdam: North-Hclland, 1989: 305~331.
　　② Buffardi, L. Factors affecting the filled-duration illusion in the auditory, tactual and visual modalities. Perception and Psychophysics, 1971, 10(4): 292~294.
　　③ Adams, R. D. Intervening stimulus effects on category judgments of duration. Perception and Psychophysics, 1977, 21(6): 527~534.
　　④ Poynter, W. D. Duration judgment and the segmentation of experience. Memory & Cognition, 1983, 11(1): 77~82.
　　⑤ Predebon, J. Retrospective time judgments and clock duration. Perceptual and Motor Skills, 1988, 66: 19~24.

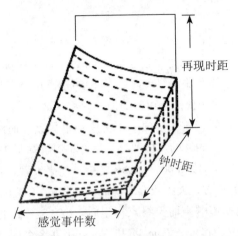

图 3.1　感觉事件数、钟时距和再现时距之间的假设关系

在 *Burt*[①] 的实验中，要求被试追溯估计实际时距范围为 3~550 天，在这些时距中有 187 个自传性事件（取自被试的日记），以检验 SS 模型。研究结果与 SS 模型的预期相矛盾。被试的时距估计与事件知识不相一致，未发现时间顺序误差效应（*time-order error effect*）和实时距错觉效应。但被试时距估计合理、正确，经提示，被试能重建出时距中的特殊事件，但时距估计却没有多大变化。应当指出，*Ornstein* 提出的 SS 模型最初所用的估计时距是 1 *min* 左右，能否将估计时距扩展到几天甚至 500 多天？这确实是值得怀疑的。

除 *Burt* 的研究外，上述实验结果表明，时距估计随钟时距内的填充事件数的增加而增加。根据 SS 模型，随着钟时距内事件数的增加，存储容量也增加，因而估计时距增长。根据 PT 模型，有限的注意资源对刺激加工器和认知计时器的投入呈反比关系，随着刺激数的增加，注意对计时器的分配就更少，因而导致估计时距更短，而不是更长；随着事件数的减少，达到空时距时，估计时距便更长，而不是更短。因此，PT 模型的预测效度低。CS 模型认为，对时距的估计是依据变化。一个时距里感觉事件越多，变化就越多，同时也更易于将时距分割成易表征的时间经验组块，因而时距内的感觉事件有时导致时距高估，有时则导致时距低估。这便能解释图 3.1 表示的感觉事件数与钟时距的交互作用。因此，CS 模型的预测效应也是高的。

几项研究结果表明，钟时距中的事件安排方式（即事件的组织结构）不同，

① *Burt, C. D. Reconstruction of the duration of autobiographical events. Memory & Cognition,* 1992, 20(2): 124~132.

可对时距判断产生影响。*Poynter* 等[1]向被试呈现 3~4*min* 的时距内含一系列互不相关的词，在这些词当中混杂着一些美国总统的姓氏。在一种条件下，总统的姓氏集中在时距的开头和末尾，在另一种条件下总统的姓氏被平均地分散于整个时距中。要求被试尽量记住所有的词，并注意总统的姓氏。尽管在两种条件下，词的识别、回忆量或觉知到的事件数之间没有差异，但总统姓氏分散在其他词之间对时距的判断要长得多。显然，*SS* 模型和 *PT* 模型都无法解释这一结果。*Poynter* 认为，*CS* 模型能解释此项结果，这是由于被试在提取时间信息时总统姓氏被用作分割时间经验的标尺之故。*Poynter* 和 *Homa* 的实验结果还发现，被试再现空时距比再现实时距准确。这也许是由于被试内心能自由地产生分割时距的标尺之故。这种观点也可以用来解释 *Schiffman* 和 *Bobko*[2]的一个实验结果，被试对填充规律性闪光的时距估计最准确。因为规律性事件有助于将时间段分割，进行有效的存储和回忆。

Buffardi[3]在其实验中发现，当填充事件位于呈现时距的开头时，被试估计时距要长一些。这可以用 *CS* 模型来解释：开头填充事件作为标尺被用来分割余下部分的空时距。当填充事件位于呈现时距末尾时，被试已用于分割时距的标尺（策略）被后继的感觉事件所打乱，从而影响了时间信息的回忆，估计时距便不准确。*PT* 模型也可作类似解释，但 *SS* 模型则似乎难以解释这些研究结果。

（二）操纵刺激复杂度的实验

Ornstein[4]以及 *Mulligan* 和 *Schiffman*[5]的研究曾考察过填充时距中刺激信息的复杂度对时距估计的影响。在他们的实验中，呈现时距都是 60*s*，填充的刺激是模糊的线条画或语词段，要求被试作追溯式估计（*retrospective estimates*），即刺激呈现后被试才知道要对时距作估计。在 *Mulligan* 和 *Schiffman*[6]的实验中，要求被试以代码来简化呈现的刺激。结果发现，刺激复杂度影响时距估计。刺激信息简单(以代码进行简化)组被试比刺激信息复杂(同样的刺激但不简化)组被试报告的时距较短。*SS* 模型是这样解释这一发现的：与未作代码简化相比较，简化代码能有效地组织信息加以存储。存储越有效，

---

① *Poynter, W. D. Duration judgment and the segmentation of experience. Memory & Cognition,* 1983, 11(1): 77~82.

② *Schiffman, H. R., Bobko, D. J. Effects of stimulus complexity on the perception of brief time intervals. Journal of Experimental Psychology,* 1974, 103(1): 156~159.

③ *Buffardi, L. Factors affecting the filled-duration illusion in the auditory, tactual, and visual modalities. Perception and Psychophysics,* 1971, 10(4): 292~294.

④ *Ornstein, R. E. On the experience of time. Harmondsworth, England: Penguin,* 1969: 104.

⑤⑥ *Mulligan, R. M., Schiffman, H. R. Temporal experience as a function of organization in memory. Bulletin of the Psychonomic Society,* 1979, 14(6): 417~420.

存储容量也就越小。*CS* 模型不用存储容量而用记忆内容的性质来解释：简化刺激模式有时比复杂模式觉得时间短些，是因为简化代码把几个刺激组合成一个统一体，编码更完整，时间分段数少；而复杂刺激的时间分段数要更多。如果假定复杂刺激比简单刺激需要更多的加工，那么根据 *PT* 模型，填充复杂刺激的时距估计要比填充简单刺激的时距估计就更不准确，而且也更短些。

（三）操纵对非时间信息加工深度的实验

操纵对非时间信息加工深度的实验是指呈现时距中填充一个或多个事件，要求被试观察它们的同时并以某种方式加工它们（如读数字、乘数字、分析字词意义等）。多数的实验结果表明，随着加工深度的增加（假设加工深度与"任务难度"、"反应不确定性"、"加工时间"有关），判断的时距减小[1~6]。在发现有这种关系的多数研究中，均采用预期式估计（*prospective estimates*），即被试预先知道要估计时距。而用追溯式估计的实验中，加工深度与时距判断的关系却依存于加工任务的性质和范围[7~9]。若用 *SS* 模型解释这一结果，必须假定随着对刺激的加工水平加深，存储容量越小，对刺激的深加工，其存储方式就更有效，因而比对刺激的浅加工所占的存储容量就较小，对时距的估计就较短。*PT* 模型也能解释刺激加工量与时距判断的逆关系。对刺激的加工总量增加，分配给计时器的注意便减少，从而导致估计时距变短。当然，*CS* 模型也能解释上述实验结果。

对刺激的加工水平也并不总是与时距估计的长短成逆关系。*Thomas* 和 *Weaver*[10]发现，要求被试记住极短时距（< 100*ms*）中的视觉内容，对空时距的判断缩短，对实时距的判断则延长。作者认为，这是由于记忆任务增加了注意在视觉加工器上的分配。于是，对空时距，注意移向存储器（而离开计时器），

① *Michon, J. A. Studies on subjective duration* II: *Subjective time measurements during tasks with different information content. Acta Psychologica*, 1965, 24: 205~219.

② *Vroon, P. A. Effects of presented and processed information on duration experience. Acta Psychologica*, 1970, 34: 115~121.

③⑦ *Hicks, R. E., Miller, G. W., Kinsbourne, M. Prospective and retrospective judgments of time as a function of amount of information processed. American Journal of Psychology*, 1976, 89(4): 719~730.

④ *Burnside, W. Judgment of short time intervals while performing mathematical tasks. Perception and Psychophysics*, 1971, 9(5): 404~406.

⑤⑧ *Brown, S. W. Time perception and attention: The effects of prospective versus retrospective paradigms and task demands on perceived duration. Perception and Psychophysics*, 1985, 38(2): 115~124.

⑥ *Zakay, D., Nitzan, D., Glicksohn, J. The influence of task difficulty and external tempo on subjective time estimation. Perception and Psychophysics*, 1983, 34(5): 451~456.

⑨ *Underwood, G., Swain, R. A. Selectivity of attention and the perception of duration. Perception*, 1973, (2): 101~105.

⑩ *Thomas, E. A. C., Weaver, W. B. Cognitive processing and time perception. Perception and Psychophysics*, 1975, 17(4): 363~367.

计时器的输出减少，导致估计时距缩短。而对实时距，更多的注意移向视觉加工器，导致它输出的增加，与没有记忆任务相比，这一输出便延长了估计时距。*Burnside*[①] 的实验结果发现，被试在时距内读数字，对这一时距的估计几乎与对空时距的估计相等。CS 模型对这一发现的解释是，因为读数字所分割出的时间段数与在空时距中对内部事件所分割出的段数大致相等。PT 模型则可能解释为"读数"和"空"的条件下，注意分配于计时器和刺激加工器几乎相当，因而其输出总量恰好几乎相等。*Poynter* 和 *Homa*[②] 的实验发现，在记忆和不记忆条件下时距估计的差别随呈现时距长短而变化。呈现长时距，无记忆条件比记忆条件的估计长得多；呈现短时距（< 4s），记忆条件的估计要长些。PT 模型和 CS 模型都能解释这一结果。因为根据 CS 模型，对呈现时距产生或长或短的估计有赖于对时间信息如何加工为易于存储和提取的组块。

通过上述分析，可以看出，SS 模型、PT 模型和 CS 模型都能解释不少实验结果。这三个模型对理解人类时距观念的形成都作出了自己特殊的贡献。但相比较而言，CS 模型的预测效度较高。这是因为 CS 模型中不仅包含了 SS 模型和 PT 模型的理论要点，而且还包含了对时间信息的编码、加工等内容。但 CS 模型尚需发展。例如什么是时间信息的表征？人类是如何对时距信息进行编码的以及遵循什么原则进行加工的？限于时间心理学目前的研究水平，CS 模型并没有给予回答。这是需要进一步研究的问题。

三、我们的研究工作和设想

人类对时距信息的加工受多种因素影响，这在 *Fraisse* 的变化／分割模型中已经提到。但以往的许多研究往往仅考察一些单因素对时距估计的影响。这些研究虽然也控制了某些额外变量，然而，时距估计毕竟是依存于整个信息加工系统的状态。单因素实验设计所得到的实验结果，难免会受到额外变量的混淆。因此，探讨人类对时距信息加工的实验宜采用多因素实验设计。这方面，我们已作过一些研究。

① *Burnside, W. Judgment of short time intervals while performing mathematical tasks. Perception and Psychophysics*, 1971, 9(5): 404~406.
② *Poynter, W. D., Homa, D. Duration judgment and the experience of change. Perception and Psychophysics*, 1983, 33(6): 548~560.

例如，在时间连续阈限的研究中，一些学者[1]~[5]曾研究过一些单因素对时间连续阈限的影响。针对时间连续阈限受多种因素影响，我们在一项研究[6]中采用多变量正交设计，考察了七个因素（刺激类型、刺激复杂度、刺激强度、刺激呈现时距、被试对两刺激的判断标准、同一种感觉道的个数、性别）对时间连续阈限的影响，结果发现：①刺激类型、刺激呈现时间、被试对两刺激的判断标准和同一种感觉道的个数四个因素对时间连续阈限有显著影响，而刺激复杂度、刺激强度和性别三个因素对时间连续阈限没有显著影响；②关于刺激类型，在控制视觉和听觉的基础时间连续阈限的情况下，听—视刺激的阈限值最高，其次为视—听刺激，最小的为视—视刺激和听—听刺激，其中后二者的阈限值之间没有显著差异；③在刺激呈现时距中，呈现短时距刺激的时间连续阈限高于呈现长时距的刺激；④在被试对两刺激的判断标准上，判断为分离所得的阈限值高于判断为连续所得的阈限值；⑤在同一种感觉道的个数上，由一个感觉道判断所得的阈限值高于由两个感觉道判断所得的阈限值；⑥显著影响时间连续阈限的四个因素（刺激类型、刺激呈现时距、被试对两刺激的判断标准、同一种感觉道的个数）之间不存在交互作用。

对时距估计的研究，以往都采用再现法、参数估计法、比较法、产生法、辨别法等。Schab 和 Crowder[7]指出，研究方法的不同是影响时距估计的一个重要因素。研究方法的不同，实质上是实验控制变量的不同。因此，采用新的研究方法将有助于我们探明影响时距估计的有关因素。这方面我们也作过一些探索。在黄希庭和谢红灵[8]的一项研究中，采用信号检测论的评价法考察了七种实验条件下的短时距信息的检测特征。这项研究中信号刺激是 3000ms，噪音刺激是 3800ms。结果发现：①注意是检测时距信息的必要条件；注意被时距检测任务之外的作业所占用，就会完全丧失时距信息的检测能力。②在注意的条件下，刺激时距内有六个填充物对时间信息的检测最佳；而刺激时距无填

① Rutschman, R. Visual perception of temporal order. In: S. Kornhlum. Attention and Performance. New York: Academic, 1973: 637~711.

② Glenberg, A. M., Fernandcz, A. Evidence for auditory temporal distinctiveness: Modality effects in order and frequency judgments. J. of Experimental Psychology: Learning, Memory & Cognition, 1988, 14(4): 728~739.

③⑦ Schab, F. R., Crowder, R. G. Accuracy of temporal coding: Auditory-visual comparisons. Memory & Cognition, 1989, 17(4): 384~397.

④ Schiff, W., Oldak, R. Accuracy of judging time to arrival: Effects of modality, trajectory, and gender. J. of Experimental Psychology: Human Perception & Performance, 1990, 16(2): 303~316.

⑤ Lichenstein, M. Phenomenal simultaneity with irregular timing of components of the visual stimuli. Perception and Motor Skills, 1961, 12: 47~60.

⑥ 柳学智. 多种因素对时间连续阈限的影响. 心理学报，1994，26(2): 121~127.

⑧ Huang, X. T., Xie, H. L. Characteristics of short-time duration detection. In: S. Wang. Paper for the Second Afro-Asian Psychological Congress. Beijing, August, 1992.

充物，或有两个和十个填充物对时距信息检测能力的影响无显著差异。对刺激时距内的事件数进行加工比不进行加工，能显著地提高时距信息的检测能力。③以默默数数和计算时距内事件的出现频率作为估计时距的认知策略比用整体比较的认知策略对时距信息的检测成绩更佳，而默默数数和计算时距内事件的出现频率这两种认知策略对时距信息检测成绩的影响，差异不显著。

此外，黄希庭和孙承惠[①]还用模糊统计实验方法对九个时间修饰词做了经验赋值工作。被试包括 260 名本科大学生和 160 名高中生。结果表明，给定的九个时间修饰词都是模糊概念，其中"此刻"的模糊度最小，"将来"和"过去"的模糊度最大，"不久"的模糊度较大。对大学生来说，九个时间修饰词的模糊度由小到大的排列次序为"此刻"、"刚才"、"现在"、"即将"、"遥远的未来"、"很久以前"、"不久"、"过去"、"将来"。对高中生来说，九个时间修饰词的模糊度由小到大的排列顺序为"此刻"、"现在"、"刚才"、"即将"、"遥远的未来"、"很久以前"、"不久"、"过去"、"将来"。词义的模糊度与评量的把握度呈负相关。给定的九个时间修饰词在心理量表上的距离是不等的。

时距估计实验中的个体差异引起了我们的极大关注。在我们的一项研究[②]中，采用被试内设计并通过多元方差分析和逐步回归分析方法初步探讨了短时距（1~5s）刺激的面积大小和立体框架大小对时距知觉的影响。结果表明：①短时距刺激的面积大小对再现时距的影响极为显著，立体框架大小的影响不显著；②逐步回归分析方法能有效地分解、控制个体差异变量对反应变量的影响。这也是该领域研究的一种发展。

除了探明影响时距估计的有关因素外，时间表征的特点和时距估计所使用的策略应是时间信息加工研究的一个重要方面。人们是使用哪些策略来估计时距的？在我所能想到的估计时距的各种情况中，对一个时距的估计通常似乎是使用下列两种方法中的一种或两种方法相结合来推断的。一种方法是选定某种周期性变化的参照物将所要估计的物理时距与之相比较；另一种方法是根据物体在空间运动的距离、时间和速度的关系来推断。我们在 20 世纪 60~70 年代完成的两项研究证实了我的这种设想。在黄希庭和张增杰[③]的一项研究中，设置有、无节拍器响声的两种条件，要求 5~8 岁儿童组及青年组再现 3s、5s、15s 和 30s 四种物理时距。结果表明，儿童使用计时参照物的人数随年龄的增长而逐渐增多：5~6 岁组基本上不会使用计时参照物；7 岁组在无节拍器响

① 黄希庭，孙承惠. 时间词义赋值特征的分析. 心理学报，1991，23(3): 243~249.
② 张蜀林，黄希庭. 短时距知觉的面积效应. 心理科学，1995，18(1): 6~9.
③ 黄希庭，张增杰. 5~8 岁儿童时间知觉的实验研究. 心理学报，1979，12(2): 166~174.

声条件下已有20％的儿童使用了外部计时参照物（数节拍器响声）；8岁组75％~85％的儿童使用了计时参照物；青年组几乎全部使用了计时参照物。这不仅表明，人们估计时间的主要策略是选用周期性变化的参照系（有外部的如节拍器响声和内部的如数数、背熟悉的诗文等），而且也表明儿童估计时距的使用策略有一个发展的过程。在黄希庭、杨宗义和刘中华[1]的研究中，以两辆玩具小汽车在直线道上以不同的距离（20m、40m）、时间（20s、40s）和速度行驶，组成四个作业任务，要求5~9岁儿童就四个作业任务对小汽车行驶的时间进行估计和再现。结果表明，5~6岁组把小汽车行驶距离与行驶时间的长短混同起来，把行驶距离作为估计时间的标准，而把行驶速度撇在一边；8~9岁组有65％的儿童已学会考虑时间、距离、速度三种信息，并把每种信息的作用与其他信息进行校正，对时距作出正确的估计。这说明儿童使用参照物体在空间运动的距离、时间和速度三者之间的关系推论时距的策略也有一个发展的过程。这项研究结果还表明，各年龄组对小汽车行驶2m历时10s或20s的再现时距都小于小汽车行驶4m历时10s或20s的再现时距，显示出Kappa效应；并且年龄愈幼小，Kappa效应愈明显。关于时间表征问题，我们试图从时间判断的视听通道效应的实验[2][3]和未来时间的分割研究进行了某些尝试性的探索。例如，黄希庭和郑云[4]的研究结果表明，通道效应的产生机制源于记忆的特点而不是感觉储存的特点。我最近的一项研究结果表明，人们对未来时间的表征是依赖于他们的态度和过去经验的。这些研究结果都有助于进一步认识时间表征的性质。

我们在研究中注意到，时距估计是受兴趣、情绪、期待和人格特征等因素影响的。Lopez 等[5]以古典印度音乐、印度电影音乐、西方古典音乐、摇滚乐、爵士乐等呈现四种时距：3s、16s、64s和128s，结果发现，被试对填充最不喜爱的音乐的时距高估，对填充最喜爱的音乐的时距低估。Hawkins 等[6]研究

① 黄希庭，杨宗义，刘中华. 5~9岁儿童时间观念发展的实验研究. 见：中国心理学会发展心理教育心理专业委员会编. 中国心理学会第二届年会发展心理教育心理论文选. 北京：人民教育出版社，1980：285~330.

② Glenberg, A. M., Fernandez, A. Evidence for auditory temporal distinctiveness: Modality effects in order and frequency judgments. Journal of Experimental Psychology: Learning, Memory & Cognition, 1988, 14(4): 728~739.

③ Schab, F. R., Crowder, R. G. Accuracy of temporal coding: Auditory-visual comparisons. Memory & Cognition, 1989, 17(4): 384~397.

④ 黄希庭，郑云. 时间判断的视听通道效应的实验研究. 心理学报，1993，25(3)：225~232.

⑤ Lopez, L., Malhotra, R. Estimation of time intervals with most preferred and least preferred music. Psychological Studies, 1991, 36(3): 203~209.

⑥ Hawkins, W. L., French, L. C., Crawford, B. D. et al. Depressed affect and time perception. Journal of Abnormal Psychology, 1988, 97(3): 275~280.

过抑郁情绪对时间知觉的影响。*Watts* 等[①] 研究过惧怕情绪对时间估计的影响。*Ahmad*[②] 研究过社会提示和等待对时间判断的影响。还有人研究过人格因素（如 A 型行为类型者和 B 型行为类型者，场依存性者和场独立性者）对时距估计的影响。我们的一项研究[③] 曾对 A 型和 B 型行为类型者的时距估计做过实验，结果发现与前人的某些结论不相一致。我们在这方面将区分出几个维度进行深入的研究。

通过几年来的探索，虽然我们对人类时距信息加工有了一些新的认识，但仍有许多问题需要深入研究。我们将充分吸取时距信息加工三个认知模型的合理因素，加以综合，并继续采用多因素实验设计或新的研究方法进一步探讨时距信息加工的编码、表征和加工机制，从而逐步形成具有更高预测效度的认知模型。

原文载于：西南师范大学学报（自然科学版），1993，18（2）：225~232.

① *Watts, F. N. Sharrock, R. Fear and time estimation. Perceptual and Motor Skills*, 1984, 59(2): 597~598.

② *Ahmad, K. S. Effects of social influences and waiting on time judgment. Perceptual and Motor Skills*, 1984, 59(2): 771~776.

③ 梅传强. A 型和 B 型行为类型大学生的时间认知特点的实验研究. 心理科学，1991, (4): 52~53.

5~8 岁儿童时间知觉的实验研究

儿童的时间知觉是怎样发展起来的？发展过程中有哪些特点？经历哪些主要阶段？这是发展心理学要研究的课题之一。在国外，*Smythe*、*Goldstone*等人[1][2]曾研究过 6~14 岁儿童对以秒计的主动时间估计和被动时间估计，认为 8~14 岁儿童对短时间的估计比较准确，时间观念已渐趋稳定，并能利用有关的参考信号帮助纠正错误，他们已和青年成人无多大差别；但 6~7 岁儿童对时间的判断则欠准确。多变而不稳定，对 30s 的估计都偏短，且不能从有关时间的参考信号纠正估计的错误。研究者认为这和能否利用动觉线索有关。爱尔金[3]研究过儿童对时间间隔的估计，认为这种估计常不准确，随着年龄的增长、平均误差减少 30%。科托夫[4]研究过两种信号系统在学龄中期儿童的时间知觉中的相互作用，认为反映短时距（2~5s）第一信号系统起主导作用，反映长时距（5~60s）第二信号系统的作用逐渐增加；儿童年龄愈大，时间知觉中的言语联系的比重也愈大。在国内，除作者前一报告[5]外，有关儿童时间知觉的文献甚少。本研究的目的是，探明 5~8 岁儿童以秒为单位的时间知觉发展的特点及其主要阶段。

一、方法

整个实验分两部分。第一部分没有向被试提供量度时间的标尺（以下简称无标尺），用先后按两次马表的响声，作为向被试呈现的一段时距的开始和终止。被试用同样的方法再现所呈现的时距。根据再现与呈现时距的差数确定其准确度。实验后向被试了解：用什么方法感知和再现各种时距，对再现时距的准确性的主观估计，以及用什么方法可以矫正再现时的误差。第二部分是向被试提供可以用来量度时间的标尺（开动着的节拍器，节拍频率是随机选择的。

---

① Smythe, E. J., Goldstone, S. The time sense: A normative, genetic study of the development of time perception. Percept & Mot. Skills, 1957, 7: 49~59.

② Goldstone, S., Boardman, W. K., Lhamon, W. T. Kinesthetic cues in the development of time concepts. The Journal of Genetic Psychology, 1958, 93(2): 185~190.

③ 爱尔金，Д. Г. 时间知觉. 苏联心理科学（1 卷）. 北京：科学出版社，1962：194~213.

④ Котов, В. И. Взаимодействие сигнальных систем действительности в восприятии времени. Научная конференция, посвящения 50-летию со дня смерти И. М. Сеченова(тезисы докладов) Одесса, 1955.

⑤ 张增杰，黄希庭. 六、七岁儿童时间知觉的初步研究. 心理学报，1963，12(3)：214~221.

以下简称有标尺），呈现和再现各种时距的方法与第一部分相同。实验后向被试了解：节拍器对确定时距有无帮助，怎样利用节拍器来确定时距，利用节拍器确定时距是否比没有节拍器准确些。每个被试都先做第一部分实验，后做第二部分实验。

正式实验之前，先向被试说明实验要求，并进行预备实验。预备实验呈现时距为 2s 和 20s，所得结果未加计算。正式实验呈现时距为 3s、5s、15s、30s。呈现各时距的顺序是随机的。各种时距在有无标尺的两种情况下各做四次，每个被试共做 32 次，其间有两三次休息。全部实验均个别进行。

实验对象：共 80 人，其中男 37 人、女 43 人。5、6 岁组系幼儿园大班和中班的儿童，7 岁组系受过学前教育的小学一年级上期学生和未入学的幼儿园儿童，8 岁组系小学一年级下期学生。上述被试是从我院附幼、附小以及北碚朝阳幼儿园的儿童中随机选择出来的。为了便于比较，本实验还对青年人进行了研究。青年组系我院的学生和教师。被试的组成见表 3.1。

表 3.1 被试的组成

组别 人数 年龄	5 岁组	6 岁组	7 岁组	8 岁组	青年组
	20 人 男 11，女 9	20 人 男 7，女 13	20 人 男 10，女 10	20 人 男 9，女 11	20 人 男 9，女 11
平均值	5 岁 5 个半月	6 岁 5 个半月	7 岁 4 个月	8 岁 5 个半月	22 岁
范围	5 岁 2 月~5 岁 10 月	6 岁~6 岁 11 月	7 岁~7 岁 11 月	8 岁~8 岁 11 月	20 岁~30 岁

二、结果

（一）再现时距的准确度和稳定性

根据实验结果，五个年龄组在有无标尺时再现各种时距的平均误差见表 3.2。

表 3.2 各年龄组再现时距的平均误差（s）

	无标尺				有标尺			
	3s	5s	15s	30s	3s	5s	15s	30s
5 岁	2.62	2.72	7.24	11.95	2.34	4.14	7.48	13.97
6 岁	1.00	1.49	4.89	11.71	0.94	1.46	5.38	11.65
7 岁	1.01	1.56	4.59	10.13	0.78	0.96	2.55	5.21
8 岁	0.73	0.95	3.17	6.91	0.76	0.89	2.38	4.89
青年	0.52	0.56	0.95	2.26	0.45	0.46	0.52	1.01

注：表中数字均系 20 个被试误差绝对值的平均数。

表 3.2 材料表明，不论有无标尺，也不论呈现哪种时距，再现误差都随年龄增长而渐次递减（唯一例外的是在无标尺再现短时距 3s、5s 时，7 岁组的平

均误差略大于 6 岁组，但此差异无实际意义，参见表 3.3）。7、8 岁组及青年组在外界有标尺再现各时距的误差均小于无标尺时，5、6 岁组却不尽然。用表 3.2 材料制成图 3.2，上述趋向可以看得更为明显。同时，从图 3.2 还可以看出，在无标尺时，6、7 岁组再现误差十分接近；在有标尺时，7、8 岁组再现误差十分接近。

各年龄组间平均误差的差数和差数的 t 值列入表 3.3。

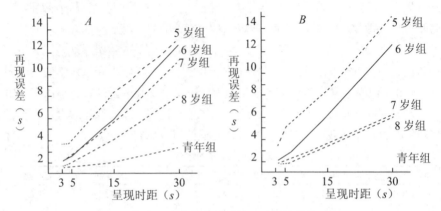

图 3.2　各年龄组再现时距的平均误差
A. 无标尺时；B. 有标尺时

表 3.3　各年龄组之间再现时距平均误差的比较

			无标尺				有标尺			
			3s	5s	15s	30s	3s	5s	15s	30s
相邻年龄儿童组的比较	5~6 岁组	差数	1.62	1.23	2.35	0.24	1.40	2.68	2.10	2.32
		t 值	2.52	2.66	1.91	0.08	2.09	3.12	2.73	1.20
	6~7 岁组	差数	0.01	0.07	0.30	1.58	0.16	0.50	2.83	6.44
		t 值	0.05	0.24	0.41	0.87	0.72	1.70	2.90	3.91
	7~8 岁组	差数	0.28	0.61	1.42	3.22	0.02	0.07	0.17	0.32
		t 值	0.12	2.07	2.16	1.87	0.05	0.23	0.50	0.33
各儿童组与青年组的比较	5 岁～青年	差数	2.10	2.16	6.29	9.69	1.89	3.68	6.96	12.96
		t 值	3.35	4.44	5.67	9.39	2.81	3.99	7.80	11.18
	6 岁～青年	差数	0.48	0.93	3.94	9.45	0.49	1.00	4.86	10.64
		t 值	2.25	3.38	5.88	8.16	1.79	3.32	7.02	7.48
	7 岁～青年	差数	0.49	1.00	3.64	7.87	0.33	0.50	2.03	4.20
		t 值	4.05	3.05	7.30	5.57	1.23	1.53	4.98	6.62
	8 岁～青年	差数	0.21	0.39	2.22	4.65	0.31	0.43	1.86	3.88
		t 值	0.89	1.30	4.85	4.56	0.71	1.50	4.74	4.56

注：显著水平：t = 2.04、2.75、3.65；p = 0.05、0.01、0.001。

表 3.3 材料表明，不论有无标尺，5、6 岁组再现短时距（3s、5s 以下同）的误差间的差异显著；而再现长时距（15s、30s，以下同）的误差，除有标尺再现 15s 外，两组间的差异不显著。6、7 岁组在有标尺再现长时距，两组间的误差差异很显著，其余均不显著。7、8 岁组在无标尺再现 5s、15s 时，两组间误差的差异显著，再现其余各时距两组间的误差差异均不显著。各儿童组与青年组比较：5、6 岁组与青年组的误差差异都很显著，且大多数非常显著（只有 6 岁组有标尺再现 3s 的误差与青年组的差异不显著）；7 岁组与青年组的误差差异，除有标尺再现短时距外，其余都非常显著；8 岁组与青年组在再现短时距时，误差差异不显著，再现长时距时误差差异非常显著。

根据表 3.2 材料算出再现各时距的每秒平均误差率制成图 3.3，可以看出：①随年龄增长，各年龄组再现各时距的每秒平均误差率渐趋下降。②5 岁组的曲线变化幅度大，与其余各年龄组的曲线变化差别很大。③6、7、8 岁三个年龄组及青年组再现各时距的误差曲线有相似之处。特别是在外界有标尺时，7、8 岁组的曲线变化、所处水平都十分相近，且和青年组的曲线变化也十分相似。6 岁组的曲线再现长时距时误差率上升，特别是有标尺时，6 岁组的曲线变化明显不同于青年组。④不论有无标尺，各儿童组的误差曲线所处水平都比青年组高（即各儿童组的误差都大于青年组）。

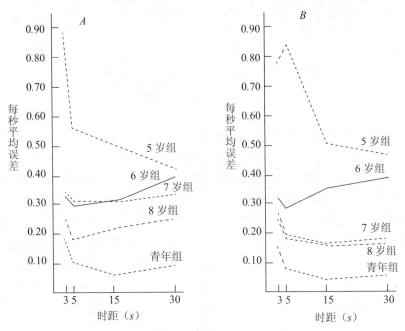

图 3.3　各年龄组每秒平均误差随时距增减情况
A. 无标尺时；B. 有标尺时

比较各年龄组对同一时距八次实验间（1~4 次为无标尺，5~8 次为有标尺）的误差变化，可以看出各年龄组再现时距的稳定性。根据实验材料（按每次 20 人误差的平均数）制成图 3.4，可以看出，不论有无标尺，5 岁组再现短时距的八次误差的变化均极不稳定；而 6、7 岁组再现短时距的八次误差变化却相当相似，均比 5 岁组稳定；8 岁组又比 6、7 岁组更为稳定。再现长时距（图略）每个儿童组的八次误差变化全不稳定，尤其以 5 岁儿童为甚。青年组不论再现哪种时距，都相当稳定，尤以短时距更稳定。

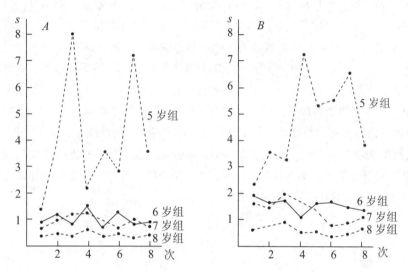

图 3.4　各年龄组再现短时距误差变异
A. 时距为 3s；B. 时距为 5s

（二）再现时距的提前和错后趋势

　　根据实验结果，各年龄组再现各种时距提前或错后的次数列入表 3.4。

　　表 3.4 材料表明：①不论有无标尺，各年龄组再现长时距提前次数多于错后（青年组有标尺时再现 30s 外，但提前的秒数仍然大于错后，参见表 3.5）。②从 6 岁组到青年组，除无标尺再现短时距外，提前次数有随年龄增长而减少的趋势，错后次数有随年龄增长而增多的趋势；总的倾向是，年龄愈幼小更易于发生提前反应。③5 岁组再现短时距，错后次数多于提前；再现长时距，提前次数多于错后。④不论有无标尺，也不论哪种时距，正确再现次数的情况是：5 岁组最少，6、7、8 岁组次之，青年组最多。

表 3.4　各年龄组各种时距提前和错后的次数比较

		3s		5s		15s		30s	
		提前	错后	提前	错后	提前	错后	提前	错后
无标尺	5 岁	14	65	25	55	51	28	55	25
	6 岁	30	49	37	43	62	18	70	10
	7 岁	43	36	44	33	57	23	62	18
	8 岁	32	43	30	48	52	27	53	26
	青 年	30	45	29	45	41	39	47	33
有标尺	5 岁	26	53	29	49	51	29	70	10
	6 岁	40	36	49	29	70	10	66	13
	7 岁	35	40	33	43	42	37	46	36
	8 岁	25	54	33	44	43	37	44	36
	青 年	20	53	24	48	38	36	30	42

注：各年龄组再现反应 80 次，除提前和错后反应外，其余为正确再现。

各年龄组再现各种时距提前或错后的秒数列入表 3.5。表 3.5 材料表明：①不论有无标尺，各年龄组再现短时距，错后的秒数大于提前（7 岁组无标尺再现 5s 例外）。②不论有无标尺，各年龄组再现长时距，提前的秒数大于错后（5 岁组无标尺再现 15s 例外）。③除有标尺再现 3s 外，各年龄组再现短时距错后的秒数有随年龄增长而减少的趋势。④除 5 岁组外，各年龄组再现长时距的提前秒数有随年龄的增长而减少的趋势。

表 3.5　各年龄组再现时距提前与错后的秒数比较

		3s		5s		15s		30s	
		提前	错后	提前	错后	提前	错后	提前	错后
无标尺	5 岁	9.24	102.70	33.75	180.95	217.77	325.64	703.45	210.50
	6 岁	18.00	62.72	54.39	67.94	331.70	619.20	908.60	49.00
	7 岁	30.96	48.60	64.24	61.38	314.64	67.62	734.70	83.34
	8 岁	14.40	44.72	14.10	51.36	190.32	69.12	442.55	66.04
	青 年	9.60	9.90	12.18	31.95	45.92	30.03	125.96	65.34
有标尺	5 岁	15.60	171.19	32.48	287.14	310.08	309.72	884.80	142.70
	6 岁	27.60	44.64	69.09	78.40	409.50	20.00	903.54	28.99
	7 岁	18.20	45.60	28.05	48.59	135.66	84.73	310.96	105.60
	8 岁	11.28	49.14	12.21	19.80	127.28	83.57	306.24	85.32
	青 年	5.80	29.68	9.24	30.24	23.94	15.12	53.10	27.30

注：表内数据系提前或错后的总秒数。

（三）使用时间标尺的情况

根据实验时的观察和实验后的询问，各年龄组能否使用时间标尺的人数列入表 3.6。

表 3.6　各年龄组使用时间标尺的人数比较

	外界无标尺		外界有标尺	
	使用内部标尺的	不用内部标尺的	使用的	不使用的
5 岁	0	20	0	20
6 岁	2	18	4	16
7 岁	4	16	14	6
8 岁	15	5	17	3
青年	19*	2*	20	0

注：＊表示其中一人开始时未用时间标尺，后来才用。

从表 3.6 可以看出，不论外界有无标尺，随着年龄的增长，使用时间标尺的人数逐渐增多：5 岁组全都不会使用时间标尺；6 岁组有个别儿童开始使用时间标尺；7 岁组在外界无标尺时有少数儿童使用时间标尺，但在外界节律性刺激的启发下，70％的儿童使用了外部时间标尺；8 岁组 75％~85％的儿童使用了时间标尺；青年组基本上全都使用了时间标尺。

各年龄组使用时间标尺的水平也有差异。6 岁组虽然有个别儿童用数数计时，但他们经常数序错乱，时断时续，中途忘记。在外界有标尺时，7 岁儿童数数较准确，一般不发生数序错乱，但仍有儿童中途忘记数目或数数的速度不一致。8 岁儿童没有出现数序错乱或中途忘记的现象，其主动性也胜过 7 岁组：力求使数数速度均匀一致。如有的 8 岁儿童觉得节拍器的节律太慢，与自己的数数速度不一致时，就主动要求："把它（指节拍器）弄快些"，或要求："关掉这个东西"。在这种情况下，他们大声地数数，不理睬节拍器，但有时还要受节拍器响声的干扰。青年组则能灵活地使用节拍器的不同节律，同时计时方法也多样，如用手或脚打拍子、按脉搏等。

实验过程中我们观察并记录了被试注意的情况，发现 6、7 岁儿童在主试呈现长时距时往往不能保持注意集中。5 岁儿童很容易为细微的偶然因素所吸引而分散注意。一些 5 岁儿童在外界有标尺时，不仅不会使用节拍器，反而为节拍器这个新异刺激所吸引，再现长时距的误差明显增大。8 岁儿童可以主动利用时间标尺，注意较集中、持久。

（四）儿童时间知觉的个别差异

5 或 8 岁儿童时间知觉的个别差异也很明显。特别有趣的是，有的儿童不论对哪种时距绝大多数均作提前反应，如 5 岁被试刘××和 8 岁被试林

××，在 32 次再现中均有 29 次是提前；而另一些儿童恰好相反，不论对哪种时距绝大多数均作错后反应，如 5 岁被试石×在 32 次再现中有 29 次是错后，8 岁被试易×则有 25 次错后。个别差异的其他方面与前文[①]同。

总的看来，5~8 岁四个年龄组中，每两个相邻年龄组儿童的时间知觉既有相似性又有差异性。5 岁组根本不会使用时间标尺；6 岁组开始有少数儿童使用时间标尺，但水平很低，也可以说基本上不会使用时间标尺；两组间再现长时距的误差差异不显著。但是，6 岁组再现短时距的稳定性和准确度比 5 岁组却有不少提高，两组间误差差异显著。6、7 岁儿童的时间知觉，在外界无标尺时，两组使用时间标尺的人仅占少数，再现各时距的误差较接近。但在外界有标尺时，7 岁组已有 70%的儿童使用时间标尺，两组间再现长时距的误差差异十分显著。7、8 岁儿童的时间知觉，在外界有标尺时，他们大多数使用了时间标尺，再现各时距的稳定性和准确度都较接近。但在外界无标尺时，8 岁组大多数儿童能主动地使用时间标尺，再现各时距的准确度和稳定性高于 7 岁组。8 岁组与青年组在再现长时距时误差差异显著；但在再现短时距时，两组误差差异不显著，同时 8 岁组使用时间标尺的人数也开始接近青年组。

三、讨论

5~8 岁儿童时间知觉发展的进程中，哪些因素起着主要作用呢？

我们的实验表明，会不会使用时间标尺对 5~8 岁儿童时间知觉的发展起着重要的作用。因为，时间既没有开始又没有结束，如果不用时间标尺对片段时距进行衡量，就会失去支撑点，再现时就会遇到困难。5、6 岁儿童再现各时距的平均误差都大于高年龄组，同时误差变异也不稳定，主要原因就在于他们不会使用时间标尺。他们的时间知觉主要是靠呈现时距所形成的听觉印象和再现时距直接加以比较的，而听觉刺激间隔的印象又不容易把握，容易失却依据；所以，5、6 岁儿童时间知觉的发展水平较低。这在 5 岁儿童身上表现得更为清楚，他们的时间知觉极不准确、极不稳定。7 岁组大多数儿童已能使用外部时间标尺，所以，在外界有标尺时再现各时距的准确度和稳定性都高于 5、6 岁组。但是在外界无标尺时，6、7 岁儿童使用标尺的人仅属少数，他们时间知觉的准确度和稳定性也表现较差。8 岁儿童已能主动地使用时间标尺，在主试呈现时距及儿童再现时，他们数数的数序正确，间隔基本一致，并力图用出声或不出声的数数，来校正再现时距的准确性，因此时间知觉的准确度和稳定

---

① 张增杰，黄希庭. 六、七岁儿童时间知觉的初步研究. 心理学报，1963，12(3): 214~221.

性都显著提高了。*Smythe* 和 *Goldstone* 等人[1][2]认为 8 岁儿童由于利用有关参考信号、利用动觉线索，能纠正对时间估计的错误，他们的时间知觉已达到青年成人的水平。我们认为，这种分析有部分道理。的确，8 岁儿童由于有节奏地数数，言语动觉的反馈作用在时间知觉中起着重要作用，它既有利于唤起已有的时间知觉经验以便进行对比，又有利于提高中枢活动水平，唤起积极思维。这样，8 岁儿童的时间知觉不同于 6、7 岁儿童，有开始接近成人水平的倾向。但是，8 岁儿童知识经验毕竟十分有限，使用时间标尺的灵活性和多样性还不及成人。他们再现长时距的准确性和稳定性较之青年组还有一定的差距。这一点在我们的实验结果中表现得相当明显。

必须指出，5~8 岁儿童使用时间标尺的发展水平并不是随年龄的增长就自然而然提高的，而是在社会环境、家庭影响特别是教育、教学的影响下逐渐学会的。这一点在个别差异上表现得很明显。例如，在外界有标尺时，6 岁组有四个儿童使用外部标尺，其中三个儿童的家庭是爱好音乐、戏剧或音乐教师的家庭。他们经常接触到有节奏性的音乐舞蹈，具有相当发展的节奏感，在节拍器响声的启发下，就用数节拍器的响声来计时。但其中两人由于没有学会数大一些的数，所以再现长时距时常弄错数序。这就是有力的佐证。

然而，影响儿童时间知觉发展的因素是多方面的。注意持久和集中的状况，脑机能发展的水平，都影响着儿童时间知觉的发展。我们在实验中观察到，6、7 岁儿童在主试呈现长时距时，他们往往不能维持集中注意，5 岁儿童其情况更严重，很容易被细微的偶然因素吸引，而 8 岁儿童的注意则较 6、7 岁儿童集中持久。爱尔金[3]等人的研究指出，注意的集中是时间知觉准确性的一个必要前提。看来，5~8 岁儿童时间知觉的前述一些特点，不能不和他们的注意特点密切相关。刘世熠等[4][5]对我国 4~7 岁儿童及 8~20 岁儿童及青少年脑电图的研究指出，"失同步"延续时间短与在单位时间内间歇刺激引起的"失同步"反应次数少，是 4~7 岁儿童脑定向反射弱和注意难以持久和集中的生理基础。这可能有助于我们从生理上理解 5~8 岁儿童时间知觉的上述特点。当然，深入揭露儿童时间知觉发展的生理机制，揭露儿童时间知觉个别差异与高级神经活

---

① Smythe, E. J., Goldstone, S. The time sense: A normative, genetic study of the development of time perception. *Perceptual & Motor Skills*, 1957, 7: 49~59.

② Goldstone, S., Boardman, W. K., Lhamon, W. T. Kinesthetic cues in the development of time concepts. *Journal of Genetic Psychology*, 1958, 93: 185~190.

③ 爱尔金, Д. Г. 时间知觉. 苏联心理科学 (1 卷). 北京: 科学出版社, 1962: 194~213.

④ 刘世熠, 邬勤娥. 8 岁至 20 岁儿童与青少年脑电图的研究. 心理学报, 1962, 3: 178~183.

⑤ 刘世熠, 邬勤娥, 孙文龙. 4 岁至 7 岁学龄前儿童脑电图研究. 心理学报, 1962, 3: 186~193.

动的类型的关系，这些问题的解决，也将有助于我们对影响儿童时间知觉发展诸因素的了解。不过这些问题相当复杂，还有待我们在今后摸索出一定的方法作进一步的研究。

四、结论

（1）5岁儿童不会使用时间标尺，时间知觉极不准确、极不稳定。6岁儿童一般不会使用时间标尺，再现长时距不准确、不稳定，基本上与5岁儿童相似，但再现短时距的准确度和稳定性高于5岁组。7岁儿童开始使用时间标尺，但主要是使用外部的时间标尺，使用内部时间标尺的人仍属少数。8岁儿童基本上能主动地使用时间标尺，时间知觉的准确度和稳定性都大为提高，有开始接近成人的倾向。

（2）同一年龄儿童的时间知觉，存在着显著的个别差异。

合作者：张增杰；原文载于：心理学报，1979，12（2）：166~174.

5~9 岁儿童时间观念发展的实验研究

时间观念是儿童掌握各科知识必不可少的心理条件。本文作者之一对儿童时间知觉的初步研究[1][2]表明：5 岁儿童不会使用时间标尺，时间知觉极不准确、极不稳定；6 岁儿童的时间知觉与 5 岁儿童基本上相似，只是对短时距知觉的准确度和稳定性有所提高；7 岁儿童开始利用时间标尺，但主要是利用外部的时间标尺，利用内部时间标尺的人数仍然很少；8 岁儿童已能主动地利用时间标尺，时间知觉的准确度和稳定性都大为提高，有开始接近成人的倾向。*Piaget* 的实验结果表明，4.5~5 岁的儿童还不能把时间关系和空间关系分辨开来；5~6 岁半儿童开始把时间次序和空间次序分开，但仍不完全；7~8 岁半儿童才最后把时间关系与空间的关系区别开来[3]。*Smythe* 和 *Goldstone* 等人的实验表明，6~7 岁儿童时间知觉不准确、不稳定，不能借助有关参考信号纠正其错误，8 岁儿童已能借助于参考信号纠正时间估计的错误，时间知觉稳定、准确[4][5]。*Болотва* 的实验表明，日常生活制度的因素对学前期儿童时间关系知觉的正确性起着决定性的影响，他们的时间知觉往往带有感性的、情绪的色彩，并且以作息制度的周期性变化为其特征[6]。上述这些实验，或者仅从时间估计方面进行研究，或者仅从再现时距方面进行研究，还没有见到从这两方面结合起来进行研究的实验。如果把时间估计和再现时距结合起来进行研究，儿童时间观念的发展将有哪些特点？本研究试图从上述两方面的结合上，来探索 5~9 岁儿童时间观念发展的年龄特征。

一、方法

整个实验包括两个部分。第一部分：时间估计实验，令被试对两辆玩具小

① 张增杰，黄希庭. 六、七岁儿童时间知觉的初步研究. 心理学报，1963，(3): 214~221.
② 黄希庭，张增杰. 5 至 8 岁儿童时间知觉的实验研究. 心理学报，1979，(2): 166~174.
③ 伊萨克拿丹. 皮亚杰简介. 33~44. 转引自：杭州大学教育系心理学组编，外国心理学资料，1978，36~39.
④ *Smythe, E. J., Goldstone, S. The time sense: A normative genetic study of the development of time perception. Perceptual. & Motor Skills*, 1957, 7: 49~59.
⑤ *Goldstone, S., Boardman, W. K., Lhamon, W. T. Kinesthetic cues in the development of time concepts. Journal of Genetic Psychology*, 1985, 93: 185~190.
⑥ *Болотова, А. К. Некоторые особенности восприятия времени в дошкольном детстве. Новые исследования в психологин*, 1977, (2): 65~67.

汽车的行驶时间进行判断，以测定他们对时间估计的正确性。第二部分：再现时距实验，令被试对一辆玩具小汽车的行驶时间进行感知和再现，以测定他们再现时距的准确度。

在时间估计的实验中，主试用尼龙线牵引两辆纸质的小汽车（一辆红色，一辆绿色）在两个行车道上作直线行驶。在行车道的起点和终点都设有木质的小车站，便于儿童识别。两车行驶的时间、速度和路程因实验课题的需要而变化。以 s_1、v_1、t_1 表示红车驶过的路程、速度和时间；以 s_2、v_2、t_2 表示绿车驶过的路程、速度和时间。这部分共有四个课题：

课题1：红车和绿车同时开出，以相同的速度驶过 $4m$ 的路程，历时 $20s$，两车同时到站。其模式是：$s_1=s_2=4m$，$v_1=v_2$，$t_1=t_2=20s$。

课题2：红车和绿车同时开出，以相同的速度驶过 $4m$ 的路程，红车行驶 $10s$ 到站，绿车行驶 $20s$ 到站。其模式是：$s_1=s_2=4m$，$v_1>v_2$，$t_1=10s$，$t_2=20s$。

课题3：绿车在车站，红车在行车道的中点。它们同时开出，红车以 $10s$ 的时间行驶 $2m$ 到站；绿车以 $20s$ 的时间行驶 $4m$ 到站。其模式是：$s_1=2m$，$s_2=4m$，$v_1=v_2$，$t_1=10s$，$t_2=20s$。

课题4：绿车在车站，红车在行车道的中点。它们同时开出，红车的速度比绿车慢，两车行驶 $20s$，一起到站。其模式是：$s_1=2m$，$s_2=4m$，$v_1<v_2$，$t_1=t_2=20s$。

每个课题表演完后，主试问儿童：这两个小汽车是否走得一样快？或哪一个走得快些？它们是否同时到站？或哪一个先到站？接着又向被试提出问题，要被试对绿车的行车时间作假定的时间估计并说明理由。向儿童提出的假定的时间估计的问题是：假如红车从 A 站到 B 站历时一分钟（一小时、一天或刚好吃午饭时），那么绿车从 A 站到 B 站历时多久？主试在提这些问题时言语通俗，用手势指示，尽量使实验像做游戏一样。

在再现时距的实验中，主试牵引一辆红色小汽车，从 A 站行驶到 B 站的时间作为呈现时距。呈现时距的方式有下列几种：车行驶 $4m$ 历时 $20s$，行驶 $4m$ 历时 $10s$，行驶 $2m$ 历时 $10s$，行驶 $2m$ 历时 $20s$。主试在呈现时距的同时即向被试发出"预备起"的口令，当车到 B 站时向被试发出"到"的口令。被试也以"预备起"、"到"这两个口令再现所感知的时距。但被试在再现时距时，不牵动小汽车行驶。主试用码表记下被试的再现时距。

实验对象：共100人，其中男49名、女51名。他们是由西师附属幼儿园和五一研究所幼儿园的中班和大班的儿童及龙岗小学和西师附小一、二年级的学生中分层随机选择出来的^①。其家庭出身是教师、干部、军人、工人和城市居民，健康状况正常。实验对象见表3.7。

表3.7　被试的组成

	5 岁组	6 岁组	7 岁组	8 岁组	9 岁组
人数	20人 男11，女9	20人 男9，女11	20人 男12，女8	20人 男9，女11	20人 男8，女12
平均年龄（M）	5 岁	5 岁 11 个月	7 岁	8 岁	9 岁
标准差（SD）	0.368	0.275	0.269	0.281	0.273
范围	4 岁 6 个月～ 5 岁 6 个月	5 岁 7 个月～ 6 岁 6 个月	6 岁 7 个月～ 7 岁 6 个月	7 岁 7 个月～ 8 岁 6 个月	8 岁 7 个月～ 9 岁 6 个月

二、结果

（一）时间估计的正确性

四个实验课题都包含着车行驶的路程、速度和时间的相互关系。实验结果表明，在每个课题表演之后，各年龄组的儿童都能正确地指出两车是否走得一样快，或哪一个走得快些（慢些）；也能正确地指出两车是否一起到站，或哪一个先到站。但是，要儿童对绿车的行车时间作假定的时间估计，各年龄组之间却有差异。

根据实验结果，各年龄组在四个实验课题中，用四个时间概念（一分钟、一小时、一天、吃午饭时）进行时间估计的正确人次和错误人次列入表3.8。

表3.8　各年龄组用四个时间概念进行时间估计的正确和错误人次分配

	假定红车一分钟到站，绿车何时到站		假定红车一小时到站，绿车何时到站		假定红车一天到站，绿车何时到站		假定红车吃午饭时到站，绿车何时到站	
	正确回答	错误回答	正确回答	错误回答	正确回答	错误回答	正确回答	错误回答
5 岁	12	68	15	65	24	56	32	48
6 岁	33	47	32	48	53	27	69	11
7 岁	56	24	62	18	65	15	70	10
8 岁	73	7	75	5	78	2	78	2
9 岁	77	3	78	2	79	1	79	1

表3.8中的"正确回答"人次，系指在课题1和课题4的实验中，对假定的时间估计的四个问题，凡回答："一分钟"、"一小时"、"一天"、"吃午饭时"作"正确回答"计算；在课题2和课题3的实验中，对假定的时间估

---

① 先由幼儿园老师和小学班主任根据他们平时的观察，把班上儿童的智力发展水平划分为上、中、下三等，再从这三部分儿童中随机抽样。

计的四个问题，凡回答：比"一分钟"、"一小时"、"一天"多的时间以及在"午饭以后"的时间，作"正确回答"计算，所得数据列入该栏。除上述情况外，其余回答的统计数据列入"错误回答"栏。每个项目按80人次统计。

表3.8的数据表明，儿童最先掌握的时间概念是"吃午饭时"，其次是"一天"。5岁儿童40%能正确运用"吃午饭时"对汽车行驶的时间，进行假定的时间估计。6岁儿童66%~86%能正确运用"吃午饭时"和"一天"这两个时间概念，对汽车行驶的时间进行假定的时间估计。从7岁开始，儿童已基本上（占总人次的70%以上）能正确地用上述四个时间概念，对汽车行驶的时间进行假定的时间估计。

表3.8的数据还表明，5~9岁儿童用上述四个时间概念对小汽车行驶的时间作假定时间估计，随着年龄的增长，正确人数逐渐增多。5~6岁儿童用"一分钟"、"一小时"这些时间概念，对小汽车行驶的时间作假定时间估计，错误人次相当的多。即便有些5~6岁儿童回答是正确的，但也不理解"一分钟"、"一小时"是什么意思，只是随着主试的发问顺口而答。8~9岁儿童用上述四个时间概念，进行时间估计已没有困难。

儿童时间估计错误的性质可分析为三种类型：①不语和讲不出理由而说"不晓得"的。②在陈述理由时，时而这样说时而又那样说，并且是先后矛盾的，这些回答可归为"任意回答"一类。例如，在表演了课题1之后，主试问儿童第1~3个问题，他们错误地回答："绿车要走两分钟"、"两小时"、"两天"，或说"绿车走半天到站"等；问儿童第4个问题，他们错误地回答："绿车子下午到"、"绿车子到站都要吃晚饭了"等。理由变化不定：时而说绿车（红车）走得快些，时而又说绿车（红车）走得慢些；开始说红车和绿车"一起走到"，接着又说"红车先走到，它走得远些"等等。③以车行驶路程的远近来代替汽车行驶的时间。如表演了课题4后，主试问儿童第1~3个问题，他们错误地回答："绿车车要走两分钟"（"要走两小时"、"要两天"）或说"要比一分钟多得多"等等；问儿童第4个问题，他们错误地回答："绿车子下午走到"、"绿车车走到都要吃晚饭了"等。其理由是"绿车车走得远些"，"绿车车在汽车库装油，红车车在马路中间，近些"等等。这类回答属于"把距离和时间混同起来"一类。把表3.8中的"错误回答"人次，归入上述三种错误类型，其结果见表3.9。

表 3.9　各年龄组在四个实验课题中时间估计的错误性质及人次分配

	课题 1 $S_1=S_2=4m$ $V_1=V_2$ $t_1=t_2=20s$			课题 2 $S_1=S_2=4m$ $V_1>V_2$ $t_1=10s$, $t_2=20s$				课题 3 $S_1=2m$, $S_2=4m$ $V_1=V_2$ $t_1=10s$, $t_2=20s$			课题 4 $S_1=2m$, $S_2=4m$ $V_1<V_2$ $t_1=t_2=20s$			
	不语说不晓得	任意回答	合计	不语说不晓得	任意回答	把距离和时间混同起来	合计	不语说不晓得	任意回答	合计	不语说不晓得	任意回答	把距离和时间混同起来	合计
5 岁组	28	30	58	28	4	26	58	30	23	53	30	4	34	68
6 岁组	18	28	46	4	0	16	20	8	4	12	12	18	25	55
7 岁组	3	5	8	0	3	8	11	0	0	0	8	20	20	48
8 岁组	0	0	0	0	0	0	0	0	0	0	0	12	4	16
9 岁组	0	0	0	0	0	0	0	0	0	0	0	3	4	7

　　表 3.9 的材料表明，在四个实验课题中，儿童随年龄的增长，时间估计错误的人次逐渐减少。5~6 岁组错误最多。在课题 1~3 的实验中，8~9 岁组都能对实验的四个问题作正确的时间估计；在课题 4 的实验中，9 岁组的错误人次也最少。7 岁组介乎 5~6 岁组和 8~9 岁组之间，在课题 3 的实验中，错误回答较多；在课题 1、2 的实验中，只有个别儿童时间估计错误。

　　表 3.9 的材料还表明，在课题 3 的实验中，红车行驶的距离短（2m），时间也短（10s）；绿车行驶的距离长（4m），时间也长（20s），儿童时间估计的错误人次最少。在课题 2 的实验中，两车行驶的距离相等，但行驶速度不等，红车行驶 10s 到站，绿车行驶 20s 到站，5~6 岁组中相当多的儿童把车行驶路程的远近和行驶时间的长短混同起来。在课题 4 的实验中，红车行驶的距离短（2m）而行驶的时间则和行驶距离长（4m）的绿车行驶时间相等（20s），有不少儿童把车行驶路程的远近和小汽车行驶时间的长短混同在一起，各年龄组儿童时间估计的错误人次都增多；5、6、7 岁三个年龄组中这类错误的人次明显地增多。

　　把四个实验课题中，各年龄组的"任意回答"人次和"把距离和时间混同起来"的人次，分别加以累计，可以看出：①5 岁组把距离和时间混同起来，把汽车行驶路程的远近当作行驶时间的长短的人次最多（60 人次），其次是 6 岁组（41 人次），再次是 7 岁组（28 人次），8~9 岁组仅有 1 人（即 4 人次）在课题 4 的实验中发生这类错误。②在任意回答错误方面，也是 5 岁组人次最多（61 人次），其次是 6 岁组（50 人次）；7 岁组虽然还有 28 人次属于这类错误，但是，t 考验表明，5~6 岁组与 7 岁组在这方面的差异，十分显著；8~9 岁组只有个别儿童属于这类错误。

（二）再现时距的准确度

各年龄组再现两种时距的均值、标准差和范围列入表 3.10。

表 3.10 各年龄组再现两种时距时的均值、标准差和范围

		车驶 4m 历时 20s	车驶 4m 历时 10s	车驶 2m 历时 20s	车驶 2m 历时 10s
5 岁	M	11.11	7.71	8.72	5.60
	SD	7.64	3.45	5.24	2.44
	范围	2~30.5	3~16.5	3~22	2.5~10
6 岁	M	16.05	11.05	11.99	8.93
	SD	7.93	5.74	7.44	6.24
	范围	5~33	3~23	3~24	3~24
7 岁	M	14.80	13.18	10.35	8.21
	SD	5.91	5.17	3.24	2.84
	范围	8~28	7~24	5~20	5~18
8 岁	M	17.09	16.59	10.21	9.12
	SD	4.59	3.48	2.88	2.19
	范围	8~28	7~23.5	7~16	5~13
9 岁	M	18.18	17.88	9.74	8.26
	SD	5.08	3.54	2.85	2.10
	范围	7~23.5	9~22	4~15	4~16

表 3.10 的数据表明，儿童随着年龄的增长，再现时距的准确度逐渐提高，再现两种时距的均值，逐渐接近呈现时距。把各年龄组之间再现时距的均值进行比较考验，其 t 值列入表 3.11。表 3.11 的材料表明，5~6 岁儿童，除再现"车驶 4m 历时 10s"这一时距外，再现其余时距的均值，两组间的差异显著。6~7 岁儿童，无论再现哪一时距的均值，两组间的差异均不显著。7~8 岁儿童，再现 20s 时距的均值，两组间的差异显著，而再现 10s 时距的均值，两组间的差异不显著。8~9 岁儿童再现两种时距的均值，两组间的差异均不显著。

从再现时距的范围来看，表 3.10 材料表明，5~6 岁儿童再现时距的离散度大，异常数据出现的次数多；随着年龄的增长，儿童再现时距渐趋集中，异常数据的次数逐渐减少。在离散度方面，5~6 岁比较接近；7、8、9 岁三个年龄组也比较接近。

最后，同一时距，由于呈现方式不同（车驶 2m 历时 10s，驶 4m 历时 10s，驶 2m 历时 20s，驶 4m 历时 20s），也影响儿童再现时距的准确度。根据表 3.10 的材料制成图 3.5，可以看出各年龄组再现时距的均值都不同程度地受到车驶路程远近的影响。5~6 岁儿童再现时距的均值较明显地受车驶距离的影响。他们在再现时距时，往往把"车驶 4m 历时 10s"的呈现时距，看成比

"车驶 2m 历时 10s"的呈现时距来得长些；把"车驶 4m 历时 20s"的时距，看成比"车驶 2m 历时 20s"的时距来得长些，而把小汽车行驶的速度撇在一边。5~6 岁儿童再现"车驶 4m 历时 10s"的时距，其反应的均值甚至还大于"车驶 2m 历时 20s"的反应均值，再现时距的准确度明显地受事物空间关系的影响。7 岁儿童再现时距的准确度可能也受到小汽车行驶路程远近的影响。但从再现两种时距的关系上来看，7 岁儿童已基本上能从事物的空间关系中区分出时间的因素了：不论车驶 2m 还是 4m，再现 20s 的均值都大于再现 10s 的均值。8~9 岁儿童已完全能从事物的空间关系中区分出时间因素。

表 3.11　各年龄组之间再现时距平均数比较的 *t* 值

	车驶 4m 历时 20s	车驶 4m 历时 10s	车驶 2m 历时 20s	车驶 2m 历时 10s
5~6 岁 $P=0.05$，$t=2.042$	2.260	1.472	2.089	2.122*
6~7 岁 $P=0.05$，$t=2.021$	0.567	0.901	0.457	1.677
7~8 岁 $P=0.05$，$t=2.021$	3.750	0.156	1.138	2.471
8~9 岁 $P=0.05$，$t=2.021$	0.712	0.289	1.265	1.121

注：*表示 5 岁组有 6 个儿童不会做再现时距实验。

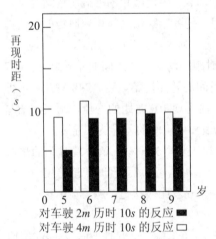

对车驶 2m 历时 10s 的反应 ■
对车驶 4m 历时 10s 的反应 □

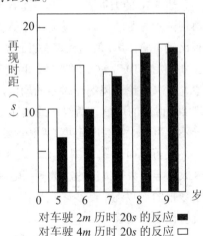

对车驶 2m 历时 20s 的反应 ■
对车驶 4m 历时 20s 的反应 □

图 3.5　空间关系影响时间关系

（三）利用时间标尺的水平

根据儿童对问题的回答以及实验时的观察，各年龄组能否使用时间标尺的人数列入表 3.12。

表 3.12　各年龄组使用时间标尺的人数

	使用时间标尺	未使用时间标尺
5 岁	0*	20
6 岁	1	19
7 岁	7	13
8 岁	12	8
9 岁	15	5

注：＊表示有两次呈现时距时一个被试数数，但再现时距都不数数。

　　表 3.12 的材料表明，随着年龄的增长，儿童使用时间标尺的人数逐渐增多。5~6 岁儿童基本上不会使用时间标尺。7 岁组只有少数儿童（占总人数的 35%）使用时间标尺。8~9 岁组大多数儿童（占总人数的 60%~75%）使用了时间标尺。使用时间标尺的技能也随年龄的增长而提高。7 岁组使用时间标尺的儿童，感知时距和再现时距时，数数的速度均匀一致，有的儿童在忘了记数时，还主动要求重做实验。

　　我们的实验结果还表明，儿童时间观念的发展有着明显的个别差异，每个年龄组中总有一些儿童发展得好些，有一些儿童发展得差些。例如，有两个 5 岁儿童在四个课题的实验中，时间估计的回答正确，并能把理由讲得清楚。被试杨 ×（5 岁 2 个月，男）在陈述课题 4 的时间估计时说："红车子在半路，绿车子在车站。红车子开了，绿车子也开了，后来绿车子赶上了红车子，它们一路到了车站。红车子开了一天，绿车子也要开一天。"这两个儿童再现时距的均值也接近 6 岁组。两个 7 岁儿童在课题 3、4 中，时间估计全是错的，明显地用事物的空间关系来说明时间关系。被试陈 ××（6 岁 7 个月，女）在陈述课题 4 的时间估计时说："红车车在马路中间，绿车车在车站，红车车开一天，绿车车要开两天。"这种个别差异可能与很多因素，如智力发展水平、注意力集中情况等有关。

三、讨论

　　从我们的实验结果来看，5 岁儿童与 6 岁儿童时间观念的发展既有相似性，又有差异性，看来相似性比差异性要明显些。5~6 岁儿童基本上都不会使用时间标尺；在时间估计时，往往分不清小汽车行驶的路程、速度和时间的关系，用"一分钟"、"一小时"、"一天"、"吃午饭时"这些时间概念对两辆小汽车行驶时间作假定的时间估计中，"任意回答"以及"把距离和时间混同起来"的人次都比较多；在再现时距时，其均值都因呈现时距的方式之不同而受到影响，并明显地表现出事物的空间关系影响了对时间关系的感知。但是，5~6 岁儿童时间观念的发展也有差异。这主要表现在，6岁儿童对两辆小汽车行驶时间进行假定时间估计时，其错误人次都比5岁组少，特别是6岁儿童用"吃午饭时"、"吃午饭前、后"、"一天"这些时间概念进行时间估计，其错误人次明显地少于5岁组。同时，6岁儿童在时间估计时，把距离和时间混同起来的错误人次也少于5岁组。此外，5~6岁组再现时距的均值，除再现"车驶4m历时10s"外，两组间的差异都达到显著水平。因此，从这些实验结果来看，我们认为，5岁儿童时间观念的发展水平还较低，他们还不能把事物的时间关系和空间关系区别开来。6岁儿童已开始把事物的时间关系和空间关系区别开来，但这种区分仍然是很不完全的。

为什么事物的空间关系会影响5~6岁儿童再现时距的准确度呢？这很可能是他们不会使用时间标尺的缘故。因为，时间既没有开始，也没有结束，从无穷的过去直到无穷的将来，它不具备直观形象的性质，人们无法对它进行感性直观。如果不用时间标尺把事物的运动变化在思维中加以度量，不把当前事物运动的印象和过去经验加以比较，那么，时间是难以为人的意识所把握的。同时，较之于对事物的空间关系的反应来说，对事物的时间关系的反应要求抽象思维和整个认识活动具有更高的发展。正如实验结果所表明的，5~6岁儿童基本上都不会使用时间标尺，这样，他们就不会从事物的运动变化中抽象出时间因素而在思维中加以度量，在再现时距时表现出把直观形象的路程远近当作时间长短进行反应。看来，会不会使用时间标尺，这对于儿童能否把事物的时间关系和空间关系区别开来关系相当密切。

7岁组较之于5~6岁组时间估计的错误人次显著减少，任意回答或把距离和时间混同起来的错误也相应大为减少；同时用"一分钟"、"一小时"、"一天"等时间概念进行时间估计的正确人次都比5~6岁组有明显的增加。实验结果表明，7岁组再现一种时距的均值可能受到事物空间关系的影响，但是从再现两种时距的均值的比较上来看，已不受事物空间关系的影响。他们已能从车驶的路程、速度和时间的关系中区分出时间因素，把时间关系和空间关系区别开来。其所以如此，这可能与7岁儿童使用时间标尺的人数较5~6岁组有明显增加有关。但是，不论在把时间关系和空间关系区别开来方面，或是在使用时间标尺的人数和技能方面，7岁组都远不及8~9岁组。

无论在时间估计方面，或是在再现时距的准确度、使用时间标尺的水平等方面，8岁组与9岁组都十分接近，而与7岁组有着质的区别。因为实验结果表明，从8岁组开始，儿童已基本上能主动地使用时间标尺，相当清楚地把事物的空间关系和时间关系区别开来，再现一种时距的均值可能受到事物空间关系的一点影响，但从再现两种时距的均值的比较上来看，已完全不受事物空间关系的影响了。

总的看来，我们的实验结果与 *Piaget* 的实验结果[①]以及 *Smythe*、*Goldstone* 等人的实验结果基本上是一致的。但是，我们的实验结果同他们的实验结果也有不同之处。这主要表现在，从我们的实验结果看来，7岁儿童时间观念的发展水平既不同于5~6岁儿童，也不同于8~9岁儿童。从儿童时间观念发展的历程上来看，7岁儿童很可能具有质变意义的年龄阶段。当然，要查明这个问题，还有待深入地进行研究。

要儿童用"一分钟"、"一小时"、"一天"、"吃午饭时"等时间概念进行时间估计的实验结果表明，儿童对各种时间概念的掌握和运用是有先有后的，与他们的生活经验比较接近的时间概念，如"吃午饭时"、"吃午饭前、后"，儿童容易掌握，使用的正确率也高；而与他们的生活经验较远的时间概念，儿童越幼小，对它们（如一分钟、一小时）的掌握就越困难。看来，儿童对时间概念的掌握和运用，主要是他们在生活实践中，在教育的影响下逐渐形成的。至于儿童掌握时间概念有哪些年龄特征等问题，将是我们进一步研究的课题。

四、结论

5岁儿童不会使用时间标尺，基本上不会用："一分钟"、"一小时"、"一天"等时间概念进行时间估计，仅有少数儿童（占总人次的40％）能正确地用"吃午饭时"进行时间估计。他们在时间估计和再现时距时，往往分不清事物的时间关系和空间关系，用事物的空间关系来代替时间关系，时间观念差。

6岁儿童开始把事物的时间关系和空间关系区分开来，但是这种区分仍很不完全，再现时距的准确度仍受到空间关系的影响。他们基本上不会使用时间标尺。但多数儿童（占总人次的66％~86％）已经能正确地用"吃午饭时"和"一天"这些时间概念进行时间估计：再现时距的准确度比5岁组有显著的提高。

7岁儿童已开始使用时间标尺，基本上能把事物的时间关系和空间关系区分开来，再现时距的准确度已很少受空间关系的影响。他们基本上（占总人次的70％以上）能正确地用"一分钟"、"一小时"、"一天"、"吃午饭时"等时间概念进行时间估计。但是他们使用时间标尺的水平仍不高，仅有35％的儿童使用了时间标尺。

8~9岁组有60％~75％的儿童能主动地使用时间标尺。他们已能把事物的

① 伊萨克拿丹. 皮亚杰简介. 33~44. 转引自：杭州大学教育系心理学组编，外国心理学资料，1978，36~39.

时间关系和空间关系区分开来，再现时距的准确度大为提高了。

儿童对各种时间概念的掌握和运用是有先后的。与他们生活经验密切相关的时间概念先掌握，与他们生活经验相距较远的时间概念后掌握。

同一年龄儿童时间观念的发展有着明显的个别差异。

合作者：杨宗义、刘中华；原文载于：西南师范学院学报，1980，（1）：67~76.

活动对短时距知觉影响的初步研究

一、目的

时间知觉受多种主客观因素的影响。其中，个体的活动是影响时间知觉的一个重要的主体因素。这方面的研究，据现有的文献报导，主要集中在活动对时间估计的影响上。例如，*Axel* 让 68 名男女学生评估完成各种数系列中划去某些符号的各种作业的时间，结果表明，作业内容不同，时间估计有很大的差异。*Dewolfe* 和 *Duncan* 用再现法得到同样的结果。*Dobson* 让 16 名被试者评估无作业状态和作业状态下的 120*s* 时间，结果是前者的平均估计值为 210*s*，后者的平均估计值为 173.4*s*。*Pucelle* 的研究表明，枯燥乏味的工作和探寻变化的精神活动对持续时间的估计有明显差异。*Элькйн* 曾报导过，活动使时间知觉大大的改善。认知心理学的研究表明，短时记忆能持续 20~30*s* 之久。上述研究所用的估计时间均超出短时记忆的操作时间。在短时记忆的操作时间内，时间知觉是否受活动的影响，迄今还未见有文献报道。本研究的目的是探讨活动对短时距知觉的影响。本研究所说的"活动"是指外部的运动反应。我们以手指按键的反应次数作为活动量的指标，以手指按键反应方式的不同作为活动复杂度的指标。试图探讨下列两个问题：①活动量和活动复杂度对短时距知觉的影响；②外部活动对短时距知觉中 *K* 效应（*Kappa-effect*）的影响，所谓 *K* 效应指时间知觉受空间事件的影响。

二、方法

利用 *Apple* Ⅱ 型微机彩色监视器给出指导语、呈现时距和计时。以一定的持续时间在微机荧光屏上向被试依次呈现一定数量的 4*mm*×6*mm* 的小颜色块，要求被试用手指按键对不同的颜色作出反应，接着要求被试在 *T* 键上尽可能准确地再现这些小色块连续呈现的持续时距。在每个实验中都让被试预先知道，既要对小颜色块作出正确反应又要对呈现时距加以再现。本研究包括三个分实验。

实验一：活动量对短时距知觉的影响。呈现时距分别为 2*s*、4*s*、8*s* 和 16*s*。在这些时距中以 0.5*s*、1*s* 和 2*s* 的持续时间在荧光屏上出红、蓝小颜色块（两种小色块的呈现顺序以平衡对消法安排），要求被试将右手食指和中指分

别放在 N 键和 M 键上，当出现红色块时食指按压 N 键，当出现蓝色块时中指按压 M 键。四种呈现时距中的活动量（按键次数）如表 3.13 所示。实验一共 12 次测试。测试顺序随机安排。每次按过 N 键和 M 键后，被试即按压 T 键来再现色块呈现的持续时距。

表 3.13　四种呈现时距所包含的活动量

	0.5s/ 个	1s/ 个	2s/ 个
2s	4	2	1
4s	8	4	2
8s	16	8	4
16s	32	16	8

实验二：活动复杂度对短时距知觉的影响。被试反应活动的基本方法同实验一。实验二中的活动量也同实验一（表 3.13）。但反应的复杂度增加了，荧光屏上呈现黄、红、蓝三种色块。要求被试用食指按 B 键、中指按 N 键、无名指按 M 键，分别对黄、红、蓝色块的出现作出反应。紧接着被试再现刺激持续的时距，与实验一相同。

实验三：外部活动对 K 效应的影响。基本方法同实验一。本实验加入空间距离因素，共有四次测试。在测试一和测试二中，色块依次呈现的空间距离相等（8.5cm）、呈现时距也相等（8s），但活动量是不同的（测试一中先作八次按键反应，后作五次按键反应；测试二中恰好相反）。在测试三和测试四中，色块依次呈现的空间距离不等（6.5cm 和 18.5cm），呈现的总时距相等（4s），活动量相等（均按键八次）。每一测试后要求被试判断连续出现的三条竖线之间的两段时距是否相等。

在进行上述三个实验之前，均作 3~5 次预备练习（数据不加以统计），在确认被试掌握操作要求后，再作正式测试。做完三个实验后，要求被试回答两个问题："你是用什么办法来再现时间的？""你是否知道我们这个实验的目的意图是什么？"

被试共 30 名，均为双学位大学生，年龄 23~36 岁，男 19 人，女 11 人。

三、结果

（一）活动量和活动复杂度对时间知觉的影响

30 名被试在实验一和实验二条件下再现时距的平均数和标准差列于表 3.14。表 3.14 数据表明：①在按键活动的条件下被试再现时距的平均数均小于呈现时距，出现时间知觉的低估；②在按键活动的条件下被试对于每种呈现时距，其再现时距的平均数随着按键次数的增加而增加。

表 3.14　在实验一和实验二条件下 30 名被试再现时距的平均数和标准差（s）

	实验一			实验二		
	2 次	1 次	0.5 次	2 次	1 次	0.5 次
2s	1.11±0.50	0.92±0.53	0.64±0.36	1.23±0.45	0.86±0.41	0.76±0.41
4s	2.30±1.50	2.20±0.89	1.67±0.68	2.39±0.91	2.21±0.97	1.60±0.73
8s	5.04±2.09	3.84±1.72	2.91±1.28	4.59±2.06	3.63±1.23	2.93±1.39
16s	7.63±4.07	8.41±4.06	5.80±3.04	7.18±3.06	7.57±3.20	5.22±2.52

对实验一和实验二的结果合起来作变异数分析，结果表明，呈现时距、活动量（按键次数），以及呈现时距和活动量的交互作用对短时距知觉准确性有显著的影响，F 值分别为 466.81、39.99 和 7.44，$P<0.005$。而活动的复杂度（按键方式）以及活动复杂度与呈现时距、活动量的交互作用，对短时距知觉准确性的影响并不显著。

在本研究的条件下活动复杂度对短时距知觉准确性的影响并不显著，因而，可以把实验一和实验二的结果汇总一起，算出各测试再现时距的平均值列于表 3.15。按表数据绘制成图 3.6。从图 3.6 可以看出，在被试活动的条件下，再现时距的平均值与呈现时距呈直线相关。

表 3.15　实验一和实验二汇总后的再现时距平均值（s）

	2 次 /s	1 次 /s	0.5 次 /s	平均值
2s	1.17	0.89	0.70	0.92
4s	2.35	2.21	1.64	2.06
8s	4.82	3.74	2.92	3.82
16s	7.41	7.99	5.51	6.97

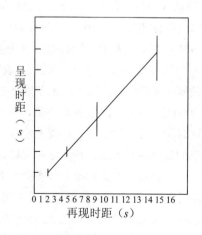

图 3.6　在活动条件下再现时距与呈现时距的直线相关

（二）活动量对 K 效应的影响

实验三的结果列于表 3.16。从表 3.16 可以看出，在时距和空间距离相等的条件下，由于活动量的不等，被试对时距估计产生了错误，除 1 人评估正确外，有 11 人把有 8 次按键反应的时距评估为长些，有 12 人把有 5 次按键反应的时距评估为长些，6 人作出了矛盾的评估（时而把有 8 次按键反应的时距评估为长些，时而把有 5 次按键反应的时距评估为长些）。在时距和活动量均相等的条件下，除 19 名被试评估正确、1 人把距离大的时距评估为短些外，有 10 人都把距离大的时距评估为长些，表现出明显的 K 效应。

表 3.16　实验三中作出各种时距评估的人数

	正确估计	活动量大（或距离大）即被认为时间长	活动量大（或距离大）反被认为时间短	矛盾估计
时距和空间距离相等，活动量不等	1	11	12	6
时距和活动量相等，空间距离不等	19	10	1	0

四、讨论

我们的实验结果表明，活动量对短时距知觉的准确性有着明显的影响。在本实验的条件下，随着单位时间内按键反应次数的增多，再现时距均随之增长，但都小于呈现时距。对于这一结果，我们可以从两个方面来进行分析。首先，本实验中，被试的再现时距均小于呈现时距，这与本实验中所适用的呈现时距大于中立时距（或时间知觉的无差别点）有关。时间知觉的实验研究表明，在从对短时距高估（错后再现）到对长时距低估（提前再现）的转变过程中有一既不高估又不低估的时距，这一时距称为中立时距（*indifferent time interval*）。*Katz*（1906）的研究表明，$0.55s$ 以下易作高估，$0.65s$ 以上易作低估，$0.60 \sim 0.65s$ 是中立时距。*Fraisse*（1957）的研究表明，$0.5 \sim 1s$ 是中立时距。孙文龙等（1985）的研究表明，时间知觉的无差别点的值是随着年龄的增长而递减，到了青年期（20~25 岁），即达到最小值，即 $0.75s$ 左右。在本研究中再现时距均小于呈现时距，可以用中立时距或无差别点的研究成果加以解释。因为在本研究中呈现的最短时距为 $2s$，均大于中立时距值。

我们的研究表明，按键反应方式的改变（实验一中是 2 择 1 按键反应，实验二中是 3 择 1 按键反应），对再现时距的准确性无明显影响。对于这个问题，我们推测可能是信息加工量的差别不够大之故。将实验一和实验二的条件加以比较，在不改变按键次数的情况下，每次按键反应的信息是增加了，即由 1 比特增加为 1.585 比特（由 $log22$ 增加到 $log23$）。这种信息量的增加量可能是太小了，未能达到以信息量为指标的时间知觉的差别阈限。这方面尚未见有文献报导，有待于我们进一步的研究。

1953 年，*Chen*、*Hansel* 和 *Sylvester* 最早报道了视觉领域中的 *K* 效应。接着 1954 年，*Chen* 等在听觉领域，须腾容治在触觉领域相继发现也有 *K* 效应。黄希庭、杨宗义和刘中华对我国 5~8 岁儿童时间知觉的研究证实儿童的时间知觉有明显的 *K* 效应。

上述研究主要都是在受试者不主动进行外部反应活动的条件下实验的。本研究在受试者进行外部反应活动的条件下，时间知觉也受空间事件的明显影响，其中有 1/3 的受试者把按键次数相等、时距相等而呈现距离较大的刺激评估为时间较长。说明，在短时距知觉中主体的外部活动不影响 *K* 效应的出现。

那么，如何解释实验三中测试一、二所获得的结果呢？在实验三的测试一、二中被试对呈现时距的反应有 11 人高估，12 人低估，6 人犹豫不决作矛盾反应。这一结果看来似乎与实验一和实验二的结果是相矛盾的，其实并不矛盾。这是因为这几个实验的条件是不同的。在实验一和实验二中被试对荧光屏上出现的小色块按 *N*、*M* 键之后，紧接着就在 *T* 键上再现时距。而在实验三中两段比较时距是连续呈现的，被试对两段时距中的所有小色块作完按 *N*、*M* 键之后，再对这两种时距作评估的，由于注意按键反应，感觉到的第一段时距的印象可能已在短时贮存器中衰退。被试的口头报告证实了我们的这一推测。不少被试报告说："记不清第一段时间了。"他们的反应十分犹豫，从总体来看，被试的反应近于猜测。

我们的研究仅仅是开始。涉及活动对时间知觉的影响是多方面的。例如，从无活动反应到活动反应对短时距知觉的影响如何等，我们将继续加以研究。

五、小结

（1）在本实验的条件下，随着活动量的增多，再现时距有随之增长的趋势，再现时距的平均值与呈现时距呈线性相关；但再现时距的数值均小于呈现时距，出现时间知觉的低估。

（2）在主体作外部活动时，在短时距知觉中仍可出现 *K* 效应。

合作者：张庆林、张小真；原文载于：心理学杂志，1987，（3）：26~29.

时间判断的视听通道效应的实验研究

　　时间判断的视听通道效应是指人们对同一物理时距，听觉的估计高于视觉估计，听觉估计比视觉估计较精确。前人对视听通道效应已做过不少研究。许多心理学家之所以对通道效应感兴趣，据认为通道效应的研究将有助于揭示人类信息加工机制的特点。迄今已提出了不少的理论假设来解释通道效应的产生机制。归纳起来，主要有两类理论模型，一类是将通道效应归因于感觉存储的特点，另一类是将通道效应归因于记忆机制的特点，并且都有一定的实验事实作为依据。

　　Crowder 和 *Morton*[①]、*Watkins* 和 *Watkins*[②] 等人把通道效应的产生与感觉存储联系起来。*Crowder* 等[③]认为，从听觉接受的信息存在着一个他们称之为范畴前听觉储存（*precategorical acoustic store*，PAS）的感觉储存机制。它能保留最近一个或两个未经加工项目的听觉信息，其保持时间足以使其弥补系列中的最后一些项目的短时记忆。而视觉信息的感觉储存一般在一秒内便瓦解，因而在回忆时就缺乏这种信息的补充。这样，回忆时便表现出听觉信息的记忆优于视觉信息的记忆，即产生通道效应。*Watkins* 等[④]也持类似的观点，认为通道效应是由于音响记忆（*echoic memory*）的特点所致。虽然这些假设能解释一些特点差异现象，但也受到许多研究者的批评。因为该模型难以解释业已发现的通道效应现象[⑤]，同时也无助于对记忆机制的探讨[⑥]。

　　相当多的研究者将通道效应与记忆机制联系起来。*Laughery* 和 *Pinkus*[⑦]、*Spering*[⑧⑨] 提出的转译假设（*translation hypothesis*）认为，视觉信息只有转译

①③　*Crowder, R. G., Morton, J. Precategorical acoustic storage (PAS). Perception & Psychophysics,* 1969, 5(6): 365~373.

②④　*Watkins, O. C., Watkins, M. J. The modality effect and echoic persistence. Journal of Experimental Psychology: General,* 1980, 109(3): 251~278.

⑤　*Battachi, M. W. Is there a modality effect-Evidence for visual recency and auffix effects. Memory & Cognition,* 1990, 18(6): 651~658.

⑥　*Penney, C. G. Modality effects and the structure of short-term verbal memory. Memory & Cognition,* 1989, 17(4): 398~422.

⑦　*Laughery, K. R., Pinkus, A. L. Short-term memory: Effects of acoustic similarity, presentation rate and presentation mode. Psychonomic Science,* 1966, 6(6): 285~286.

⑧　*Spering, G. A model for visual memory tasks. Human Factors,* 1963, 5(1): 19~31.

⑨　*Sperling, G. Successive approximations to a model for short-term memory. Acta Psychologica,* 1967, 27: 285~292.

成语词才能进行复述。视觉信息之所以比听觉信息差，是因为其编码过程要慢些之故。*Glenberg* 等[1][2] 将通道效应和记忆中的时间编码联系起来，提出时间区分性理论（*temporal distinctiveness theory*）来解释通道效应。*Glenberg* 等认为，对一个项目的认知表征包含了标明其时间背景（即呈现时间）的成分。人们对听觉项目的呈现时间的认知表征，范围较窄；而对视觉项目呈现时间的认知表征，范围较宽。表征的时间范围越窄，其中包含的项目就越少；反之，包含的项目就越多。而这个认知表征的时间范围也就是回忆时的检索系（*search set*）。由于表征听觉项目呈现时间的检索系较小，包含的项目较少，因而提取时就比视觉的较容易而准确。这样就产生了通道效应。*Penney*[3] 则认为，通道效应反映了短时记忆的内在结构，提出用独立分流假设（*separate-streams hypothesis*）来加以解释。他把视觉呈现项目引出的隐蔽发音产生的编码称为 *P*（音位）码，听觉呈现产生的感觉代码称为 *A*（听觉）码。*A* 码专门保存短时记忆中关于各项目时间顺序的信息。*A* 码与 *P* 码相比，不仅容量大（能表征五个或更多的项目），而且保持时间长（在没有干扰时能保持可利用状态多至 1min）。*P* 码则很容易受到破坏。由视道和听道输入的项目都会产生 *P* 码，但只有听道输入的信息才产生 *A* 码。通道效应的产生，*A* 码起着决定性的作用。虽然这些假设能解释一些通道效应现象，但也遇到了困难。例如，*Crowder* 和 *Greene*[4] 用不等时距再现技术（*irregular list technique*）研究视听通道的时间判断，却未能发现听觉对时间编码有明显的优势。在 *Neath* 和 *Crowder*[5] 的一项研究中，也未发现听道比视道更多地得益于时间信息，从而对这些假设提出了怀疑。

总之，以往关于通道效应的实验结果往往是相矛盾的，所提出的理论也难以解释所有的通道效应现象，同时以往的研究结果大多是在测定语词记忆时提出的。*Crowder* 和 *Greene*[6] 曾指出，听道在处理时间信息上是否具有天然的优势，尚需用真正的时间信息来验证。本研究的目的是：用再现法以真正的时间信息来验证通道效应是否存在，同时尝试对通道效应的产生机制进行初步的探讨。

① *Glenberg, A. M., Swanson, N. G. A temporal distinctiveness theory of recency and modality effects. Journal of Experimental Psychology: Learning, Memory, and Cognition*, 1986, 12(1): 3~15.

② *Glenberg, A. M., Fernandez, A. Evidence for auditory temporal distinctiveness: Modality effects in order and frequency judgments. Journal of Experimental Psychology: Learning, Memory, and Cognition*, 1988, 14(4): 728~739.

③ *Penney, C. G. Modality effects and the structure of short-term verbal memory. Memory & Cognition*, 1989, 17(4): 398~422.

④⑥ *Crowder, R. G., Greene, R. L. On the remembrance of times past: The irregular list technique. Journal of Experimental Psychology: General*, 1987, 116(3): 265~278.

⑤ *Neath, I., Crowder, R. G. Schedules of presentation and temporal distinctiveness in human memory. Journal of Experimental Psychology: Learning, Memory, and Cognition*, 1990, 16(2): 316~327.

一、方法

（一）被试

16 名在校的本科大学生，男女各半。他们的视力（含矫正视力）和听力均正常。

（二）仪器

*IBM-PC*286 计算机。

（三）程序

本实验操纵三个因素：呈现时距包含短时距系列（1*s*、1.5*s*、2*s*）和长时距系列（10*s*、11*s*、12*s*）、时距呈现后至要求被试再现之间的延迟时间（分立即再现和延迟 5*s* 后再现）以及被试接收时间信息的感觉道（视觉的和听觉的）。

通过视道的呈现时间的标定符是计算机屏幕中央依次显示红、黄、蓝三个小方块。每个小方块的显示时间为 400*ms*。第 1 个方块显示消失至第 2 个方块出现之间的时间间隔为呈现的第 1 时距，第 2 个方块消失至第 3 个方块出现之间的时间间隔为呈现的第 2 时距。短时距的第 1、第 2 时距呈现屏幕均为空白；长时距的第 1、第 2 时距呈现屏幕中央随机出现 1~9 的数字，要求被试按相应的键追踪，以干扰其数数计时。每次实验在计算机屏幕上依次呈现两个短时距或两个长时距（短时距和长时距不在一次实验时进行组合）。第 3 个方块消失后要求被试进行再现：立即再现或延迟 5*s* 再现。在延迟的 5*s* 时间里被试要完成干扰任务。根据立即再现和延迟 5*s* 再现的设计要求，由屏幕上随机呈现 *A*、*B* 两个字母中的一个指示被试再现两个呈现时距中的一个时距：*A* 表示要求被试再现第 1 时距，*B* 表示要求被试再现第 2 时距（在指示符出现前被试并不知道要再现哪一个时距）。根据指示符的要求，被试按待定的键两下尽量准确地再现出一段与呈现时距相等的时距。计算机加以记录。例如，在一次实验中屏幕呈现可能是这样：红方块消失后（屏幕空白）1.5*s*，显示出黄方块，黄方块消失后（屏幕空白）1*s*，显示蓝方块，蓝方块消失后屏幕上立即显示出 *A*（或延迟 5*s* 显示出 *A*）。这就要求被试再现第 1 时距（1.5*s*）。如果蓝方块消失后屏幕上显示出 *B*，则要求被试再现第 2 时距（1*s*）。

听道呈现时距的实验程序与视道实验基本相同，所不同的是，用计算机喇叭发出的乐音 *do*、*re*、*mi* 以代替屏幕上显示的彩色方块。要求被试再现两个时距中的哪一个时距的指示符，分别以低音（表示要求被试再现第 1 时距）和高音（表示要求被试再现第 2 时距）给予指示。

向被试交代实验的具体做法后，让被试进行充分的预备性练习，直至熟悉实验程序为止。在正式实验时，对每个被试作 48 种测试，即三种操纵因素的各个水平的全部排列组合总数。

二、结果和分析

（一）再现平均值和相对误差率的视听比较

在无延迟和延迟 5s 的条件下，视、听通道对长、短两个时距系列再现的平均值与标准差以及再现的相对误差率的平均值与标准差列入表 3.17。所谓再现的相对误差率是指呈现时距减去再现值所得到的绝对值除以呈现时距再乘以 100 所得出的百分数。

表 3.17　无延迟和延迟条件下视听通道对呈现时距的再现值和相对误差率

| 呈现 | 通道 | 再现值 | | | | 相对误差率 | | | |
| | | 无延迟 | | 延迟 5s | | 无延迟 | | 延迟 5s | |
		M	SD	M	SD	M	SD	M	SD
1s	听	1.41	0.55	1.99	0.92	60.4	0.52	102.80	0.83
	视	2.00	1.00	2.55	1.54	104.6	0.96	156.70	1.61
1.5s	听	1.98	0.70	2.20	0.66	43.8	0.35	55.20	0.43
	视	2.08	1.02	2.80	1.14	58.1	0.52	88.0	0.82
2s	听	2.44	1.25	2.50	1.34	47.7	0.76	48.5	0.52
	视	2.61	1.49	2.86	1.40	49.9	0.48	62.6	0.60
10s	听	8.39	3.96	9.88	3.97	28.2	0.25	28.0	0.22
	视	8.44	2.95	9.29	3.11	29.6	0.23	22.9	0.16
11s	听	9.64	4.98	8.88	4.51	29.9	0.25	35.8	0.24
	视	8.82	4.38	7.96	3.79	25.5	0.19	33.3	0.23
12s	听	9.24	3.73	9.05	4.21	32.3	0.22	32.5	0.24
	视	8.80	4.01	8.62	2.49	32.6	0.24	30.5	0.20

从表 3.17 可以看出，被试对短时距系列内的变化（变化梯度为 500ms）相当敏感，随着呈现时距的增长，再现时距的平均值也相应增长；而对于长时距系列内的变化（变化梯度为 1000ms），被试再现时距的平均值已不再随呈现时距的变化而变化。对再现时距平均值用三因素重复不等的完全方差分析进行检验[①]，结果表明，呈现时距对再现成绩影响的主效应异常显著 [$F_{(5,744)}$ = 246.15，MSe=6.90，$P<0.001$]。再对再现长、短时距成绩的影响因素分别进行三因素重复不等的完全方差分析，检验结果表明，短时距系列对再现均值的影响异常显著 [$F_{(2,372)}$ =8.71，MSe=1.43，$P<0.001$]，长时距系列对再现均

---

① 曹秋成. 技术数理统计方法. 安徽：安徽科学技术出版社，1983：20~140.

值的影响不显著〔$F_{(2,372)}$=0.04，MSe=12.38，$P<0.05$〕。将再现长、短时距的均值和呈现时距的关系绘制成图 3.7 和图 3.8，则可清楚地看出上述特点。从图 3.7 可以看出，被试对短时距系列内时间信息变化的分辨相当敏感；随着呈现时距的增长，再现时距也相应地增长。但从再现长时距的均值与呈现时间的关系来看，在图 3.8 中已无法看出再现时距随着呈现时距的增长而增加的趋势。

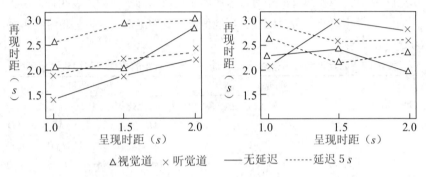

△视觉道　×听觉道　——无延迟　······延迟 5 s

图 3.7　呈现短时距与再现时距的关系　　图 3.8　呈现长时距与再现时距的关系

从表 3.17 可以看出，听觉对短时距信息的分辨明显地优于视觉，听觉再现时距的平均值比视觉更接近于呈现时距，听觉再现的相对误差率远低于视觉。方差分析检验的结果表明，通道对再现短时距的平均值的影响异常显著〔$F_{(1,372)}$=11.22，MSe=1.43，$P<0.01$〕，对再现的相对误差的影响也异常显著〔$F_{(1,372)}$=12.74，MSe=0.62，$P<0.01$〕，表明听觉对短时距信息估计的精确性显著地优于视觉。但是，对于长时距信息，听觉分辨时间信息的优势已不复存在。方差分析检验的结果表明，通道对再现长时间的平均值的影响不显著〔$F_{(1,372)}$=1.96，MSe=12.38，$P>0.05$〕，对再现的相对误差率的影响也不显著〔$F_{(1,372)}$=0.80，MSe=0.05，$P>0.05$〕。

从表 3.17 还可以看出延迟对再现成绩的影响。方差分析的结果表明，延迟对再现短时距的平均值的影响异常显著〔$F_{(1,372)}$=10.63，MSe=1.43，$P<0.01$〕，对再现的相对误差率的影响也异常显著〔$F_{(1,372)}$=10.68，MSe=0.62，$P<0.01$〕；延迟对再现长时距的平均值的影响不显著〔$F_{(1,372)}$=0.08，MSe=12.38，$P>0.05$〕，对再现的相对误差率的影响也不显著〔$F_{(1,372)}$=0.06，MSe=3.15×10^{-3}，$P>0.05$〕。从再现短时距的相对误差率可以清楚地看出，延迟 5s 再现的相对误差率均大于无延迟再现的相对误差率，延迟导致再现精确性的降低。再从在有无延迟条件下视、听的一种感觉道的再现相对误差率的差值来看，听觉再现相对误差率因延迟 5s 而降低的差值均小于视觉再现相对误差率因延迟 5s 而降低的差值，表明延迟对听觉时间信息保持的破坏作用较小，而对视觉时间信息保持的破坏作用较大。

此外，从表 3.17 还可以看出，无论是无延迟或是延迟 5s 再现，被试对短时距系列的再现均值都超过呈现时距，倾向于高估；而对长时距系列的再现均值都低于呈现时距，倾向于低估。

（二）再现相对误差率的第 1 和第 2 时距之比较

本实验第一次呈现两个事件（第 1 时距和第 2 时距），随机地让被试再现其中的一个事件，这就涉及时间顺序误差（time-order-error，TOE）问题。将被试对第 1 时距和第 2 时距再现的相对误差率加以归类合并处理，结果见表 3.18。

从表 3.18 可以看出，就短时距系列而言，无论是在立即再现或延迟 5s 再现的条件下，第 1 时距的再现相对误差率均小于第 2 时间再现的相对误差率，表现出明显的正时间顺序误差。就长时距系列而言，除延迟 5s 条件下再现 10s 的第 2 时距的相对误差率略大于再现第 1 时距的相对误差率外，其余所有的再现第 1 时距的相对误差率均大于再现第 2 时距的相对误差率，表现出负时间顺序误差。

表 3.18　呈现顺序和再现相对误差率（％）的关系

呈现时距	1s		1.5s		2s		10s		11s		12s	
呈现顺序	第1时距	第2时距	第1时距	第2时距	第1时距	第2时距	第1时距	第2时距	第1时距	第2时距	第1时距	第2时距
无延迟	33.5	120.7	25.6	63.5	36.4	52.7	31.9	21.8	29.2	23.7	40.1	13.9
延迟5s	30.1	160.2	11.4	85.6	36.1	60.9	24.4	26.8	39.1	21.7	34.0	17.7
平均	31.8	140.5	18.5	74.6	36.3	56.8	28.2	24.3	34.2	22.7	37.1	15.8

三、讨论

本实验结果表明，对于短时距系列（1s、1.5s、2s），听觉对时间信息的检测比视觉具有明显的优势，主要表现为听觉再现时距更为精确，延迟对听觉时间信息检测所引起的破坏作用较小；而对长时距系列（10s、11s、12s），听觉对视觉信息判断的优势已不复存在。对短时距信息的检测是否具有通道效应？以往的研究结果是相矛盾的：一些研究者发现有通道效应，另一些研究者报告未发现有通道效应，还有一些研究者发现视、听通道间的差异不一致。Schab 和 Crowder 在综述了这方面的研究结果认为，这是由于方法上的差异所致。方法上的差异主要表现在两个方面：一是要求被试对时间进行判断的类型不同，发现有通道效应的研究主要用的是等级评定法和再现法，要求被试对时间做绝对判断；未发现有通道效应的研究大多是用产生法、言语估计法和比较法。二是所用的刺激时距范围不同，发现有通道效应的研究所用的刺激时距一般在 5s 以下（多数是在 2s 以下）；未发现通道效应或发现视听间的差异不一致的研究所用的刺激时距一般是在 1~40s 的范围。综观以往的研究并结合我们前一个研究结果[①]，可以想见，如果运用真正的时间信息，那么，本实验结果——对短时距信息的检测具有通道效应，是可信的。

前已述及，关于通道效应的产生机制，主要有两类理论假设：一类是把通道效应归于感觉存储的特点，另一类是把通道效应归于记忆的特点。我们的实验结果表明，用感觉储存的特点是无法解释通道效应的产生机制的。因为对于短时距信息，即使呈现后延迟 5s，被试再现的平均值和相对误差率仍表现出视听通道之间的显著差异。因此，可以推论，通道效应源于记忆的特点而不是感觉储存的特点。至于记忆的哪些特点导致通道效应的产生，我们将在下一个研究中进行探讨。

时间这个概念同时包含有持续性（duration）和顺序性（succession）两方面的特点。对持续性时间（时距）的认知必然会受其顺序性信息（时序）的影响。本实验结果表明，对短时距判断表现出明显的正 TOE，对长时距的判断表现出负 TOE。Hellstrom[②] 认为，关于 TOE 的文献可以追溯至 Fechner 时代。早期的研究者发现，时间呈现顺序影响着被试对时间信息的认知。例如，先后依次呈现 A、B 两段相等的时距，但被试却倾向于将其看作不相等的。如果认为 A<B（即将先呈现的时距判断为较短些），则被称为负 TOE。Ornstein[③] 认为，时距中包含的信息量影响着对时距长短的知觉，由于先呈现的时距中信息量损失较多，显得较为空泛，因而被看作是较短的。后来的研究发现许多情况下被试会认为 A>B（即认为先呈现的时距更长些），产生正 TOE。这是 Ornstein 的假设所不能解释的。Doob[④]、Whitlow[⑤]、Hellstrom[⑥] 全面评价了有关 TOE 的研究后指出，5s 是 TOE 现象的一个转折点，呈现时间小于 5s 往往出现正 TOE，大于 5s 则往往出现负 TOE。Crowder 和 Greene[⑦] 的实验证实了这一点。他们用判断法要求被试比较两段时距的相对长短，结果发现，如果呈现时距

① 胡湘明，黄希庭. 短时距知觉的视听通道效应的初步研究. 心理科学，1992，15(1)：6~10.

② Hellstrom, A. The time-order error and its relatives: Mirrors of cognitive processes in comparing. Psychological Bulletin, 1985, 97(1): 35~61.

③ Ornstein, R. E. On the experience of time. Baltimore, MD: Penguin Book, 1969.

④ Doob, L. W. The patterning of time. New Haven, CT: Yale University Press, 1971.

⑤ Whitlow, G. J. The natural philosophy of time. Oxford, England: Clarendon Press, 1980.

⑥ Hellstrom, A. The time-order error and its relatives: Mirrors of cognitive processes in comparing. Psychological Bulletin, 1985, 97(1): 35~61.

⑦ Crowder, R. G., Greene, R. L. On the remembrance of times past: The irregular list technique. Journal of Experimental Psychology: General, 1987, 116: 265~278.

较短，当第 1 时距较长时判断的正确率为 70%，而第 2 时距较长时正确率为 58.3%，表现了明显的正 *TOE*；一旦呈现时距增长，相应的正确率便发生了变化，表现为负 *TOE*。尽管我们使用的实验方法（再现法）不同于 *Crowder* 和 *Greene* 的实验方法（判断法），但也发现了几乎完全一样的规律性。因此，在研究时距判断时，如果依次呈现两个时距要求被试进行判断，时距顺序是必须加以考虑的一个重要因素。

四、结论

（1）对短时距信息（1*s*、1.5*s*、2*s*）的判断，听觉比视觉具有明显的优势，听觉的再现时距较精确，延迟对听觉的时间信息检测的破坏作用较小；而对长时距信息（10*s*、11*s*、12*s*）的判断，却未发现听觉比视觉具有优势的现象。

（2）通道效应的产生机制源于记忆的特点而不是感觉储存的特点。

（3）如果一次呈现的时距有两个，对短时距的判断通常表现为正时间顺序误差，对长时距的判断则表现为负时间顺序误差。

合作者：郑云；原文载于：心理学报，1993，25（3）：225~232.

对变化／分割模型的检验（I）

　　心理学家对人类如何估计时距提出了三个认知模型：存储容量模型、加工时间模型和变化／分割模型。我们在一篇综述[①]中用已有的实验材料分析过它们的预测效度和尚需进一步探讨的问题。存储容量模型（*storage size model*，简称 SS 模型）认为，对于同样长的目标时距，被试所储存的信息越多，对时距的估计较长；反之则觉得时距较短。该模型认为时距估计与信息的数量或复杂度呈正相关。但也有研究发现时距估计长短与所获得的信息数量或复杂度呈负相关。加工时间模型（*processing time model*，简称 PT 模型）认为，人类信息加工系统中存在着一个认知计时器，专门负责加工和编码时间信息，还存在着一个刺激加工器，专门负责对刺激进行加工和编码；注意分配于这两个加工器之间，如果对事件信息投入的注意资源较多，那么注意资源投入于认知计时器便减少，因而对时间的估计就较短，反之，时距估计便较长。而变化／分割模型（*change/segmentation model*，简称 CS 模型）认为，对时间的认知是以心理变化为依据的，时间知觉就是知觉变化，时间估计就是把心理上所经历的变化分割为可记忆的片段，然后再根据所分割出的变化段数来判断时距的长短。因此，按照 CS 模型，如果操纵心理上经历的变化分割段数的多少，那么被试对目标时距的估计将取决于心理上被分割的记忆段数的多少，而不取决于目标时距内填充的事件的数量。目前尚未见对 CS 模型的系统检验。本研究设计了四个实验拟对变化／分割模型进行系统的检验。本文是此项研究的第一部分。

一、实验一

（一）目的

　　控制目标时距和该时距内的填充数字系列，操纵数字系列的分割段数，以检验变化／分割模型。

---

　　① 黄希庭. 时距信息加工的认知研究. 西南师范大学学报（自然科学版），1993，18(2): 207~215.

（二）方法

1. 被试

15 位心理学系四年级本科生，平均年龄 21 岁，其中男生 7 人、女生 8 人。

2. 仪器

一台 386 微机（计时精确到 10*ms*）和 *SPSS/PC*+3.0 统计软件。

3. 刺激材料

每次试验呈现的目标时距均为 10*s*，由计算机屏幕正中央先后出现的两个红色方块（6*cm*×6*cm*）之间的时间间隔来表示。目标时距内依次出现 12 个阿拉伯数字，大小为 5*cm*×2*cm*，这 12 个数字的呈现方式或以四位数为单元组成电话号码，或以两位数为单元组成门牌号码。每字呈现 0.3*s* 后消失，然后出现另一个数字。两个数字的时间间隔为 0.1*s*。但四位数电话号码之间的间隔时间是 2*s*，而最后一个数字与表示目标时距结束的红色方块的间距为 1.5*s*；两位数门牌号码之间的间隔时间是 1*s*，它最后一个数字与表示目标时距结束的红色方块的时距为 0.8*s*。在整个实验里，没有出现相同的电话号码或门牌号码。

4. 实验任务

被试的第一个任务是注意和记住两个红色方块之间的目标时距，然后用再现法或参数估计法复制出与目标时距同样长短的时距。第二个任务是记住目标时距内的电话号码或门牌号码，然后要求被试报告数字系列中与末尾数字相同的那个数字（探测数字）后面的两个数字。例如，12 个数字若是这样的：605781349628，那么需要依次报告 1 和 3。探测数字在数字系列中处于第一、第二或第十个位置上，随机而定。

5. 实验设计

采用 2×2×2 的被试内设计。因素一为分割水平，即阿拉伯数字组成的四位数的电话号码或是两位数的门牌号码。因素二为延迟时间，即试验在刺激呈现完毕后让被试立即进行任务操作或延迟一段时间（50*s*）进行任务操作。因素三是任务顺序，即先估计时距（后回答数字任务）或是先回答数字任务（后估计时距）。被试以再现法和参数估计法复制目标时距。用再现法复制时做 2×2×2×2 次试验，即每种处理均重复两次。用参数估计法复制做 2×2×2×8 次试验，即每种处理均重复八次。总计每一种处理做十次。使得探测数字能在数字系列的前十个位置上均能出现一次，整个实验有八种处理（分割水平 × 延迟时间 × 检测顺序），其顺序是随机的。

6. 实验程序

首先被试端坐在微机前进行操作训练，直至熟悉目标时距的起止时刻、再现时距和参数估计时距的操作方法，熟练地以四位数的方式记忆电话号码系列和以两位数的方式记忆门牌号码系列。

再现时距以被试对空格键按两次之间的时间间隔来表示，实验中要求被试既注意目标时距，又注意每次试验所呈现的是电话号码还是门牌号码。在延迟操作期间，被试做减三逆运算，直到计算机发出声音提示后才再现时距。每一次试验都由被试按键之后才开始呈现刺激材料，当被试做完八种处理的试验后，再重复这八种处理的试验，再现时距实验后休息 2min。

参数估计就是要求被试在给出的 7s、8s、9s、10s 和 11s 五种时距中选择出一种作为时距估计，这五个选择项的顺序在微机屏幕上随机出现。做 16 次试验为一组，每做完一组休息 2min。参数估计的其他程序同再现时距实验。

每次试验的时距估计值和所报告的数字都做了记录。整个实验约 90min。

（三）结果

1. 再现时距的实验结果

将各种处理条件下被试再现时距的平均值和标准差列于表 3.19。把被试当作一个因子，进行 15×2×2×2×2 的方差分析，结果显示，被试间的个体差异极显著 $[F_{(14,177)}=30.18, MSe=2.48, P<0.01]$，延迟时间效应显著 $[F_{(1,177)}=4.20, MSe=2.48, P<0.05]$，其余的主效应均不显著。另外，延迟时间与分割水平的交互作用显著 $[F_{(1,177)}=5.00, MSe=2.48, P<0.05]$。对八种处理进行 Duncan 多重范围检验，结果显示，延迟时间的效应只在四位数系列的时距估计中反映出来，而分割水平的效应也只在立即估计条件下反映出来。

表 3.19　实验一各种条件下再现时距平均值（s）和标准差

延迟时间	任务顺序	分割水平	
		四位数系列	两位数系列
0s	先报告时距	<1> 5.50（2.68）	<5> 6.57（3.16）
	后报告时距	<2> 5.59（2.41）	<6> 6.33（2.65）
50s	先报告时距	<3> 6.81（3.07）	<7> 6.27（2.64）
	后报告时距	<4> 6.02（2.10）	<8> 6.12（2.76）

注：尖括号内表示相应的八种联合处理。圆括号内为标准差。

2. 参数估计的实验结果

将各种处理下参数估计的平均值和标准差列于表 3.20。经方差分析，结果显示，被试的个体差异极显著 $[F_{(1,897)}=37.76, MSe=0.97, P<0.01]$，延迟时间效应极显著 $[F_{(1,897)}=34.01, MSe=0.97, P<0.01]$，分割水平效应极显著 $[F_{(1,897)}=13.95, MSe=0.97, P<0.01]$；二阶交互作用中，被试与延迟时间的交互作用效应极显著 $[F_{(14,897)}=13.95, MSe=0.97, P<0.01]$，

延迟时间与分割水平的效应极显著 $[F_{(1,897)}=12.99，MSe=0.97，P<0.01]$。对每种处理条件下的平均值进行 $Duncan$ 多重范围检验表明：对于分割水平而言，只有立即估计条件下两种数字系列的时距估计有差异；对延迟时间而言，只有四位数系列的时距估计有差异。

表 3.20　实验一各种条件下参数估计时距的平均值（s）和标准差

延迟时间	任务顺序	分割水平	
		四位数系列	两位数系列
0s	先报告时距	<1> 8.54（1.28）	<5> 8.94（1.27）
	后报告时距	<2> 8.36（1.27）	<6> 8.89（1.29）
50s	先报告时距	<3> 9.04（1.23）	<7> 9.13（1.22）
	后报告时距	<4> 9.06（1.18）	<8> 8.98（1.23）

注：尖括号内表示相应的八种联合处理。圆括号内为标准差。

3. 对被试回忆数字的正确率及其任务操作方式的考察

将各种处理条件下被试回忆数字正确率的平均值列于表3.21。经方差分析，结果显示，分割效应显著 $[F_{(1,112)}=5.02，MSe=0.03，P<0.05]$。延迟时间效应极显著 $[F_{(1,112)}=6.95，MSe=0.03，P<0.01]$，检测顺序效应不显著。但对每一格进行 $Duncan$ 检验表明，在每种处理条件下四位数系列的回忆正确率并不比相应的两位数系列的回忆正确率高。

表 3.21　实验一各种条件下回忆数字正确率的平均值

延迟时间	任务顺序	分割水平	
		四位数系列	两位数系列
0s	先报告数字	<1> 0.49	<5> 0.41
	后报告数字	<2> 0.56	<6> 0.49
50s	先报告数字	<3> 0.39	<7> 0.37
	后报告数字	<4> 0.48	<8> 0.35

注：尖括号内表示相应的八种联合处理。

在实验中要求被试以四位数方式记忆电话号码。我们对被试的实际任务操作方式进行了 t 检验。检验的方式是按所回答的数字是否与探测数字位于同一电话号码为根据。结果列于表 3.22。表 3.22 资料表明，在立即操作时，与探测数字位于同一电话号码内的数字回忆正确率显著高于位于不同电话号码的数字回忆正确率，而延迟操作时这种差异消失。

在实验中要求被试以两位数方式记忆门牌号码，而且在呈现数字时也让同一门牌号码内的数字间隔时间短于不同门牌号码的数字间距，对被试的实际任务操作方式进行了两种 t 检验。第一种是考察被试所回答的两个被检数字的正确率之差，即当它们位于同一门牌号码时的正确率之差是否显著低于它们位于不同门牌号码时的正确率之差。结果显示，仅在立即报告条件下所回答数字时有差异（$t=2.49 > t_{0.05}=2.05$，$f=28$），延迟报告时均不显著。第二种方式是考察第二个被检数字的回忆正确率之差，即当它与前一个被检数字位于同一门牌号码时的回忆正确率是否显著高于当它前一个被检数字位于不同门牌号码时的回忆正确率。结果显示，仅在立即报告条件下先回答数字时有显著差异（$t=2.2703 > t_{0.05}=2.048$，$f=28$），延迟报告时均不显著。

表 3.22　实验一电话号码内与电话号码外的数字任务正确率

延迟时间	任务顺序	分割水平		
		号码内的正确率	号码外的正确率	两者之差
0s	先报告数字	0.55	0.34	0.20*
	后报告数字	0.62	0.43	0.19*
50s	先报告数字	0.40	0.38	0.02
	后报告数字	0.58	0.43	0.07

注：＊表示 t 检验显著。

（四）讨论

对时间的知觉，注意是一个必要的条件[1]。根据 PT 模型，被试的注意在认知计时器和刺激加工器两者之间分配和转换。当目标时距开始，认知计时器启动，记录时间信息，它类似于工作记忆的特征[2]。此时，如果需要进行非时间信息加工，则出现注意转换，将中断这个计时器的记录，因而损害时距估计[3]。据此，在四位数系列的时距知觉中，被试的注意将从计时器上转换到数字码上三次，而在两位数系列的时距知觉中，被试的注意将从计时器上转换到数字码上六次，这样，前一种时距将比后一种时距高估，因为根据 PT 模型，在被试报告两种系列的数字任务正确率无显著差异的情况下，对后者的数字任务所投入的注意资源较多。但是，立即估计条件下实验结果正好相反，而延迟估计条件下两者的时距估计又相等，因而不符合 PT 模型的预测。

根据 SS 模型，目标时距内填充数字量相同，即都是 12 个数字，按理在四位数系列和两位数系列条件下时距估计应无显著差异，但结果与此预测不符。

①　*Huang, X. T., Xie, H. L. Characteristics of short time duration detection. In. S. Wang. Proceedings of the Second Afro-Asian Psychological Congress. Beijing: Peking University Press*, 1993: 64~69.

②　*Allan, L. G., Rousseau, R. Backward masking in judgments of duration. Perception & Psychophysics*, 1977,21(5)：482~486.

③　*Macar, F. A., Grondin, S., Casimi, L. Controlled attention sharing influences time estimation. Memory & Cognition*, 1994, 22(6)：673~686.

此外，根据组块原理，在短时记忆条件下记忆四位数系列比两位数系列的存储容量大；依据 *SS* 模型，被试在立即估计条件下四位数系列的时距估计值应大于两位数系列的时距估计值，但实验结果否定了此种预期。

根据 *CS* 模型，时间知觉就是知觉变化，时距估计不是由记忆中检索到的信息量所决定，而是由记忆中表征出的事件被分割的情况来决定[1]。从前面的分析可以看到，被试在立即报告条件下对四位数系列的记忆经验是以四位数为单位进行分割的，因而被分割成 3 块，两位数系列的记忆经验是以两位数为组块进行分割的，因而被分割成 6 块。而在延迟报告条件下，不论是四位数系列，还是两位数系列，原来记忆经验中的电话或门牌号码的组块可能消失，而成为单个数字，即都被分割成 12 块。这样就能解释本实验结果在立即和延迟条件下的时距估计现象，也能解释本实验结果中两种数字系列的延迟时间效应。因此本实验结果符合变化／分割模型的预测。

二、实验二

（一）目的

控制目标时距内的填充数字系列的间距，操纵目标时距及其中填充数字系列的分割段数，以检验变化／分割模型。

（二）方法

1. 被试

14 位心理系一年级本科生，男女各半，平均年龄 18 岁。

2. 刺激材料

目标时距为 10*s* 和 8*s*。每种时距内的填充数字持续时间均为 0.3*s*。10*s* 内的每个数字间隔时间为 0.5*s*，8*s* 内的每个数字间隔时间为 0.3*s*。刺激呈现方式同实验一。

3. 实验设计

2×2×2×2 的被试内设计。本实验增加的一个因子为目标时距（10*s* 和 8*s*），其余三个因子均同于实验一。对于四个因子的 16 种联合处理，每个被试均重复 5 次（即再现法重复 1 次，参数估计方法重复 4 次）。因此在进行数字任务的检测时将两个被试当作一个区组，让一个区组内每种处理的探测数字都可以出现在数字系列的前 10 个位置上。如果一个被试在 10*s* 时间系列的探测数字位于数字系列的奇数位置（共 5 个），则在 8*s* 时间系列的探测数字位

---

① *Ponyter, W. D. Duration judgment and the segmentation of experience. Memory & Cognition,* 1983, 11(1): 77~82.

于数字系列的偶数位置（共 5 个），反之交换位置。

4. 实验任务

同实验一。

5. 实验程序

同实验一。实验后对被试进行问卷调查。

（三）结果

将再现时距试验的数据进行 14（被试）×2（目标时距）×2（分割水平）×2（延迟时间）×2（任务顺序）的方差分析，结果显示，被试因子的效应极显著 $[F_{(13,148)}=15.89，MSe=6.69，P < 0.01]$，除延迟时间与分割水平的交互作用效应显著 $[F_{(1,148)}=15.89，MSe=6.69，P < 0.01]$ 之外，其余主效应和二阶交互作用均不显著。将延迟时间与分割水平的联合处理条件下重复 56 次的再现时距平均值列于表 3.23。经 Duncan 多重范围检验，结果显示立即操作条件下以四位数系列为参照的时距估计极显著地短于两位数系列为参照的时距估计，而在延迟操作条件下的四位数系列时距估计极显著地长于两位数系列的时距估计。对于分割水平而言，以四位数系列为参照的立即时距估计极显著地短于延迟时距估计，以两位数系列为参照的立即时距估计又极显著地长于延迟操作的时距估计。

将参数估计的数据进行方差分析，结果显示被试的个体差异极显著 $[F_{(13,820)}=44.70，MSe=0.97，P < 0.01]$，将被试的方差排除后进行检验，结果表明，除延迟时间的效应极显著 $[F_{(1,820)}=6.86，MSe=0.97，P < 0.01]$ 外，其余主效应和二阶交互作用均不显著。立即时距估计的平均值小于延迟时距估计的平均值。

表 3.23　延迟时间与分割水平联合处理下再现时距的平均值（ s ）

延迟时间	分割水平	
	四位数系列	两位数系列
0s	8.72	9.64
50s	9.81	9.20

将各种处理条件下的数字任务的正确率进行 2（奇、偶位置）×2（目标时距）×2（操作的延迟时间）×2（分割水平）×2（任务顺序）的主效应方差分析，结果显示探测数字的奇偶位置效应显著 $[F_{(1,218)}=4.55，MSe=0.06，P < 0.05]$，其中，偶数位置后面的数字任务正确率高于奇数位置后面的数字任务正确率；10s 或 8s 的数字任务正确率差异不显著；操作的延迟时间效应极显著 $[F_{(1,218)}=12.39，MSe=0.06，P < 0.01]$；分割水平效应极显著 $[F_{(1,218)}=11.33，MSe=0.06，P < 0.01]$；任务顺序效应显著 $[F_{(1,218)}=4.12，$

MSe=0.06，*P* < 0.05]。分割水平效应显著，即把数字系列当作四位数操作的回忆正确率（*M*=0.56）显著地大于把数字系列当作两位数操作的回忆正确率（*M*=0.45）。

（四）讨论

如前所述，根据 *PT* 模型，较之于两位数系列，被试记忆四位数系列数较多，对刺激加工器所投入的注意量减少，对认知计时器所投入的注意量增多。因此对四位数系列的时距估计理应比两位数系列的时距估计较长些。但是再现时距的实验结果（表3.23）否定了这一点。此外表3.23的结果也否定了认知计时器所记录的信息一定会削弱的说法。同时参数估计试验的结果也否定了 *PT* 模型的合理性。

由于被试报告四位数系列的数字任务正确率高于两位数系列，在记忆中前者的存储容量高于后者。据 *SS* 模型，被试对四位数系列的时距估计理应比两位数系列的时距高估。实验结果也否定了此种预期。另外，由于延迟条件下的回忆数字任务正确率低于立即条件下的回忆数字任务正确率，依据 *SS* 模型的说法，前一条件下时距估计应低于后者，但是实验结果也否定了此种预期。

实验一的结果显示，在立即估计条件下被试以组块的方式分割时距，在延迟估计条件下以单个数字的方式分割时距。本实验由于操纵了变化分割，即让被试主观上把数字系列当作四位数的电话号码或两位数的门牌号码。并且被试对数字任务的回忆率也确实有差异，因此可以认为，虽然实验二所呈现的数字系列客观上没有变化，但被试在立即估计时距的条件下主观上确实将数字系列看成是电话号码或门牌号码，也就是说前者被分割为三个变化事件，后者被分割为六个变化事件。所以，在立即估计时距的情况下，被试将高估两位数系列的时距。但是，在延迟估计条件下，以单个数字来分割，亦即哪一数字系列回忆的正确率较高则该数字系列被分割的事件就较多，对该种系列的时距估计就较长。这样，延迟估计的四位数系列的时距，应长于相应的两位数系列的时距估计。如此就能解释表3.23的实验结果。此外，对 10*s* 和 8*s* 的时距估计无显著差异，是由于被试在这两种条件下的主观分割段数相等之故。本实验的参数估计实验结果未能显示出主观分割的作用，甚至时距为 10*s* 和 8*s* 的差异也未显示出来。这很可能是因为参数估计是一种比较法，被试在掌握复制标准上不稳定所致[①]。这在实验后对被试的问卷调查得到了证实。大多数被试反映用再现法复制目标时距比参数估计更直接、更有把握。

---

① 黄希庭，郑涌．时间记忆的理论与实验范型．心理科学，1995，18(4)：201~205．

三、总的讨论

本研究两个实验都显示出一个共同特点：在立即操作条件下数字回忆任务的正确率与时距估计的长短不呈正相关，而在延迟操作条件下两者却呈正相关；然而在立即操作条件下，被试分割出的变化事件数则与时距估计的长短呈正相关。如上所述，此种结果最能被变化／分割模型解释。这是因为变化／分割模型并不强调单一的计时机制或时距估计方法：该模型既强调记忆的数量、组织可以决定时距知觉，也认为对事件的加工方式及注意的转移可以影响时距知觉[1]。也就是说它吸收了 SS 模型和 PT 模型的优点，因而具有较高的预测效度。

按照 Macar 等人[2] 的看法，注意模型（PT 模型）和记忆模型（CS 模型、SS 模型）的根本分歧在于是否承认有内部计时器的存在。他们认为，前者通过"注意"启动的认知计时器才能对时间信息进行加工，因此，任何对注意的干扰都将缩短时距的估计值。后者则根本否认计时器的观念，甚至连"时间信息"的观念也不承认，认为时距估计只是一般信息加工的副产物。事实上无论是主观世界或是客观世界，时距判断都必须依据一个固定的可见的变化，即非时间维度才能作用，正如 Ponyter 所说，事件是可见的，时间是不可见的、抽象的，只能用事件的变化来测量时间，而用"时间"来测量事件的变化便超出了人类能力的范围[3]。Fraisse[4] 也认为，个人只有想象自己思想里的变化，才能形成个人的时间观念，即使承认认知计时器的存在，对于"注意时间"或"注意时间信息"也需要做更具体的说明[5]。正因如此，心理学家对人脑中的时间表征研究便成了当代时间心理学的一个热点。变化／分割模型所使用的分割概念被认为具有较好的操作性[6]。而存储容量这个概念则较模糊，要想对它下一个准确的操作定义以获得一个有效的测量都不可能[7]。在实施过程中往往用所回忆信息的数量来表示"存储容量"。尽管回忆的信息数量与存储容量呈正相关但却不能精确地反映存储容量，因为回忆肯定要受到背景、动机、认知等因素的影响。以实验一、实验二的延迟操作条件下的数字任务正确率来说，它并未达

①③　Ponyter, W. D. Judging the duration of time intervals: A process of remembering segments of experience. In: I. Levin., L. Zakay. Time and human cognition: A lift span perceptive. Amsterdam: North-Holland, 1989: 305~329.

②　Macar, F. A., Grondin, S., Casimi, L. Controlled attention sharing influences time estimation. Memory & Cognition, 1994, 22(6): 673~686.

④　Fraisse, P. Perception and estimation of time. Annual Review of Psychology, 1984, 35: 1~36.

⑤　Block, R. A. Models of psychological time. In: R. A. Block. Cognitive models of psychological time. Hillsdale, NJ: Erlbaum, 1990: 1~35.

⑥　Zakay, D., Feldman, T. The role of segmentation and recallability in retrospective time estimation. Psychological Record, 1993, 43(3): 415~428.

⑦　Block, R. A. Models of psychological time. In: R. A. Block. Cognitive models of psychological time. Hillsdale, NJ: Erlbaum, 1990: 1~35.

到，也肯定未能完全算出被试记忆中储存的信息。但是若用单个水平上识别出的变化事件来表达，则可以说被分割出的变化事件具体是多少。因此，我们也认为，根据可见的变化来把握时间的流逝，是对时距估计认知加工较佳的操作性描述。关于这个问题，我们将在下一项研究中进一步探讨。

　　合作者：徐光国；原文载于：心理学报，1997，29（3）：326~334.

对变化／分割模型的检验 (II)

    在前一篇报告[①]中，我们用两个实验考察了存储容量模型（*storage size model*，简称 *SS* 模型）、加工时间模型（*processing time model*，简称 *PT* 模型）和变化／分割模型（*change/segmentation model*，简称 *CS* 模型）的预测效度。实验一控制目标时距和该时距内的填充数字系列，操纵填充数字系列的分割段数；结果显示，数字系列的分割段数影响立即的时距估计，但不影响延迟的时距估计。实验二控制目标时距内填充数字的间距和个数，操纵目标时距及其中的填充数字系列的分割段数；结果显示，立即估计时，分割段数越多，估计的时间越长；而在延迟估计时，记忆的数字个数越多，估计的时间越长。这都表明 *CS* 模型比 *SS* 模型和 *PT* 模型具有更高的预测效度，但是在前述的两项实验中对于分割段（四位数和两位数）内的两个因素：段内项目数和段的持续时间没有加以操纵。本研究拟探讨这两个因素对时距估计的影响，以及在立即和延迟操作条件下对时距估计的影响，从而对变化／分割模型做进一步的检验。

一、实验三

（一）目的

    控制目标时距及其中的填充数字系列的分割段数以及段的持续时间，操纵段内的项目数，以检验变化／分割模型。

（二）方法

1. 被试

8 位在读硕士研究生，男女各半，平均年龄 27 岁。

2. 仪器

一台 386 微机（计时精确到 $10ms$）和 *SPSS/PC*+3.0 统计软件。

3. 刺激材料

每次试验呈现的目标时距均为 $10s$，由微机屏幕正中央先后出现的两个红色方块（$6cm \times 6cm$）之间的时间间隔来表示。目标时距内依次填充着三个四位数字（大小为 $5cm \times 2cm$），称为电话号码；或三个两位数字，称为门牌号码。

---

    ① 黄希庭，徐光国. 对变化／分割模型的检验 (I). 心理学报，1997，29(3): 326~334.

每个数字持续 0.3*s* 后消失，然后出现下一个数字。每组电话或门牌号码的数字之间间隔时间为 2*s*；电话号码内的数字间隔时间为 0.1*s*，门牌号码内的数字间隔时间为 0.9*s*。每一个段的持续时间为 1.5*s*。最后一个数字与目标距离结束的标记红色方块的间距为 1.5*s*。在整个实验中电话号码或门牌号码均不相同。

4. 实验任务

被试的第一个任务是注意并记住两个红色方块之间的目标时距，然后用再现法或参数估计法复制目标时距。第二个任务是记住目标时距内的电话号码或门牌号码，然后报告某一个电话号码或门牌号码的所有数字。

5. 实验设计

2×2×2 的被试内设计。因素一为分割水平，即填充数字分为四位数和两位数。因素二为操作条件，分为立即和延迟估计，即在刺激呈现完毕后要求被试立即进行时距估计或延迟一段时间（50*s*）后进行时距估计。因素三是任务顺序，即先估计时距后回答数字任务或先回答数字任务后估计时距。被试复制时距用两种方法，即再现法和参数估计法。用再现法时，被试做 2×2×2×2 次试验，即每种处理均重复两次。用参数估计法时，被试做 2×2×2×4 次试验，即每种处理均重复四次。总计每一种处理做六次。这六次数字任务其中在三个位置上重复两次，八种处理（分割水平 × 延迟时间 × 检测顺序）的顺序是完全随机的。

6. 实验程序

首先被试端坐在微机前进行操作训练，直至完全熟悉目标时距的起止时刻、再现时距和参数估计时距的操作方法、熟练地以四位数的方式记忆电话号码系列和以两位数的方式记忆门牌号码系列。

再现时距法以被试按两次空格键之间的时间间隔来表示，实验中要求被试既注意目标时距，又注意每次试验所呈现的是电话号码还是门牌号码。在延迟估计期间，被试做减三逆运算，直至计算机发出声音提示后才再现时距。每一次试验都由被试按键之后开始出现刺激材料。

当被试做完八种处理的试验后，再重复这八种处理的试验。再现时距实验后休息两分钟。接着，做参数估计实验。

参数估计实验与再现时距实验相同。但被试仅在提供的 7*s*、8*s*、9*s*、10*s* 和 11*s* 的五种时距之中选择出一种作为时距估计，这五个选择项在屏幕上出现的顺序是随机的。16 次试验为一组，每做完一组休息 2*min*。

每次试验的时距估计值和所报告的数字都做了记录。做完整个实验约 60*min*。

（三）结果

将各种处理条件下再现时距、参数估计时距和报告数字的正确率的平均值和标准差列于表 3.24。对再现时距法的数据进行方差分析，结果显示，被试的个体差异极显著 $[F_{(7,93)}=11.84,\ MSe=3.37,\ P<0.01]$，延迟时间的效应显著 $[F_{(1,93)}=4.05,\ MSe=3.37,\ P<0.05]$，其余主效应和二阶交互作用效应均不显著。

对参数估计法的数据进行方差分析，结果显示，被试的个体差异极显著 $[F_{(7,221)}=4.11,\ MSe=1.14,\ P<0.01]$，延迟估计的效应显著 $[F_{(1,93)}=6.13,\ MSe=1.14,\ P<0.01]$，其余主效应和二阶交互作用效应均不显著。

对被试报告数字的正确率进行方差分析，结果显示，被试的个体差异极显著 $[F_{(7,349)}=3.24,\ MSe=0.05,\ P<0.01]$，延迟操作的效应极显著 $[F_{(1,349)}=11.02,\ MSe=0.05,\ P<0.01]$，分割水平的效应显著 $[F_{(1,349)}=21.48,\ MSe=0.05,\ P<0.01]$，其余主效应和二阶主效应均不显著。

表 3.24　实验三各种处理条件下的时距估计和报告数字的正确率（$M\pm SD$）

延迟时间	任务顺序	再现时距法		参数估计法		报告数字的正确率	
		四位数系列	两位数系列	四位数系列	两位数系列	四位数系列	两位数系列
0s	先报告时距	6.11±1.76	7.19±2.05	8.00±1.22	8.48±1.29	0.87±0.19	0.94±0.17
	后报告时距	6.32±1.86	6.41±2.34	8.00±1.05	8.16±1.25	0.78±0.23	0.90±0.27
50s	先报告时距	7.25±2.22	7.44±4.52	8.59±1.21	8.66±1.00	0.73±0.23	0.87±0.25
	后报告时距	7.15±2.12	6.92±2.12	8.29±1.02	8.44±1.19	0.75±0.22	0.85±0.29

（四）讨论

本实验的结果难以用 SS 模型解释。因为按照该模型，被试记忆四位数系列的个数多于两位数系列的个数，对四位数系列的时距估计应比两位数系列的时距估计显著地高估，但事实并非如此。本实验的结果也难以用 PT 模型解释，因为被试回忆四位数系列的个数多，但回忆的平均正确率却低于两位数系列，这表明注意资源投入四位数系列的加工器多于投入两位数系列的加工器，据此对四位数系列的时距估计应显著短于对两位数系列的时距估计。但事实并非如此。表 3.24 的资料否定了 SS 模型和 PT 模型的预测。然而，此项实验结果却能用 CS 模型解释，因为在立即和延迟估计条件下被试两种数字系列的加工段数均为三块，因此在不同分割水平下时距的估计相等，从而证实了 CS 模型的预测。但实验中延迟操作条件下的时距估计和报告数字的正确率都显著地不同于立即操作，则难以用这三种模型来解释，看来对时间的认知似应综合各种因素来考虑。

由于本实验操纵的分割段数及段的持续时间都是相同的，而段内的项目数却不同。本实验的结果表明，段内的项目数并不影响对时距的估计。

二、实验四

（一）目的

控制目标时距和该时距内填充数字系列的分割段数以及段内的项目数，操纵段的持续时间（段的时距），以检验变化 / 分割模型。

（二）方法

1. 被试

8 位在读研究生，男女各半，平均年龄 26 岁。

2. 刺激材料

在目标时距 10s 内呈现两种四位数的电话号码系列。每一个数字的持续时间为 0.3s，共有 12 个数字。第一种四位数的电话号码系列：每一电话号码持续时间（段的时距）为 1.5s，电话号码间的数字间隔时间为 2s，电话号码内的数字间隔时间为 0.1s，最后一个数字与表示目标时距结束的红色方块之间的时间间隔为 1.5s。第二种四位数的电话号码系列：每一电话号码持续时间为 2.4s，电话号码间的数字间隔时间为 1s，电话号码内的数字间隔时间为 0.4s，最后一个数字与表示目标时距结束的红色方块之间的时间间隔为 0.8s。刺激呈现方式同实验三。

3. 实验任务

同实验三。

4. 实验设计

同实验三。

（三）结果

将各种处理条件下再现时距、参数估计时距和报告数字的正确率的平均值和标准差列于表 3.25。对再现时距的数据进行方差分析，结果显示只有被试间的差异极显著 [$F_{(7,93)}$=13.059，MSe=3.571，$P<0.01$]，其余主效应和二阶交互作用均不显著。

对参数估计法的数据进行方差分析，结果显示被试间的差异极显著 [$F_{(7,221)}$=6.59，MSe=0.97，$P<0.01$]，段的时距效应极显著 [$F_{(1,221)}$=7.43，MSe=0.97，$P<0.01$]，延迟估计与段的时距的交互作用效应极显著 [$F_{(1,221)}$=6.76，MSe=0.97，$P<0.01$]。经过 Duncan 多重范围检验表明，段的不同时距只在立即估计条件下才有差异；而延迟估计的效应也只有在第二种数字系列（即段的时距为 2.4s）才显示出来。

对被试报告数字的正确率进行方差分析，结果显示，被试的个体差异显著 [$F_{(7,349)}$=2.58，MSe=0.05，$P<0.05$]，延迟时间效应极显著 [$F_{(7,349)}$=6.85，MSe=0.05，$P<0.01$]，其余主效应和二阶交互作用效应均不显著。

表 3.25 实验四各种处理条件下的时距估计和报告数字的正确率（*M* ± *SD*）

延迟时间	任务顺序	再现时距法		参数估计法		报告数字的正确率	
		段的时距 1.5s	段的时距 2.4s	段的时距 1.5s	段的时距 2.4s	段的时距 1.5s	段的时距 2.4s
0s	先报告时距	5.212±2.385	6.012±2.163	7.875±1.070	8.531±0.983	0.844±0.217	0.880±0.179
	后报告时距	5.206±1.977	6.201±2.067	7.969±1.332	8.625±1.212	0.839±0.239	0.813±0.222
50s	先报告时距	5.995±2.113	6.022±2.255	8.062±0.982	8.000±0.762	0.787±0.225	0.817±0.217
	后报告时距	6.195±2.228	6.227±2.229	8.188±0.982	8.281±1.203	0.755±0.228	0.781±0.229

（四）讨论

从表 3.25 的结果可以看出，无论数字段的时距为 1.5s 或 2.4s，还是先报告数字或后报告数字，被试报告出数字系列正确率的平均值之间没有显著差异，按照 *PT* 模型，在此种实验条件下，时间加工器和非时间加工器投入的注意资源无显著差异；按照 *SS* 模型，其存储容量也无显著差异。也就是说，按照这两个模型的预测，被试在两种数字系列条件下估计时距应无显著差异，但表 3.25 中参数估计法的结果否定了这一点。

根据 *CS* 模型，段的持续时间不等，也会影响时距估计[①]。我们的一项研究早已确证儿童对时间的估计是使用时间标尺（*time scaling*）的[②]。也就是说，用不同的时间标尺去分割相同一段时间，会有不同的时间估计。*Fraisse*[③] 曾做过实验，在一段空时距（时距内无填充物）的前面部分加上一小段不同长度的内容物，使这小段内容充当时间标尺，结果造成了时间估计的差异。在本实验的条件下，同样的目标时距，被试之所以对其长短有不同的感知（特别是在延迟条件下），很可能是使用了不同时间标尺之故。

三、总的讨论

（一）变化 / 分割模型的预测效度

在上一篇报告[④]中的实验一控制目标时距和该时距内的填充数字系列，操纵数字系列的分割段数的差异，造成了内部变化的分割段数的差异；实验二控制目标时距内的数字系列的间距，操纵目标时距及其中填充数字系列的分割段数，而实验四控制外部变化的分割段数，未引起再现时距上的变化，但段的持续时间的差异却造成了参数估计的内部标尺在分割上的差异。实验三控制外部

① *Ponyter, D. Judging the duration of time intervals: A process of remembering segments of experience. In: I. Levin., L. Zakay. Time and human cognition: A life-span perspective. Amsterdam: North-Holland*, 1989: 305~329.

② 黄希庭，张增杰. 5 至 8 岁儿童时间知觉的实验研究. 心理学报，1979，12(2): 166~174.

③ *Fraisse, P. Perception and estimation of time. Annual Review of Psychology*, 1984, 35: 1~36.

④ 黄希庭，徐光国. 对变化 / 分割模型的检验 (I). 心理学报，1997，29(3): 326~334.

变化的分割段数，未引起再现时距和参数估计的经验变化，并且段内的项目数的差异也未造成时距估计的内部标尺的分割变化。这些都能以变化／分割模型来解释，也就是说变化／分割模型具有较高的预测效度。相反，加工时间模型却不能解释这一系列实验中的所出现的时间估计显著差异，也解释不了无差异的情形。实验一两位数系列的数字任务正确率与四位数系列的相应值无显著差异，但由于四位数的组块比两位数的组块更容易记忆，这表明被试为了达到同样的记忆效果，必然要对两位数投入更多的注意能量，则应该对两位数系列的时距估计短于相应的四位数系列的时距估计。同样，实验二也应该预测出相同的结果。然而，实验结果恰好相反。实验三的两位数系列明显比四位数系列容易记忆，因为两位数系列一共才有六个数字，而且在回答数字时只有两个数字，所以投入的注意量应多于相应的四位数系列。即它的预测应是不相等的时距估计，但实验却显示两位数系列和四位数系列的时距估计结果相等。

SS 模型认为时距估计与储存的容量呈正相关。实验一、二控制了目标时距内的数字个数，按理应该在立即估计和延迟估计两种条件下时距估计都应该相等。但实验一只有延迟估计条件下相等；实验二在再现法中不相等。实验三的四位数系列的数字个数明显多于两位数系列的数字个数，按理应该是前者的时距估计长于后者的时距估计；但两者却相等。实验四控制了目标时距内的数字系列的个数，而且两种数字系列的回忆正确率也相等，若按照 SS 模型时距估计应无差异，但参数估计的时距值却有差异。这些都是 SS 模型无法解释的。

因此，总的看来，变化／分割模型具有较高的预测效度。

（二）分段综合加工模型的探讨

虽然变化／分割模型具有较高的预测效度，但该模型也不能完全解释本研究所揭示的现象。例如，在本研究中我们经常可以看到，被试对时距的估计，不仅取决于目标时距内填充数字的段数，而且也依存于段的持续时间，还依存于被试对时距的估计方法。例如，从实验四可以看到，当所经历的时距被分割的段数相等、段的项目数相等，段的持续时间却影响立即条件下的时距估计，而对延迟时距估计没有影响。

从被试对时距的估计方法来看，本研究要求被试采用立即估计和延迟估计、再现估计和参数估计四种方法，所得到的结果也不相同。研究结果之所以不同，与被试采用何种分段策略有很大的关系。例如在实验三、四中，被试的延迟估计是以块的方式为分段单位进行时距估计的，而在实验一中，被试对两位数系列的时距估计则可能是以单个阿拉伯数字为分段单位的。由于任务难度大，在立即估计条件下也可能以块为分段单位而与延迟估计的情形有所不同。这都表明时距估计时的分段单位可能包含有不同的层次。对此，Boltz 曾做过讨论[1]，他把包含很多事件（或项目）的块结构称为高阶结构，而把包含很少事件（或项目）的块结构称为低阶结构，并认为高阶结构包含低阶结构。在本实验中，被试也表现出既可能选择高阶结构也可能选择低阶结构作为分段单位来对时距加以估计。

上一篇报告的实验一和二[2]表明，分段的多少对时距估计所起的作用很大。在 *Zakay* 和 *Feldman*[3] 的实验中，被试在回溯式估计中尽管忘掉了许多局部的意义组块，但仍能以三个高优先度事件（高阶结构）来分割单词系列。这就如同日常生活中人们会忘掉小的事件，却能以明显的重大事件作为时点来分割过去时间，如考上大学以来的岁月、新中国成立以来的日子等等。*Essens*[4] 在文献综述的基础上也认为，时间模式的认知组织特点是，时间结构是以层级形式（*hierarchical form*）来编码的。

被试采用再现法和参数估计法所得到的结果也有差异。实验一[5]的两种估计法均显示出外部变化／分割效应。实验二[6]只有再现时距法显示出内部变化／分割效应。实验三两种方法显示段的项目数不影响时距估计。实验四只有参数估计法显示出段的持续时间影响时距估计。总的来看，再现法较能验证内部变化／分割效应，而参数估计法则比再现法较能验证外部的变化／分割效应。这种差异是由于被试使用量度时间的分段策略不同所致。要求用再现法估计，被试大多直观地进行估计；而用参数估计法，被试对时间的估计，所用的是一种习俗的时间单位（在本实验中是秒）。

变化／分割模型既吸收了存储容量模型关于目标时距内记忆事件的数量决定时距认知的假设，也吸收了加工时间模型关于目标时距内对事件的加工方式和注意的转换会影响时距认知的假设，并且对短时距记忆有较高的预测效度[7][8]，但对长时距记忆的研究结果却相当矛盾。已有的研究发现，人类对时间的认知具有分段性，即对不同持续时间的表征是不同的[9~12]，因此，建立时间

① *Boltz, M. Time estimation and attention perspective. Perception & Psychophysics*, 1991, 49(5): 422~433.

②⑤⑥⑦ 黄希庭，徐光国. 对变化／分割模型的检验（I）. 心理学报，1997，29(3): 326~334.

③ *Zakay, D., Feldman, T. The role of segmentation and recall ability in retrospective time estimation. The Psychological Record*, 1993, 43: 415~428.

④ *Essens, P. J. Hierarchical organization of temporal patterns. Perception & Psychophysics*, 1986, 40(2): 69~73.

⑧ *Block, R. A., Zakay, D. Prospective and retrospective duration judgments: A meta-analytic review. Psychonomic Bulletin Review*, 1997, 4(2): 184~197.

⑨ *Michon, J. A. Representing time. In: F. Macar, V. Pouthas, W. J. Friedman. Time, action and cognition: Towards bridging the gap. Dordrecht: Kiuwer Academic*, 1992: 303~308.

⑩ *Bree, D. S. Words for time. In: F. Macar, V. Pouthas, W. J. Friedman. Time, action and cognition: Towards bridging the gap. Dordrecht: Kluwer Academic*, 1992: 337~348.

⑪ 黄希庭. 未来时间的心理结构. 心理学报，1994，26(2): 121~127.

⑫ 黄希庭，孙承惠，胡维芳. 过去时间的心理结构. 心理科学，1998，21(1): 1~4,16.

记忆的模型，必须要考虑人类认知时间的分段性。同时，还必须考虑到无论对哪一种时距的记忆均受多种因素，例如事件的数量与结构、通道特点、时序和时点的性质、注意资源、编码方式、分段和提取策略、实验指标，以及个体的时间信念、情绪、疾病等的影响。因此，有必要对变化／分割模型加以扩充，用分段综合模型[①]来理解人类对时间的认知。这也就是我们今后研究的一个方向。

合作者：徐光国；原文载于：心理学报，1999，31（2）：135~141.

---

① 黄希庭，郑涌. 时间记忆的理论与实验范型. 心理科学，1995，18(4): 201~205.

专题四　时间记忆研究

不同的记忆作业有不同的记忆过程。时间记忆可分为回溯式时间记忆与预期式时间记忆，外显的时间记忆与内隐的时间记忆，短时间的前瞻记忆和长时间的前瞻记忆以及公共事件的时间记忆与私人事件的时间记忆等等。不同的时间记忆在我们的生活实践中起着不同的作用。

引言
回溯式时间记忆特点的实验研究
公众时间回溯式记忆的特点
回溯式时距估计的年龄差异
时间记忆的理论与实验范型
分时距认知特点的研究
时点、时距和时序信息加工之间相关性研究
时序信息提取特点的实验研究
时序信息提取机制的探索
时间记忆层次网络模型的实验检验
背景任务刺激间的时距对前瞻干扰效应的影响

引　　言

许多人都对自己的记忆力不满意，特别是对自己的时间记忆不满意。其实我们的记忆是相当有效的：我们能够记住自己的许许多多的日常生活事件，我们已具有相当多的关于这个世界的知识，我们还能记住怎样做出来的各种复杂的技能。那么为什么我们却对自己的记忆不满意呢？很可能的答案是该记住的没有记住，该遗忘的没有被忘掉。记忆与时间具有动力交互作用的过程。记忆留住了我们的过去，同时又面向未来，塑造着我们的未来。我们对于自己的希望、期待以及我们将成为一个什么样的人，决定了我们的记忆将随着时间的流逝，哪些会不断增强，哪些会发生变化或消退。

记忆是一个很复杂的系统，我们可以从不同的维度对它进行分析，从而加深对记忆的认识。例如从过程的维度看，可以把记忆区分为识记记忆（*memorization memory*）、保持记忆（*retention memory*）、再现记忆（*reproduction* memory）和再认记忆（recognition memory）。这四种记忆是相互联系的：我们以各种方式学习有关信息，例如按照意义进行编码（识记），从而使这些信息存储于记忆中（保持），并从记忆中将信息提取出来（再现或再认）。

从信息加工的观点看，可以把记忆区分为感觉记忆（sensory memory）、短时记忆（short-term memory）和长时记忆（long-term memory）。记忆包含了从感觉登记到长时记忆的完整过程。这三个存贮器对信息的加工各具特点。

从记忆内容的维度看，可以把记忆区分为视觉记忆（visual memory）、听觉记忆（acoustic memory）、情绪记忆（emotional memory）、运动记忆（motor memory）、逻辑记忆（logic memory）和形象记忆（imaginal memory）；Tulving还把记忆分为程序记忆（procedural memory）、语义记忆（semantic memory）和情节记忆（episodic memory）。程序记忆通常指在自动化活动中所使用的信息表征的存贮；语义记忆是关于世界的基本事实知识的记忆；情节记忆是个人的"自传性记录"，存贮着个人在特定时空条件下发生的各种事件[①]。

从记忆内容的真假看，可以把记忆区分为真实记忆（true memory）和虚假记忆（false memory）。

从记忆是否被觉知到看，可以把记忆区分为外显记忆（explicit memory）和内隐记忆（implicit memory）；前者指需要有意识地或主动地收集某些经验用以完成当前任务时所表现出的记忆，后者指不需要意识或有意回忆的情况下，个体的经验自动对当前任务产生影响而表现出来的记忆。

从时间维度看，可以把记忆区分为时间记忆（time memory）和事件记忆（event memory）。时间记忆是对事件发生的时点、时距和时序的记忆。时间记忆的时距范围至少是 $3\sim5s$ 以上，可以是数天，甚至数年。例如，我们记得第29 届奥林匹克运动会，于 2008 年 8 月 8 日在中华人民共和国首都北京开幕，2008 年 8 月 24 日闭幕。这其中"2008 年 8 月 8 日"和"2008 年 8 月 24 日"是时点信息记忆，"北京奥运会举行了 16 天"是时距信息记忆。第 13 届残疾人奥林匹克运动会于 2008 年 9 月 6 日至 9 月 17 日在中华人民共和国首都北京举行；"第 13 届残疾人奥运会比第 29 届奥运会晚举行"则包含时序信息记忆。而事件记忆是指对某一对象、现象，或所发生的任何具有开端与终结的事情的记忆；例如我们记得第 29 届奥林匹克运动会在我们首都北京召开，我国运动员获得 38 枚金牌、27 枚银牌、22 枚铜牌，共 87 枚奖牌。第 13 届残奥会我国运动员获得 89 枚金牌、70 枚银牌、52 枚铜牌，共 211 枚奖牌。也就是，我们

---

① Tulving, E. Episodic memory: From mind to brain. Annual Review of Psychology, 2002, 53: 1~25.

经常说的，我们记住的刺激、反应、实验结果及被试等都是事件。

就被试对即将经历的事件和时间是否要加以记忆，可以将记忆分为回溯（式）记忆和前瞻（式）记忆。回溯（式）记忆（*retrospective memory*）是指事先不知晓记忆任务，要求被试对过去了的事件和时间进行回忆和报告的记忆。前瞻（式）记忆（*prospective memory*）是指事先知晓记忆任务，要求被试对预先知道要记忆的事件和时间进行回忆和报告的记忆。回溯（式）记忆大多与自传体记忆及公众事件记忆有关。自传体记忆（*autobiographical memory*）是指个体对日常生活中自发产生而非实验室设置的与自我经验相联系的贮存和提取。下面摘编《找寻逝去的自我》一书的作者，关于美国作家伊莎贝尔·艾伦德给她年仅 27 岁的女儿鲍拉讲自己传记的故事：

鲍拉就这样昏迷地躺在床上一年有余。在这一年的时间里，艾伦德一直守护在女儿的病床旁，她无法使女儿苏醒过来，也不知道万一有一天女儿苏醒过来时还能否记得她的过去，于是便试图向女儿灌输记忆，给她讲自己的个人传记。该怎样讲呢？艾伦德回忆说："在那漫长的沉默中，我沉浸在各种回忆中，好像所有的事情都是同时发生的，我的全部生命似乎是一个单一的、不可理解的意象。童年时期作为孩子和姑娘的我、现在作为妇人的我以及将来变成老太太的我，都成了同一条河流。"她充满激情地回忆着。她那自传式的回忆如此密切地与她女儿的病情联系在一起，这一事实又使她的回忆带有一股特殊的辛酸味。然而，在许多方面，艾伦德对自传的回忆与大多数人对人生往事的回忆是相同的：它既包含对特殊事件的细节回忆，又包含对某一生活阶段的一般轮廓的回忆。她回想起小时候住在拉帕斯时所看到的闪烁星空，回想起八岁时在海滩上所经历的一次令人恐怖又迷惑不解的性遭遇，又回想起50年代住在黎巴嫩时的情境，以及她坐在鲍拉病床边时所遇到的无数的人和事。自传知识包含的是各人生阶段的回忆，即以年、十年为计量单位的各生活期。在艾伦德的自传中，她回忆起在黎巴嫩时的那段时光。对这段时光，她又回忆起许多我所说的一般事件，如经常去苏克斯——那是一个狭窄而拥挤不堪的商业区。在这同时，她又回忆起各种具体的特殊事件，如在她回忆那个商业区时，她想起有一次，母亲劝她买了一件婚礼服，虽然那时候她还小，不可能在短时间内结婚。

她写道："在讲述的过程中，我的人生被创造了出来，而且，在我将我的记忆记录下来时，我的记忆就变得更加强烈了。""等你（鲍拉）醒来后，我们将拥有无尽的时光，把你那破碎的过去编织为一体，并能创造出和你的幻想相一致的新的记忆。"艾伦德认识到，鲍拉仍然活在她的自传体记忆中："记忆真是一个令人惊异的魔法师，它能使你想起一个人的音容笑貌，从而让他在你的内心复活。"鲍拉同样也认识到了记忆的这一本质作用，她由于预见到，病魔将会过早地夺走她的生命，于是给家人写了一封信。她的母亲有好几个月的时间都没有勇气打开这封信，但当她终于打开这封信时，她感到了无比的宽慰："我知道你们会永远记住我；只要你们记住我，我就会永远和你们活在一起。"①

自传体记忆的叙述过程包含着许多情节记忆，这些叙述不完全是由真实事件所构成的。自传体记忆不是摄像机的回放，它绝不是对何时何地发生何事的如实记录，而主要是关于意义加事实的构建。在我们对往事的主观且加以修饰的叙事过程中，我们构建出了一件一件的往事。

杨治良对自传体记忆的时间属性特别关注，他认为下列问题值得深入研究：在生命历程的哪个阶段自传体记忆最为集中？跨生命长度的记忆分配是否存在个体差异？如何解释可能出现的记忆峰现象？是否已获得的记忆分配只是搜索自传体记忆的一种特殊方式而非潜伏性组织机能？②

Tulving 报告过一个情节记忆严重受损的病人 K.C.③。K.C. 出生于 1951 年，他 30 岁的时候，在交通事故中损伤了包括内侧颞叶在内的多处大脑皮质和皮下组织，导致了严重的健忘症。K.C. 的智力、注意能力、语言能力、短时记忆等能力均与正常人相似，他能够回忆关于他自己的属于语义记忆的许多客观事实，如他家的地址、就读学校的名字、他所拥有的汽车的颜色等等。但是他不能回忆起有关自己生活的时间、事件、环境等信息。K.C. 知道关于物理时间的大部分知识，如物理时间的单位、测量工具、日历等，但是他没有主观时间的体验，不明白什么是过去和未来，因此他无法想象他的未来，回忆他的过去。K.C. 无法回答"你将准备明天做什么？"或者"明年你有什么打算？"之类的问题。时间标记的缺失，可能是人无法回忆经历事件的重要原因之一④。因此对于主观时间记忆的研究，有可能帮助轻度和中度遗忘症病人，让他们重新在时间记忆的帮助下，增强自我觉知意识，减缓甚至克服遗忘症。

时间性前瞻记忆研究也有重要的应用价值。通常 65 岁以上的人口比率超过总人口的 7%，就被称为"老龄化社会"，而超过了 14% 就被称为"老龄社会"。2010 年 11 月 1 日零时，我国进行的第六次全国人口普查表明：65 岁及以上人口为 118831709 人，占总人口的 8.87%⑤，说明我国已经进入"老龄化社会"。根据联合国的人口统计数据，中国将在 2024~2026 年前后进入"老龄社会"⑥。老年痴呆症（*Alzheimer's disease*）是一种常见于中老年人的中枢神经系统变性

① 丹尼尔·夏克特著，高申春译. 找寻逝去的自我. 长春：吉林人民出版社，1998：83~88.

② 杨治良，郭力平，王沛，陈宁. 记忆心理学. 上海：华东师范大学出版社，1999：428.

③ *Tulving, E. Episodic memory: From mind to brain. Annual Review of Psychology*, 2002, 53: 1~25.

④ 李伯约，黄希庭. 时间记忆表征研究：继往与开来. 北京：新华出版社，2006.

⑤ *http://money.163.com/11/0428/10/72NHUULC00253B0H.html.*

⑥ *http://news.163.com/special/00012Q9L/laolinhua090710.html.*

病，该疾病的初期表现为运动功能障碍，随着病情的发展可能导致抑郁和痴呆。老年痴呆症的患病率在 60 岁以上的老年人中占 4%~5%，在 80 岁以上的老年人中占 17%~20%。目前，医生首先会采用神经心理量表对老年痴呆症进行诊断，这些量表测试了患者的记忆、语言、注意、视觉空间能力等方面的认知功能。此外医生还需结合病史、颅脑影像学检查、重要脏器功能检查，以及焦虑、抑郁等症状，才能做出可靠的诊断。老年痴呆症起病缓慢，其症状是逐渐发展的。神经心理量表和颅脑影像学能够对中晚期的老年痴呆进行有效的甄别，但是均难以对其进行早期的甄别。前瞻记忆可以分为时间性前瞻记忆和事件性前瞻记忆。事件性前瞻记忆是指先前形成的意向在某个适当的线索出现时执行。时间性前瞻记忆是指形成和保持一个意向直到合适的时间再执行。已有报告表明中期的老年痴呆病人的前瞻记忆功能已经严重受损[①]，因此时间性和事件性前瞻记忆的研究可能为鉴别早期老年痴呆症提供帮助。

本专题的十篇论文主要涉及回溯式时间记忆、预期式时间记忆和时间性前瞻记忆。回溯式时间记忆是一种自然状态的、生态效度高的记忆。"回溯式时间记忆特点的实验研究"和"公众时间回溯式记忆的特点"分别以新闻片段和公众新闻事件为实验材料，考察了时间记忆表征的特点。"回溯式时距估计的年龄差异"发现老年人回溯式时间加工能力减弱的原因，可能是信息加工速度减慢和情节记忆加工能力的下降。"时间记忆的理论与实验范型"从时距、时点和参照时间三个方面回顾了国外提出的九种时间记忆理论。"时点、时距和时序信息加工之间相关性研究"、"分时距认知特点的研究"、"时序信息提取特点的实验研究"、"时序信息提取机制的探索"和"时间记忆层次网络模型的实验检验"探讨了预期式的时点、时距和时序信息在长时记忆中的表征方式，时间记忆既存在层次网络的特征，也存在线性结构的特征。"背景任务刺激间的时距对前瞻干扰效应的影响"考察了未来时间的记忆表征问题，证实了时间性前瞻记忆任务与事件性前瞻记忆任务的认知机制是不同的。

目前时间记忆研究已经取得了一定的进展。例如，时间信息在工作记忆中的表征与事件信息是不同的，时序信息在工作记忆中的保持与额叶的 θ 波有关，而时间记忆的保持与枕叶的 α 波有关[②]。长时记忆中的时间记忆表征与额

① Blanco-Campal, A., Coen, R. F., Lawlor, B. A., Walsh, J. B., Burke, T. E. Detection of prospective memory deficits in mild cognitive impairment of suspected Alzheimer's disease etiology using a novel event-based prospective memory task. Journal of the International Neuropsychological Society, 2009, 15(1): 154~159.

② Hsieh, L. T., Ekstrom, A. D., Ranganath, C. Neural oscillations associated with item and temporal order maintenance in working memory. The Journal of Neuroscience, 2011, 31(30): 10803~10810.

叶与颞叶的激活有关[①②]。由于人类记忆中的时间信息容易遗忘，遗忘之后便难以提取，人们常常根据自己的经历重新构建事件的发生时间[③]，因此很多事件的发生时间的记忆是不准确的。我们对于时间记忆的重构机制还了解得很少。看来，这方面的研究将是未来研究的重要课题。

① Suzuki, M., Fujii, T., Tsukiura, T., Okuda, J., Umetsu, A., Nagasaka, T., et al. Neural basis of temporal context memory: A functional MRI study. NeuroImage, 2002, 17(4): 1790~1796.

② Lehn, H., Steffenach, H. A., van Strien, N. M., Veltman, D. J., Witter, M. P., Haberg, A. K. A specific role of the human hippocampus in recall of temporal sequences. The Journal of Neuroscience, 2009, 29(11): 3475~3484.

③ Larsen, S. F., Thompson, C. P. Reconstructive memory in the dating of personal and public news events. Memory & Cognition, 1995, 23(6): 780~790.

回溯式时间记忆特点的实验研究

James 在其《心理学原理》中把人类的时间经验区分为回溯的时间感和预期的时间感。他说，人们对于"充满各种有趣经验的一段时间觉得过得很快，而当我们回忆时又觉得很长。另一方面，没有什么经验的一段时间觉得过得很慢，而回忆时却觉得很短。"[①] 后来心理学家对时间记忆的研究区分出回溯范式和预期范式。回溯式时间记忆的研究是指被试经历某些事件时并不知道以后对该事件的时间要加以回忆，预期式时间记忆的研究是指被试在经历某些事件时就知道以后要对该事件的时间加以回忆。对回溯式时间记忆的研究大致可分为实验和调查两种方式。用实验法，主要是让被试阅读一篇文字资料或完成一次某些作业（没有给予记忆任务）之后（延迟时间不等），要求被试判断一个特殊的词或特殊的作业的时间，判断的时间从几秒到十几分钟不等。调查研究，就是要求被试回忆曾经历过的新闻事件或曾经历过的日常生活事件的时间。这些事件来源于过去几周、几个月、几年，甚至几十年。

就实验研究而言，李国军用汉语双字名词作材料的实验表明，回溯式时序判断的正确率并未超过随机水平，而预期式时序判断的正确率较随机水平好且差异显著[②]。王振勇和黄希庭的实验发现，预期式的时序回忆准确率显著高于回溯式[③]。在回溯式时距记忆中，人们只是自动地、无意识地编码事件中的时间信息，并且储存在长时记忆中，当要用到这些信息时，再努力地从记忆中提取这些相关信息。而在预期范式里，人们会有意识地编码时间信息。所以 *Block* 使用"经验的时距"（*experienced duration*）来指预期式时距加工，而使用"回忆的时距"（*remembered duration*）来指回溯式时距加工。预期式时距回忆符合注意资源模型，回溯式时距回忆符合背景改变模型[④]。*Hintman*、*Block* 和 *Summers* 的回溯范式实验发现，被试的时点记忆有相当高的准确性[⑤]。而回溯式时间记忆的调查研究，则主要是针对公众和个人经历事件发

---

① *James, W. The principles of psychology. New York: Dover, 1980 (Reprinted, 1950), 1: 624.*
② 李国军. 时间顺序信息加工的实验研究. 心理学报，1994，26(1): 14~19.
③④ *Block, R. A. Models of psychological time. In: R. A. Block. Cognitive models of psychological time. Hillsdale, NJ: Lawrence Erlbaum Associales, 1990, 1~35.*
⑤ *Hintzman, D. L., Block, R. A., Summers, J. J. Contextual associations and memory for serial position. Journal of Experimental Psychology, 1973, 97(2): 220~229.*

生时间的回忆。例如，*O'Connor* 等调查过社会新闻事件的保持[①]，结果表明新近事件回忆的精确度比更远事件回忆的精确度高，近因效应在所有的年龄组上都被观察到，并且在许多年里，这些事件的遗忘率是稳定的。年轻组不能够回忆起或识别他们出生以前发生的新闻事件，老年组却能回忆或识别一些更久远年代的事件。*Kogure*、*Hatta*、*Kwwakami* 等人对社会新闻事件中涉及的名字和发生时间进行了研究[②]，结果表明 18 年内社会新闻事件的每个成分的遗忘曲线是各不相同的。这似乎表明社会新闻事件的各个成分是分别储存在特殊知识的长时记忆中，发生日期储存在相对较短的长时记忆中。而对六年内的社会新闻事件的研究结果表明，名字和日期估计没有显著的遗忘差异，对大众媒体报道的频率估计是时间回忆精确度最有影响的因素。这种精确度对被试判断在媒体中有更多接触的事件上倾向更高。虽然学者们对回溯式时间记忆做过不少研究，但以往的学者并未涉及对时间的三种基本信息时点、时距和时序的回溯记忆做过研究，较少考虑自我卷入程度对时间记忆的影响。本研究的目的是试图弥补上述这些缺陷，以探明回溯式时间记忆的特点。

一、研究方法

（一）材料和仪器

自制的 15 段影视材料，它们播映的时间分别为 7*min*、15*min* 和 30*min* 各 5 段。这 15 段影视材料都用一个短语命名，其内容与被试的生活事件及当时的新闻事件无关。在最后一次影视片段播放后四天，进行回忆任务，并对同期的新闻事件时间进行回忆。

8 个新闻事件。

PC 机和多媒体投影仪。

被试时间回忆的问卷，以纸质和电脑两种形式呈现。

（二）被试

大学本科三年级学生 30 名，其中男生 23 名、女生 7 名。

（三）程序

按规定的时间表（自 2002 年 11 月 18 日至 12 月 19 日）在同一房间内播放预先录制的影视片段，每次播放的间隔时间不等，每次播放 1~3 个影视片段不等。在播放影视片段时只要求被试注意影片的内容。每次播放后要求被试对

① *O'Connor, M. G., Sieggreen, M. A., Bachna, K., et al. Long-term retention of transit news events. Journal of the International Neuropsychological Society,* 2000, 6: 44~51.
② *Kogure, T., Hatta, T., Kawakami, A., et al. Characteristics of proper names and temporal memory of social news events. Memory,* 2001, 9(2): 103~116.

该次影片内容的"好恶度"、"熟悉度"进行评价。

被试的回答分两种方式：一种是在电脑屏幕上呈现要求被试限时完成，每个问题呈现后必须尽快作答，不然问题会跳过；另一种是完成书面问卷，不受时间限制，要求被试准确回答，以提高其努力水平，所有被试均先完成限时作业再完成不限时作业。时序回忆反应采用顺序判断作业，包含 13 个顺序判断题目（11 个影视片段，2 个新闻事件）。时距回忆反应采用言语报告时距作业，包括 6 个影视片段的时距估计。时点回忆反应采用确定日期作业，包括 8 个时点回忆项目（4 个影视片段，4 个新闻事件）分别回忆出某月某日。但书面作业与电脑作业的回答方式不同，书面作业以自由式回答，要求被试回答的问题相同。电脑作业以选择式回答：时序判断为二选一（限时 5s）；时距判断为六选一（限时 4s）；时点判断为六选一（限时 7s）。

二、结果

（一）回溯式时点记忆的特点

分别计算在不限时条件下各时点回忆的准确估计次数、估计提前次数和估计推后次数，以及估计误差绝对值平均数。然后将新闻事件和影视片段回忆的延迟时间作为协变量，对新闻事件和影视片段的时点回忆误差作方差分析，结果显示它们之间存在显著的差异，$F_{(7,123)}=28.004$，$P < 0.001$，新闻事件的时点回忆误差显著大于影视片段的回忆误差。把所有新闻事件和影视片段的回忆延迟时间作协变量，对所有时点回忆的误差作方差分析，考察它们之间的差异，结果如表 4.1 所示。

表 4.1　在不限时条件下时点回忆误差的方差分析

变异来源	平方和	自由度	均方	F
组间变异	2277.433	7	325.348	3.948***
组内变异	9558.785	116	82.403	
总变异	11836.218	123		

注：*** 表示 $p<0.001$，下同。

这些时点估计误差之间存在显著差异。多重比较显示"攻打塔利班"、"APEC 会议"和"××篮球联赛"三个新闻事件的时点估计误差显著高于"流星雨高峰日"这一新闻事件和三个影视片段播放的时点估计误差。

分别把影片段播放时间和新闻事件的发生时间的估计提前次数和估计推后次数作卡方检验（$\chi^2=9.427$，$P < 0.01$），这些次数之间存在显著差异。多重比较显示，新闻事件时点估计推后的次数显著多于影视片段时点估计的推后次数，其他之间没有显著差异。

将限时条件下被试对影视片段和新闻事件的估计提前次数、估计推后次数进行卡方检验（χ^2=34.003，$P < 0.001$）。多重比较显示，被试把影视片段播放时间估计得早于真实时间的次数显著高于新闻事件的提前估计次数，把影视片段播放时间估计得晚于真实时间的次数显著低于新闻事件的推后估计次数。

（二）回溯式时距记忆的特点

计算不限时条件下被试回忆各影视片段时距的平均值、标准差、准确估计次数、高估次数、低估次数以及回忆误差绝对值（|估计值－真实值|）的平均值，并对各片段的误差绝对值作方差分析，考察它们之间的差异。分别把 $7min$、$15min$ 和 $30min$ 片段高估次数和低估次数进行卡方检验（χ^2=63.707，$P < 0.001$），存在显著差异。多重比较显示，$7min$ 的高估次数显著大于 $15min$ 和 $30min$，$15min$ 的高估次数显著大于 $30min$，$7min$ 的低估次数显著小于 $15min$ 和 $30min$，$15min$ 的低估次数显著小于 $30min$。

以影片的真实长度为自变量，检验 $7min$、$15min$ 和 $30min$ 片段的回忆误差之间是否有显著差异，重复测量方差分析结果如表 4.2 所示。

表 4.2　不限时条件下不同长度片段的时距回忆误差的方差分析

变异来源	平方和	自由度	均方	F
组间变异	3577.851	2	1788.926	65.082***
组内变异	4013.122	146	27.487	
总变异	7590.973	148		

经检验，三种不同长度的时距的回忆误差存在显著差异。多重比较显示，$30min$ 片段的回忆误差显著高于 $7min$ 和 $15min$ 片段，$7min$ 和 $15min$ 片段之间没有显著差异。

分别计算被试在六个影视片段的平均估计值、标准差、准确估计次数、高估次数和低估次数，以及回忆误差绝对值。以影视片段的真实长度作自变量，检验 $7min$、$15min$ 和 $30min$ 片段的估计误差之间是否有显著差异，用重复测量方差分析，结果见表 4.3。

表 4.3　限时条件下不同长度片段的估计误差方差分析

变异来源	平方和	自由度	均方	F
组间变异	50.368	2	25.184	10.942***
组内变异	280.800	122	2.302	
总变异	331.168	124		

不同长度的影视片段的估计误差有显著的差异。对片段长度进行多重比较结果为 $30min$ 片段的估计误差绝对值显著大于 $15min$ 片段和 $7min$ 片段，$15min$ 片段与 $7min$ 片段之间没有显著差异。

分别把 $7min$、$15min$ 和 $30min$ 片段的准确估计次数、高估次数和低估次数作卡方检验（$\chi^2=42.117$，$P < 0.001$）。多重比较显示，$7min$ 片段的高估次数显著多于 $15min$ 和 $30min$ 片段，$15min$ 和 $30min$ 片段之间没有显著差异；而 $7min$ 片段的低估次数显著少于 $15min$ 和 $30min$ 片段，$15min$ 和 $30min$ 片段之间没有显著差异。与不限时条件下的结果一致。

（三）回溯式时序记忆的特点

在不限时条件下时序回忆的三个自变量（不同材料、不同位置和是否包含首尾项目）的各水平之间分别作 χ^2 检验，考察各水平上顺序判断准确率的差异显著性，并对各准确率作二项分布检验，考察其是否高于 50% 的随机猜测水平，见表 4.4。其中不同系列位置和是否包含首尾项目这两个自变量只是对实验播放的影视片段而言。

表 4.4 不限时条件下时序回忆准确率的二项分布检验和 χ^2 检验

	材料		位置			是否包含首尾	
	影视片段	新闻事件	同次	相临	相隔两次	包含	不包含
样本量	302	55	112	109	81	58	244
正确率	65% ***	47%	59%	61% *	79% ***	83% ***	61% **
χ^2	6.400*		9.425**			9.732**	

注：* 表示 $p<0.05$，** 表示 $p<0.01$，下同。

对各时序回忆准确率的二项分布检验显示，除了对新闻事件的顺序判断和同次播放的影视片段的顺序判断的正确率没有显著高于猜测水平外，其他都显著高于 50% 的随机猜测水平。对各水平上的顺序判断准确率的卡方检验表明，影视片段顺序判断的准确率显著高于新闻事件时序回忆的准确率；包含首尾项目的时序回忆准确率显著高于不包含首尾项目的准确率，片段的不同系列位置关系之间的顺序判断准确率存在显著差异。位置变量有"同次"、"相邻"和"相隔两次"三个水平，对其进行多重比较，结果为"相隔两次"的顺序判断准确率显著高于"同次"和"相邻"关系的判断准确率。"同次"和"相邻"之间没有显著差异。

在限时条件下时序回忆的三个自变量（不同材料、不同位置和是否包含首尾项目）各个水平之间分别作 χ^2 检验，考察各水平上顺序判断准确率的差异显著性，并对各准确率作二项分布检验，考察其是否高于 50% 的随机猜测水平，见表 4.5。其中不同系列位置和是否包含首尾项目这两个自变量只是对实验播放的影视片段而言。

表 4.5 限时条件下时序回忆准确率的二项分布检验和 χ^2 检验

	材料		位置			是否包含首尾	
	影视片段	新闻事件	同次	相临	相隔两次	包含	不包含
样本量	281	45	103	103	75	73	208
正确率	59% ***	51%	54%	70% ***	51%	63% *	58% *
χ^2	1.010		8.132*			0.633	

从表 4.5 得到,在限时条件下,新闻事件的时序判断准确率未超过猜测水平,影视片段的时序判断准确率显著高于随机猜测水平,对其进行 χ^2 检验,结果为影视片段的时序回忆准确率和新闻事件之间没有显著差异。同次播放片段和相隔两次播放的片段之间的顺序判断准确率没有超过猜测水平,相邻播放的片段之间的顺序判断准确率显著高于 50% 的随机猜测水平,对其进行 χ^2 检验,三种位置关系的回忆准确率之间存在显著差异,多重比较结果为相邻位置关系的回忆准确率显著高于同次关系和相隔两次关系,其他之间没有显著差异。包含首尾项目和不包含首尾项目的时序回忆的准确率都超过了随机猜测水平,但它们的准确率之间没有显著差异。

三、讨论

(一)对回溯式时点记忆特点的分析

Huttenlocher 等人做过不同的时点回忆作业之间的比较[①],要求以确切日期回答的问题只有 23% 的回答率,而要求回答事件过去多久时间的问题有 74% 的回答率。他进一步研究人们回答时间问题时自发的回答方式,呈现一个事件让被试回忆时间,不作任何提示,考察被试会自发地采用哪种报告方式。实验结果为参加实验的 629 人中有 104 人报告说完全遗忘。在能够回答的人中,72% 的人以这件事发生距现在多长时间回答,10% 的人只能回忆该事件发生在星期几,4% 的人以确切日期作答。由此可见,报告确切日期较之报告逝去的时间是更难的任务,在本实验中,报告确切日期的回答率为"月"报告 159 次,"日"报告 124 次,报告率分别为 66.25% 和 51.67%,这远远高于 *Huttenlocher* 等人的结果,可见被试在不限时的条件下努力进行了加工,这些加工足以和直觉状态区分。

本研究也试图从时间信息的三个方面来说明回溯式时间记忆的特点和机制。从时点回忆误差的量上而言,不限时条件下,因考虑到这些时点回忆的延

① *Huttenlocher, J., Hedges, L. V., Bradburn, N. M. Reports of elapsed time: Bounding and rounding processes in estimation. Journal of Experimental Psychology: Learning, Memory, and Cognition*, 1990, 16: 196~213.

迟时间不同,把它们的延迟时间作为协变量来对各时点的回忆误差作方差分析,结果为三个新闻事件发生时间的回忆误差显著大于其他的一个新闻事件和四个片段播放的时间回忆误差。这个回忆相对准确的新闻事件是"流星雨高峰日发生在什么时候",不少被试报告说他们准备去看这次流星雨,被试似乎已将该事件纳入自己的生活,和观看影视片段的效果一样。这种证据表明被试的自我卷入程度是时点回忆的一个重要影响因素,被试卷入程度高的事件,时点判断会更准确。

从本质上来说,在不限时条件下,影视片段倾向于回忆得早于真实发生时间,新闻事件的发生时间回忆早和回忆晚没有显著差别;在限时条件下,影视片段仍然倾向于回忆得早于真实发生时间,而新闻事件倾向于回忆得晚于真实时间。影视片段和新闻事件除了被试的自我卷入程度不同外,还具有一些其他不同的特征。影视片段的内容与时事无关,主要是一些知识性的内容,它们的播放与特定的时间没有任何联系,可以在任何时候播放;而新闻事件不同,某些新闻事件的发生时间就是其本质属性。如"美国攻打阿富汗"这个事件发生在"911"之后,与突出事件发生时间有密切联系。所以,对于时间是事件本质属性的事件而言,被试为了强调该时间特征而不自觉地将该事件后移。如果有充足的思考时间,被试就会更少地凭直觉,所以会减少这种后移错误。因此在回溯式时点回忆中,材料的本质属性是否包含时间信息会极大地影响人们对时点的回忆。

(二)对回溯式时距记忆特点的分析

本实验中限时和不限时两种条件下的时距回忆都表现出了相同的趋势,事件的真实时距对时距回忆有显著影响。被试对 7min 和 15min 时距的估计准确性显著高于 30min 的时距估计,而 7min 和 15min 没有显著差异。被试对短时距倾向于高估,对长时距倾向于低估。在不限时条件下,两段真实时距同是 30min 的片段之间还存在显著差异,限时条件下则无。不限时条件下的两段时距分别是 20 天前和 7 天前的,而限时条件下分别是 18 天前和 11 天前。这个回忆的延迟时间也是影响时距估计的一个因素,而且与真实时距之间存在交互作用。

(三)对回溯式时序记忆特点的分析

时序研究的结果相当不一致。在前言中提到,材料的差异可能会导致时序回忆结果的不一致,可能越接近生活越有意义的材料就越容易在回溯式时序记忆中更准确,而对无意义材料来说,材料越简单,时序回忆的准确率越高。本实验使用新闻事件和影视片段作为时序判断的材料,其中影视片段的回忆准确率达到 65%,极显著地高于猜测水平,而新闻事件的准确率为 47%,与猜测水平一致。这与被试的自我卷入程度有关。

在限时条件下，被试时序回忆的准确率仍然显著高于猜测水平，并且和不限时条件下的准确率没有显著差异。被试利用直觉信息仍然能作出较为准确的时序判断。

对影视片段的播放系列来说，系列位置关系在限时和不限时条件下的结果不一致，在不限时条件下，相隔两次播放的片段之间时序回忆准确率显著高于相邻播放的片段之间的时序回忆和同次播放的片段之间的时序回忆准确率。而在限时条件下，相邻播放的片段之间的时序判断准确率显著高于同次播放的片段之间的时序判断和相隔两次播放的片段之间的时序回忆准确率。在本研究中，每次播放1、2、3个影视片段，这样的安排容易让被试形成较为清晰的群集，而有可能形成时间组块。根据层次网络模型，可以假定一个时间组块内的项目时序判断应该难于组块间的判断，相邻组块间的项目判断应难于相隔更远的组块间的项目的时序判断。不限时条件下的时序判断基本符合该假设，"相隔两次"的时序回忆准确率显著高于"同次"和"相邻"关系的准确率，"同次"和"相邻"之间没有显著差异。限时条件下的结果与该假设不一致，相邻位置关系的准确率显著高于同次关系和相隔两次关系，其他之间没有显著差异，对其作出正确判断的反应时进一步分析，各位置关系之间的反应时没有显著差异，该结果也不符合层次网络模型的假设。所以本研究倾向于认为在有充足的思考时间的情况下，人们倾向于把时序信息组织成为经济准确的层次网络模型。而在没有充足思考时间和线索不足的情况下，时序信息的组织类似于混沌的线性结构。

根据上面的研究结果和讨论，我们可以得出以下结论：①在时序上，影视片段时序的准确性高于新闻事件；在时距上，7min和15min的准确性高于30min，7min时距倾向于高估，30min时距倾向于低估；在时点上，影视片段的准确性高于新闻事件。②时点的回溯式记忆受到被试自我卷入程度的影响。③回溯式时距估计受到真实时距的长短和延迟时间长短的交互影响。④事件序列关系一般倾向于具有网络层次的特征，在无充足思考时间条件下，倾向于具有线性模型的特征。

合作者：邓麟、张永红；原文载于：心理与行为研究，2004，2（4）：561~566.

公众时间回溯式记忆的特点

人们在日常生活中经常接触到的事件有两类，即公众事件和私人事件。对公众事件的记忆是指人们对社会生活事件的记忆，公众时间是指个体在进行社会公众生活时所接触到的时间信息，是个体通过视听媒介所了解到的时间信息。公众事件又可分为新闻事件（即个体生活的年代里曾被媒体大力宣传过，其发生时间对被试有深刻的印象）和历史事件（在个体出生之前发生的事件，但被试知道它们的时间）。公众时间回溯式记忆是指被试在经历公众事件时不知道以后将要进行与该公众事件有关的任务情况下的时间回忆。研究公众事件的回溯式记忆有重要的价值，人们在实际生活中经历的都是回溯式的时间记忆，这种记忆对人们的行为和社会交往有重大的影响。另外，公众新闻事件组成了我们日常生活的一个必不可少的部分，影响公众生活的质量。

从 20 世纪 70 年代开始，国外就对公众新闻事件的时间记忆进行研究，并取得了一系列的研究成果。公众事件最有可能被记住是因为有广大的媒体报道并且能引起广泛的公众兴趣[1][2]。这样一些事件很少在孤立的情况下发生，相反，它们趋向于渗透在一个有原因和结果的复杂网络中，而这些原因和结果常表明它本身是值得宣扬的事件[3]。公众时间相关的研究主要来自两个相当不同的领域[4]，这两个领域都提出了人们可能估计公众事件时距方式的假设。最先关于时距估计的大部分研究来自时间知觉的实验室研究，之后又研究了人们怎样来确定公众和个人经历事件发生的时间。关于这些领域的一些回顾，*Fraisse*[5]、*Bradburn*、*Rips* 和 *Shevell*[6] 分别在他们的论文中有所论及。近来，*O'Connor*[7] 等

---

① *Booth, A. The recall of news items. The Public Opinion Quarterly*, 1970, 34: 604~610.

② *Schulz, W. F. News structure and people's awareness of political events. Gazette*, 1982, 30: 139~153.

③ *Brown, N. R. Organization of public events in long-term memory. Journal of Experimental Psychology: General*, 1990, 119: 297~314.

④ *Burt, C. D. B., Kemp, S. Retrospective duration estimation of public events. Memory & Cognition*, 1991, 19: 252~262.

⑤ *Fraisse, P. Perception and estimation of time. Annual Review of psychology*, 1984, 35: 1~36.

⑥ *Bradburn, N. M., Rips, L. J., Shevell, S. K. Answering autobiographical questions*: *The impact of memory and inference on surveys. Science*, 1987, 236: 157~161.

⑦ *O'Connor, M. G., Sieggreen, M. A., Bachna, K., Kaplan, B., Cermak, L. S., Ransil, B. J. Long-term retention of transiet news events. Journal of the International Neuropsychological Society*, 2000, 6(1): 44~51.

检验了社会新闻事件的保持，研究发现新近事件回忆的精确度比更远事件回忆的精确度更高，近因效应在所有的年龄组上都被观察到，并且，在许多年里的这些事件的遗忘率是稳定的。更年轻组不能够回忆起或识别他们出生以前发生的新闻事件，老年组却能回忆或识别一些更久远年代的事件。*Squire*[①] 和 *O'Connor*[②] 等的研究均表明，即使是我们不常记起和复述的社会新闻的时间在长时记忆中的遗忘也可能是渐进和持续的。*Kogure*、*Hatta*、*Kawakami*、*Kawaguchi* 和 *Makino*[③] 对社会新闻事件中涉及的名字和发生时间进行了研究，结果表明18年内社会新闻事件的每个成分的遗忘曲线彼此不一样。这表明社会新闻事件的每个成分分别储存特别的知识的长时记忆中，发生日期储存自然相对较短的长时记忆中。而六年内的社会新闻事件的研究结果表明，正确名字和日期估计的遗忘没有显著差异，大众媒体的频率对估计的精确度影响最大，被试较多接触的媒体事件其判断的精确度高。

同时，被试的公众时间记忆与自我有着密切的联系，自传体记忆研究[④] 的一种理论认为自我和记忆之间存在交互关系，自传体记忆是工作自我的数据库。自我卷入程度是影响被试时间记忆准确率非常重要的一个因素，卷入程度越高，对时间的回忆就越有利。最近的一项研究[⑤] 表明，一个相等的时距情景被试感觉到近还是远依赖于这个情景对目前的自我是有利的还是有害的。

从以上的研究可以发现，在对公众时间的研究上存在一定的问题，以往对于时间的三种信息（时距、时点和时序）基本上都是选取一种来进行研究，得到的结果也仅仅反映时间的一个方面。时点、时序和时距是同一时间不可分割的三个属性，是人类时间记忆不可分割的三个方面，如果割裂开来进行研究必然会忽略时间经历过程的完整性，全面地考察它们才能完整地描述过去的时间。

在本研究中我们用时序、时距和时点三个术语来描述过去时间，采用回溯范式对1995~2001年发生的14个新闻事件的记忆进行研究。

① *Squire, L. R. On the course of forgetting in very long-term memory. Journal of Experimental Psychology: Learning, Memory, and Cognition,* 1989, 15: 241~245.

② *O'Connor, M. G., Sieggreen, M. A., Bachna, K., Kaplan, B., Cermak, L. S., Ransil, B. J. Long-term retention of transiet news events. Journal of the International Neuropsychological Society,* 2000, 6(1): 44~51.

③ *Kogure, T., Hatta, T., Kawakami, A., Kawaguchi, J., Makino, T. Characteristics of proper names and temporal memory of social news events. Memory,* 2001, 9(2): 103~116.

④ *Hoerl, C., McCormack, T. Time and memory: Issues in philosophy and psychology. New York: Oxford University Press,* 2001: 236~237.

⑤ *Ross, Michael, Wilson, Anne, E. Autobiographical memory and conceptions of self: Getting better all the time. Current Directions in Psychological Science,* 2003, 12(2): 66~69.

一、方法

（一）被试

大学生 109 人，其中男 49 人、女 60 人；文科 52 人、理科 57 人。出生年龄 1980 年及 1980 年以前 28 人，1981 年 39 人，1982 年及 1982 以后 31 人，没有填年龄的被试 11 人。平均实验意愿为 1.1835（1 为非常愿意，2 为愿意，3 为不愿意）。

（二）材料

14 个可辨别的公众事件。挑选的事件服从以下的规则，所有事件都发生在 1995~2001 年之间，每一个事件都有一个清晰的开始和结束，持续时间在一天以上，问卷的主要部分包括每个事件的一句话的描述，紧接着是让被试回忆事件的具体日期（开始时间），并且估计这些事件发生了多长，事件的真实时距由与事件相联系的媒体报道来决定，事件开始和结束中的日子被计算为完整日期，真实时距从 2 天到 184 天。

问卷一中要求被试努力去回忆新闻事件的时点、时距，并对同一年的事件和相邻年份的事件做时序上的比较（没有时间限制），同时要求被试在以下两个问题上作出回答：你是不是很关注这件事情？（A 很关注，B 关注，C 不能确定，D 不关注，E 完全不关注）你进行时间估计的根据是什么？

问卷二只要求被试对事件的发生时间和时距进行再认，然后对所有事件进行排序和对事件进行时序上的两两比较。

（三）程序

给每个被试发放一份问卷，先要求被试填写专业、性别和出生年月，然后开始对问卷提出的问题作答。

二、结果

（一）自由回忆条件下的特点

1. 时点回忆特点

在时点回忆中，回忆的正确率是指被试能正确填出年、月的比率。被试能正确回答出年、月的比率普遍较低。以 1999 年为界，分别对年正确率、月正确率和时点正确率进行 χ^2 检验发现，1999 年以前发生的事件与 1999 年以后发生的事件在年正确率（$\chi^2=9.843$，$p<0.01$）、月正确率（$\chi^2=5.00$，$p<0.05$）和时点正确率（$\chi^2=10.3$，$p<0.001$）上均有显著差异。被试在对 1999 年以后事件进行回忆时，无论是在年、月，还是在年月一致上均显著好于对 1999 年以前发生的事件。其中 1999 年以前的事件和 1999 年以后的事件在时点回忆正确

率差异最为显著，但由于正确率都较低，而在年正确率上的差异较有代表性，这个差异直观显示如图 4.1 所示。被试从第 7 个事件（全国"三讲"教育工作会议）开始对年的回忆准确率急剧上升。

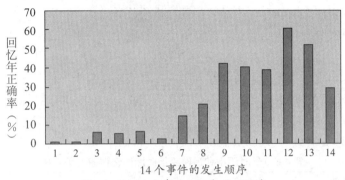

图 4.1 对 14 个事件回忆年的正确率

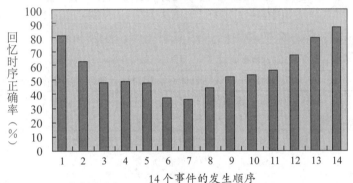

图 4.2 对 14 个事件回忆时序的正确率

如果被试将事件发生的时点估计在实际发生的时点之前，我们称之为估计提前，反之则称为估计延后。随着时间的推移，被试对事件时点的估计延后次数逐渐减少，而估计提前的次数逐渐增多。在时间序列上，被试对发生在 1999 年前的事件倾向于估计延后，对发生在 1999 年后的事件倾向于估计提前。进一步以 1999 年为界对提前估计和推后估计进行 χ^2 检验，提前估计和推后估计的 χ^2 值均为 9.016（$p<0.01$），被试对越发生在前面的事件，越容易产生估计延后，对发生越近的事件，越容易产生估计提前。被试对 14 个事件回忆时序的正确率如图 4.2 所示，具有明显的首因效应和新近效应。

2. 时距回忆特点

分别计算被试在回忆各个事件时距的正确率、估计的平均时距、标准差、高估人数、低估人数和相对估计值（估计值与真实值的比较），发现短时距容易被高估，长时距容易被低估。如果将 14 个事件按时距长短分成两个组，一个为长时距组（10~184 天），一个为短时距组（2~9 天），然后对两个组的时距误差进行方差分析，结果如表 4.6 所示。长时距组的估计的平均时距显著长于短时距组。将真实时距和估计的平均时距、估计的相对时距作相关分析发现，它们之间均存在极显著相关，相关关系如表 4.7 所示。如果将 14 个事件的真实时距作为自变量，检验每个事件时距回忆误差之间是否有显著差异，用方差分析结果如表 4.8。分别对真实时距和平均估计时距、相对估计时距进行回归分析可得以下两个回归方差。真实时距与平均估计时距的回归方程为 $Y=0.367X+6.866$，进行方差分析，$F=134$（$p<0.001$），回归极显著。真实时距与相对估计时距的回归方程为 $Y=-0.633X+6.871$，进行方差分析可得，$F=399.48$（$p<0.001$），回归极显著。

表 4.6 长时距组和短时距组时距回忆误差方差分析

变异来源	SS	df	MS	F
组间误差	2872.29	1	2872.29	14.85**
组内误差	2320.35	12	193.36	
总计	5192.64	13		

表 4.7 真实时距与平均估计时距、相对估计时距间的相关关系

	平均估计时距	相对估计时距
真实时距	0.96*	−0.99*

表 4.8 不同长度时距回忆误差方差分析

变异来源	SS	df	MS	F
组间误差	5184.94	10	518.49	201.82***
组内误差	7.71	3	2.57	
总计	5192.65	13		

3. 时序回忆特点

对事件的两两比较准确率作二项分布检验，考察其是否高于 50％的随机猜测水平，同时对同年事件比较和隔年比较事件作 χ^2 检验，考察其准确率是否有差异，从总体上来看，隔年比较比同年比较有更高的正确率，但两者并没有显著差异。

（二）再认条件下的特点

1. 时点回忆特点

对事件的顺序和时点估计正确率作相关分析，两者呈显著正相关，离现在越近，时点记忆正确率越高，但存在近因效应。考查 14 个事件的提前和推后估计概率，推后概率大部分高于提前概率，但"大兴安岭阿尔山发生火灾"、

"第九届全国运动会在广东省召开"和"美国向阿富汗发动大规模空袭"三个事件例外。对所有事件平均提前估计和平均推后估计进行 χ^2 检验，发现两者存在显著差异（$\chi^2=-2.29$，$p<0.05$）。在再认情境下，一些特殊事件的时点回忆具有特殊的趋势。在这些特殊事件上，被试的估计趋向于一个特殊的时点，比如在"北约轰炸南联盟（1999 年 3 月）"这一事件上，被试容易将"北约轰炸我国驻南大使馆（1999 年 5 月）"的时间记忆为轰炸开始时间，因为这一事件被试印象特别深刻，其中一大部分还参加了示威游行。对自由回忆情境和再认情境下的事件正确率进行 χ^2 检验，两者存在极显著的差异（$\chi^2=12$，$p<0.001$），再认时点正确率极显著优于自由回忆时点的正确率。

2. 时距回忆特点

被试在事件时距回忆上正确率普遍不高，只有"昆明世界园艺博览会"、"全国'三讲'教育工作会议"、"第九届全国运动会在广东省召开"和"江泽民主席访美"四个事件上的时距正确率显著高于猜测概率（25%），从趋势上看，被试对短时距事件容易高估，长时距事件上容易低估。但对领导人的出访和来访等三个短时距事件，被试也出现了低估概率高于高估概率。

自由回忆事件时距的正确率和再认事件时距正确率进行 χ^2 检验，结果显示再认事件时距正确率显著高于自由回忆（$\chi^2=41$，$p<0.01$）。

3. 时序回忆特点

对时序估计主要是采用对 14 个事件发生的时间先后来排序，将被试正确排位次数和排在前后位置的次数相加，视为相对时序混淆次数。

在时序估计中存在近因效应和首因效应，发生时间早的事件总是估计在前，发生时间近的事件总是估计在后，而对发生事件在中间的这些事件容易出现混淆。时序混淆的直观图（图 4.2）呈"V"型，两端的相对准确率较高，中间较低。

对同年和隔年比较的准确率进行统计，结果表明，隔年比较比同年比较有更高的正确率，但对两者作 χ^2 检验并没有发现两者存在显著差异（$p>0.05$），同时与自由回忆相比较，再认的顺序有更高的正确率，但两者也不存在显著差异（$p>0.05$）。

三、讨论

Friedman[1] 回顾了时间记忆的实验室和自传体研究后得出结论：人类通常不可能恢复时间记忆，而通过他们自己的时间方式来重新构建事件的时间位置。

---

[1] *Friedman, W. J. Memory for the time of past events. Psychological Bulletin,* 1993, 113: 44~66.

时间认知分段综合模型[①]（*range-synthetic model*）认为，个体对时间的认知取决于多种因素，主要有时间的长短、间隔、顺序、刺激出现的时点以及个体的认知因素和人格特征等。对于不同长度的时间，个体的认知策略也不同。通常个体对时间的认知总是将时序、时距和时点以及影响时间认知的诸因素综合起来加以考虑来认知时间的。本研究的目的是人们怎样从整体上来估计公众事件的时间。通过对时点、时序和时距的综合研究表明个体在时间三种基本信息的记忆上存在一致性。首先，时间的三种基本信息是一个整体，在时点、时序和时距的回忆上都出现了近因效应，即事件发生的时间离我们越近，我们对时点、时距和时序回忆的准确率会越高。其次，时点、时序和时距是相互影响的。距离我们越远的时间，被试丧失的时间信息就会越多，时点、时距的准确率会越差，但正是时间信息丧失的多少成了时序判断的依据，能回忆起的时间信息越少事件发生的时间就会距离我们越远。同样，被试也会通过时间信息的多少来估计时点，事件的时间信息越少，时点会越倾向于估计在前，即不会将发生在很久以前的事情估计在最近发生，也不会将最近发生的事情估计在很久以前发生。

在本研究中，有些被试报告说他根本就不关心其中的某些新闻事件，但他同样能够根据一般的知识来进行时间的重构。另外一些被试报告说他们虽然很关心一些政治事件和体育运动，但他仅仅是熟悉事件的内容，而没有注意到时间信息，一些男性被试能够很好的回忆起第九届运动会的许多内容，甚至能准确的估计时距，却提取不出发生的时间。这也说明在某些被试的记忆中，时序、时点、时距的记忆并不完全一致，事件的内容可能与时距的关系最为密切。时间顺序对时间记忆的影响最为显著，但不同个体的背景有不同的特点，熟悉度，是否经常接触，或者获得信息的媒介是什么，是否有个体主动的回忆等都可能影响被试的时间回忆，也都体现出时间记忆的综合性。

本研究选取的时距是从 2 天到 184 天，根据被试的时距回忆特点，将真实时距分为长时距组（10~184 天）和短时距组（2~9 天），结果显示时距估计的一个特点是被试的估计时距受到真实时距的影响，被试的平均估计时距与真实时距存在显著的相关，通常时距短的事件也被估计得短，长的事件被估计得长，并且可以发现二者间存在极显著的相关。进一步的研究发现对长时距和短时距的平均估计时距值存在显著的差异（$F=14.85**$）。虽然时距回忆的总体正确率不高，但被试在长时距和短时距的判断上却存在显著的差异，短时距事件容易被高估，长时距事件容易被低估，时距估计呈现一种集中的趋势。值得

　　① *Huang, X. T., Li, B. Y., Zhang, Z. J. The research of the range-synthetic model of temporal cognition. Journal of Southwest China Normal University* (*Humanities and Social Sciences Edition*), 2003, 29(2): 5~10.

指出的是，在再认情境下，领导人出访等短时距事件也被低估，在问卷二中出现的三个出访事件都出现了不同程度的低估。这是由于被试一般认为领导人出访时间应该不会太长，所以影响了他们对时距的估计。

从以上特点我们可以看出，公众事件记住的时距是重构而不是简单从记忆中提取，并且倾向于偏差模式，即将长时距估计得短，将短时距估计得长。同时影响时距估计的因素很多，如事件的一般知识，对事件本身的熟悉程度和关注程度等，因为高估和低估百分率与关注度是显著相关的。另外，线索也影响时距的提取，有时错误的线索能导致正确的提取，比如"三讲教育"就是三天，这只是一种偶然策略，但也体现出了被试在时距估计中的策略模式。所有的这些因素共同影响着被试的时距估计，体现出时距记忆综合的特点。

对公众事件时序记忆的研究结果非常不一致，有些研究者的结果显示回溯式时序记忆的准确率超过猜测水平，有些研究者则发现回溯式时序回忆的准确率很高。被试对时序的判断往往建立在对时点的判断上，如果被试能准确回忆时点，那么时序判断也不存在问题。但时序判断也有其特殊性，被试只需知觉事件距现在的远近就可以判断时序，而不必精确地估计时点。本研究的时序采用了两种方式：一种是让被试对 14 个事件进行排序，这样做的目的是为了考查被试对事件发生顺序的整体记忆能力；另一种是让被试对发生在同一年和不同年的事件进行比较，用以考查被试对时序的精细记忆能力。

本研究的结果表明，被试的时序回忆准确率存在近因效应和首因效应，虽然被试不能对 14 个事件进行精确的定位，但被试总是趋向于将先发生的事件排在最前，从图 4.2 的 "V" 型曲线我们就可以知道被试更容易判断所有事件的首尾事件。对所有事件进行排序是一个很难的作业，没有被试能准确地将所有事件排出正确的位置，但他们通常采取几种策略来进行比较：一是自己是否熟悉，越不熟悉的越倾向于排在前面；二是是否重要，通常是因为新闻事件一般都是讲究及时性，不重要的容易被遗忘。这样被试对时序的作业就分成了三段，较远和较近事件的时序正确率较高，而中间时序正确率较低。

同时我们从研究中也可以发现，自我与公众时间记忆有着非常密切的联系。公众事件的时间记忆与个人的生活背景密切联系。自我卷入程度高的个体时间记忆精确性高，大多数男性被试对体育事件和政治事件更关注，自我卷入的程度要高，在时间记忆的精确性要高于女性。

四、小结

本研究结果表明：

（1）公众事件回溯式时点记忆的正确率随事件的时间远近发生变化，较远事件的时间回忆正确率低，而较近的时间回忆正确率较高，存在远因和近因效应。

（2）公众事件的回溯式时距估计受真实时距的影响，公众事件的时距短容易被高估，长时距容易被低估。

（3）公众事件的回溯式时序回忆存在近因效应和首因效应，被试对发生较远的事件总是倾向于估计得更远，对发生较近的事件也倾向于估计得较近，而对两者中间的事件的顺序估计较为混乱。

（4）本实验研究的公众事件回溯式时间记忆符合时间的重构理论和分段综合模型。

合作者：张永红；原文载于：心理科学，2005，28（4）：775~779.

回溯式时距估计的年龄差异

在回溯式时距估计实验中，被试实验前并不知道要进行时距估计的任务，而是在实验结束后要求被试进行时间判断。对回溯式时距估计的研究结果大多基于记忆的理论假设进行解释，认为估计时距内的非时间信息加工任务越复杂、难度越大、数量越多，估计的时距也就越长。例如 *Ornstein* 的存储容量模型（*storage size model*）认为时间估计的长短取决于其记忆中存储刺激的数量。*Poynter* 的变化／分割模型（*change/segment model*）认为时间估计就是记忆经验被分割为片段的过程。这些理论模型都得到许多实证结果的支持[1][2]。

近年来时距估计的年龄差异受到研究者的广泛关注[3]-[5]。这是因为，一方面，随着年龄的增加伴随着生理结构和功能，尤其是脑结构和功能弥散性的衰退过程，表现为认知功能的减退；另一方面，时距认知不但与大脑皮层及皮下结构的功能有关，而且注意、记忆等认知功能的改变也会显著地影响时距估计。时距估计年龄差异的研究不但能够从一个层面解释人类年老化的过程，而且还能够揭示人类时间认知的本质。

但是，以往时距估计年龄差异的研究大多基于预期式的时距估计[6]-[9]，回溯式的时距估计研究结果较少。因此本研究基于回溯式时距估计的理论模型，实验一操纵记忆中存储的数量，实验二操纵记忆中分割的片段，来初步探讨回

① *Zakay, D., Block, R. A. Prospective and retrospective duration judgments: An executive-control process. Acta Neurobiologiae Experimentalis*, 2004, 64: 319~328.

② *Block, R. A., Zakay, D. Prospective and retrospective duration judgments: A meta-analytic review. Psychonomic Bulletin & Review*, 1997, 4(2): 184~197.

③ *Block, R. A., Zakay, D., Hancock, P. A. Developmental changes in human duration judgments: A meta-analytic review. Developmental Review*, 1999, 19: 183~211.

④ *Block, R. A., Zakay, D., Hancock, P. A. Human aging and duration judgments: A meta-analytic review. Psychology and Aging*, 1998, 13: 584~596.

⑤ *Coelho, M., Ferreira, J. J., Dias, B., et al. Assessment of time perception: The effect of aging. Journal of International Neuropsychological Society*, 2004, 10(3): 332~341.

⑥ *Carrasco, M. C., Bernal, M. C., Redolat, R. Time estimation and aging: A comparison between young and elderly adults. International Journal of Aging and Human Development*, 2001, 52: 91~101.

⑦ *Craik, F. I. M., Hay, J. Aging and judgment of duration: Effects of task complexity and method of estimation. Perception & Psychophysics*, 1999, 61: 549~560.

⑧ *Rammsayer, T. H. Ageing and temporal processing of durations within the psychological present. European Journal of Cognitive Psychology*, 2001, 13: 549~565.

⑨ *Espinosa-Fernandez, L., Miro, E., Cano, M., Buela-Casal, G. Age-related change and gender difference in time estimaiton. Acta Psychologica*, 2003, 112: 221~232.

溯式时距估计的年龄差异。

一、实验一

（一）方法

1. 被试

年轻组为16名西南师范大学在校学生（8男8女），平均年龄为21.3±1.1岁。年老组为重庆北碚老年大学学员16名（15女1男），平均年龄62.6±0.9岁。被试的教育年数，年轻组平均为12.6±0.6年，年老组平均为11.2±1.4年。以前从未参加过类似实验。

2. 实验设计

采用2×2×2的被试间设计，其中年龄（年轻组和年老组）、刺激类型（字母、数字）、估计方法（复制法和产生法），所有因素均为被试间因素。

3. 材料

呈现给被试记忆的材料为4或7个数字或字母。刺激样例如下：

$$3 \quad 8 \quad 0 \quad 2$$
$$d \quad r \quad y \quad u$$
$$2 \quad 6 \quad 7 \quad 8 \quad 4 \quad 9 \quad 5$$
$$f \quad t \quad s \quad u \quad o \quad j \quad h$$

4. 程序

计算机屏幕呈现记忆任务的指导语，要求被试记住屏幕上所呈现的字母或数字，当被试完全理解后正式进入实验。计算机屏幕显示"记忆测验"1s后，呈现一个$2cm×1cm$的黑色长方形1s，随后呈现4或7个数字或字母，呈现完毕后再次呈现一个$2cm×1cm$的黑色长方形1s。两个黑色长方形之间的间距为9s。当呈现的刺激为4个时，黑色长方形和数字（字母）之间，以及数字（字母）之间的时间间隔均为1s，字母或数字呈现的时间也为1s。如呈现的数字（字母）为7个，黑色长方形和数字（字母）之间，以及字母之间的时间间隔均为600ms，字母或数字呈现的时间也为600ms。

要求被试对两个图形呈现之间的时间间隔进行口头估计或复制，并对所呈现的数字和字母进行回忆。其中一半被试先进行时距估计作业，后进行回忆作业。另一半被试的操作顺序则反之。

（二）结果与分析

1. 记忆作业

两个年龄组在不同数量和性质刺激的回忆作业上的成绩见表4.9。

表 4.9 两组被试在回忆作业上的成绩

	年轻组		年老组	
	数字	字母	数字	字母
4	4.00（0.00）	4.00（0.00）	3.75（0.50）	3.75（0.50）
7	7.00（0.00）	6.75（0.50）	6.50（0.58）	6.00（0.82）

统计结果表明：在刺激数量为 4 个时，两个年龄组在数字或字母上的回忆成绩均不存在显著的差异（$F=0.00$，$p>0.05$；$F=2.00$，$p>0.05$）；在刺激数量为 7 个时，两个年龄组在数字或字母上的回忆成绩均不存在显著的差异（$F=0.11$，$p>0.05$；$F=1.00$，$p>0.05$）。

2. 时距估计

两个年龄组在两种估计条件下的估计时距的平均值（s）和标准差见表 4.10。

表 4.10 两个年龄组在两种估计条件下的估计时距的平均值和标准差

	年轻组	年老组
口头估计法	8.25（0.62）	10.44（1.03）
复制法	9.13（0.79）	7.56（0.90）

在口头估计法条件下，方差分析的结果表明，年龄 $[F_{(1,8)}=64.47$，$p<0.001]$ 和记忆数量 $[F_{(1,8)}=6.37$，$p<0.05]$ 的主效应显著，而刺激类型的主效应不显著 $[F_{(1,8)}=4.26$，$p>0.05]$。年龄和数量的交互作用不显著 $[F_{(1,8)}=1.32$，$p>0.05]$，年龄和刺激类型的交互作用显著 $[F_{(1,8)}=11.84$，$p<0.01]$，数量和类型的交互作用不显著 $[F_{(1,8)}=0.05$，$p>0.05]$，年龄、数量和类型的交互作用不显著 $[F_{(1,8)}=2.58$，$p>0.05]$。该结果表明，在口头估计法条件下，记忆的内容越多，估计的时距也就越长，同时年老组比年轻组具有更长的估计时距。在记忆内容的性质上，年老组在不同刺激类型上的时距估计没有显著差异，而年轻组的时距估计在不同的刺激类型上存在显著差异。

在复制法条件下，方差分析的结果表明，存在显著的年龄主效应 $[F_{(1,8)}=14.53$，$p<0.01]$，记忆数量 $[F_{(1,8)}=1.88$，$p>0.05]$ 和刺激类型的主效应不显著 $[F_{(1,8)}=4.26$，$p>0.05]$。年龄和数量的交互作用不显著 $[F_{(1,8)}=0.58$，$p>0.05]$，年龄和刺激类型的交互作用不显著 $[F_{(1,8)}=1.88$，$p>0.05]$，数量和刺激类型的交互作用不显著 $[F_{(1,8)}=0.21$，$p>0.05]$，年龄、数量和刺激类型的交互作用不显著 $[F_{(1,8)}=0.58$，$p>0.05]$。结果表明在复制法条件下，只存在显著年龄主效应，年老组的估计时距显著低于年轻组。

二、实验二

（一）方法

1. 被试

年轻组为 16 名西南师范大学在校学生（8 男 8 女），平均年龄为 20.8±0.9 岁。年老组为重庆北碚老年大学学员 16 名（14 女 2 男），平均年龄 63.2±1.2 岁。被试的教育年数，年轻组平均为 12.2±0.8 年，年老组平均为 10.7±1.2 年。以前从未参加过类似实验。

2. 实验设计

采用 2×2×2 的被试间设计，其中年龄（年轻组和年老组）和分割段数（1 和 4）、估计方法（复制法和口头估计法），所有因素均为被试间因素。

3. 材料

呈现给被试记忆的材料为 7 个数字和字母（3 个数字和 4 个字母），其中以数字作为高优先度事件（*higher priority event*，*HPE*）将刺激系列分割为 1 和 4 段。刺激样例如下：

$$8 \quad 4 \quad 7 \quad d \quad h \quad m \quad p$$
$$d \quad 8 \quad h \quad 4 \quad m \quad 7 \quad p$$

4. 程序

实验程序同实验一。

（二）结果与分析

1. 记忆作业

两个年龄组在不同分割数目下的回忆成绩见表 4.11。

表 4.11　两组被试在不同分割数目下的回忆成绩

分割数	年轻组	年老组
1	6.75（0.46）	6.25（0.46）
4	6.62（0.52）	5.50（0.76）

方差分析的结果表明，年龄存在主效应显著 $[F_{(1,28)}=16.67, p<0.001]$，分割水平存在主效应显著 $[F_{(1,28)}=4.83, p<0.05]$，交互作用不显著 $[F_{(1,28)}=2.46, p>0.05]$。结果表明年老组回忆的成绩显著低于年轻组，在分割水平为 4 的条件下被试的回忆成绩显著低于分割水平为 1 的条件。

2. 时距估计

两个年龄组在不同分割数目下的估计时距的平均值（*s*）和标准差见表 4.12。

表 4.12　两组被试估计时距的平均值和标准差

	年轻组		年老组	
	1	4	1	4
口头估计法	8.00（0.71）	9.87（0.48）	9.62（1.38）	10.50（0.41）
复制法	9.12（0.75）	10.00（0.41）	10.50（0.91）	11.75（1.04）

在口头估计法条件下，为了控制被试记忆容量对时距估计的影响，把被试的回忆成绩作为协变量，进行了年龄和分割水平的协方差分析，结果表明，年龄主效应不显著 $[F_{(1,11)}=4.62, p>0.05]$，而分割水平的主效应显著 $[F_{(1,11)}=7.54, p<0.05]$，两者的交互作用不显著 $[F_{(1,11)}=0.51, p>0.05]$。上述结果表明，在口头估计条件下，在记忆内容相同的情况下，分割水平影响时距估计。

同样在复制法条件下，为了控制被试记忆容量对时距估计的影响，把被试的回忆成绩作为协变量，进行了年龄和分割水平的协方差分析，结果表明，年龄主效应显著 $[F_{(1,11)}=19.71, p<0.01]$，而分割水平的主效应显著 $[F_{(1,11)}=10.70, p<0.05]$，两者的交互作用不显著 $[F_{(1,11)}=0.63, p>0.05]$。上述结果表明，在复制条件下，在记忆内容相同的情况下，分割水平和年龄都会对时距估计产生影响。

三、总的讨论

本研究以存储容量模型和变化/分割模型为理论基础，从记忆内容的数量和分割段数两个实验考察了时距估计的年龄差异。结果发现存在显著的年龄效应。但是对于时距估计年龄差异的认知机制在两个实验条件下没能得出一致性的结论。

（一）储存容量效应

实验一的口头估计法的结果支持存储容量模型的假设，即对持续时间的估计取决于记忆中存储时间的数量。同样长的物理时距，记忆中存储的信息越多，对时距的估计也就越长。研究结果还表明存在显著的年龄效应，在同样长的物理时距条件下，记忆中存储同样的数量，年老被试估计的时距要高于年轻被试。在复制法条件下，没有出现存储容量模型所预测的结果，即没有表现出记忆数量的主效应。但存在显著的年龄效应，表现为年老组比年轻组显著低估目标时距。

Block 等[1][2]认为年老被试对时间信息较慢的加工速度或更快的遗忘率，尤其在一个时距的开始部分，可能与回溯式时距估计的年龄差异有关。本研究呈现材料的数量（4和7）都在被试工作记忆储存和加工的范围内，因此年老被试在工作记忆加工效率上的降低也可能是导致年老组高估目标时距的原因[3]。此外，Zakay[4]认为不同的时距估计方法基于不同的认知加工机制，Perbal 等[5]通过对遗忘症患者的研究发现复制法对时距的低估来自于对情节记忆提取的失败。因此，复制法条件下的年龄差异可能与情节记忆信息提取的失败有关。

（二）分割数量效应

实验二以数字作为高优先度事件（HPE）划分了两种水平的分割数（1和4），口头估计法和复制法表现出相同的反应模式，即年老组比年轻组显著高估时距，在分割水平为4的条件下比分割水平为1的条件下显著高估时距。结果支持变化/分割模型。但是在控制了记忆容量的差异后，口头估计法没有表现出年龄差异，但是复制法表现出显著的年龄差异。

Block 等[6]在回溯式时距估计已有模型的基础上提出背景变化模型（context-change model），该模型认为被试在编码刺激信息的同时，伴随着加工背景、环境背景、情绪背景和其他时间维度上的背景成分的变化。这些背景变化的编码可能是有意识的或自动的。在进行回溯式时距估计过程中，被试提取和估计各种类型的背景变化作为时距判断的依据。本实验表明年老被试比年轻被试在两种估计条件下都显著高估时距，可能与年老被试对背景变化编码的多少有关。有关记忆年老化的研究表明年老被试在加工信息时，不能有效地抑制无关信息的干扰或难以将背景信息和将要记忆的信息进行整合。这可能导致在回溯式时距估计条件下，年老被试比年轻被试编码更多的背景信息，导致对目标时距的高估。

（三）小结

两个实验的结果可能都反映了两个年龄组在编码和提取背景信息上的差

① Block, R. A., Zakay, D., Hancock, P. A. Developmental changes in human duration judgments: A meta-analytic review. Developmental Review, 1999, 19: 183~211.

② Block, R. A., Zakay, D., Hancock, P. A. Human aging and duration judgments: A meta-analytic review. Psychology and Aging, 1998, 13: 584~596.

③ Perbal, S., Droit-Volet, S., Isingrini, M., Pouthas, V. Relationships between age-related changes in time estimation and age-related changes in processing speed, attention and memory. Aging Neuropsychology and Cognition, 2002, 9(3): 201~216.

④ Zakay, D. Time estimation methods-do they influence prospective duration estimates? Perception, 1993, 22: 91~101.

⑤ Perbal, S., Pouthas, V., Van der Linden, M. Time estimation and amnesia: A case study. Neurocase, 2000, 6(4): 347~356.

⑥ Block, R. A., Reed, M. A. Remembered duration: Evidence for acontextual change hypothesis. Journal of Experimental Psychology: Human Learning and Memory, 1978, 4(6): 656~665.

异，其可能认知基础在于年老被试在进行刺激加工时无法抑制与任务无关的信息，从而导致对比年轻组编码更多的背景信息或者无法提取背景信息，产生对不同实验条件下结果的差异。*Block* 和 *Zakay*[①] 认为回溯式时距估计的实质是一种情节记忆，在回溯式条件下被试可能基于多种认知过程来对时距进行判断。因此回溯式时距估计条件下的年龄差异既可能与年老被试情节记忆的损伤有关，也有可能来自工作记忆中的年龄差异。再有被试在提取背景信息的策略如可回忆性（*recallability*）和可提取性（*retrievability*）上的差异，都有可能导致时距估计的年龄差异。

情节记忆对回溯式时距估计的影响也可以从神经心理学研究结果中得到支持。相关研究表明前额叶、海马和内侧颞区与情节记忆信息的加工和存储有关。内侧颞区尤其是海马结构损伤的患者在短时距复制上要比目标时距高出 $5\sim15s$。回溯式时距估计依赖于对背景信息变化的编码和提取，而这些背景信息的编码和提取相关的工作记忆主要体现了前额叶的功能。此外从记忆中提取背景信息的各种策略也与额叶的功能有关。在某种程度上，回溯式时距估计不仅依赖于工作记忆中的时间信息，还需要长时记忆中与之相联系的背景信息。随着年龄的增长，伴随着一系列脑结构和功能的改变，都有可能是导致回溯式时距估计的年龄差异。

合作者：张志杰；原文载于：心理科学，2005，28（5）：1039~1042.

---

① *Block, R. A., Zakay, D. Prospective and retrospective duration judgments: A meta-analytic review. Psychonomic Bulletin & Review*, 1997, 4(2): 184~197.

时间记忆的理论与实验范型

时间与空间是物质存在的基本形式。对时间的认知研究，心理学家习惯于区别为时间知觉和时间记忆，虽然两者经常是难以分割的。时间知觉也称为"知觉到的现在"。根据 *Fraisse* 的研究[①]，知觉到的现在差不多在 5s 以内；超过此时间范围，刺激序列已不能被知觉为一个整体单元，当属时间记忆的范畴。在日常生活中，时间记忆除了以钟点、日期或某种确切的线索作参照外，更大量的是未采取任何明确的言语编码形式，仅依靠有关事件或事件系列的时间信息的编码、保持和提取。众所周知，我们对时间的记忆与计时工具测量出来的时间经常是不一致的。随着认知心理学的兴盛，时间记忆表征与加工不仅在国外已成了记忆研究的一个日益受重视的分支课题，而且也引起了国内学者的关注[②~⑥]。本文拟从理论和实验两方面总结迄今有关时间记忆的研究，并提出进一步研究的设想。

一、时间记忆理论

人类的时间记忆是建立在时距（*temporal duration*）、时点（*temporal locus*）和事件出现的相对时间（*relative times of occurrence*）三种信息的基础上的。由于这三种时间信息在时间记忆中所起作用的不同以及实验的侧重点的不同，研究者对时间记忆的理论解释往往侧重于其中的某种时间信息的作用。

（一）基于时距信息的理论

1. 强度理论（*strength theory*）

Hinrichs 假定记忆中每个项目都有一定的强度，且随时间的流逝会因衰退或干扰而减弱。由记忆强度推论经历的时间，则判断较强的痕迹比较弱的更近[⑦]。

---

① *Fraisse, P. Cognition of time in human activity. In: G. D. Yedwalle, W. lens. Cognition in motivation and learning. Hillsdale, NJ: Erlbaum*, 1981: 233~258.
② 黄希庭，孙承惠. 时间词义赋值特征的分析. 心理学报，1991，23(3): 243~249.
③ 黄巍. 中国成人推理月份时间的加工模型. 心理科学，1993，16(2): 84~89.
④ 黄希庭，郑云. 时间判断的视听通道效应的实验研究. 心理学报，1993，25(3): 225~231.
⑤ 郑云，黄希庭. 时序信息提取特点的实验研究. 心理科学，1993，16(5): 257~264.
⑥ 李国军. 时间顺序信息加工的实验研究. 心理学报，1994，26(1): 14~20.
⑦ *Hinrichs, J. V. A two-process memory-strength theory for judgment of recency. Psychological Review*, 1970, 77(2): 223~233.

痕迹强度的看法是相当普遍的，后来发展出一些理论变种，都假定由事件随时间流逝而发生改变的某种属性（强度、可接近性或精致性）来推论其时间距离。

2. 传送带理论（conveyer belt theory）

该理论认为事件的表征是按其出现的顺序组织在记忆储存中的，判断一个目标事件的时间就是测估其在记忆储存中距现在的距离。这可以形象地比拟为在运动中的传送带上顺次地放置行李，越早放置的，其视像越小，直至消失。

3. 背景重叠理论（contextual overlap theory）

这是由 Glenberg 及其同事提出的一种解释自由回忆中的新近性，也可用于解释时间记忆机制的理论。他们假设刺激呈现时有诸如觉察或动机状态这样的背景成分相联系，并进一步假定这些背景成分会随试验进程，也就是时间流逝而发生变化。这样，回忆与呈现间的背景重叠程度就决定一个特定的项目被回忆起来的可能性[①]。

（二）基于时点的理论

1. 时间标记理论（time-tagging theory）

有不少研究者认为，时间信息是在对事件编码时就附上的，就像标上了某种"记号"，其后通过检索这些时间标记，确定事件在过去时间中的位置。不过，研究者们对记忆表征中时间标记的性质一直难以确定，并引出两个颇有争议的问题：时间"标记"是否自动的？是否直接与事件相联结？

2. 编码动摇理论（encoding perturbation theory）

这是由 Estes 提出的一种记忆模型[②]。该模型对有关时间信息储存的基本假定是，在觉察一个事件或项目时，被编码的信息还包括该事件与别的参照点之间的联系或时间间隔。如在实验条件下，被试最常用的参照点就是一次试验的开端和结束。随着时间的流逝，这些间隔编码会在线性时间中前后摆动。作为时间记忆机制，其后的时间判断就从项目的记忆表征系列中搜索到目标项目的位置，进而基于其与参照点的时间联系作出反应。

3. 层次组织理论（hierarchical organization theory）

在 20 世纪 70 年代发展起来的语义记忆网络模型的影响下，近年来时间记忆理论也转向于对组织因素的关注。如 Estes 指出，对事件的时间属性的表征与对语义网络中其他类型的信息的表征一样，采用了一种有组织的等级系统形式，一个项目在时间中的位置为不同层次的控制单元联结；从低到高依

① Glenberg, A. M., Bradley, M. M., Kraus, T. A., et al. Studies of the long-term recency effect: Support for the contextually guided retrieval hypothesis. Journal of Experimental Psychology: Learning, Memory, and Cognition, 1983, 9(2): 231~255.

② Estes, W. K. An associative basis for coding and organization in memory. In: A. W. Melton, E. Martin. Coding processes in human memory. Washington, DC: V H Winston, 1972: 161~190.

次是项目、组块、试验和时段[1]。

4. 重构理论（*reconstructive theory*）

在实验条件下，被试伴随特定的项目储存有关环境和内部状态的信息，在要求其判断项目呈现时间时，就会检索这些信息，并依据有关的时间模式，如一次试验通常的长度，作出判断，当对个人事件或新闻事件的时间记忆时，是利用有关社会、自然和个人的时间模式及少数被记住精确日期的重大事件来进行重构的。重构模型的实质在于，依据记住的精确日期并结合各种时间知识来推断一个项目或事件出现的时间。

（三）基于参照时间的理论

1. 联结链理论（*associative chaining theory*）

这类理论认为事件与时间上直接相继的事件联结在一起，从而提供了时间记忆的参考信息。

2. 顺序码理论（*order code theory*）

有不少研究者认为，时间信息是附加在储存项目的顺序之上的，特别是当一个新项目的呈现引起了某个旧项目的恢复，二者的顺序就储存着时间记忆。与联结链模型不同，顺序码模型不要求联结的两个事件在时间上一定紧连相继，因而大量的，尤其是有语义关联的事件或项目之间的先后顺序就可以全方位地储存在记忆之中。

上述三类九种理论都出现在 20 世纪 70 年代以后，其发展还都不尽完善，有些甚至只是某种比喻，但它们反映了迄今时间记忆领域各种有影响的主张。

二、时间记忆实验范型

时间记忆的实验范型与理论解释是密切联系的，一种理论构架可能导致某种实验范型，而一种实验范型也可能导出某种理论。下面我们依据已发表的研究报告，从实验的操作任务、实验的维度和指标来说明时间记忆实验范型。

（一）操作任务

1. 绝对时距判断（*judgment of absolute duration*）

或称流逝时间判断（*judgment of elapsed time*）。让被试完成一项任务或呈现一段时距之后，要求被试对经历的时间作出判断。这种判断既可以是即时的，也可以是延迟的。已有研究表明，当预先告知被试完成任务后要作时间估计，则被试对经历时间的时距估计会随任务的复杂性或信息负荷的增加而增加。

---

[1] Estes, W. K. Memory for temporal information. In: J. A. Michon, J. Jacklson. *Time, mind and behavior*. Berlin: Spring Verlag, 1985: 151~168.

这又涉及预期式和回溯式两种范型。

2. 相对时距判断（*judgment of relative duration*）

向被试呈现两个或两个以上的时距，要求其在记忆中对一段时间与另一段时间作比较，判断是否相等。

3. 延迟的绝对判断（*absolute judgment of lag*）

呈现一系列项目，其中一些重复呈现，被试的任务是在遇到重复的项目时，估计其首次出现时的位置或两次出现之间的时距；或者，在呈现一系列项目后，紧接着呈现其中的两个项目，要求被试估计其间的时距。

4. 延迟的相对判断（*relative judgments of lag*）

也称相对新近性判断（*judgments of relative recency*）。与延迟的绝对判断一样呈现一系列项目，但要求被试对测验项目对作出判断，哪一个在先前的系列中出现更晚。

5. 位置回忆（*positional recall*）

一个项目表中的项目相继呈现后，要求被试回忆这些项目在项目表中的位置，这种实验任务与常见的单纯顺序回忆任务有重要区别，它明确要求回忆出时点或一个项目出现的位置。

6. 确定长期记忆的日期（*dating of long-term memories*）

要求被试回忆日常生活中已发生了经年累月的事件的日期，或估计其相对新近性，这类研究通常涉及极长期记忆（*very-long-term memory*），一般采用问卷法和自然实验法，难以在实验室中进行。这类研究有助于检验在实验室中获得的一些函数关系能否推广到自然情境中去。

（二）重要的实验维度

1. 刺激性质

虽然我们没有像眼睛接受光波刺激、耳朵接受声波刺激那样的专门接收时间信息的感觉器官，但却可以通过各种感觉道获得时间信息。时间记忆实验最常用的刺激是光、声及词、字母、数字、图形等的出现。已有的研究表明，项目的数量、项目是否重复、是否关联以及项目的复杂度等因素，都会影响时间记忆的实验结果。如果选择词作为实验材料，由此得出的时间记忆实验结果是否具有代表性需慎重考虑，因为词的语义联系可能导致类聚倾向，使被试忽视词与词之间的时间间隔，因此用词作传递时间的刺激与无意义刺激携带时间所产生的记忆效果是不同的。

2. 时距长度

在实验室实验时，基于实验操作上的原因，刺激的呈现时距可分为 $5\sim15s$、$15\sim30s$，通常在 $1min$ 以内，也有采用数分钟至 10 多分钟的。

3. 复述控制

当代认知心理学把注意作为一种重要的心理资源，控制复述主要是控制注意这种心理资源在时间记忆信息加工中的投入，以考察时间信息是自动编码抑或控制编码，在时间记忆实验中，对复述的控制除采用回溯式实验外，通常要求被试执行与实验任务同时进行的另一任务，如读出字母（一般每秒 2~2.5 个）或信号检查等。

4. 延迟控制

在时间记忆实验中采用延迟安排的目的，是要考察保持对时间记忆的影响，延迟时间的长短视实验任务而定。超出实验条件下对延迟时间的控制的时间记忆研究，则采用个人日常事件或公共的时间记忆的回溯研究。

（三）主要的实验指标

反应时和正确率是当代认知心理学推论认知信息加工的两项重要指标。时间记忆的信息加工研究除运用这两项实验指标外，通常还使用下列两类时间记忆实验方法所收集的其他有关指标。第一类方法是言语估计法（*method of verbal estimation*），即用口头报告识记的时间。其中又可分为计量估计和参数估计。前者要求被试以一定的时间数值来估计识记的时间，后者要求被试在主试提供的一系列时间数值（包括呈现时间数值）中选出一个估计值。第二类方法是再现法（*reproduction method*），即要求被试将实验者呈现的时间复制出来。与此相应的另一种方法叫产生法（*production method*），即实验者不向被试呈现时间，而是指示一个时间（如 8*s* 等），要求被试把这个时间产生出来，由此也可对被试的时间记忆加以研究。对时间记忆的分析常采用下列指标：①言语估计值（*estimation value*）或再现值（*reproduction value*），一般用平均数、标准差，标准差过大则不用平均数而采用中数或众数；②比率分数（*ratio score*），就是将估计值（或再现值）除以识记时距实际值所得分数，通常采用其平均数和标准差；③绝对误差数（*absolute error scores*），用识记时距实际值减去估计值（或再现值）即可得到，一般也用其平均数和标准差；④方差系数（*coefficient of variance*），这是判断信度的一个测量指标，通过将每一被试估计（或再现）时距的标准差除以各自相应的时距的平均而求得。

除了上述两类常用方法所确定的一些指标外，还可用比较法和量表法等对时间记忆进行测量，也可确立其他的实验指标。

三、时间记忆性质：分段综合的构想

一个成年人的时间记忆涉及的时间范围很长。如果我们赞同 *Fraisse* 的观点，则从 5*s* 以上，包括几分、几小时、几天，乃至几年、几十年。对于如此不同长度的时间记忆，人们不可能采取完全相同的记忆策略，其记忆表征机制也不可能是完全相同的。最近 *Huttenlocher* 等人的研究就表明，人们在回忆一个月之内的时间与回忆一天内的时间所使用的策略是不同的[①]。因此，在考察时间记忆的机制时，首先得探明人们对过去时间的记忆是否具有阶段性。

我们对未来时间展望的研究表明，未来的心理时间分为三个时间段，即以秒和分为计时单位的"较近的未来"，以小时、日和月为计时单位的"近的未来"，以及以年为计时单位的"远的未来"[②]。沿此思路，现在着手过去时间记忆的分段研究。我们推想，日常事件在时间上也具有某种语义网络的性质，即事件发生的时间属性具有聚类的意义。如此，既是前述 *Estes* 提出的层次组织模型在实验室情形以外的扩展，又是对语义网络模型思想的检验。我们还在研究方法上作出具体设想，由于汉语词没有英语词那样的时态变化，以丰富的汉语时间修饰词作为刺激材料，对于时间记忆分段（且可能是层次的）研究将是一个十分有利的条件。

问题的另一方面是，如果人们对时间具有分段记忆的特点，那么它是受哪些因素的影响呢？通过对时间记忆理论的实验证据的考察，可以发现，各种理论都可以得到某些实验证据的支持，但每一种理论都不能解释所有的时间记忆现象（表4.13）。这表明时间记忆是受很多因素制约的，非单一因素所致。20 世纪 90 年代后，时间认知研究正兴起一种综合研究的趋势。例如，*Block* 提出一种综合的背景主义框架，强调对时间构成影响的四种因素，即时间经验者的特征、一段时间的内容、一段时间内的活动及时间相关与判断，并认为所有这些因素都不是孤立地起作用的[③]。我们在探讨时距信息加工问题时，针对以往研究大多考察单因素的影响的不足，采用多因素实验设计，得到了有价值的实验结果[④]。*Friedman* 在分析各类时间记忆的基础上，认为有价值的时间记忆信息包括一般的背景信息、顺序码、少数重大事件的日期及性质还很不清楚的记忆加工模型[⑤]。

看来，对时间记忆机制采取分段综合探讨仍是当前的主要研究方向。

[①]　*Huttenlocher, J., Hedges, L. V., Bradburn, N. M. Reports of elapsed time: Bonnding and rounding processes in estimation.Journal of Experimental Psychology: Learning, Memory, and Cognition,* 1990, 16(2): 196~213.

[②]　黄希庭. 未来时间的心理结构. 心理学报，1994，26(2): 121~127.

[③]　*Block, R. A. Models of psychological time. In: R. A. Bolck. Cognitive models of psychological time. Hillsdale, N J: Lawrence Erlbaum Associates,* 1990: 1~35.

[④]　柳学智. 多种因素对时间连续阈限的影响. 心理学报，1993，25(4): 378~385.

[⑤]　*Friedman, W. J. Memory for the time of past events. Psychological Bulletin,* 1993, 113(1): 44~66.

表 4.13　支持与反对各种时间记忆理论的实验证据

实验证据 理论设想	强度	传送带	背景重叠	时间标记	编码动摇	层次网络	重构	联结链	顺序码
新近的项目判断更准	+	+	+		+		+	+	
一次实验中较早的项目判断尤准	−	−	−		+		+	+	
一些事件在合适的时间量度上判断更准	−	−	−		+		+		
事件常按编历顺序回忆		+					+		+
提供的时间结构越多，准确性越大				+		+	+		
事件向前位移的量有一定的范围	−	−			+				
有项目分类线索的判断更准						+	+		
高级知识的记忆越好，判断越准						+	+		
类别内比类别间的项目的相对新近判断更准	−						+		
虽有一定的准确性，但很少精确					−		+		
记住的项目比忘记的项目判断更准					−		+		
很多新近项目向后移位				−	+				
试验交接处的准确性提高				−	+				
同一天中无关事件不能相互启动				−				+	
两种刺激中再认较好的判断更近	+								
了解越多的事件判断越近	+								
多重呈现的项目判断更近	+								
偶然条件下判断准确					+				
回忆较好的项目判断更准					+				
意义关联的相对新近判断更准									+
重大事件并不判断更近	−								
两项目越分离，相对新近判断越准									
附：被试的内省报告的方法	−	+	−	+	+	+	+		+

注：＋表示支持；－表示反对。

合作者：郑涌；原文载于：心理科学，1995，18（4）：201~205.

分时距认知特点的研究

　　人类对时间的认知包括对时距（*duration*）、时序（*succession*）和时点（*temporallocus*）的认知。人类怎样认知时间长短？目前的解释主要有三种理论模型[①]。①存储容量模型（*storage size model*，简称 *SS* 模型）认为，对时距的认知取决于记忆中储存事件的数量，同样长的靶时距，被试储存的信息较多，对时距的估计就较长；反之估计较短。存储容量不仅与觉察到的信息量而且也与事件的复杂度有关。②加工时间模型（*processing-time model*，简称 *PT* 模型）认为，人脑的信息加工系统中有一个认知计时器负责对时间信息的加工编码，和一个刺激加工器负责刺激信息加工和编码，注意在二者之间分配。如果注意资源较多地分配于认知计时器则时距估计较长；反之时距估计较短。③变化／分割模型（*change/segmentation model*，简称 *CS* 模型）认为，时间认知就是认知变化。对时距的估计取决于被试把心理经验的变化分割为可记忆段数的多少，二者有正相关。这些模型开始时主要用来解释短时距（1*min* 以下）估计的实验结果，后来被用来解释较长时距估计的实验结果，并被认为也有较高的预测效度[②~⑤]。

　　我们在一项研究[⑥]中，用时间词义赋值的方法探讨了未来时间的心理结构，结果发现未来时间心理结构的分段性：以秒、分计时的较近的未来，以小时、日和月计时的近的未来，以年为计时的远的未来。最后我们对过去时间心理结构的研究也发现相似的分段性。可以设想，不同的时间长度（例如，以秒、分、小时、日、月、年等）内，人们对时距的估计会采用不同的策略，具有不同的特点。本研究的目的是探讨分时距估计的认知特点，并对 *SS* 模型、*PT* 模型和 *CS* 模型的预测效度进行检验。

————————————————

　　① 黄希庭. 时距信息加工的认知研究. 西南师范大学学报（自然科学版），1993，18(2): 207~216.

　　② *Fergason, R. P., Martin, P. Long-term temporal estimation in humans. Perception & Psychophysics, 1983, 33: 585~592.*

　　③ *Burt, C. D. B., Komp, S. Retrospective duration estimation of public events. Memory & Cognition, 1991, 19: 252~262.*

　　④ *Kemp, S. Bias dating news and historical events. Acta Psychologica, 1994, 86: 69~87.*

　　⑤ *Block, R. A. Model of psychological time. In: R. A. Block. Cognitive model of psychological time. Hillsdale, NJ: Erlbaum, 1990: 1~35.*

　　⑥ 黄希庭. 未来时间的心理结构. 心理学报，1994，26(2): 121~127.

一、方法

（一）被试

西南师范大学物理系、生物系 94 级学生 60 名，男 42 名、女 18 名，按性别随机分成 A、B 两组。

（二）设备与材料

①电子秒表一只；②"思维敏度加算测验"数表两种各 30 份，由每行 121 个数字（以较长的行减少加算中的换行而产生的分割效应）共 10 行随机数字组成，并有相应的测验说明和编号，其中一种数表每隔 40 个数字嵌入一个小"□"；③"乘法运算作业纸"两种各 30 份，印有清晰的说明和编号，分别要求做乘 7 和乘 2 的运算；④32 开白纸 60 张（留作延迟估计和空时距估计时用）。

（三）步骤和程序

本研究包括实验 I 加算后的测验时距估计、实验 II 乘法运算后的时距估计和实验III空时距估计，要求被试对靶时距作预期式即刻估计和延迟估计。具体操作：①要求被试将手表收起，实验中不许看表。分别向 A 组、B 组被试发带"□"和不带"□"的加算数表及白纸，要求填写表头和将数表编号记在白纸上；通过指示语告诉他们实验开始后，应尽快从第一行开始做加法运算，依次将相邻两数和的个位数写在两数间稍下的位置，一行做完接着从下一行开头做。此外还要求 A 组被试在做运算时凡遇到一个方框，都要依次在其内填上对应的加算组数如 1、2、3……，使 A 组被试对时距分割。所有被试都了解做法后，主试喊"预备，开始！"即启动秒表计时，持续 8.33min，喊"停止！"要求被试立即各自估计加算测验的时间，填在数表下端指定的位置上。即收回这份加算表。②向 A 组、B 组被试分别发放"乘 7"和"乘 2"的乘法作业纸，填写表头和将编号记到白纸上，通过指示语告知被试，注视将读出一系列两位数，他们每听到一个数，即尽快将该数乘 7（或乘 2）的结果写在作业纸上。被试都了解做法后，主试喊"预备！"即开始以每 10s 一个数（每数连续两遍）的速度读出一系列两位数，持续 7min 喊"停止！"；也立即要求被试估计乘法运算的时间，记在作业纸下端指定位置。主试即收回这份作业纸。嘱其保存好白纸留最后实验用，但不告其还将做什么实验。③主试开始讲课，直到下课前 5min，记下此时刻，要求全体被试凭记忆重新估计加算时间和乘法运算时间，记在白纸上相应的编号后。④做空时距估计：要求全体被试不做任何事情（既不提示也不控制其使用内部标尺），只注意主试两次敲击讲台间的时间有多长，将估计结果记在白纸上。主试控制该空时距为 1.33min。为检验研究结果的稳定性，并进一步考察分时距的认知特点，对河南师范大学教育系 32 名学生进行了实验Ⅰ和实验Ⅱ的预期式与回溯式实验，要求他们每次时距估计后完成有关时距加工特点的问卷。

二、结果与分析

各组收回有效测卷 29 套。将偏离平均数两个标准差的估计值剔除后，分别计算两组被试对加算时距（8.33min）、乘法运算时距（7min）即刻估计和延迟估计（延迟时间分别为 69min、54min）以及空时距（1.33min）即刻估计结果的平均值、估计时距的相对值和高估人数百分数，列入表 4.14。

表 4.14　A 组、B 组被试在实验Ⅰ、Ⅱ、Ⅲ中估计时距的比较（min）

		加算测验时距估计			乘法运算时距估计			空时距估计（全体）
		A	B	t 检验	A	B	t 检验	
即刻	估计时距平均值	5.42	4.10	2.083*	3.98	5.56	3.144**	1.61
	估计与实际时距比	0.65	0.49	2.084*	0.57	0.79	3.140**	1.21
	高估人数百分比	27.6	6.9		10.3	24.1		69.0
延迟	估计时距平均值	4.54	3.96	1.270	3.97	5.46	2.822**	
	估计与实际时距比	0.52	0.48	1.159	0.57	0.78	2.946**	
	高估人数百分比	6.9	6.9		6.9	24.1		

注：* 表示 0.05 水平上存在显著差异；** 表示 0.01 水平上显著差异；下同。

计算两组被试对加算测验时距、乘法运算时距作即刻估计和延迟估计的结果的中数，如图 4.3、图 4.4 所示。结果显示：①加算测验时距估计中，A 组被试的即刻估计长于 B 组（$t=2.083$，$P<0.05$），两组的中数分别是：5.50 min 和 4.00 min，估计的相对值分别为 0.65 和 0.49；A 组被试延迟估计的平均值、相对值和中数与 B 组相比稍长一些，但不显著。②B 组被试乘法运算时距即刻估计和延迟估计的平均值、估计时距的相对值都显著地大于 A 组（$P<0.01$），图 4.3、图 4.4 中对应的中数与此一致。③对空时距（1.33 min）的即刻估计长于实际的空时距，其平均值为 1.61 min，估计的相对值达到 1.21，高估人数占 69.0%，明显具有高估倾向，而前述的加算时距估计值和乘法运算时距估计值均明显小于实际时距。此外，加算测验时距的估计值与其完成的加算作业量没有相关，如表 4.15 所示。

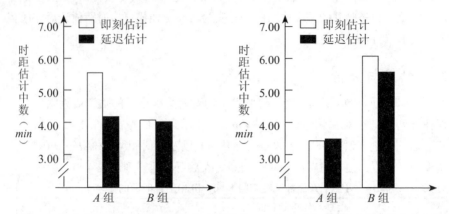

图 4.3　A、B 两组加算时距估计的中数比较　图 4.4　A、B 两组乘算时距估计的中数比较

表 4.15　加算时距估计与加算作业量的相关分析

	A 组	B 组
即刻估计	0.15	0.21
延迟估计	0.16	0.29

重复实验中的时距估计如表 4.16 所示，预期式实验与前次一致。回溯式加算时距的估计结果与预期式一致；回溯式乘法运算时距的估计结果与预期式相反，即在回溯式延迟估计中，作业难度较大的"乘 7"组的时距估计长于"乘 2"组的时距估计（$t=2.847*$），也显著地长于预期式的延迟估计（$t=4.227**$）。

表 4.16　分时距估计重复实验的结果（$n=8$，$N=32$）

		预期式		回溯式	
		即刻估计	延迟估计	即刻估计	延迟估计
乘算 时距 估计	2	5.92 ± 1.39	5.55 ± 1.27	3.13 ± 0.93	3.85 ± 1.09
	7	3.52 ± 1.50	3.22 ± 1.25	3.93 ± 1.84	4.67 ± 0.91
	t 检验	$t=3.104**$	$t=5.132**$	$t=-1.318$	$t=-2.847*$
加算 时距 估计	无□组	3.87 ± 1.72	3.27 ± 1.77	2.95 ± 1.65	2.63 ± 1.39
	有□组	6.02 ± 1.78	5.31 ± 1.50	4.55 ± 1.50	4.48 ± 1.66
	t 检验	$t=-2.457*$	$t=-2.653*$	$t=-2.254*$	$t=2.761*$

时距估计后的问卷调查显示：① 19％的被试报告是凭直觉估计时距，81％的被试报告是凭推断估计时距，采用的方法主要是从回忆完成作业的过程（占 35％）、数数或数脉搏（占 40.0％）来推断。② 62％的被试报告时距估计的策略或方法在头脑中非常清晰或比较清晰，59％的被试报告时距估计"非常有

把握"或"比较有把握"，但清晰度、把握度与时距估计的长短均无相关。③被试报告采用分段估计与整段估计的百分数分别是62％和38％，特别是回溯式即刻估计中有75％的被试报告采用了分段估计方法。④关于时间推算是运算时开始的还是要求做时间估计时才开始的，预期式和回溯式实验中分别有46％和84％的被试报告是在估计时间时才推算的。

三、讨论

（一）分时距的变化／分割效应及对 CS、SS 模型的分析

实验Ⅰ中 A 组被试加算过程中要在嵌入的方框内填上已做过的组数，具有将时距（或时间经验）分割为段的作用；而 B 组被试无此操作，相对而言，心理时距没有被分割，结果显示 A 组时距估计长于 B 组。这一结果符合 CS 模型的解释而不符合 SS 模型的解释。实验Ⅱ中 B 组被试做两位数乘2的运算，比 A 组乘7的运算要容易得多，B 组被试的预期式时距估计显著地长于 A 组，而回溯式估计时距则乘7组较长一些。此项结果符合 PT 模型的解释而不符合 SS 模型的解释。实验Ⅲ中被试对空时距具有明显的高估倾向，这是由于目标时距较长被试使用了某种计时策略（如数数、数脉搏）所致，即对时间经验加以分割所致。实验后对被试的调查证实了这点。

实验Ⅰ中加算估计时距与加算作业量没有相关，未发现加工容量对时距估计的影响；实验Ⅱ中的预期式估计结果以及实验Ⅲ的结果都难以用 SS 模型来解释，但却能够用 CS 模型和 PT 模型来解释。因此，从本实验结果来看，SS 模型对分时距估计的预测效度不高。

（二）注意对分时距估计的影响及对 PT 模型的分析

注意对分时距估计的影响是显见的。实验Ⅱ中被试对乘法运算 7min 时距的预期式估计受到作业难度的明显影响，当靶时距中作业难度较大时，对该时距的即刻估计和延迟估计都较短，作业难度较小时时距估计较长，这与 Poynter 在 195s 时距内呈现易记或难记词的实验结果相一致[①]。靶时距中的作业难度越大，加工作业对注意资源的占用越多，时距估计就越短，这与 PT 模型相一致。实验Ⅰ中时距估计远短于实际时距也表明注意对时距估计的影响，上述结果表明在分时距条件下 PT 模型具有一定的预测效度。

以往的一些研究结果显示，用 PT 模型解释长时距估计的实验结果比解释短时距估计的实验结果具有较高的预测效度。对于这个问题，可以这样来看，

---

① *Poynter, D. Judging the duration of time intervals: A process of remembering segments of experience. In: Levin, Zakay. Time and human cognition: A life-span perspective. New York: North-Holland, 1989: 305~331.*

短时距估计依赖于对时距的直接体验，长时距估计则有赖于对时间的经验和推断，而这些经验和推断又往往依存于对非时间信息的知觉或记忆组织。在短时距估计的实验中，注意对计时器的分配越多，如果是立即回忆则越是体验到时距的短暂，时距估计缩短。而在分时距估计中，注意对计时器的分配越多，越是体验到时距的空泛，期待着时距结束，因而对时距的估计也就缩短了。这在预期式估计中是如此。但是在回溯估计实验中情况正好相反（表4.16），这是因为在回溯式实验中被试没有记忆时距的任务，作业难度越大，消耗心理资源越多，而在回忆时就显得时间较长。

（三）分时距估计认知特点的分析

对被试在时距估计后的调查结果显示：①绝大多数被试都采用了某些方法来估计时距并且清楚地记得用什么方法来估计的，其自信估计准确的把握度较高。这说明分时距估计是一种有意识的信息加工和提取过程。其认知策略一般采用对靶时距进行数数、数脉搏等来计时或推断。②在回溯式实验中，被试很少报告采用分段策略来计时；但在预期式实验中，多数被试报告采用了分段策略。这说明回溯式时距估计被试所采用的是重建策略。③关于时间信息是在何时编码的问题，可能因实验范型的不同而异。在预期式实验中，由于被试预先知道估计时间的任务，因而在完成作业的同时就开始注意计算时间，并在回忆时进行推算；在回溯式实验中被试只是在回忆时根据有关线索来推算时间的。总的来看，对分时距的估计，被试在提取时进行了重建，采用某种分割策略来推算。这是一种控制加工的过程。

四、结论

本研究探讨了分时距估计的认知特点并检验了三个认知模型的预测效度，结果表明：①对分时距的估计主要是在提取阶段以分段推算策略对时间信息进行重建的过程。变化／分割对分时距估计有明显的影响，时距被分割出的片段越多，对其估计越长。②注意对分时距估计有明显的影响，分配于刺激信息或作业的注意越多，时距估计越短，反之则越长。③在分时距估计中 *SS* 模型的预测效度最低，*PT* 模型和 *CS* 模型的预测效度较高。

合作者：邓铸；原文载于：心理科学，1997，20（3）：193~196.

时点、时距和时序信息加工之间相关性研究

　　时点、时距和时序是同一时间经历不可分割的三个属性[①②]，以往有关时间信息加工机制的理论都只是针对了时间信息某一属性进行研究，这虽然有利于深入探讨这一属性在时间信息加工时所具有的特点及规律，但必然会忽略时间经历过程的完整性。变化／分割模型认为，决定时距知觉长短的因素是以能引起背景变化的因素作为分割点，把时间序列分割成不同阶段的时间单位（组块）的多少[③④]，这与存储容量模型的观点其实并不矛盾。这些分割后产生的时距组块并不是随机堆放的，而是有一定的时间先后顺序（时序属性）。在变化／分割模型中指出，一些突出项目或事件可被用作分割时间经验的标尺，重构理论认为时序判断受项目或事件与界标联系的影响，而这里的界标是指一个词单的开头或结尾，或者是生活中的重大事件[⑤]。可以看出，尽管这两个理论的侧重点不同（时距和时序），但所强调的项目或事件的特征是相似的。而时距理论所强调的分割点和时序理论强调的界标其实都是时点的概念，无非指的是较特殊的时点[⑥]。由此我们认为，时距、时序和时点三者之间的信息加工是有一定相关性的，探明三者之间的关系将对建立一个统一的时间信息加工理论模型是很有意义的。

一、实验一

（一）被试

　　在校大学本科二年级学生 125 人，按男女比例随机分成人数基本相同的四组。

①　Friedman, W. J. Memory for time of past events. Psychological Bulletin, 1993, 113(1): 44~66.

②⑥　Kemp, S. Bias in dating news and historical events. Acta Psychologica, 1994, 86: 69~87.

③　Block, R. A. Experiencing and remembering time: Affordances, context, and cognition. In: I. Levin, D. Zakay. Time and human cognition: A life-span perspective. Amsterdam: North-Holland, 1989: 333~363.

④　Brown, N. R., Rips, L. J., Shevell, S. K. The subjective dates of natural events in very-long-term memory. Cognitive psychology, 1985, 17: 139~177.

⑤　Friedman, W. J., Wilkins, A. J. Scale effects in memory for the time of events. Memory & Cognition, 1985, 13(2): 168~175.

（二）实验材料

三组词单：1组，6个水果名词与2个政治家名字；2组，6个地点名词与2个科学家名字；3组，6个家具名词与2个作家名字（详见附录。主试事先选取多个水果、地点和家具名词以及人名制成问卷，随机抽取部分大学本科学生和研究生用五级评定法评定熟悉度，从中选取熟悉度较高且近似的项目制成词单）。根据人物名字在词单中的位置不同，每个词单又可组成三类：Ⅰ类，人物名字排在字单两端；Ⅱ类，人物名字集中在字单中间；Ⅲ类，人物名字均匀分散在字单中。

（三）实验仪器

486*DX*2-80计算机。

（四）实验程序

本实验操纵三个因素：①字单类型（Ⅰ、Ⅱ、Ⅲ）；②自然顺序标码（有、无）；③延迟（有、无）。词单由计算机屏幕呈现。每个词的前面显示一图形（三角、圆等简单熟悉的图形，无顺序标码）或一数字（有顺序标码），每个图形或数字和词同时呈现，持续1*s*，间隔0.5*s*后呈现下一个。整个字单共呈现17.5*s*。对时距的估计包括两种方法，先用再现法，后用口头估计法，即被试先后按两次空格键，两次按键的间隔时间即是被试再现字单时距的时间，然后被试再由键盘输入估计时间，对时序的测量通过计算机来完成，屏幕随机排列刚才出现的字单，词的下面是括号，要求被试移动光标在括号内标出该词的正确顺序。无延迟的情况就是被试在读完每组词单后，立即估计时距和进行时序测量。延迟的情况就是在读完每组字单后，屏幕显示一系列诸如"2×8 > 4×5"的算式让被试判断正误，判断后再进行时距估计和时序测量。根据因素自然顺序标码和延迟组成的四个处理将实验分成四个程序，分别由四组被试完成，每组中三类字单按拉丁方排列，以抵消顺序误差。被试每完成一个词单，进行时距估计后再进行时序测量，休息2*min*再进行下一个词单。正式实验前用类似的词单让被试进行练习，直到熟悉实验操作为止。

（五）结果与分析

将被试再现时距的时间和口头估计的时间以及时序判断的正确率（其中位置指每一词单八个词的绝对位置判断的平均正确率，顺序指八个词相对前后顺序判断的平均正确率）列表如表4.17所示。

表4.17　被试对时距估计的长短（s）和时序恢复的正确率（%）

字单类型		有顺序标码							无顺序标码							
		延迟				无延迟				延迟				无延迟			
		时距		时序		时距		时序		时距		时序		时距		时序	
		口头	再现	位置	顺序	口头	再现	位置	顺序	口头	再现	位置	顺序	口头	再现	位置	顺序
I	M	15.27	14.25	0.61	0.77	15.41	13.81	0.62	0.75	14.30	12.76	0.64	0.73	14.96	14.72	0.59	0.71
	SD	4.47	3.83	0.29	0.22	3.73	4.37	0.26	0.21	3.80	3.48	0.26	0.19	3.99	3.53	0.26	0.24
II	M	14.23	13.47	0.63	0.80	16.12	13.84	0.55	0.74	14.07	12.90	0.57	0.72	15.51	15.01	0.64	0.77
	SD	4.21	3.43	0.30	0.20	3.76	3.77	0.26	0.19	3.88	3.34	0.27	0.21	4.19	4.18	0.32	0.21
III	M	15.21	14.56	0.59	0.70	16.12	13.56	0.63	0.77	14.26	12.96	0.64	0.77	15.31	15.51	0.64	0.81
	SD	4.22	3.94	0.27	0.20	3.97	3.49	0.63	0.19	3.78	3.50	0.27	0.18	3.91	3.58	0.34	0.20

运用 $SPSS$（6.0）统计软件包对数据进行偏相关分析，把有无延迟、顺序标码和性别等因素作为控制变量，得到时距估计、时序判断和时点离散度之间的相关矩阵（表4.18）。

表4.18　时距估计、时序判断和词单类型之间的相关系数

	再现时距	顺序判断	位置判断	词单类型
口头估计时距	0.66**	0.06	0.12**	0.02
再现时距		0.05	0.12**	0.03
顺序判断			0.80**	0.04
位置判断				0.00

在实验结束后主试对被试进行口头询问，几乎所有的被试都说人物名字最容易记住。将被试对于三类不同字单时序位置属性恢复的正确率及其显著水平列入表4.19。

表4.19　被试对时序位置属性恢复的正确率（%）

时序位置		1	2	3	4	5	6	7	8
词单	I	0.84	0.57	0.52	0.49	0.49	0.62	0.62	0.81
	II	0.89	0.47	0.55	0.36	0.44	0.65	0.55	0.88
	III	0.81	0.45	0.43	0.63	0.69	0.51	0.61	0.89
	F	1.09	2.10	4.64*	9.15**	9.13**	2.65	1.72	1.16

注：* 表示 0.05 水平，$F_{(2,372)} \approx 3.69$；** 表示 0.01 水平，$F_{(2,372)} \approx 5.30$。

由表4.19可以看出，三类词单在时序位置属性恢复的正确率上存在着交互作用。三类词单中词的位置的恢复都存在系列位置效应，但类型Ⅰ最为突出，类型Ⅱ、Ⅲ稍有差异。Ⅱ中第4、5个位置上的正确率异常偏高；Ⅲ的第3、6个位置上的正确率偏高，这几个位置恰好是人名所在的位置。根据前面的分析

结果，虽然人名对于整个字单的时距或时序影响不显著，但在字单回忆时，人名较其他词记忆更准确，因此有理由认为被试把人物名字作为了突出项目。

二、实验二

根据以往经验，不同注意条件下时间信息加工存在不同的特征[1~3]，本实验拟在不同的注意水平下，进一步考察时点、时序和时距之间的相关性。

（一）被试

在校大学本科学生 247 人，按男女比例随机分成人数基本相同的 12 个组。

（二）实验材料

同实验一。

（三）实验仪器

486DX 2-80 计算机。

（四）实验程序

本实验操纵四个因素：①词单类型（Ⅰ、Ⅱ、Ⅲ）；②自然顺序标码（有、无）；③延迟（有、无）；④注意条件（即被试是否事先注意到实验目的是为了估计时距或测量时序，包括注意与无注意两种条件）。实验前对被试进行估计时距训练，即由计算机屏幕呈现数量不等的一系列图形，被试由键盘输入估计时距后，屏幕反馈误差信息。然后用类似的词单进行识记项目练习，即计算机呈现完字单后（词单呈现方式同实验一），屏幕显示一字，问被试刚才是否出现过，被试按键作出判断（不进行时序判断和时距估计）。如此练习，直至被试熟悉操作。正式实验中被试需要进行时距估计和时序测量。依据指导语（因素四）的不同，将实验分为两个阶段。第一阶段是无注意阶段，即被试事先不知道实验是为了估计时距和测量时序。第一阶段只测试一个词单。第二阶段是注意阶段，即第一阶段结束后，告诉被试实验目的。第二阶段测试后两个词单。根据实验操纵的前三个因素所组成的 12 个处理，将实验分成 12 个程序，分别由 12 组被试来完成。其余实验过程同实验一。

（五）结果与分析

将被试估计时距长短以及时序判断的正确率的平均数进行统计，结果见表4.20。

---

① Jackson, L. L., Boonstra, H., de Jonge, D., et al. *The effects of depth of processing on temporal Judgment tasks. Acta Psychology*, 1986, 62: 201~210.
② *Naveh-Benjamnin, M. Coding of temporal order information: An automatic process? Journal of Experimental Psychology: Learning, Memory & Cognition*, 1990, 16(1): 117~126.
③ 王振勇，黄希庭. 时序信息的加工：自动还是控制. 心理科学，1997, 20(1): 23~25, 30.

表 4.20　不同注意条件下被试对时距估计的长短（s）和时序恢复的正确率（%）

顺序标码	字单类型		有注意							无注意						
			延迟				无延迟				延迟				无延迟		
			时距		时序		时距		时序		时距		时序		时距		时序
			口头	再现	位置	顺序	口头	再现	位置	顺序	口头	再现	位置	顺序	口头	再现	位置	顺序
无	I	M	9.48	10.47	0.47	0.37	11.58	11.81	0.49	0.67	9.78	10.41	0.43	0.66	10.04	10.79	0.54	0.72
		SD	2.56	2.73	0.26	0.18	3.85	3.33	0.22	0.16	3.04	2.38	0.30	0.18	2.89	3.01	0.25	0.17
	II	M	9.98	10.34	0.29	0.20	11.43	11.42	0.48	0.74	9.68	10.40	0.57	0.57	10.13	11.09	0.48	0.68
		SD	2.82	2.25	0.18	0.15	3.30	3.32	0.34	0.20	2.90	2.35	0.30	0.20	2.84	2.83	0.32	0.20
	III	M	11.14	11.80	0.42	0.31	10.06	10.99	0.45	0.67	9.40	10.10	0.57	0.72	10.75	10.74	0.41	0.64
		SD	3.32	3.12	0.18	0.15	1.77	2.88	0.25	0.17	2.36	2.40	0.30	0.23	3.42	3.12	0.24	0.19
有	I	M	8.74	9.52	0.64	0.54	11.49	12.36	0.49	0.68	9.72	9.91	0.59	0.71	10.15	11.71	0.49	0.68
		SD	1.44	1.47	0.26	0.21	3.03	2.68	0.26	0.20	2.40	1.81	0.27	0.21	2.51	2.51	0.28	0.20
	II	M	9.80	9.92	0.48	0.41	10.93	11.79	0.49	0.61	9.60	10.32	0.52	0.71	10.52	11.80	0.56	0.71
		SD	1.86	2.17	0.31	0.19	2.58	2.82	0.27	0.23	2.17	1.87	0.30	0.21	2.83	2.94	0.33	0.22
	III	M	10.15	10.33	0.43	0.32	10.15	11.90	0.26	0.59	9.53	10.25	0.47	0.66	10.87	11.94	0.48	0.67
		SD	2.42	2.08	0.23	0.18	2.66	3.22	0.19	0.16	1.17	2.00	0.22	0.14	3.03	3.22	0.26	0.20

对两种注意条件下的结果进行偏相关分析，把有无延迟、顺序标码和性别等因素作为控制变量，得到时距估计、时序判断和时点离散度之间的相关矩阵（表 4.21）。

表 4.21　有、无注意条件下时距估计、时序判断和字单类型之间的相关系数

	无注意				有注意			
	再现时距	顺序判断	位置判断	字单类型	再现时距	顺序判断	位置判断	字单类型
口头估计时距	0.65**	−0.14**	−0.13**	0.01	0.61**	−0.13**	−0.06	0.03
再现时距		−0.09**	−0.11**	0.03		−0.07*	−0.03	0.01
顺序判断			0.78**	−0.12*			0.79**	−0.04
位置判断				−0.20**				−0.04

三、讨论

根据过去的研究经验，对于时间信息的同一属性（如时距），由于测量的方法不同（如再现和口头估计），涉及的加工机制也不同[1][2]。因此在本实验中对于时距和时序选取了多种测量方式。时间信息加工机制是一非常复杂的过

① Jackson, L. L., Boonstra, H., de Jonge, D., et al. The effects of depth of processing on temporal Judgment tasks. Acta Psychology, 1986, 62: 199~210.

② Naveh-Benjamnin, M. Coding of temporal order information: An automatic process? Journal of Experimental Psychology: Learning Memory & Cognition, 1990, 16(1): 117~126.

程，受到多种因素的影响。本次研究为了详细考察时点、时距和时序信息加工之间的相互关系，我们把影响时间信息加工的几个主要因素，如是否延迟、有无顺序标码和注意的参与程度以及时间信息判断方式等均考虑进来。

从实验一的结果来看，时距估计与时序的顺序判断无明显相关，但与时序的位置判断呈显著正相关，位置判断越准确，时距估计越长（就本次实验来看也是越准确）。时距估计与字单类型即时点的离散度呈正相关，但未达到显著水平。Poynter 发现，同一字单如果把人名分散排列要比集中起来时距估计长[①]，本次结果未有明显效应的原因可能是由于字单长度造成的，本研究所采用的字单比 Poynter 所用的字单要短的多，相信如果用长字单，那么时距估计长度与时点离散度应该呈显著正相关。时序判断与时点的离散度也无明显相关，但从表 4.18 和表 4.19 中可以看出，虽然字单中人名（突出时点）总体上对整个字单的时序记忆影响不显著，但它在时序位置属性上实际是起作用的，突出时点的时序位置属性判断较为准确。

从实验二的结果来看，在无注意参与时，时距估计与时序判断呈显著负相关，时序判断越准确，时距估计越短。时距估计与时点离散度的正相关趋势也不显著。时序判断与时点的离散度呈显著负相关，时点离散度越大，时序判断越不准确。有注意参与时，时距估计与时序判断仍呈负相关趋势，但显著水平有所降低。时距估计与时点离散度仍无明显相关。时序判断与时点的离散度虽呈负相关趋势，但未达到显著水平。从实验二和实验一的结果来看，二者有很大差异。为什么会出现这种相反的结果呢？我们认为这很可能与注意的参与程度有关。实验二采用了回溯式实验范型，在本研究的预测实验中我们发现，被试对字单呈现时距的估计往往偏低，在练习时得到反馈信息，可以得到一定程度的校正，但实验前不允许被试知道实验目的，因此实验前不能对被试进行字单时距估计和时序判断的练习，而是让被试进行字单项目的识记练习，只是在预备实验中让被试对系列图形进行时距估计练习，因此实验二中的数据整体都比实验一要低。这里还有一个因素，事实上实验二注意条件下的注意参与程度与实验一也不相同，实验二中被试由于进行了大量识记项目的练习，因此在正式实验中，他们始终都要分出部分注意资源用来识记项目本身，而不是像实验一中的那样全部用来加工时间信息。因此，实验二注意条件下的结果与实验一有所差异，但与完全无注意参与时的结果也不一样。

综上所述，时间信息的三个属性：时点、时距和时序三者之间在不同条件

---

① Poynter, W. D. Duration judgment and the segmentation of experience. Memory & Cognition, 1983, 11(1): 77~82.

下存在不同的关系。就本次实验结果来看，同一时间经历，时距估计与时序判断随注意参与程度的增加，由负相关趋势向正相关变化。时距估计与时点离散度可能呈正相关趋势。时序判断与时点离散度随注意参与程度的增加，也由负相关趋势向正相关变化。由此看来，要探讨时间信息的加工机制，单独抽取出一种属性进行研究，作为解释整体时间信息加工时是不够全面的。以往有关时间信息加工机制的理论，都是针对了时间信息某一属性，而且只是强调了它的一些特征，这也就是导致了各种理论观点不相同甚至出现矛盾。本实验结果为以后时间信息加工的研究给以启示。

附录

Ⅰ	周恩来	邓小平	苹果	香蕉	橘子	西瓜	菠萝	荔枝
Ⅱ	钱学森	李四光	茶馆	公寓	酒吧	饭店	寝室	礼堂
Ⅲ	朱自清	架敬之	沙发	电视	冰箱	衣柜	桌子	书架

合作者：王振勇；原文载于：心理科学，1999，22（5）：398~402.

时序信息提取特点的实验研究

　　时序信息加工是时间认知的一个重要方面。对于记忆中提取时序信息的机制，*Glenberg* 和 *Swanson*[1] 提出了时距区分性理论来解释，该理论的主要假设是：①对事件新信息的编码包含了对其呈现时间进行说明的成分。沿时间线索进行回忆时，必须先构造一个由全部可能出现于此时刻的项目组成的检索系（*search set*），提取就是从该系中取样的过程。②检索系的边界（*boundary of a search set*）和其中包含的项目数有关，其边界越宽，包含的项目越多；这和呈现时间关系为：如果欲提取的信息较久远，则检索系的边界要宽得多；提取新近项目时，检索系边界要窄一些。③对于同样的时间间隔而言，听道知觉到的项目比视道知觉到的项目的检索系的边界要窄。④检索系中包含的项目越多，从中抽出正确项目的可能性越小；反之，则正确抽取的可能性越大。该理论用这几个假设表明，不久前呈现的项目和听道知觉到的项目所对应的检索系边界较窄，因而在回忆时的正确率便高一些。从而解释了时序信息提取时出现的近因效应（*recency effects*）和通道效应（*modality effects*），*Glenberg* 和 *Swanson* 还在实验中得出了与理论预测相符的结果。但稍后，*Crowder* 和 *Greene* 采用不等时距呈现技术（*Irregular list technique*），试图对这个理论预言的通道效应加以验证，却未得到支持性的结果[2]。

　　在我们看来，*Glenberg* 等赖以提出该理论的实验在设计上确实是存在一些问题的。首先，他们只是从回忆的准确性——正确率方面对假设进行了验证。但从信息加工的观点来看，如果在不同条件下回忆时，抽样系中的项目真有数量方面的差异，那么检索时间就应该有所差异，应该在回忆项目的速度——反应时有差异。

　　Sternberg[3] 确定了反应时与心理操作之间的关系，即：

　　$RT=cN+(e+d)$

式中 RT 代表反应时，N 为心理操作中进行比较的次数，c 为进行一次比较所

①　*Glenberg, A. M., Swanson, N. G. A. Temporal distinctiveness theory of recency and modality effects. Journal of Experimental Psychology: learning, Memory & Cognition, 1986, 12: 3~15.*

②　*Crowder, R. G., Greene, R. L. On the remembrance of times past: The irregular list technique. Journal of Experimental Psychology: General, 1987, 116(3): 265~278.*

③　*Sternberg, S. High-speed scorning in human memory. Science, 1966, 153: 652~654.*

需要的时间，$e+d$ 为对刺激编码、做出决定和进行反应所花的时间。对于同一任务而言，c 和 $e+d$ 的值近于恒定，所以一旦 N 发生变化，反应时便会表现出相应的变化。正确率则不同，当任务难度在某个范围时（例如都很容易），心理操作次数的较小变化可能引不出正确率的明显变化。显然，如果该理论有预测效率，更应当在反应时上得以证实。此外，$Glenberg$ 等在研究中是用完全报告法来测得正确率的。$Sperling$ 等已经证明，完全报告技术在探查短时记忆机制方面是不够完善的[①]。该理论的预测效度须经过部分报告法结果的证实。

基于上述，本研究拟采用部分报告法，以正确率和反应时为指标，对 $Glenberg$ 和 $Swanson$ 提出时距区分性理论进行检验，为进一步探讨时序信息的提取机制打下基础。

一、实验一

时距区分性理论认为，新近呈现的项目和听道获得的项目的检索系的边界较窄，包含项目较少，提取的正确率便较高，而且，由于检索项目较少，检索所需时间也应较少，即反应时间较短。而对于先呈现的和视道获得的项目，其所对应的检索系的边界较宽，包含较多项目，相应地，回忆的正确率较低，反应时也更长。在实验一中，我们将对这一设想进行初步的探讨。

实验材料为 A、B、C、D、E、F 六个被试熟悉的英文大写字母，采用部分报告法，以探讨在不同呈现位置、延迟及输入通道条件下被试回忆的速度和正确率是否存在着差异。

（一）方法

被试：16 名本科大学生，男女各 8 名，其视听觉均正常。

仪器：用 $IBM\text{-}AT$ 微机呈现刺激材料和记录反应结果，时间精确到 $1ms$。

实验设计：本实验采用三因素析因设计，所控制的三个因素是：项目呈现的顺序（从第 1 到第 6）；呈现完毕到回忆之间的时间间隔，即延迟（分为 $0s$、$2s$、$10s$ 三种水平）；摄入信息的主要方式（分为出声和默读屏幕上呈现的字母两种）[②]。这三个因素共组合出 $6 \times 3 \times 2 = 36$ 种处理。每位被试在所有处理上各接受两次测试，一共完成 72 次。

程序正式测试前，被试用与正式测试时要求完全相同的练习程序进行练习，直到其熟悉任务要求为止，一般为 $3 \sim 5min$。

正式的测试分两段进行。在一段中，被试出声读出屏幕上呈现的字母；在

---

① *Sperling, G. The information available in brief visual presentations. Psychological Monographs: General and Applied*, 1960, 74(11): 1~29.

② 这是该类研究中的一种近似模仿技术，参见 *Crowder* 和 *Greene*, 1987.

另一段中则要求被试默读。半数被试先完成出声的一段，另外半数则先完成默读的一段。

每段实验包含 36 个呈现系列。每个系列由顺序呈现六个英文字母组成，各个字母在系列内某一位置出现是完全随机的。每个字母在屏幕上呈现的时间为 500ms，相邻字母间的间隔为 2000ms。为防止被试复述，使各个位置上的项目获得的加工尽可能相同，此期间又要求被试注意屏幕上随机呈现的一个个位数是否是偶数，因为最后可能要其报告这个系列中共呈现了多少个偶数。实际上其在延迟为 10s 期间才要求被试报告。六个字母全部呈现完毕，不同的延迟后在屏幕中央呈现测试问题，其格式如下：

第 n 个位置上呈现的是 X 吗？（Y / N）

n 代表时间系列上六个呈现位置中的一个，X 为六个英文字母之一。问题为真的概率为 50%。要求被试预先将左右食指分别放在代表正误的两个键上，待问题一出现就迅速作出判断。每个呈现系列后安排一次测试。

系列间呈现间隔为 1500ms，每完成 12 次后被试可休息 1min，整个实验约需 20min。

（二）结果分析与讨论

表 4.22 和表 4.23 分别列出了在不同条件下被试的反应时和正确率。

对反应时进行方差分析的结果表明，三个控制因素中只有呈现顺序具有显著效应 $[F_{(5,1116)}=3.39$，$MSe=0.89$，$p<0.01]$；延迟的效应不显著 $[F_{(2,1116)}=1.15$，$MSe=0.89$，$p>0.05]$；通道因素也无显著效应 $[F_{(1,1116)}=1.14$，$MSe=0.89$，$p>0.05]$。所有交互作用都不显著。

表 4.22　16 名被试在各种实验条件下的反应时（ms）

位置		延迟					
		0		2		10	
		听	视	听	视	听	视
1	M	2312.66	1920.00	2176.53	2075.53	1859.41	1743.00
	SD	868.70	542.07	1262.28	696.79	1236.07	962.78
2	M	2107.75	2132.00	1824.56	1925.69	1832.16	1718.56
	SD	875.88	643.46	511.56	401.86	435.40	493.80
3	M	2068.19	2245.25	2158.03	2141.87	2196.87	2200.41
	SD	548.45	761.59	525.45	604.60	786.39	829.87
4	M	2005.72	2263.97	2035.97	2251.47	2340.19	2184.91
	SD	634.34	950.16	617.93	874.77	1342.77	640.07
5	M	2149.53	2239.37	2234.91	2120.12	2066.66	1967.00
	SD	437.92	716.93	547.04	598.78	528.55	562.61
6	M	1943.03	1889.69	1885.06	1721.56	1929.44	2009.69
	SD	593.86	591.53	576.71	430.33	648.79	797.75

注：M 代表平均数，SD 为标准差，下同。

表 4.23　16 名被试在各种实验条件下的回忆的正确率（%）

位置		延迟					
		0		2		10	
		听	视	听	视	听	视
1	M	84.37	78.12	90.62	90.62	90.62	93.75
	SD	23.18	30.46	19.52	19.52	19.52	16.54
2	M	84.37	84.37	96.87	87.50	68.75	68.75
	SD	29.15	34.09	12.10	27.95	29.97	39.03
3	M	90.62	87.50	84.37	75.00	84.37	75.00
	SD	19.52	27.95	23.18	39.53	23.18	30.62
4	M	56.25	84.37	68.75	65.62	50.00	50.00
	SD	29.97	23.18	34.80	34.09	39.53	39.53
5	M	71.87	71.87	65.62	65.62	87.50	96.87
	SD	35.22	24.80	23.18	29.15	21.65	12.10
6	M	87.50	75.00	87.50	93.75	84.37	81.25
	SD	21.65	30.62	21.65	16.54	29.15	29.97

对正确率进行方差分析的结果表明，顺序效应显著 $[F_{(5,1116)}=10.41$，$MSe=0.15$，$p<0.01]$；延迟效应不显著 $[F=73$，$MSe=0.15$，$p>0.05]$；通道效应也不显著 $[F=0.05$，$MSe=0.15$，$P>0.05]$。交互作用中只有顺序和延迟的交互作用达到了显著水平 $[F=4.40$，$MSe=0.15$，$p<0.01]$，说明延迟对不同位置上项目顺序信息影响是不一样的。其他交互作用均未达到显著水平。

进一步对各个位置的差异进行 t 检验表明，被试回忆第 1、2、6 个位置上呈现的项目比较快，而回忆第 3、4、5 个呈现的则比较慢。回忆准确率较高的位置为 1、2、3、6，对第 4、5 个位置上呈现的项目回忆较差。

显然，我们可将结果归纳为三点：

（1）从作业成绩看，被试对系列首端（开始部分）和近端（系列末尾部分）上项目的时序信息回忆得较好，准确而迅速，对位于系列中间的项目的时序信息则回忆得差一些。这表明，反应时和准确率与项目呈现的顺序有关。

（2）回忆时间顺序时较少受到短时延迟的影响，但延迟对提取不同位置上的项目的顺序信息的准确率的影响是不一样的。

（3）最为关键的是，我们未能证实时距区分性理论所预言的听觉优势。在判断听觉项目时，其速度和正确率并不比对视觉项目作出判断更快更好，似乎通道因素并没有显著的效应，这一点与 Glenberg 等的理论预测完全不符。

然而，我们还不能急于据此去否定时距区分性理论所假设的机制。分析一

下，本实验还存在易于招致批评的缺陷。第一，实验用的材料过于简单，只是六个英文字母，各系列间的区别仅在字母呈现的位置的差异，在识记速度很快时，可能存在相互干扰。第二，干扰任务十分简单，要求被试完成的操作较少，可能使被试获得复述机会。这种系列间的干扰和系列内的复述差异都有可能掩盖真实存在的差异。为克服这种缺陷，我们又完成了实验二。

二、实验二

实验二主要是针对实验一的不足而设计的。

实验控制的变量依然为三个，即呈现位置（6 个水平）、延迟（0s、10s 两个水平）、通道（视和听），处理组合为 24 种，每个被试在每种处理上完成两次测试，共测 48 次。

所不同的是，实验材料为频度在 1.6954% ~3.4207% 之间的高频汉字，以加大识记材料的区别。每个系列有字 6 个，字与字之间不存在明显的语义联系，共选 12 个系列（视、听两部分材料相同）。

（一）方法

被试：取自同一总体的被试 14 名，其中男 6 名、女 8 名，视听觉均正常，都未参加过实验一。

材料与设计：材料为 12 个汉字系列。程序与实验一大致相同。所不同的是，在一个系列呈现完成后，测试内容格式变为如：

X 字是第 n 个呈现的吗？（Y / N）

X 和 n 所代表的含义同实验一。

在延迟为 0s 时，进行正误（YES 或 NO）判断后还要求被试按数字键报告系列中出现偶数的个数，记录正误；延迟为 10s 时，开始的 7.5s 内要求被试不停地进行两位以内的数对比较，即按键判断呈现在屏幕中央的数对的大小，如：

45……53

如左边的较大则用左手指按 D 键（代表 YES），右边的较大则用右手指按 K 键（代表 NO）。上一对判断完后马上呈现下一对，至 7.5s 时呈现全部结束（但由于被试对最后一对作出判断还需一定时间，实际上要在 9s 左右才能全部完成这种作业）。记录正确率。

各个项目系列呈现间隔为 1.5s。

（二）结果分析与讨论

被试回忆的反应时和正确率如表 4.24、表 4.25 所示。

表 4.24　14 名被试在各种处理下的平均反应时（ms）

位置		延迟			
		0		10	
		听	视	听	视
1	M	1758.93	1871.32	1680.00	1832.57
	SD	379.86	359.26	278.41	537.68
2	M	1996.61	1737.68	1921.36	1736.96
	SD	638.00	449.66	646.53	288.71
3	M	2140.61	1866.71	1913.39	2047.61
	SD	718.83	318.95	554.60	683.79
4	M	1956.64	2070.89	2024.54	2088.68
	SD	451.17	553.11	788.31	487.22
5	M	2011.07	2048.79	1916.86	1894.11
	SD	586.13	551.34	428.39	392.53
6	M	1773.57	1777.14	1914.50	1807.25
	SD	373.08	420.31	411.50	396.32

表 4.25　14 名被试在各种处理下的反应正确率（%）

位置		延迟			
		0		10	
		听	视	听	视
1	M	89.10	68.02	89.07	79.11
	SD	21.09	36.01	21.23	31.03
2	M	79.10	79.24	71.10	71.43
	SD	31.00	31.06	31.00	31.07
3	M	71.10	79.55	85.89	61.23
	SD	36.13	36.31	22.67	21.22
4	M	78.99	75.00	75.54	63.99
	SD	25.01	37.33	25.32	34.90
5	M	92.98	82.02	70.97	93.02
	SD	17.35	30.99	30.79	16.27
6	M	89.00	82.00	81.79	75.04
	SD	20.92	35.70	31.19	31.01

对反应时进行三向方差分析的结果表明，项目呈现顺序有显著效应 [$F_{(5, 648)}$ = 2.63，MSe=0.45，$p<0.05$]。其他两个因素和所有交互作用都未达到显著水平，这一点和实验一中所得结果是大致相同的。进一步的分析发现，被试在回忆呈现于系列两端（第 1、2、6）的项目的时距信息对时速度比较快，而回忆系列

中部的项目信息时较慢。

对回忆正确率的分析则表明通道是一个具有显著作用的因素〔$F_{(1,648)}$＝3.20，MSe＝0.17，$p<0.01$〕，其他因素和所有交互作用都没有显著效应。这一结果证实了通道效应。

将实验二的结果与实验一的结果稍作比较就可以看出，都发现了明显的首因和近因效应。延迟的影响依然十分有限，反应时指标没有反映出明显的听道优势，但从正确率上看，听道却具有明显的优势。

对于最后一点结果，时距区分性理论是难以解释的。因为如果正确率的差异仅是由于检索系中项目多少这种差异引起的，那又如何看待反应时上的无差异呢？看来，通道效应的机制并不在于时距区分性理论所假定的检索系的特点和检索过程。这一点我们将在随后进行进一步的探讨。

三、总的分析与讨论

（一）通道效应

Crowder 等通过一系列研究[①~③] 表明，默读和出声阅读呈示项目这两种不同的方式已足以用于观察通道效应。我们在实验二中亦证明了这点。以往关于通道效应的研究，往往得出自相矛盾的结果，对其的解释也纷繁零乱[④]。这种矛盾，多源于各个研究条件的差异，即方法论的差异。深入的分析表明，这种现象水平上的争论并不能为人们理解通道效应提供多少有用的信息[⑤]。

Glenberg 从认知机制着手，将通道效应和时距编码联系在一起，提出了时距区分性理论。它指出，对新信息的编码也包含着对该信息出现时间的说明，当提取无法依靠更为有效的线索（如语义）时，便会以构造检索系的方式进行。

Glenberg 等预言视和听通道间存在两个有区别的过程，即编码过程和回忆时在检索系内的检索过程。本研究尚未对编码过程加以探讨，所得结果却初步否定了时距区分性理论对时距信息提取过程的假设。

实验一的结果表明，通道因素未对提取时距信息的速度和正确率产生显著影响。实验二通过对条件更加严密的控制，发现通道对回忆的正确率有显著效应，这证实了通道效应的存在。对两个实验进行比较分析后我们认为，其结果

① *Crowder, R. G. The role of one's own voice in immediate memory. Cognitive Psychology,* 1970, 1(2): 157~178.

② *Crowder, R. G., Greene, R. L. On the remembrance of time past: The irregular list technique. Journal of Experimental Psychology: General,* 1987, 116: 265~278.

③⑤ *Schab, F. R., Crowder, R. G. Accuracy of temporal coding: Auditory visual comparisons. Memory & Cognition,* 1989, 17(4): 384~397.

④ *Penney, C. G. Modality effects and the structure of short-term verbal memory. Memory & Cognition,* 1989, 17(4): 398~422.

的差异最可能源自实验安排。实验一中，被试学习材料很简单，各系列间易于干扰，使被试在实验中有可能对前面呈现的项目进行复述，加工程度的差异有可能掩盖通道间成绩的差异。实验二由于任务难度加大，使这种复述的可能性大为减小，从而使通道效应在回忆的正确率上表现出来，但在回忆的速度方面却始终未发现通道间有差异存在。

为解释提取速度和准确率的这种差异，我们不妨先来看看二者的关系。在设计本研究之初，我们曾设想二者间具有负相关。这种设想不难理解，因为按照时距区分性理论的假设，提取首先是一个在检索系进行检索的过程，这个检索中要检索的项目越多，其正确率往往会越低，而花的时间则会越长；反之则正确率高而反应时却短。但实验二的结果否定了我们的这种设想，根据其结果可以算出，全部被试在 24 种处理条件下正确率和反应时之间的相关为 0.002，远低于临界水平，说明我们设想的相关关系并不存在。

根据 *Sternberg* 提出的提取公式：

$RT=cN+（e+d）$

RT 在反映搜寻比较次数方面是一个非常灵敏的指标。反应时的无差异性极可能暗示着心理操作在数量上的无差异。这就意味着，很可能并不存在时距区分性理论假定的那种检索系和检索机制。

（二）近因效应和首因效应

我们的两个实验表明，在短时记忆中提取时距信息的速度是项目呈现顺序的函数。关于项目语义信息的研究中已发现存在类似的规律，与 *Miller*（1972）在反应时研究中得出的规律也是一致的。

究其原因，一方面，这可能和我们采用的任务类型有关。在设计研究时，我们曾力图避免语义因素的影响，如将测试内容定为：

X 字是第 *n* 个呈现的吗？

被试一般不用对 *X* 这个字的语义信息进行多少回忆，以便尽快对其呈现的时间信息进行提取。但是，也有可能时距信息和语义信息是紧密联系在一起的，语义信息是回忆时距信息的基础，从而使其表现出规律上的一致性。

（三）延迟对回忆的影响

与一般猜测不同的是，延迟作为一个单独的因素对提取时距信息的速度的准确率并未产生显著影响。这可能与我们所采用的延迟较短以及部分报告技术有关。

在进一步审视交互作用后，发现实验一中位置和延迟的交互作用达到了极显著水平。这表明，延迟对各个位置的影响是不一样的。根据表 4.23 中的数据我们可算出延迟对各个位置上信息回忆带来的影响，如表 4.26 所示。

表 4.26　延迟和无延迟回忆条件下准确率之间的差值（%）

位置	延迟				平均值
	2		10		
	听	视	听	视	
1	6.25	12.50	6.25	15.63	2.54
2	12.50	3.13	−15.62	−15.62	−3.90
3	−6.25	−12.50	−6.25	−12.50	−9.38
4	12.50	−18.75	−6.25	−34.37	−11.72
5	−6.25	−6.25	15.63	25.00	7.08
6	0	−3.13	18.75	6.25	5.47

可以看出，延迟使回忆系列中部的项目（2、3、4）的时距信息的准确率降低，而使首端（1）和尾端（5、6）的信息回忆得更加准确。

对两实验进行比较后我们认为，引起这种现象的原因在于复述。实验一中，延迟期内被试要完成的干扰任务较少，有机会对呈现过的项目进行复述。但由于呈现时各项目的相互竞争，中间呈现的项目得到较少的加工，记忆不准确。在复述时，被试可能也宁愿去复述记忆较好的项目，这就造成延迟过后使原来记得好的愈加记得好，记得差的更差的情形，出现前面描述的现象。

这种解释看来是颇有道理的，因为实验二中延迟期内干扰增加后上述现象便不复存在了。

（四）小结

本文以 *Glenberg* 提出的时距区分性理论假定的机制为基础，对时序提取的特点进行了研究，结果表明：

（1）提取项目的时间信息的速度是呈现项目顺序的函数。对提取系列开始和末尾的项目的时间信息回忆较快，提取系列中间项目的时间信息则回忆得慢。就时间信息提取的速度而言，存在着首因和近因效应。

（2）通道对时间信息的提取有一定的影响。这种影响主要表现在提取的准确率的差异上，对提取速度则没有什么明显的效应。

总之，我们的研究表明，用时距区分性理论假设的检索系和检索特点来作为提取时间顺序信息的内部机制似乎缺乏证据。这方面的研究还有待深入。

合作者：郑云；原文载于：心理科学，1993，16（5）：257~264.

时序信息提取机制的探索

　　人们能够将两个或两个以上的事件知觉为不同并且按照顺序组织起来，这在时间心理学上称为时序①。新近性判断（*judgment of recency*，*JOR*）是研究时序信息加工的最常用范型之一②，其程序为先让被试学习一系列的材料（字母或单词），然后从所学材料中随机呈现两个让被试辨别何者出现得更新近。*Muter* 采用 *JOR* 范型以反应时（*reaction time*，*RT*）和准确性为指标研究时序信息的提取机制，其结论是时序信息恢复的潜伏期取决于两个探测项目中较新近一个的学习位置，而较早远一个的学习位置对 *RT* 没有影响③。几乎同时，*Hacker* 独立地考察了这一问题，也得到同样的结论，并提出解释 *JOR* 任务中 *RT* 和准确性模式的理论，主要观点是探测项目与记忆集中元素的比较是以新近为基础，通过逆向串行搜索而完成的；项目在记忆集中以学习时的位置排序；测验时，记忆中保持的项目以可得性 a_i（*availability*，$0<a_i<1$）表示其强度；探测项目以串行方式与记忆中的元素进行比较，从最新近的项目开始，向着最早远的项目逆向搜索，第一个与记忆集中某一项目相匹配的探测项目被选作更新近的；如果两个探测项目均不可得，被试则随机猜测④。*Hockley* 也报告了类似的结果⑤。*McElree* 和 *Dosher* 采用 *JOR* 范型，以 *RT* 和 *CRSAT*（*cued-response speed accuracy trade-off*）技术论证了时序信息的提取是慢速的串行加工⑥，并结合其前一项研究⑦指出，时序信息和项目信息的提取机制是不同的，后者为快速的并行加工或直通。这些观点和更早的相关研究的结论不一致，例

---

　　① 黄希庭. 时距信息加工的认知研究. 西南师范大学学报（自然科学版），1993，18(2)：207~215.

　　② *Estes, W. K. Memory for temporal information. In*: *J. A. Michon, J. L. Jockson. Time, mind, and behavior. Berlin: Springer Verlag*, 1985: 151~168.

　　③ *Muter, P. Response latencies in discriminations of recency. Journal of Experimental Psychology*: *Human Learning and Memory*, 1979, 5(2): 160~169.

　　④ *Hacker, M. J. Speed and accuracy of recency judgments for events in short-term memory. Journal of Experimental Psychology*: *Human Learning and Memory*, 1980, 6(6): 651~675.

　　⑤ *Hockley, W. E. Analysis of response time distribution in the study of cognitive process. Journal of Experimental Psychology*: *Learning, Memory, and Cognition*, 1984, 10(4): 598~615.

　　⑥ *McElree, B., Dosher, B. A. Serial retrieval processes in the recovery of order information. Journal of Experimental Psychology*: *General*, 1993, 122: 291~315.

　　⑦ *McElree, B. Dosher, B. A. Serial position and set size in short-term memory*: *Time course of recognition. Journal of Experimental Psychology*: *General*, 1989, 118: 346~373.

如 *Sternberg* 提出的时序信息恢复模型是顺向串行扫描[①]；*Lockhart* 认为相对 *JOR* 的准确性可由相应的绝对 *JOR* 的成绩来预测，即顺序信息的提取依赖于两个探测项目的位置[②]。

可见，不同的研究者采用 *JOR* 范型研究时序信息的加工机制，得出了一些共同的结论，如时序信息是需要提取的，时序信息的提取是串行搜索的；也提出了一些相左的观点，如串行搜索的方向是逆向的还是顺向的，*JOR* 的准确性是由探测项目中较新近一个的位置所决定还是由二者的位置所共同决定的？那么，时序信息的提取机制究竟是什么？这是本研究试图探讨的根本问题。

得出时序信息提取是串行逆向搜索的研究，无一例外都是采用 *JOR* 实验范型。任务类型具有定向作用。逆向搜索是提取时序信息的固有属性还是任务定向所致？这是值得检验的。从理论上讲，能够正确判断两个探测项目何者更新近与能够判断何者更早远是完全等效的。但是，在短时记忆的顺序信息提取任务中，由于采用的是学习一测验手段，实验任务将会影响学习时的策略，从而造成对两个探测项目新近性辨别和早远性辨别成绩的不同。如果对照不同任务中时序信息加工的不同特点，也许能够揭示时序信息提取的本质。与 *JOR* 相对应，先让被试学习一系列材料，然后让其判断两个探测项目何者出现得更早远，称为早远性判断（*judgment of earliness*，*JOE*）。本研究拟用 *JOR* 和 *JOE* 作为实验任务，进一步考察时序信息提取机制的问题。

一、实验一

（一）目的

用 *JOR* 范型验证 *Hacker* 理论，检验用 *JOR* 研究时序信息提取机制的可用性。

（二）方法

1. 仪器

*IBM-PC*386。

2. 材料

频率在 0.1000~0.0177 之间的高频汉字 121 个（文后附录 1）[③]。

---

① *Sternberg, S. Memory scanning: Mental processes revealed by reaction-time experiments. American Scientist*, 1969, 57(4): 421~457.
② *Lockhard, R. S. Recency discriminations predicted from absolute lag judgments. Perception & Psychophysics*, 1969, 6(1): 42~44.
③ 北京语言学院语言教学研究所编. 现代汉语频率词典. 北京：北京语言学院出版社，1985.

3. 被试

视力（含矫正视力）正常的右利手研究生 4 名，2 男 2 女，年龄在 22.1~29.0 岁之间，平均年龄 25.8 岁。被试均得到了相应的报酬。

4. 程序

实验的基本单元是试（*trial*），具体过程为：①屏幕中央出现开始标识符"+"，持续 500*ms*；②从上述材料中随机选取的六个汉字依次在屏幕中央呈现 500*ms*（字的大小为 10*mm*×10*mm*），相邻汉字之间间隔 50*ms*；③最后一个汉字消失后，屏幕中央出现测验标识"*"500*ms*；④屏幕中央同时呈现两个刚才学习过的汉字，两个汉字在屏幕上相距 20*mm*；⑤被试进行新近性判断，如果认为左边的探测项目更新近，置于 *F* 键上的左手食指击 *F* 键，如果认为右边的探测项目更新近，置于 *J* 键上的右手食指击 *J* 键。反应后，探测项目消失，屏幕中央反馈反应的潜伏期（*ms*），下端提示"按空格键继续"。30 试组成一段（*block*），每段结束时，屏幕中央反馈本段辨别的正确率（%），下端提示"按空格键继续"。一段 30 试中两个探测项目呈现的随机原则（不告知被试）是：六个位置的 15 种无重复组合均出现两次，一次的左—右关系与学习时的前后关系一致，另一次的左—右关系与学习时的前后关系相反。七段构成一节（*session*），约 30*min*。每节实验开始时均提示被试尽量快又尽量准确地反应，但更强调准确性。被试在试或段之间均可不按键而进行适当的休息。每一被试相隔 1~2 天完成一节实验。四名被试均完成了七节实验（一节练习，六节正式实验）。做完全部实验后以书面方式回答有关问题（问卷见文后附录 2）。

（三）结果与分析

在对实验数据作进一步统计之前，先分别以各个被试全部数据的 $M \pm 3SD$[①]进行处理，由此而被舍弃的数据共有 65 个，不到全部数据的 1.23%。

1. 新近性判断的准确性

探测项目呈现的左—右关系对被试的判断正确率没有影响 [$F_{(1,118)} = 0.011$，$MSe = 0.022$，$p > 0.05$]。由于 *JOR* 实际是 2*AFC*（*two-alternative forced-choice*）任务，故可将被试对各种组合的辨别正确率转换成 d' 值[②]，列入表 4.27。

由表 4.27 可见：d' 值随较新近探测项目学习位置的新近性而提高 [$F_{(4,40)} = 78.658$，$MSe = 0.135$，$p < 0.01$]（因被试间个体差异的存在，相关的分析均将被试作为一个因子，以下同）；较早远探测项目的学习位置对 d' 值的效应不显著 [$F_{(4,40)} = 0.273$，$MSe = 1.107$，$p > 0.05$]。

① 张厚粲，孟庆茂，冯伯麟. 心理与教育统计学. 北京：北京师范大学出版社，1987：21.
② 陈舒永，杨博民，高云鹏. 心理实验纲要. 北京：北京大学出版社，1989：54~55.

表 4.27　各被试新近性判断的准确性（ d' ）

被试	较早远探测项目的学习位置*	较新近探测项目的学习位置				
		2	3	4	5	6
CB	1	0.21	0.21	0.06	2.48	3.28
	2		0.54	0.54	1.74	2.32
	3			0.04	1.34	3.28
	4				1.53	2.48
	5					2.32
TB	1	0.40	1.05	1.60	1.34	3.28
	2		0.00	0.90	1.34	3.28
	3			0.71	1.34	3.28
	4				1.14	2.19
	5					2.90
YH	1	1.24	0.95	1.19	1.81	2.90
	2		0.62	1.00	2.19	2.32
	3			1.05	1.81	2.48
	4				1.66	2.48
	5					2.19
SI	1	0.43	0.54	1.19	1.98	2.90
	2		0.14	0.95	2.08	2.08
	3			1.34	1.60	2.48
	4				1.81	2.32
	5					2.90

注：*表示字单中第一个项目的位置为1，第二个项目的位置为2，其余类推，下同。

2. 正确反应的潜伏期

被试正确反应的 RT 不受探测项目呈现顺序的影响 [$F_{(1,118)}$ =0.01， MSe =0.02， p >0.05]。表 4.28 给出各被试正确反应的 RT 及对应的 SD ，显然，被试的 RT 模式与 d' 的类似，但方向相反， RT 极显著地依赖于较新近探测项目的位置 [$F_{(4,40)}$ =367.83， MSe =0.003， p <0.01]，而较早远的探测项目鲜有影响 [$F_{(4,40)}$ =2.04， MSe =0.11， p >0.05]，即正确反应的 RT 主要用于搜索较新近的一个探测项目。

3. 错误反应的潜伏期

错误反应的数据较少，特别是当较新近探测项目的位置是 6 时，个别被试几乎没有误判，因此错误反应的数据稳定性较差，但是，其数据模式和正确反应的 RT 模式非常相近 [$F_{(1,226)}$ =1.28， MSe =0.20， p >0.05]，反应的潜伏期与探测项目中较新近一个的关系密切 [$F_{(4,40)}$ =23.67， MSe =0.05， p <0.01]，相对不受较早远探测项目的影响 [$F_{(4,40)}$ =1.16， MSe =0.17， p >0.05]；亦不受探测项目呈现顺序的影响 [$F_{(1,106)}$ =0.51， MSe =0.23， p >0.05]。综上，采用 JOR 范型的研究完全重复了以往的研究结果：① JOR 的准确性依赖于较新近一个项目的学习位置，较早远一个项目的学习位置在探测两个项目的新近性任务中影响甚小；②JOR 正确反应的潜伏期与准确性相对应，受探测项目中较新近一个项目学习位置的强烈影响，较早远探测项目的效应不显著；③错误反应的 RT 模式与正确反应的 RT 模式类似。由此可以得出如下结论：在 JOR 任务中，被试是以新近项目为基础逆向搜索记忆表征而提取时序信息的；提取的准确性与较新近探测项目的新近性相关。但是，错误反应的 RT 与正确反应的 RT 模式并无根本区别，这与 Muter 的结果一致，而不支持 Hacker 的观点。Hacker 理论及已有的相关研究主要是用来描述和解释 JOR 现象的，这并不足以揭示时序信息提取机制的本质。恢复时序信息是否必然以逆向的方式进行搜索？是否与采用 JOR 范型有关？这是需要深入研究的。因此有必要采用 JOE 技术，尝试探讨被试提取时序信息的其他方式。

表 4.28　各被试新近性辨别正确反应的平均 RT（ms）及 SD

被试	较早远探测项目的学习位置	较新近探测项目的学习位置									
		2		3		4		5		6	
		RT	SD	RT	SD	RT	SD	RT	SD	RT	SD
CB	1	814	253	794	200	777	177	559	128	459	127
	2			767	214	793	235	582	160	466	154
	3					776	218	582	150	445	102
	4							632	204	440	115
	5									472	166
TB	1	1032	339	1130	297	1072	312	905	361	520	177
	2			1168	392	1106	314	981	387	525	174
	3					1057	235	921	331	570	250
	4							948	375	536	189
	5									537	198
YH	1	1529	440	1732	551	1617	584	1255	503	898	397
	2			1866	489	1876	553	1331	477	984	523
	3					1750	445	1368	530	904	434
	4							1450	603	844	412
	5									1047	524
SI	1	1858	533	1839	580	1687	516	1333	455	817	337
	2			1741	505	1749	505	1379	544	731	209
	3					1623	536	1364	464	876	459
	4							1441	449	785	238
	5									799	268

二、实验二

（一）目的

用 JOE 范型探讨提取时序信息顺向搜索的可能性。

（二）方法

1. 仪器、材料、被试

同实验一。

2. 程序

除指导语要求被试进行早远性判断（两个探测项目在学习字单中何者先出现）之外，完全同实验一。被试的反应方式是：如果认为左边的探测项目先出现，置于 F 键上的左手食指击 F 键，如果认为右边的探测项目先出现，置于 J 键上的右手食指击 J 键。

（三）结果与分析

照实验一的方法对原始数据进行处理而被舍弃的数据共有 79 个，占全部数据的 1.56%。探测项目呈现的左—右关系对正确反应、错误反应的 RT 和辨别准确性的影响均不显著 [$F_{(1,118)} = 0.02$，$MSe = 0.16$，$p > 0.05$；$F_{(1,112)} = 0.20$，$MSe = 0.28$，$p > 0.05$；$F_{(1,118)} = 0.001$，$MSe = 0.02$，$p > 0.05$]。从实验后的问卷发现被试 SI 对 JOE 任务完全采用了反转反应策略，即其仍然进行 JOR 操作，在反应时进行调整，实验数据（因附加了反转时间，其 RT 明显偏大）的模式也与其策略相一致，而和其他三名被试的不同，所以虽然表 4.29 和表 4.30 列出了该被试的实验结果，但在分析时则不包括其数据。

1. 早远性判断的准确性

表 4.29 列出四名被试在 JOE 实验中的辨别力 d'。检验结果表明，较早远探测项目对 d' 的效应显著 [$F_{(4,30)} = 2.76$，$MSe = 0.33$，$p < 0.05$]；较新近探测项目对 d' 的效应不显著 [$F_{(4,30)} = 1.81$，$MSe = 0.38$，$p > 0.05$]。

表 4.29　各被试早远性判断的准确性（d'）

被试	较早远探测项目的学习位置	较新近探测项目的学习位置				
		2	3	4	5	6
CB	1	1.47	1.74	2.19	2.32	1.60
	2		0.54	1.24	1.74	1.98
	3			0.64	0.78	1.81
	4				1.05	1.05
	5					−0.07
TB	1	1.34	1.47	1.74	1.81	2.08
	2		0.36	0.86	1.14	1.60
	3			1.24	1.24	2.32
	4				0.07	1.66
	5					1.24
YH	1	1.66	1.53	1.29	1.74	2.90
	2		0.71	0.74	1.60	2.48
	3			1.29	1.24	1.81
	4				1.05	1.66
	5					1.98
SI	1	0.95	0.78	1.29	1.74	2.90
	2		0.54	1.66	1.81	3.28
	3			1.53	2.08	3.28
	4				1.74	2.19
	5					2.90

2. 正确反应的潜伏期

表 4.30 列出被试在 *JOE* 任务中正确反应的平均 *RT* 及其 *SD*，方差分析表明：较早远探测项目的学习位置对正确反应的 *RT* 效应显著 $[F_{(4, 30)} = 8.25$，$MSe = 0.02$，$p < 0.01]$，而较新近探测项目的学习位置对正确反应的 *RT* 效应不显著 $[F_{(4, 30)} = 2.38$，$MSe = 0.23$，$p > 0.05]$。

表 4.30　各被试早远性判断正确反应的平均 *RT*（*ms*）及 *SD*

被试	较早远探测项目的学习位置	较新近探测项目的学习位置									
		2		3		4		5		6	
		RT	*SD*	*RT*	*SD*	*RT*	*SD*	*RT*	*SD*	*RT*	*SD*
CB	1	483	172	471	141	463	154	478	148	489	190
	2			653	228	609	217	614	181	573	169
	3					739	226	668	202	708	202
	4							709	184	747	190
	5									834	254
TB	1	720	311	789	452	792	470	803	409	654	325
	2			1126	424	1074	492	1046	463	935	452
	3					1140	437	1144	476	912	364
	4							1190	429	1002	475
	5									961	430
YH	1	1155	414	1289	562	1251	513	1059	436	884	419
	2			1512	519	1474	476	1202	385	1007	442
	3					1631	432	1612	554	1166	579
	4							1583	625	1170	573
	5									991	533
SI	1	1854	571	1937	541	1972	618	1591	505	1128	509
	2			2174	734	1970	568	1633	676	1211	610
	3					1568	545	1642	594	1238	579
	4							1736	679	1148	576
	5									1045	366

3. 错误反应的潜伏期

实验二 *JOE* 任务中错误反应的数据亦较少，不够稳定，但数据模式与正确反应的一致 $[F_{(1.88)} = 0.02$，$MSe = 0.14$，$p > 0.05]$，主要受较早远探测项目位置的影响 $[F_{(4, 30)} = 6.34$，$MSe = 0.02$，$p < 0.01]$，较新近探测项目的效应不显著 $[F_{(4, 30)} = 0.77$，$MSe = 0.379$，$p > 0.05]$。

综上，实验二 *JOE* 的结果表明：① *JOE* 任务中的 *d'* 值主要受两个探测项目中较早远一个项目位置的影响；② *JOE* 的 *RT* 亦主要受较早远探测项目的影响；③正确反应和错误反应的 *RT* 模式类似。由此可见，提取时序信息时，顺向搜索亦是存在和可能的，逆向搜索不是恢复时序信息的必然方式，顺向搜索和逆向搜索均不是提取时序信息的本质，它们不过是恢复顺序信息的具体策略和手段而已。那么，提取时序信息的内在机制是什么呢？在 *JOR* 中，被试会特别加强对字单新近部分的编码，相应地，在 *JOE* 中，被试会特别加强对字单早远部分的编码，这样，在不同的实验条件下，被试采用不同的提取策略恢复时序信息是自然的。

如果具体的加工方式和策略不是提取时序信息的固有机制，那么，广泛使用的 *JOR* 范型对时序信息的估计是否造成了系统偏差？将实验一和实验二的结果进行比较，特别是在不包括被试 *SI* 的数据时，可以发现 *JOE* 和 *JOR* 条件下，被试对同样时序关系的辨别力及正确反应的潜伏期水平不同，见表 4.31。其中 *JOE* 相对提高对早远端辨别的准确性［$F_{(1,12)}=7.24$，$MSe=0.24$，$p<0.05$］，缩短相应的反应潜伏期［$F_{(1,12)}=18.60$，$MSe=0.02$，$p<0.01$］；*JOR* 则相对提高对新近端辨别的准确性［$F_{(1,12)}=11.13$，$MSe=0.42$，$p<0.01$］，缩短相应的反应潜伏期［$F_{(1,12)}=6.34$，$MSe=0.05$，$p<0.05$］。可见，*JOE* 易化字单早远端时序信息的提取过程，*JOR* 易化字单新近端时序信息的提取过程，表现为相应辨别力的提高和反应时的缩短。无论是 *JOR* 任务还是 *JOE* 任务，对整个字单时序信息的恢复都产生系统的偏差，真正反映人们对整个字单时序信息的恢复过程，也许应该同时考虑两种任务下的成绩，并进行适当的调整。

表 4.31　*JOE* 和 *JOR* 任务中对新近和早远部分时序信息提取的 *d'* 和 *RT*（*ms*）比较

	早远端（位置1、2、3）		新近端（位置4、5、6）	
	d'	*RT*	*d'*	*RT*
JOE	1.20	910	1.08	1203
JOR	0.58	1020	2.10	767

但是，实验二中一名被试自行采用反转反应的提取策略，这可能是因做实验一而形成的定势所致，也可能是由于其对字单早远部分的记忆表征不及新近部分的记忆表征清晰所致。实验三将检验这两个假设，以进一步考察时序信息提取的内在机制。

三、实验三

（一）目的

检验项目可得性对时序信息提取机制的效应。

（二）方法

1. 仪器、材料

同实验一。

2. 被试

视力（含矫正视力）正常的右利手研究生 1 名、本科生 3 名，2 男 2 女，年龄在 21.3~22.8 岁，平均年龄 21.8 岁。被试均得到了相应的报酬。

3. 程序

基本同实验二，但有两点区别：①每试呈现 12 个汉字，每字呈现 $250ms$，相邻两个汉字之间间隔 $25ms$；②探测项目只从字单的最早远三个项目和最新近三个项目中随机选取，中间六个汉字充当陪衬项目（并不告诉被试）。由于项目呈现时间和间隔时间的调整，每节实验持续的时间与实验一和实验二相当。

（三）结果与分析

用 $M \pm 3SD$ 法则淘汰掉的数据共有 80 个，占全部数据的 1.63％。探测项目呈现的左—右关系对辨别的准确性、正确及错误反应的潜伏期均无明显影响 $[F_{(1,118)} = 1.95, MSe = 0.04, p > 0.05; F_{(1,118)} = 0.25, MSe = 0.20, p > 0.05; F_{(1,103)} = 0.50, MSe = 0.39, p > 0.05]$。各被试的辨别力指标 d' 和正确反应的潜伏期 RT 分别见表 4.32 和表 4.33。

数据分析结果表明：① d' 主要受较新近探测项目的影响 $[F_{(4,40)} = 65.37, MSe = 0.19, p < 0.01]$，较早远探测项目相对来说不影响 d' $[F_{(4,40)} = 1.33, MSe = 1.26, p > 0.05]$；②正确反应和错误反应的 RT 模式非常类似 $[F_{(1,223)} = 0.02, MSe = 0.29, p > 0.05]$；较新近项目对它们的效应显著 $[F_{(4,40)} = 233.34, MSe = 0.01, p < 0.01; F_{(4,40)} = 8.08, MSe = 0.23, p < 0.01]$；较早远项目对它们的效应不显著 $[F_{(4,40)} = 1.203, MSe = 0.16, p > 0.05; F_{(4,40)} = 0.87, MSe = 0.42, p > 0.05]$。

表 4.32　各被试早远性判断的准确性（d'）

被试	较早远探测项目的学习位置	较新近探测项目的学习位置				
		2	3	4	5	6
OU	1	0.40	0.36	1.90	2.90	2.90
	2		0.36	2.08	2.48	2.32
	3			1.98	2.32	3.28
	4				1.66	2.19
	5					2.90
WH	1	−0.36	0.07	1.29	2.08	2.48
	2		0.21	2.19	2.32	3.28
	3			1.74	1.81	2.19
	4				1.74	1.74
	5					1.81
OC	1	−0.28	0.00	2.48	2.32	3.28
	2		0.25	2.32	2.90	3.28
	3			2.48	2.32	3.28
	4				2.90	2.32
	5					2.90
UB	1	−0.18	−0.21	1.19	2.19	2.90
	2		0.04	1.53	1.66	2.48
	3			1.47	1.47	2.32
	4				0.36	1.81
	5					1.74

表 4.33　各被试早远性判断的正确反应平均 *RT*（ms）及 *SD*

被试	较早远探测项目的学习位置	较新近探测项目的学习位置								
		2		3		4		5		6	
		RT	SD	RT	SD	RT	SD	RT	SD	RT	SD
OU	1	1730	937	1752	689	1316	568	1149	631	1013	577
	2			1740	652	1255	529	1160	617	1004	560
	3					1357	663	1149	600	1007	553
	4							1024	531	1051	574
	5									1143	516
WH	1	1458	358	1517	448	1068	347	955	289	876	297
	2			1499	409	1080	410	1017	336	902	318
	3					1075	325	1010	283	886	245
	4							1284	334	1016	333
	5									1084	343
OC	1	2706	701	2797	714	1181	477	1169	508	968	336
	2			2652	721	1198	501	1355	643	1051	568
	3					1158	487	1262	486	1032	478
	4							1069	349	1133	396
	5									1055	318
UB	1	761	208	738	180	731	175	674	105	548	157
	2			789	232	705	204	661	169	539	137
	3					711	178	656	169	536	172
	4							751	239	602	233
	5									619	278

　　总之，实验三 *JOE* 的准确性和潜伏期均受较新近探测项目的影响，相对不受较早远探测项目的影响，即被试并不像实验二中的被试那样由任务所定向，而均主要采用了反转反应策略。从表4.32、表4.33的数据可以清楚地看到，最新近和最早远两部分的辨别准确性和反应潜伏期是明显分离的，其中，对早远部分判断的 *RT* 特别长，*d′* 值特别小。这一结果是与项目在学习字单中的位置相对应的。从实验后的问卷获知，被试的确不知道中间六个汉字是陪衬项目，也不知道最早远的三个项目是一定要测验的，但他们一致报告说最新近几个项目得到测验的概率较大。因此，他们特别注意对新近部分项目的记忆，提取时序信息时则主要以新近部分为基础逆向搜索，进行反转反应。实际上，被试即使不特别加强对最新近部分项目的记忆，其对早远三个项目的记忆效果也会很差，因为这三个项目在学习完整个字单后，已被"挤"出短时记忆，项目可得性 *ai* 极小，除非采用特别的记忆策略（如，被试 *OU* 以组块方式将12个项目变成在短时记忆容量之内的较大组块，其对早远部分的 *d′* 值较另外三名被试的要大），不然，对它们之间时序关系的辨别只能限于概率水平（*d′* 在0值附近）。

四、总的讨论

（一）提取时序信息的逆向搜索与顺向搜索

Muter、*Hacker* 和 *Hockley* 均采用 *JOR* 范型，得出时序信息的提取是以新近性为基础的逆向串行搜索加工，这一结论相当稳健，正如 *Hacker* 所指出的，项目性质（字母或单词）、呈现速度等实验变量均不影响 *RT* 的总体模式①。本研究实验一用汉字作为材料验证了这一结论。*Hacker* 理论能够定量地解释 *JOR* 的 *RT* 和 *d′*，但它并非十分完美。*McElree* 和 *Dosher* 发现包含最新近位置 *JOR* 的 *RT* 比其他情况下的 *RT* 明显要短，从而提出对 *Hacker* 理论的修正，认为包含最新近位置项目的 *JOR* 实际上是匹配而不是搜索的过程②。然而，上述研究的范型局限于 *JOR*，不可能完整地解释时序信息的加工本质，特别是不能解释提取时序信息为什么要逆向串行搜索。人类心理操作的特征就在于目的性和经济性，采用 *JOR* 任务，被试自然会采用有利于对新近性进行辨别的记忆和提取策略。但具体认知策略的使用并不是人们恢复时序信息的固有属性。要从根本上阐释时序信息的提取机制，就要突破 *JOR* 方法的局限，采用新的研究技术。实验条件下，对事物新近性的辨别品质并不必然等同于对事物早远性的辨别品质，而实验任务的变换，有可能分离具体的学习、提取策略与时序信息加工的固有属性。在本研究实验二中尝试用 *JOE* 范型所得出的结果初步验证了这种设想：在 *JOE* 任务中，被试的确可以将学习和提取策略定向于项目的早远性上，表现出对时序信息提取的顺向搜索，从而说明逆向搜索和顺向搜索一样，不过是恢复时序信息的一种策略而已。解释时序信息提取机制的理论，需要有超越具体搜索方向的新发展。

（二）时序信息的恢复与任务定向

任务定向虽然不必然使被试采用相应的认知策略，但是其对时序信息恢复的作用是客观存在的，*JOE* 易化早远端，*JOR* 易化新近端，表现为 *JOE* 相对提高对早远端时序信息的辨别准确性，缩短相应的反应潜伏期；*JOR* 相对提高对新近端时序信息的辨别准确性，缩短相应的反应潜伏期。任务定向和时序信息提取成绩的分离，对研究时序信息加工的意义是，采用单一的研究范型可能会造成对人类信息加工能力和特性评估的系统偏差。但是，无论被试在两种实验条件下采用何种具体的记忆和提取策略，完成相应的任务始终是目的，其所用策略对自己来说是适宜和便利的。无论从项目可得性还是随机混淆的角度

① *Hacker, M. J. Speed and accuracy of recency judgments for events in short-term memory. Journal of Experimental Psychology: Human Learning and Memory*, 1980, 6(6): 651~675.

② *McElree, B., Dosher, B. A. Serial retrieval processes in the recovery of order information. Journal of Experimental Psychology: General*, 1993, 122: 291~315.

看，在实验三条件下，早远端项目的记忆表征均变得不利于搜索了，特别是记忆表征相当清晰的新近端项目的存在，诱使被试进行任务反转而不为任务所定向。因此，可能是记忆表征而非具体的任务决定着被试提取时序信息的方式，易言之，提取时序信息的内在机制可能是表征驱动的加工过程。事实上，早期关于 *JOR* 的研究也都注重从记忆表征角度探讨时序信息的加工问题，无论是 *Hinrichs* 的痕迹强度理论[①]，还是 *Wickelgren*[②] 的痕迹脆性理论，抑或 *Flexser* 和 *Bower* 的属性数量理论[③]，都认为被试在相对 *JOR* 任务中是根据项目的表征来进行操作的，只不过说法不同而已。

（三）项目可得性与随机混淆

Hacker 理论的核心概念是项目可得性，它决定恢复时序信息的策略和方向。*Lee* 和 *Estes* 认为学习时的关系编码是不必要的，提取时序信息时的错误可以归因于独立保持的位置编码的随机混淆[④]。从本研究错误反应的 *RT* 来看，由于其模式和正确反应的 *RT* 并无根本区别，也就是说无论反应是对是错，被试都搜索到正确的位置，所以认为错误反应是因为两个探测项目的记忆表征发生了随机移位所致，比解释成两个探测项目不可得到似乎更合理。在实验三条件下，让被试学习 12 个项目，但只测试最两端的六个项目之间的时序关系，中间六个项目对最早远的三个项目实际起了掩蔽作用；从短时记忆容量看，当被试学完全部项目时，早远端的三个项目已被"挤"出了短时记忆，其可得性极低。实验结果表明对于早远部分时序辨别的 d' 均在 0 值附近，而反应潜伏期则特别长，即被试努力地搜索到了项目所在的位置，但该处的项目已不可得（虽然项目可得时，可得性和位置混淆不是相互独立的）。当然，被试对项目进行组块可能会使早远端项目的可得性保持一定的水平。这说明，不同情况下时序信息恢复时产生错误的机制可能是不同的，其中项目可得性是关键因素，当项目的可得性极小或不可得时，对项目间时序关系的辨别仅限于随机水平；当项目可得时，提取错误主要产生于项目位置的随机混淆或置换。但无论项目的可得性变小或位置混淆，其表征均变得不利于使用。

① *Hinrichs, J. V. A two-process memory-strength theory for events in short-term memory. Journal of Experimental Psychology: learning, Memory, and Cognition*, 1970, 6: 651~675.

② *Wickelgren, W. Single-trace fragility theory of memory dynamics. Memory & Cognition*, 1974, 2(4): 775~780.

③ *Flexser, A. J., Bower, G. H. How frequency affects recency judgments: A model of recency discriminations. Journal of Experimental Psychology*, 1974, 103: 706~716.

④ *Lee, C. L., Estes, W. K. Order and position in primary memory for letter strings. Journal of Verbal Learning and Verbal Behavior*, 1977, 16: 395~418.

五、结论

（1）提取时序信息既存在逆向串行搜索，又存在顺向串行搜索。

（2）早远性判断和新近性判断任务对不同部分时序信息恢复的效应不同，其中早远性判断易化早远部分，新近性判断易化新近部分——表现为对相应部分辨别力的提高和正确反应潜伏期的缩短。

（3）在不同的时序信息提取任务中，被试会根据具体条件进行反转反应。

附录1　实验所用汉字

全　心　声　山　月　点　每　边　身　地　条　所　以　些　与　道　于　正
路　门　者　外　其　可　由　在　河　脸　钱　比　多　军　会　只　日　半
同　杨　干　无　别　树　完　并　句　员　风　少　书　真　变　当　力　达
海　而　脚　屋　饭　岁　如　么　气　件　鱼　马　花　步　村　光　桥　夜
处　来　极　层　片　总　室　车　口　法　信　回　西　钟　灯　社　队　雪
城　入　草　纸　另　及　江　岸　冷　市　皮　此　生　具　常　某　床　枪
布　陈　壳　根　斤　类　牛　歌　团　南　红　女　指

附录2　做完实验后用的问卷

（1）做完全部实验，您的最深感受是什么？

（2）您觉得字单哪些位置的字判断较容易？

（3）您是怎样判断"先/后出现"的？

（4）您觉得练习对做正式实验有何作用？

合作者：李宏翰；原文载于：心理学报，1996，28（2）：180~191.

时间记忆层次网络模型的实验检验

　　在时间认知研究领域，研究者围绕时间信息的三个基本属性时序、时距和时点提出了众多的理论模型。其中强度理论、时间顺序理论、背景重叠理论、时间标记理论、重构理论、联结链理论、顺序码理论属于时序理论，储存容量模型、加工时间模型、变化／分割模型属于时距理论，无表征理论与表征理论属于时点理论[①~⑤]。已有的时间理论大都认为项目或事件是以线性形式储存在记忆中的，只有编码动摇理论提出，线性排列的项目或事件会形成组块，然后这些组块再形成更高一层的顺序标记，从而构成层次网络的形式[⑥~⑧]。以往有些研究认为概念是以一种层次网络的形式储存的[⑨]，客观时间的概念就具有这种特征，如一年可分成 12 个月，每个月又可以分成四个星期，每个星期可分成七天，每天又可分成 24 小时。*Golding* 曾经提出一个"*WHEN*"模型，用于解释人们对未来时间的判断[⑩]。在他的研究中发现，由于时间标志是分层次组织的，被试在回答长时间问题时运用了分割算子（*segmentation operators*）。一些支持变化／分割模型的研究也发现，人们对线性的时间序列的确进行了组块

① *Friedman, W. J. Memory for time of past events. Psychological Bulletin*, 1993, 113(1): 44~66.
② 黄希庭. 时距信息加工的认知研究. 西南师范大学学报（自然科学版），1993, 18(2): 207~215.
③ 黄希庭，郑涌. 时间记忆的理论与实验范型. 心理科学，1995, 18(4): 201~205.
④ 王振勇，黄希庭. 时序信息记忆的研究范型与加工机制. 心理学动态，1996, 4(1): 30~35.
⑤ *Kemp, S. Bias in dating news and historical events. Acta Psychologica*, 1994, 86: 69~87.
⑥ *Estes, W. K. Memory for temporal information. In: J. A. Michon, J. Jackson. Time, mind and behavior. Berlin: Springer-Verlage*, 1985: 151~168.
⑦ *Huttenlocher, J., Hedges, L. V., Prohaska, V. Hierarchical organization in ordered domains: Estimating the dates of events. Psychological Review*, 1988, 95: 471~484.
⑧ *Huttenlocher, J., Hedges, L. V., Bradburn, N. M. Reports of elapsed time: Bounding and rounding processes in estimation. Journal of Experimental Psychology: Learning, Memory, and Cognition*, 1990, 16: 196~213.
⑨ *Collins, A. M., Quillian, M. R. Retrieval time from semantic memory. Journal of Verbal Learning and Verbal Behavior*, 1969, 8: 240~247.
⑩ *Golding, J. M., Magliano, J., Hemphill, D. WHEN: A model for answering "when" questions about future events. In: T. W. Lauer, E. Peacock, A. C. Graesser. Questions and information systems. Lawrence Erlbaum Associates, Inc: Hillsdale, NJ.*, 1992: 213~228.

分割[①~③]。由此看来，客观时间具有层次网络的特征，但人们的主观时间是否也同样有这些特征呢？目前还没有具体的实验直接检验。本实验将考察时间的心理表征是否符合层次网络模型。

一、方法

（一）被试

大学本科生 94 人，按男女比例随机分成人数基本相同的四组（23 人，23 人，24 人，24 人）。

（二）实验仪器

486DX 2-80 计算机。

（三）实验材料

包括两个词单。每个词单 16 个词（由 4 组词组成，每组 4 个）。同组词属同一概念范畴（详见文后附录）。

（四）实验程序

操纵五个因素：①判断时序和时距所用的两个词所处位置（同属一组，相邻两组，间隔一组）；②判断时序和时距所用两个词之间的间隔词数（间隔 0，间隔 2，因素 1 中，在相邻两组和间隔一组两种水平下，两词之间间隔有四个词的情况，间隔一组时只有间隔四个词的情况）；③延迟（有、无）；④注意条件（即被试是否事先注意到实验目的，包括注意与无注意）；⑤自然时序标码（无顺序标码：每个词的前面伴随显示一个三角、圆等简单熟悉的图形；有顺序标码；每个词的前面伴随显示 1~16 的数字）。

根据延迟和自然顺序标码两因素可组成的四个处理，将实验分成四个程序，分别由四组被试完成。根据因素 1、2 可组成六个处理，在实验过程中按拉丁方排列。依指导语（因素 4）的不同，将实验分为两个阶段：第一阶段测试第一个词单是无注意阶段，即被试不知道实验是为了估计时距和测量时序；第二阶段测试第二个词单是注意阶段，即告诉被试实验目的。

词单由计算机屏幕呈现，每个词呈现 1000ms，间隔 500ms。呈现完毕后，屏幕显示顺序判断指导语，然后在屏幕下方首先标出"前后"的指示信息，间

①　Poynter, W. D. Duration judgment and the segmentation of experience. Memory & Cognition, 1983, 11(1): 77~82.

②　Poynter, W. D. Judging the duration of time interval: A process of remembering segments of experience. In: I. Levin, D. Zakay. Time and human cognition: A life-span perspective. Amsterdam: North-Holland, 1989: 305~331.

③　Buffardi, L. Factors affecting the filled-duration illusion in the auditory, tactual and visual modalities. Perception and Psychophysics, 1971, 10(4): 292~294.

隔 1500ms 后呈现所要判断的两个词，要求被试按键判断呈现两词的顺序是否符合词单中的实际顺序（如果正确按 Z 键，错误按？键），计算机记录反应的正确率和正确反应的反应时间。六次顺序判断完毕后，再进行时距估计。计算机重新呈现一遍原词单，屏幕呈现两词，让被试估计两词在原词单中的间隔时间。时距估计包括再现（被试两次按空格键的时间间隔即是估计时间）和口头估计（被试通过键盘直接输入估计时间），先用再现后用口头估计，共做六次估计。2、4 组延迟的情况即是在词单呈现完毕后，屏幕显示一系列算式（如：3×8>4×6）要求被试判断正误，之后再让被试进行顺序判断或时距估计。第一阶段测试结束后休息 3min，进行第二阶段测试。由计算机屏幕显示指导语，告诉被试实验目的。其余过程同第一阶段测试。

在正式实验前，被试要进行以图形为刺激的时距估计训练，并以相似的实验材料进行识记项目的练习（即要求被试记忆字单的内容），直到操作熟练后再进行正式实验。

二、结果与分析

对被试在各种条件下反应的正确率和反应时（RT）以及时距估计的结果进行统计，结果见表 4.34。

运用 SPSS 统计软件包对数据进行 2×2×2×2 完全随机化协方差分析（由于同组内男女人数不等，因此将性别因素作为协变量），结果如表 4.35、表 4.36 所示。

从表 4.35、表 4.36 的结果来看，当两词在同一时间组块内时，间隔的远近对时序判断的正确率影响很大，对反应时无影响；当两词处在不同时间组块内时，间隔的远近对时序判断的正确率无影响，对反应时影响却很大，间隔远的情况下反应时要快得多。其他几个因素在四个反应指标上有一定的一致性。

表 4.34　被试反应的正确率和反应时（s）及时距估计的实验结果（s）

顺序标码	所处组别	间隔词数		无延迟								延迟							
				无注意				注意				无注意				注意			
				正确率	RT	口头	再现	正确率	RT	口头	再现	正确率	RT	口头	再现	正确率	RT	口头	再现
无	一组	0	M	0.59	1.81	1.87	1.90	0.37	2.18	1.79	1.88	0.65	2.49	2.21	2.37	0.57	2.92	1.76	1.85
			SD	0.50	0.87	1.33	1.56	0.49	0.97	1.13	1.23	0.48	0.75	1.19	1.72	0.50	0.65	0.74	0.68
		2	M	0.56	1.96	2.17	2.36	0.81	1.92	2.51	2.60	0.78	2.39	2.78	2.91	0.61	2.61	2.40	2.44
			SD	0.50	0.91	1.08	1.49	0.39	0.83	1.03	1.79	0.42	0.82	1.63	1.80	0.49	0.72	1.04	1.22
	无相邻	0	M	0.78	1.86	3.06	3.52	0.67	1.87	3.41	2.73	0.74	2.27	3.92	4.25	0.87	2.38	3.30	4.12
			SD	0.42	0.77	1.72	2.10	0.48	0.97	2.34	2.11	0.44	0.84	2.13	2.24	0.34	0.79	1.85	2.65
		2	M	0.67	1.71	3.04	3.37	0.67	1.72	4.43	3.99	0.74	1.98	5.33	4.86	0.74	2.08	4.01	4.15
			SD	0.48	0.64	1.61	1.85	0.48	0.84	1.73	1.92	0.44	0.73	2.38	2.23	0.44	0.77	1.88	1.95
		4	M	0.67	1.83	3.77	3.93	0.74	1.55	4.79	4.57	0.74	2.19	4.88	4.90	0.87	2.12	4.95	5.48
			SD	0.48	1.01	1.89	2.15	0.44	0.81	1.87	2.24	0.44	0.91	2.13	2.55	0.34	0.78	2.00	2.16
	间隔一组	4	M	0.81	1.47	5.27	4.93	0.93	1.76	5.09	4.80	0.83	2.03	5.39	5.62	0.91	2.12	3.97	4.47
			SD	0.39	0.57	2.30	2.39	0.26	1.01	1.97	2.35	0.38	1.06	1.85	2.71	0.28	0.72	2.36	2.44
有	一组	0	M	0.68	1.75	2.07	1.69	0.55	2.15	1.80	1.54	0.55	2.28	2.43	2.60	0.77	2.10	2.24	2.38
			SD	0.47	0.76	1.48	1.23	0.51	0.82	1.04	1.15	0.51	0.77	0.93	1.79	0.42	0.90	1.37	1.86
		2	M	0.45	1.59	2.66	2.15	0.82	1.97	2.02	1.66	0.73	2.10	2.26	2.44	0.82	2.45	3.07	2.78
			SD	0.51	0.79	1.58	1.42	0.39	0.78	1.13	0.96	0.45	0.81	1.26	1.57	0.39	0.66	1.79	1.99
	有相邻	0	M	0.82	1.81	3.19	2.89	0.82	1.62	2.86	3.03	0.64	2.37	3.94	4.23	0.68	2.28	3.75	3.81
			SD	0.39	0.87	1.88	1.56	0.39	0.40	1.76	2.32	0.49	0.86	2.20	1.91	0.47	0.81	1.43	1.73
		2	M	0.73	1.62	3.37	2.77	0.73	1.65	3.97	3.45	0.68	2.16	3.86	3.53	0.64	2.20	3.91	4.13
			SD	0.45	0.77	2.49	1.97	0.45	0.59	2.52	2.67	0.47	0.92	2.01	1.63	0.49	0.85	1.65	1.77
		4	M	0.82	1.55	3.59	3.23	0.73	1.58	3.76	3.25	0.82	2.39	4.32	4.30	0.82	2.08	4.45	4.85
			SD	0.39	0.75	2.06	1.93	0.45	0.60	2.15	2.29	0.39	0.89	1.46	2.34	0.39	0.77	1.80	2.15
	间隔一组	4	M	0.86	1.38	4.12	3.94	0.73	1.68	3.85	3.75	0.95	1.97	5.98	4.60	0.82	2.05	4.59	5.01
			SD	0.35	0.64	2.09	2.06	0.45	0.60	2.28	2.67	0.21	0.75	2.25	2.30	0.39	0.90	2.25	2.83

表 4.35　两个词同属一组情况下判断结果的统计分析（F）

	A	B	C	D	A×D	A×B×D	A×B×C
正确率	0.59	2.51	1.15	5.29*	4.33*	9.51**	
RT	8.13**	36.51**	7.52**	1.11			
口头	0.58	4.26*	1.01	12.77**			6.33*
再现	0.88	8.96**	0.85	6.54*			

注：A 注意、B 延迟、C 顺序标码、D 间隔，表 4.36 相同；* 表示 P<0.05，** 表示 P<0.01，以上各效应自由度均为 1，下同。

表 4.36　两个词同属相邻两组情况下判断结果的统计分析（F）

	A	B	C	D	A×B	A×B×C
正确率	0.00	0.01	0.08	1.33		
RT	0.003	34.66**	0.09	4.13*		
口头	0.02	7.49**	1.00	7.46**	6.782*	3.908*
再现	0.002	18.25**	3.33	1.14		

　　表 4.37 所列的是两词间隔较远时的结果，当两词间隔的组块不一样时，时序判断的正确率差异很大，间隔一个组的要比属相邻两组的判断正确率高，但反应时却无明显差异。从以上结果也可看到，顺序标码因素在两词间隔较近时无效应，间隔较远时影响了时距的估计。延迟作用效应在各种条件下具有很高的一致性。

表 4.37　两个词间隔四个词情况下判断结果的统计分析（F）

	A	B	C	D	A×B	A×C	A×D	B×C
正确率	0.07	2.38	0.02	4.50*		5.69*		
RT	0.04	36.85**	0.36	1.45			4.50*	
口头	0.89	5.62*	4.43*	5.20*	3.98*		7.55**	4.82*
再现	0.29	12.47**	9.84**	2.34				

　　注：A 注意、B 延迟、C 顺序标码、D 所处组别，表 4.38 相同。

　　表 4.38 所列结果是考察两词间隔不同时的时间组块的效应。由表 4.38 可知，当两词间隔较近时（间隔为 0），组块效应对反应时无影响，对时序判断正确率有影响，两词处在不同组块时判断较易。当两词间隔较远时（间隔为 2），组块效应对时序判断正确率无影响，对反应时的判断有影响，两词处于在不同组块时判断较快。

表 4.38　两个词间隔不同情况下判断结果的统计分析（F）

	词间隔为 0				词间隔为 2					
	A	B	C	D	A	B	C	D	A×B	A×B×C
正确率	0.31	0.48	0.59	11.91**	1.81	0.74	0.003	0.00	3.99*	
RT	1.84	36.79**	4.30*	3.30	2.52	34.25**	0.94	8.09**		
口头	1.58	5.88*	0.46	72.81**	0.58	5.80*	1.10	71.42**	3.81*	9.16**
再现	2.06	17.08**	0.11	66.87**	0.36	10.53**	6.41**	52.88**		

三、讨论

　　本实验采用分类性的实验材料，使被试在对词单项目加工时形成较清晰的群集，进而形成时间组块，以此来检验时间的心理表征是否符合层次网络模型。由于本实验所用词单有相同范畴和不同范畴的项目，相同范畴的项目的连续学习会导致前摄抑制和倒摄抑制，而新范畴项目的出现又会从前摄抑制中释放出来，这种效应可能会影响所测量的实验数据。为了减少这种效应，我们首先缩小同范畴的项目数（仅为四个），其次对于反应时，只记录正确反应的时间，提取错误的反应时不记录。当两词处在不同范畴（时间组块）时，间隔为 0 所用的词处在边界位置，间隔为 2 时处在中间位置，这可能会受到前摄和倒摄抑制的影响，事实上从本次结果来看（表 4.36），它们判断的正确率无差异。但从表 4.38 结果来看，当两词间隔为 0 时，不同时间组块的两词（处于边界位置）与同属一个时间组块内的两词（有一词不处于边界位置）对时序判断的正确率有影响，两词处在不同组块时判断较易，这可能又有前摄或倒摄抑制的参与，下面我们将结合该问题来讨论。

大部分时间信息加工理论都认为项目或事件是以线性形式储存在记忆中的（例如，时间顺序理论指出项目或事件的表征就像在运动着的传送带上依次放包裹一样，以其出现的顺序组织在记忆之中；变化 / 分割模型认为，对时距的知觉就是把时间序列分割成在线性维度上排列的时间单位[1~3]）。在 20 世纪 70 年代发展起来的语义记忆网络模型影响下，近年来时间记忆理论也转向用网络结构来说明时间记忆加工（编码动摇理论[4~6]），该理论认为对事件（或项目）时间属性的表征与对语义网络中其他类型的信息表征一样，采用了一种有组织的等级系统形式。项目在时间中的位置信息在最低层水平上编码，组块的相对时间位置信息在次高层水平上编码，依次类推。例如，对于本次实验所用材料的时间表征可用图 4.5 表示。

① *Estes, W. K. Memory for temporal information. In*: *J. A. Michon, J. Jackson. Time, mind and behavior. Berlin*: *Springer-Verlage*, 1985: 151~168.

② *Huttenlocher, J., Hedges, L. V., Prohaska, V. Hierarchical organization in ordered domains*: *Estimating the dates of events. Psychological Review*, 1988, 95(4): 471~484.

③ *Huttenlocher, J., Hedges, L. V., Bradburn, N. M. Reports of elapsed time*: *Bounding and rounding processes in estimation. Journal of Experimental Psychology: Learning, Memory, and Cognition*, 1990, 16(2): 196~213.

④ *Collins, A. M., Quillian, M. R. Retrieval time from semantic memory. Journal of Verbal Learning and Verbal Behavior*, 1969, 8(2): 240~247.

⑤ *Golding, J. M., Magliano, J., Hemphill, D. WHEN: A model for answering "when" questions about future events. In*: *T. W. Lauer, E. Peacock, A. C. Graesser. Questions and information systems. Lawrence Erlbaum Associates, Inc*: *Hillsdale, NJ.*, 1992: 213~228.

⑥ *Poynter, W. D. Duration Judgment and the segmentation of experience. Memory & Cognition*, 1983, 11(1): 77~82.

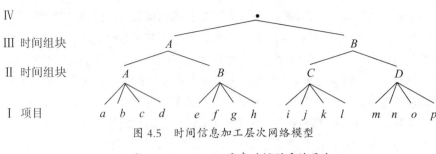

图 4.5　时间信息加工层次网络模型

注：Ⅰ、Ⅱ、Ⅲ、Ⅳ代表时间联系的层次。

如图 4.5 所示，项目的时间信息在最低一层上编码，四个项目组成一个组块的时间信息在第Ⅱ层上编码，前两个组块（鸟类和昆虫属动物）和后两个组块（水果和花同属植物）又各形成的更高一层组块在第Ⅲ层上编码，依次类推。例如，同一组块内的项目的时间信息判断在第Ⅰ层上即可进行，而不同组块的项目的时间信息判断必须在高一层，即时间组块所在层次上完成。影响时间判断的难度取决于该层次的项目或组块的数量，项目或组块越多，干扰越大。这也符合认知经济原则。

Collins 和 *Quillian* 以及后来的一些研究认为概念是以一种层次网络的形式储存的[①]，客观时间的概念也具有这种特征，但人们主观时间是否也同样有此特征呢？从本次实验结果来看，当两词在同一时间组块内时，间隔的远近对时序判断的正确率影响很大，对反应时无影响；当两词处在不同时间组块内时，间隔的远近对判断正确率无影响（符合层次网络模型，因为此时两词在高一层次上的时间关系没有差异），对反应时影响却很大，间隔远的情况下反应时要快得多（这却符合线性模型）。延迟、注意条件和自然时序标码等几个因素在四个反应指标上也有一致性（表 4.35、表 4.36）。当两词间隔项目一样，但时间组块数不一样时，时序判断正确率差异很大，间隔一个组的要比属相邻两组的判断正确率高，但反应时却无明显差异（表 4.37），此结果符合层次网络模型的假设，因为此时两词的时间信息是在高一层次上组织的。当两词间隔较近时（间隔为 0），组块效应对反应时无影响，对时序判断的正确率有影响，两词处在不同组块时判断较易。前面我们已经分析，此结果可能会受到前摄或倒摄抑制的影响，因此无法证明时间表征的层次网络性。但当两词间隔较远时（间隔为 2），组块效应对时序判断正确率无影响，对反应时的判断有影响，两词处于不同组块时判断较快（表 4.38）。从字单构成来看，同一组块内间隔为 2 时，

---

① *Collins, A. M., Quillian, M. R. Retrieval time from semantic memory. Journal of Verbal Learning and Verbal Behavior,* 1969, 8(2): 240~247.

两词只能选取同范畴边界处的词，而不同组块时就不是边界处的词。因此，当两词处在不同时间组块内时，前摄或倒摄抑制效应使时序判断的正确率降低。如果排除其影响，结合反应时结果就可推测，时间信息的判断是在高一层次，即组块这一水平加工的，这符合层次网络的假设。

由上述分析可以看到，不同时间组块间的时序判断要优于时间组块内的时序判断，时间信息的储存似乎是以层次网络的形式来组织的。但依照层次网络模型的观点，如果时间信息是以层次组织的，那么当两词处在不同时间组块时，间隔为 0 和间隔为 2 两种条件下的时序判断正确率和反应时应差别不大，因为这两种条件下的判断均在相同高一层次上进行。而从本次实验的正确率和反应时结果来看，当两词处在不同时间组块内时，间隔为 0 和间隔为 2 的正确率和反应时均不同，特别是在反应时上，间隔为 2 时反应较快，即两词相距越远反应时越短。而且从本次结果还可以看到，顺序标码因素在两词间隔较近时无效应，间隔较远时影响了时距估计，这也不符合时间信息分层次储存的假设。由此可以推测，客观时间信息具有层次性，时间信息本身在储存时，很可能进行了分割、组块，但由于时间信息又具有线性特征，因此时间信息的表征又表现出一维性。对于不同的时间信息载体或不同的信息加工阶段会表现出不同的特征，或许像 *Golding* 等人提出的，在加工过程中可能会运用不同的算子。当然此结论还有待于验证。对于时间信息的储存究竟是线性的还是层次网络性的尚需做进一步研究。

四、结论

时间信息的储存既存在层次网络的特征，又存在线性结构的特征。

附录

练习：茶馆　公寓　酒吧　饭店　沙发　衣柜　桌子　书架
　　　电视　冰箱　话筒　台灯　面包　香肠　花生　鸡蛋

正式：Ⅰ　孔雀　天鹅　鹦鹉　鸳鸯　狮子　狗熊　老虎　豹子
　　　　蝗虫　蟋蟀　蝈蝈　螳螂　鲤鱼　泥鳅　黄鳝　草鱼

　　　Ⅱ　香蕉　苹果　广柑　菠萝　白菜　萝卜　番茄　土豆
　　　　茉莉　玫瑰　菊花　牡丹　樟树　雪松　泡桐　杨树

合作者：王振勇、李宏翰；原文载于：心理学报，1999，31（4）：383~390.

背景任务刺激间的时距
对前瞻干扰效应的影响

前瞻记忆（*prospective memory*，*PM*）是指形成和保持一个意向以在未来某个合适的情境或时间再执行的一种记忆任务。*PM* 分为时间性前瞻记忆和事件性前瞻记忆[①]。时间性前瞻记忆（*time-based prospective memory*，*TBPM*）是指先前形成的意向在一段时间后的某个特定的时间（目标时间）执行，事件性前瞻记忆（*event-based prospective memory*，*EBPM*）是指先前形成的意向在某个适当的线索（目标线索）出现时执行。对 *PM* 任务的研究中，学者们对 *EBPM* 的关注更多，而对 *TBPM* 任务的研究相对较少，所以现有的理论大多是针对 *EBPM* 任务的研究结果。

有多种理论解释 *EBPM* 的认知机制。预备注意理论（*preparatory attentional processes theory*）认为成功提取以前形成的意向是需要消耗认知资源的控制加工[②-④]，而多重加工理论（*multiprocess view*）认为并不是所有情况下都如此，当目标任务简单，在编码阶段线索与目标任务的关联密切，背景任务的加工与前瞻线索相关以及线索突出等情况下，成功执行目标任务不会损害背景任务加工[⑤⑥]。至今没有充分的实验证据回答两类 *PM* 任务是否有以及最关键的区别是什么的问题。测试—等待—测试—输出模型（*test-wait-test-exit*，*TWTE*）是早期的一个描述模型，它描述了执行 *TBPM* 任务的过程中先查看时

① Einstein, G. O., McDaniel, M. A. *Normal aging and prospective memory. Journal of Experimental Psychology: Learning, Memory, and Cognition*, 1990, 16(4): 717~726.

② Smith, R. E. *The cost of remembering to remember in event-based prospective memory: Investigating the capacity demands of delayed intention performance. Journal of Experimental Psychology: Learning, Memory, and Cognition*, 2003, 29(3): 347~361.

③ Smith, R. E., Bayen, U. J. *A multinomial model of event-based prospective memory. Journal of Experimental Psychology: Learning, Memory, and Cognition*, 2004, 30(4): 756~777.

④ Smith, R. E., Bayen, U. J. *The source of adult age differences in event-based prospective memory: A multinomial modeling approach. Journal of Experimental Psychology: Learning, Memory, and Cognition*, 2006, 32(3): 623~635.

⑤ Kliegel, M., Martin, M., McDaniel, M. A., Einstein, G. O. *Varying the importance of a prospective memory task: Differential effects across time-and event-based prospective memory. Memory*, 2001, 9(1): 1~11.

⑥ McDaniel, M. A., Einstein, G. O. *Strategic and automatic processes in prospective memory retrieval: A multiprocess framework. Applied congitive Psychology*, 2000, 14(7): 127~144.

钟，等待合适的时间再查看时钟，直到某次查看时钟发现目标时间已到，然后提取先前意向，做出目标响应的过程。但该模型没有涉及对 *TBPM* 认知机制的解释[1]。注意闸门模型（*attention-gate model*，*AGM*）认为执行 *TBPM* 任务的过程中，由注意闸门的开合来控制分配给同时发生的时间监视和非时间任务的注意资源，而时间监视则依据内部时钟模型[2]。与解释 *EBPM* 认知机制的理论相比，*AGM* 引入了计时机制来解释在执行 *TBPM* 任务的过程中，加工计时任务与加工背景任务相互争夺注意资源。总之，对两类 *PM* 任务认知机制的解释都涉及在背景任务与前瞻目标任务之间分配认知资源的问题。在实验室中研究 *PM* 时多采用双任务范式来模拟现实生活中的前瞻记忆，即在执行背景任务（*ongoing task*）的同时，嵌入前瞻记忆目标任务。如果加工背景任务和前瞻目标任务都需要认知资源，势必两个同时进行的任务会互相影响。保持前瞻记忆意向对背景任务的反应时和正确率有影响的现象称之为前瞻干扰效应（*prospective interference effect*）[3] 或者监视（*monitoring*）[4]。因此，前瞻干扰效应可以作为考察保持前瞻意向是否会以及在多大程度上会与加工背景任务争夺可用认知资源的指标[5]-[11]，比较保持前瞻意向对背景任务干扰的大小还可以考察两类

① *Harris, J. E., Wilkins, A. J. Remembering to do things: A theoretical framework and an illustrative experiment. Human Learning, 1982, 1:123~136.*

② *Zakay, D., Block, R. A. Prospective and retrospective duration judgments: An executive-control perspective. Acta Neurobiologiae Experimentalis, 2004, 64(3): 319~328.*

③ *Marsh, R. L., Hicks, J. L., Cook, G. I., Hansen, J. S., Pallos, A. L. Interference to ongoing activities covaries with the characteristics of an event-based intention. Journal of Experimental Psychology: Learning, Memory, and Cognition, 2003, 29(5): 861~870.*

④ *Einstein, G. O., McDaniel, M. A. Multiple processes in prospective memory retrieval: Factors determining monitoring versus spontaneous retrieval. Journal of Experimental Psychology: General, 2005, 134(3): 327~342.*

⑤ *Cicogna, P., Nigro, G., Occhionero, M., Esposito, M. J. Time-based prospective remembering: Interference and facilitation in a dual task. European Journal of Cognitive Psychology, 2005, 17(2): 221~240.*

⑥ *Cook, G. I., Marsh, R. L., Hicks, J. L. Associating a time-based prospective memory task with an expected context can improve or impair intention completion. Applied Cognitive Psychology, 2005, 19(3): 345~360.*

⑦ *Jager, T., Kliegel, M. Time-based and event-based prospective memory across adulthood: Underlying mechanisms and differential costs on the ongoing task. Journal of General Psychology, 2008, 135(1): 4~22.*

⑧ *Marsh, R. L., Cook, G. I., Hicks, J. L. Task interference from event-based intentions can be material specific. Memory & Cognition, 2006, 34(8): 1636~1643.*

⑨ *McNerney, M. W., West, R. An imperfect relationship between prospective memory and the prospective interference effect. Memory & Cognition, 2007, 35(2): 275~282.*

⑩ *Smith, R. E., Hunt, R. R., McVay, J. C., McConnell, M. D. The cost of event-based prospective memory: Salient target events. Journal of Experimental Psychology: Learning, Memory, and Cognition, 2007, 33(4): 734~746.*

⑪ *Smith, R. E. The cost of remembering to remember in event-based prospective memory: Investigating the capacity demands of delayed intention performance. Journal of Experimental Psychology: Learning, Memory, and Cognition, 2003, 29(3): 347~361.*

PM 任务加工机制的差异。由于没有外在线索提示，完成 TBPM 任务需要自我启动监视时间和提取意向，基于此，Einstein 等提出 TBPM 比 EBPM 更依赖自我启动的、需要认知资源参与的加工的推测[1][2]。从 PM 干扰效应的角度来看，如果 TBPM 比 EBPM 更依赖自我启动加工，更需要认知资源，那么成功完成 TBPM 任务对背景任务的干扰应该大于 EBPM 任务引起的干扰。但已有研究表明，比较完成两类 PM 任务时的背景任务的反应时，由两类 PM 任务引起的干扰效应没有差别[3]；而比较背景任务的正确率则发现 EBPM 任务引起的干扰效应更大[4][5]。

在一项考察完成 TBPM 任务对背景任务加工的干扰是否大于完成 EBPM 任务时所引起干扰的研究中，有四个实验[6]。实验一由控制组、EBPM 任务组和 TBPM 任务组构成，其背景任务是判断真词和假词。控制组只执行背景任务，事件目标任务组在执行背景任务的同时看到动物类的词就作出反应，时间目标任务组在执行背景任务的同时每 4min 作出特定反应，并随时可以查看时钟。每次试验的长度固定为 3s。即每次试验首先呈现注视点 250ms，接着刺激呈现。被试作出反应后刺激消失，紧接着出现黑屏，直到从注视点出现开始到现在过去了 3000ms，黑屏结束，下次试验的注视点出现。每次试验的总长度 3000ms 减去注视点呈现时间（250ms）和反应时（均值小于 750ms），剩余的刺激间时距（interstimulus interval，ISI）在 2250ms 左右。实验结果发现两类 PM 任务对背景任务的干扰没有差异。为进一步考察 ISI 在 EBPM 任务和 TBPM 任务的条件下的功能是否不同，Hicks 等设计了实验四：控制组（短时距），以及长（实验一范式）、短时距 TBPM 任务组三组。短时距与长时距范式所不同的只是刺激后的空屏固定为 400ms，其余皆与实验一相同。这样，和实验一相比，被试反应后到下一次刺激出现的时距缩短了 80%，ISI 只有 250+400=650ms。实验结果发现长、短时距 TBPM 任务都对背景任务的反应时有干扰，但是两者之间仍然没有差异。他们的结论是前瞻干扰量不受背景任务 ISI 长度的影响，

① Einstein, G. O., McDaniel, M. A. Normal aging and prospective memory. Journal of Experimental Psychology: Learning, Memory, and Cognition, 1990, 16(4): 717~726.

② Einstein, G. O., McDaniel, M. A. Retrieval processes in prospective memory: Theoretical approaches and some new empirical findings. In: M. Brandimonte, G. O. Einstein, M. A. McDaniel. Prospective memory: Theory and applications. Mahwah, NJ: Lawrence Erlbaum Associates Publishers, 1996: 115~141.

③⑥ Hicks, J. L., Marsh, R. L., Cook, G. I. Task interference in time-based, event-based, and dual intention prospective memory conditions. Journal of Memory and Language, 2005, 53(3): 430~444.

④ Jager, T., Kliegel, M. Time-based and event-based prospective memory across adulthood: underlying mechanisms and differential costs on the ongoing task. Journal of General Psychology, 2008, 135(1): 4~22.

⑤ Park, D. C., Hertzog, C., Kidder, D. P., Morrell, R. W., Mayhorn, C. B. Effect of age on event-based and time-based prospective memory. Psychology and Aging, 1997, 12(2): 314~327.

而是受编码意向时由元认知形成的注意分配策略的影响，且两类 *PM* 任务引起前瞻干扰效应的机制是相同的。分析该研究中 *EBPM* 任务和 *TBPM* 任务的特点发现，在执行 *EBPM* 任务时，只有在刺激呈现时才能监测目标线索是否出现，执行背景任务与监测事件线索在时间上是同时进行的，在第一个刺激消失到第二个刺激出现之间的时距里，既没有与背景任务有关的加工，也没有与事件性前瞻目标任务有关的加工，故 *ISI* 的长短不会影响事件性前瞻目标任务对背景任务的干扰。而执行 *TBPM* 任务时，由于没有辅助线索提供帮助信息，在执行背景任务过程中必需监视时间的流逝，这包括估计时间①和查看时钟，即依赖内部计时机制和外部时钟。与 *EBPM* 任务的加工模式不同的是执行 *TBPM* 任务过程中，较长的 *ISI* 客观上使被试在完成背景任务后的时距内监视时间流逝（依靠内部计时或者外部时钟）成为可能，会减弱 *TBPM* 目标任务对背景任务的干扰。较短 *ISI* 条件下在背景任务的刺激间时距内监视时间流逝的可能性降低，迫使被试更多地在背景任务刺激呈现期间监视时间流逝，因而会增加完成与 *TBPM* 目标任务相关的加工对加工背景任务的干扰。为了考察刺激间时距是否对 *TBPM* 任务有特殊的功能，虽然 *Hicks* 等在实验一和实验四操纵了背景任务的 *ISI* 长度，但没有观察到 *ISI* 长度变化使 *TBPM* 任务前瞻干扰量上升。此种情况下可能与 *ISI* 变化的梯度太小，没有迫使被试在执行背景任务的同时监视时间流逝的 *ISI* 长度有关。如果进一步缩短 *ISI* 长度，迫使被试在加工背景任务的同时监视时间的流逝，使两类 *PM* 任务的加工模式匹配，是否就能观察到 *TBPM* 任务前瞻干扰效应的上升和两类 *PM* 任务前瞻干扰效应对比关系的变化呢？基于此，本研究假设由于监测事件线索与加工背景任务是同时进行的，而与时间有关的加工可以在执行背景任务的间隙进行，导致刺激间时距在完成两类 *PM* 任务期间承担着不同的功能，即操纵 *PM* 任务刺激间时距的长短会使两类 *PM* 任务对背景任务加工的干扰产生不均衡的影响。为此本研究设计了 *ISI* 长度不同的两个实验，通过比较两种 *PM* 任务对背景任务的前瞻干扰效应量的差异，考察两种 *PM* 任务认知资源需求是否有差异，探讨 *TBPM* 与 *EBPM* 加工机制上的不同。

一、实验一

（一）目的

比较长 *ISI* 条件下，*TBPM* 和 *EBPM* 任务所引起背景任务的前瞻干扰效应。

---

① *Harris, J. E., Wilkins, A. J. Remembering to do things: A theoretical framework and an illustrative experiment. Human Learning*, 1982, 1: 123~136.

为便于结果比较，采用与 *Hicks* 的实验一类似的范式，*ISI* 设为 2050~2250*ms*。

有研究发现，即使突出的事件线索也会导致出现前瞻干扰效应[1]，非聚焦线索（*unfocal cue*，指所包含信息与加工背景任务所涉及的信息没有交集的 *PM* 线索）的 *EBPM* 任务才需要监视。参照这些研究结果，本研究采用线索突出的单线索非聚焦 *EBPM* 任务，*TBPM* 任务也采用单线索。

（二）方法

1. 被试

66 名在校学生为自愿被试，控制组 8 男生、12 女生，年龄范围 20~25 岁，平均年龄 21.45±1.54 岁；*EBPM* 组 9 男生、12 女生，年龄范围 21~27 岁，平均年龄 23.6±1.93 岁；*TBPM* 组 12 男生、13 女生，年龄范围 20~26 岁，平均年龄 24.4±1.96 岁。所有被试的视力或矫正视力正常，实验后给予适量报酬。

2. 材料

背景任务采用空心图形，每张图片由一个等边三角形和一个不规则多边形组成。等边三角形朝向包括上、下、左、右，多边形包括不规则的四、五、六、七边形，三角形或位于多边形的左边，或位于多边形的右边。三角形的朝向、多边形的边数、三角形与多边形的位置关系等都是随机组合，每种组合 25 张图片，共有 800 张背景任务图片。*EBPM* 目标线索采用三角形和多边形中任意一个为白色实心的图片，共 320 张图片。

3. 设计

三个任务组，采用被试间设计。①控制组：单纯执行背景任务。背景任务是判断多边形在屏幕的左边还是右边。多边形在左边按"*F*"、在右边按"*J*"。②*TBPM* 任务组：执行背景任务的同时，记住在目标时间（过 2*min*）执行目标任务（按"*A*"键），被试随时可以通过按空格键查看时钟；正式实验持续 4~5*min*，使被试可以完成两次目标任务。③*EBPM* 任务组：执行背景任务的同时，记住当目标线索（白色实心图形）出现即执行目标任务（按"*A*"键）。干扰效应随着形成意向到执行目标任务间延迟的增加而变化[2]，因此为与时间任务的延迟相匹配以便比较，事件目标线索出现的时间也出现在正式实验开始后的第 2 和第 4 分钟。指导语要求被试在"保证正确的前提下，尽快按键"。

4. 程序

用 *E-Prime* 编制。被试与显示器（17 英寸彩色显示器，刷新频率 75*Hz*）

---

① Loft, S., Kearney, R., Remington, R. *Is task interference in event-based prospective memory dependent on cue presentation? Memory & Cognition*, 2008, 36(1): 139~148.

② Einstein, G. O., McDaniel, M. A. *Multiple processes in prospective memory retrieval: Factors determining monitoring versus spontaneous retrieval. Journal of Experimental Psychology: General*, 2005, 134(3): 327~342.

之间距离约 60*cm*，要求被试在实验中一直注视着屏幕中央。实验流程如图 4.6 所示。首先在屏幕中央呈现注视点"+"（250*ms*），接着刺激图片（背景任务条件下为两个空心图形，*EBPM* 目标任务条件下，其中一个图形是白色实心图形）呈现在屏幕中央（最多 3000*ms*，直到按键反应后刺激消失），呈现空屏（1800~2000*ms*）后本次试验结束。*ISI* 为注视点和空屏呈现时间之和（2050~2250*ms*）。*TBPM* 条件下被试可以通过按空格键调用时钟，时钟出现在屏幕中央（如 01：20 表示从开始或者上次按"*A*"键到现在已经过去了 1 分钟 20 秒），呈现 250*ms* 后自动消失。每个任务组有 100 次试验，持续时间在 4~5*min* 之间，依被试的反应时而有所变化。在每个任务组，被试了解指导语后练习，当背景任务准确率达 90％以上时，插入 3*min* 干扰任务，再进行正式实验。干扰任务是口头减三的运算。在整个实验过程中，图片均随机呈现。

注视点 刺激图片 空屏

图 4.6 实验流程

（三）结果与分析

白色实心线索出现时或之后的空屏出现时按"*A*"键计为事件前瞻任务正确；在目标时间（2*min*）前后 10*s* 的时间窗内按"*A*"键计为时间前瞻任务正确。由于本研究的目的是考察背景任务 *ISI* 长度对前瞻记忆干扰效应的影响，故两次前瞻目标任务都没有执行的被试被认为在执行背景任务过程中没有保持前瞻意向，没有包括在后续的分析里。而前瞻任务成绩不是本研究考察的重点，没有对前瞻记忆任务成绩进行分析。由于实验设计的不同，也可能与背景任务的特征有关，已有研究只是单独比较了两类前瞻记忆任务条件下的背景任务反应时或者正确率，没有对两个指标同时进行比较。在实验设计允许的条件下，同时以背景任务反应时和正确率为指标考察 *EBPM* 和 *TBPM* 的前瞻干扰效应，应该能更全面地说明问题。因此，本研究同时考察背景任务的反应时和正确率。两种前瞻任务的正确率和控制组、*EBPM* 组和 *TBPM* 组的背景任务正确率及背景任务正确的试验的反应时列入表 4.39 中的实验一。

对控制组、*TBPM* 组和 *EBPM* 组的背景任务反应时进行方差分析，发现任务组主效应显著，$F_{(2,57)}=9.78$，$p<0.001$。*LSD* 检验事后比较发现 *TBPM* 组显著大于控制组（$p<0.01$），*EBPM* 组显著大于控制组（$p<0.001$），*EBPM* 组

的背景任务反应时在数值上大于 *TBPM* 任务组，但并没有达到显著差异。对三个任务组的背景任务正确率进行方差分析，发现任务组主效应显著，$F_{(2,57)}$ = 14.12，$p<0.001$。由于不满足方差齐性，采用 *Dunnett T*3 检验进行事后比较，结果发现 *TBPM* 组显著低于控制组（$p<0.001$）和 *EBPM* 组（$p<0.05$），*EBPM* 组与控制组没有显著差异，即 *EBPM* 组和 *TBPM* 组的背景任务反应时都有干扰效应；*TBPM* 组的背景任务正确率有干扰效应。前瞻干扰量为前瞻任务组的背景任务反应时或者正确率与控制组的相应量的差，计算后列入表 4.39 的右侧实验一对应处。

为考察 *TBPM* 组被试查看时钟的情况在每次试验时间序列上的分布，统计了 *TBPM* 组在注视点、刺激呈现和空屏期间查看时钟的次数，计算其均值和方差并列入表 4.40 中的实验一。

表 4.39　反应时和正确率（$M \pm SD$）及前瞻干扰量

实验		控制组	EBPM 组	TBPM 组	前瞻干扰量	
					EBPM 组	TBPM 组
实验一（长 *ISI* 实验）	背景任务反应时	483.14±53.82	564.16±63.41	543.03±62.61	81.02	59.89
	背景任务正确率	0.99±0.01	0.98±0.02	0.97±0.01	–	-0.02
实验二（短 *ISI* 实验）	背景任务反应时	456.37±39.55	496.35±36.12	535.55±46.34	39.98	79.18
	背景任务正确率	0.98±0.02	0.97±0.01	0.94±0.030	–	-0.04

表 4.40　*TBPM* 组时钟查看次数的时间序列和时间分布：$M \pm SD$

实验	时钟查看次数的时间序列分布			时钟查看次数的时间分布			
	注视点	刺激	空屏	（0~30 *s*）	（31~60 *s*）	（61~90 *s*）	（91~120 *s*）
实验一（长 *ISI* 实验）	0.10±0.30	0.40±0.59	16.5±2.03	4.62±7.68	4.46±5.39	5±5.89	8±5.76
实验二（短 *ISI* 实验）	0.10±0.31	14.7±10.89	0±0	2.4±1.59	3.27±2.87	4.13±2.92	7.33±4.75

对查看时钟次数的时间序列分布进行重复测量方差分析，结果发现时间序列主效应显著，$F_{(2,18)}$ =11.05，$p<0.01$，多重比较发现在空屏时查看时钟的次数显著大于在注视点（$p<0.01$）和刺激期间（$p<0.01$）查看时钟的次数，在注视点查看时钟的次数显著小于在刺激期间查看时钟的次数（$p<0.05$）。虽然实验程序设计上允许被试在任何时候都可以查看时钟，但由于刺激间时距（*ISI*）长达 2050~2250*ms*，被试普遍选择在完成背景任务后的空屏呈现时查看时钟，调用外部时钟和背景任务穿插进行，即"查看时钟—判断任务"循环反复进行。在整个执行 *TBPM* 任务的过程中，被试始终在监视时间，并根据背景任务的

紧迫程度和时间紧迫感的变化调整何时依赖外在时钟,何时依赖内部计时机制。

把 2*min* 的目标时间长度以 30*s* 为时间窗,分为 0~30*s*、31~60*s*、61~90*s*,91~120*s* 共四个时间区间,*TBPM* 组被试在每个时间区间查看时钟次数的平均值和方差列入表 4.40 和图 4.7 中的实验一。方差分析发现查看时钟次数时间分布的区间主效应接近显著,$F_{(3,10)} = 3.59$,$p = 0.54$,多重比较发现前三个区间相互都没有显著差异,而前三个区间查看时钟的次数均显著小于区间四($p < 0.05$)。说明被试在前三个时间区间较为均衡地查看时钟,只有在最后一个时间区间更多地查看时钟。

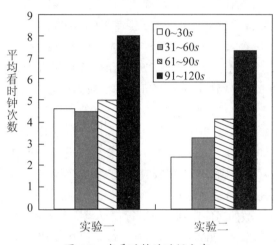

图 4.7　查看时钟的时间分布

二、实验二

(一)目的

ISI 为 250*ms* 条件下,比较 *TBPM* 任务和 *EBPM* 任务干扰效应的关系。

(二)方法

1. 被试

73 名在校学生为自愿被试,控制组 9 男生、11 女生,年龄范围 19~26 岁,平均年龄 22.05±1.56 岁;*EBPM* 组 10 男生、11 女生,年龄范围 19~26 岁,平均年龄 22.74±1.84 岁;*TBPM* 组 15 男生、17 女生,年龄范围 20~25 岁,平均年龄 22.4±1.46 岁。所有被试的视力或矫正视力正常,实验后均获得适量报酬。

2. 材料和设计

同实验一。

3. 程序

除了缩短 ISI 外，采用和实验一完全一样的刺激和任务设置。注视点持续 $250ms$，随后呈现刺激图片。刺激图片最多持续 $3000ms$，在被试反应后立即消失，本次试验结束，接着呈现下一次试验的注视点。即取消了空屏。本次实验每个任务组由 500 次试验组成，使正式实验的时间在 $4\sim5min$ 左右。

（三）结果与分析

前瞻任务正确被试的各个任务组的背景任务正确率和正确试验的反应时列入表 4.39 中的实验二。对控制组、$TBPM$ 组和 $EBPM$ 组的背景任务反应时进行方差分析，发现任务组主效应显著，$F_{(2,57)}=18.74$，$p<0.001$。LSD 检验事后比较发现 $TBPM$ 组反应时显著大于控制组（$p<0.001$）和 $EBPM$ 组（$p<0.01$），$EBPM$ 组反应时显著大于控制组（$p<0.01$），即 $EBPM$ 组和 $TBPM$ 组的背景任务反应时都出现了干扰效应，且 $TBPM$ 组的干扰量大于 $EBPM$ 组。对控制组、$TBPM$ 组和 $EBPM$ 组的背景任务正确率进行方差分析，发现任务组主效应显著，$F_{(2,57)}=27.99$，$p<0.001$。由于不满足方差齐性，采用 $Dunnett\ T3$ 检验进行事后比较，结果发现 $TBPM$ 组的背景任务正确率显著低于控制组（$p<0.001$）和 $EBPM$ 组（$p<0.001$），$EBPM$ 组的背景任务正确率与控制组没有差异，即 $TBPM$ 组的背景任务正确率有干扰效应，而 $EBPM$ 组没有。前瞻干扰量计算后列入表 4.39 的右侧实验二对应处。

对查看时钟次数的时间序列分布进行重复测量方差分析，结果发现时间序列主效应显著，$F_{(2,18)}=20.40$，$p<0.001$，多重比较发现，在刺激期间查看时钟的次数显著大于在注视点查看时钟的次数（$p<0.001$）。

对查看时钟次数时间分布进行方差分析，发现区间主效应显著，$F_{(3,12)}=12.72$，$p<0.001$，多重比较发现第一个区间查看时钟的次数显著小于第三个区间（$p<0.01$）和第四个区间（$p<0.001$），第二个区间查看时钟的次数显著小于第四个区间（$p<0.001$），第三个区间查看时钟的次数显著小于第四个区间（$p=0.001$），即查看时钟次数表现为前三个时间区间显著递增，最后一个时间区间陡增的"J"型曲线。

（四）实验一和实验二数据的联合分析

对两个实验中 $EBPM$ 组和 $TBPM$ 组的被试分别与控制组的被试匹配后，以背景任务反应时的前瞻干扰量（表 4.39 最后两列）为因变量进行 2（ISI 长和短）×2（$EBPM$ 任务和 $TBPM$ 任务）方差分析，发现 ISI 长度和任务类型主效应都不显著，但 ISI 长度 × 任务类型的交互作用显著。简单效应分析发现在 ISI 短（$250ms$）水平上，任务类型简单效应达到了显著水平，$F_{(1,38)}=5.06$，$p=0.03$，即 $TBPM$ 任务前瞻干扰量显著大于 $EBPM$ 任务。从图 4.8 可以直观地

看到 *TBPM* 任务与 *EBPM* 任务背景任务反应时前瞻干扰量在不同 *ISI* 长度下的交互作用。

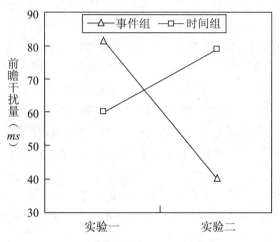

图 4.8　背景任务反应时前瞻干扰量对比

三、总的讨论

（一）两种前瞻记忆任务对认知资源需求的差异

对两个实验中背景任务反应时前瞻干扰量的联合分析可以看到，只有在短 *ISI* 水平上 *TBPM* 任务引起的前瞻干扰量大于 *EBPM* 任务，与 *Hicks* 的实验四的结果不同[①]，证实了前面对 *Hicks* 实验四的结果的推理。而在长 *ISI* 水平上，两者没有差异，与 *Hicks* 等人的实验一的结果一致[②]，也说明虽然本研究采用的背景任务与 *Hicks* 等人的背景任务不同，但就受 *PM* 任务的影响方面是有可比性的。进一步观察两个实验的数据发现，随着 *ISI* 缩短，背景任务的节奏加快，三个任务组的背景任务反应时都有所减少，但对两类 *PM* 任务条件的影响不是均衡的。在正确率不变的情况下，*EBPM* 条件下的背景任务反应时随 *ISI* 缩短而大幅度降低，而 *TBPM* 条件下，背景任务反应时的变化较小，表现出随着 *ISI* 缩短，*TBPM* 任务对背景任务干扰更大的现象。

当 *ISI* 为 2050*ms* 时，被试主要在刺激间时距查看时钟（当注视点、刺激和空屏出现时，查看时钟的平均次数分别为 0.10、0.40 和 16.50 次），即监视时间的任务被安排在背景任务完成后的间隙进行。在完成 *EBPM* 任务过程中，由于不知道白色图形何时出现，只有在每个图片出现时保持对白色图形的监视，

①② *Hicks, J. L., Marsh, R. L., Cook, G. I. Task interference in time-based, event-based, and dual intention prospective memory conditions. Journal of Memory and Language,* 2005, 53(3): 430~444.

即监视事件线索与背景任务加工在时间上不可分离。此时，*TBPM* 组和 *EBPM* 组的背景任务反应时干扰效应量并没有差异。当 *ISI* 为 250*ms* 时，被试主要在刺激呈现时查看时钟（当注视点、刺激和空屏出现时，查看时钟的平均次数分别为 0.10、14.7 和 0 次）。这样，完成 *TBPM* 任务与 *EBPM* 任务的加工模式一致，同样是在执行背景任务的同时监视前瞻目标线索。此时，*TBPM* 组的背景任务反应时前瞻干扰量大于 *EBPM* 组（*TBPM* 组和 *EBPM* 组分别为 79.18*ms* 和 39.98*ms*），支持 *TBPM* 比 *EBPM* 更依赖自我启动的、需要认知资源参与的加工的推测[1][2]。证实了 *ISI* 变化会影响到两类前瞻记忆任务引起的前瞻干扰效应的对比关系，说明保持 *TBPM* 意向更需要认知资源，也揭示出在背景任务时间紧迫时，两类 *PM* 任务加工模式匹配情况下，前瞻干扰效应更能真实反映不同前瞻记忆任务对认知资源的需求情况。

两个实验中，事件任务组的背景任务正确率没有前瞻干扰效应，与已有研究一致[3]-[6]，而 *TBPM* 任务组的背景任务正确率都出现了前瞻干扰效应。即 *TBPM* 任务背景任务正确率的前瞻干扰效应大于 *EBPM* 任务，与 *Park* 等[7]的结果相反。*Park* 等人的研究采用 *n-back* 任务作为背景任务，固定刺激呈现时间为 3000*ms*，刺激消失后被试才进行反应，只记录分析了背景任务正确率。可能是因为在 *EBPM* 任务条件下，由于不知道线索何时出现，每个刺激出现的 3000*ms* 内都需要被试同时完成两个加工：判断线索是否出现（*EBPM* 目标任务）和判断是否与前面第 *n* 个刺激重复（*n-back* 任务）。由于两个加工都涉及"比较—判断"，加工过程和认知资源占用都有重叠，加工顺序上不容易分离，故保有 *EBPM* 意向对 *n-back* 任务的干扰较大。而 *TBPM* 任务条件下，3000*ms* 的时间对完成 *n-back* 任务而言非常充裕，同时为了避免时间任务对 *n-back* 任

① *Einstein, G. O., McDaniel, M. A. Normal aging and prospective memory. Journal of Experimental Psychology: Learning, Memory, and Cognition*, 1990, 16(4): 717~726.

② *Einstein, G. O., McDaniel, M. A. Retrieval processes in prospective memory: Theoretical approaches and some new empirical findings. In: M. Brandimonte, G. O. Einstein, M. A. McDaniel. Prospective memory: Theory and applications. Mahwah, NJ: Lawrence Erlbaum Associates Publishers*, 1996: 115~141.

③ *Marsh, R. L., Hicks, J. L., Cook, G. I., Hansen, J. S., Pallos, A. L. Interference to ongoing activities covaries with the characteristics of an event-based intention. Journal of Experimental Psychology: Learning, Memory, and Cognition*, 2003, 29(5): 861~870.

④ *Smith, R. E. The cost of remembering to remember in event-based prospective memory: Investigating the capacity demands of delayed intention performance. Journal of Experimental Psychology: Learning, Memory, and Cognition*, 2003, 29(3): 347~361.

⑤ *Smith, R. E., Bayen, U. J. A multinomial model of event-based prospective memory. Journal of Experimental Psychology: Learning, Memory, and Cognition*, 2004, 30(4): 756~777.

⑥ 陈幼贞，任国防，袁宏，黄希庭等. 事件性前瞻记忆的加工机制：来自 *ERP* 的证据. 心理学报，2007，39(5): 994~1001.

⑦ *Park, D. C., Hertzog, C., Kidder, D. P., Morrell, R. W., Mayhorn, C. B. Effect of age on event-based and time-based prospective memory. Psychology and Aging*, 1997, 12(2): 314~327.

务的干扰，被试完全可以在完成 *n-back* 任务后再去执行与 *n-back* 任务完全不同的与时间相关的加工。因此保有 *TBPM* 意向对 *n-back* 任务的干扰较小。说明就本研究所采用的背景任务及范式而言，背景任务反应时和正确率共同反映了 *TBPM* 目标任务对认知资源的需求情况，但背景任务正确率对 *EBPM* 目标任务对认知资源的需求情况并不敏感。

（二）*TBPM* 任务加工机制的结构特点

本研究采用的单线索 *TBPM* 任务没有辅助线索提示时间，在执行 *TBPM* 任务过程中只有持续监视时间流逝才能获得时间信息。在缺乏线索的情况下持续的监视时间流逝，在合适的时间自我启动提取意向并执行，这些无疑都是依赖自我启动加工的。而与时间相关的加工包括依赖外部时钟（查看时钟）和内部时钟（估计时间）[①]。两个实验中，最后一个时间区间查看时钟的次数远大于其他时间区间，与已有研究一致[②~⑥]。长 *ISI* 实验中，前三个时间区间查看时钟次数没有显著差异，可能有两方面的原因。一方面，在 0~90s 这个时间段，被试的注意主要集中在背景任务上，很少分配注意去监视时间，自我卷入程度低；另一方面，背景任务的节奏较慢，时间压力不大，被试的认知资源比较充裕，对时间较有把握，没有必要去查看时间而中断对背景任务的加工，因而主要利用内部时钟进行时间估计。在临近目标时间的第四个阶段，由于距离目标时间越来越接近，时间紧迫感上升，时间压力更大。此时，仅依靠内部计时已经难以满足对时间的准确把握，需要依靠外部时钟监视时间，而采取了前三个阶段较多地依赖内部计时，较少查看时钟；到了第四个阶段才更多地查看时钟的策略，故时钟查看次数呈阶梯形曲线上升。短 *ISI* 实验中，背景任务的节奏变快，加工时间紧迫，被试的认知资源相应紧缺，没有更多的资源兼顾到内部计时机制，更加依赖外部时钟。因此，查看时钟的频度与时间紧迫感更加密切相关。区间一和区间二距离目标时间较远，时间紧迫感低，时间压力不大，也没有必要查看时间而中断背景任务加工，故被试就较少查看时钟。区间三和区

① *Mackinlay, R. J., Kliegel, M., Mäntylä, T. Predictors of time-based prospective memory in children. Journal of Experimental Child Psychology*, 2009, 102(3): 251~264.

② *Cicogna, P., Nigro, G., Occhionero, M., Esposito, M. J. Time-based prospective remembering*: *Interference and facilitation in a dual task. European Journal of Cognitive Psychology*, 2005, 17(2): 221~240.

③ *Kerns, K. A. An investigation of development of prospective memory in children. Journal of the International Neuropsychological Society*, 2000, 6(1): 62~70.

④ *Mäntylä, T., Carelli, M. G., Forman, H. Time monitoring and executive functioning in children and adults. Journal of Experimental Child Psychology*, 2006, 96(1): 1~19.

⑤ *Mackinlay, R. J., Kliegel, M., Mäntylä, T. Predictors of time-based prospective memory in children. Journal of Experimental Child Psychology*, 2009, 102(3): 251~264.

⑥ *Marsh, R. L., Cook, G. I., Hicks, J. L. Task interference from event-based intentions can be material specific. Memory & Cognition*, 2006, 34(8): 1636~1643.

间四随着目标时间逐渐接近，时间紧迫感和时间压力逐步上升，查看时钟次数逐级增加，使时钟查看呈"*J*"型曲线上升，与已有研究一致[①~④]。说明在完成 *TBPM* 任务过程中，对时间的关注并不是均匀的，而是随着目标时间的临近而动态增加。监视时间的策略与背景任务对认知资源的需求和刺激间时距相关。在刺激间时距太短导致认知资源紧缺时，由于元认知的参与[⑤]，人们会有意识地制订计划，通过调整依赖外在时钟和内部计时机制的时机，以能有效分配有限资源的策略[⑥]，使背景任务和时间性前瞻目标任务都能完成。对认知功能的研究也发现 *TBPM* 要求在不同的认知集合间灵活转换[⑦]。因此，*TBPM* 任务的认知加工机制可能具有复杂的结构特点。这与 *TBPM* 任务成绩受中央执行功能调控的研究也是一致的[⑧]。

（三）两类前瞻记忆任务加工机制的差异

当完成 *TBPM* 任务和 *EBPM* 任务的加工模式同样是在执行背景任务的同时监视前瞻目标线索时，*TBPM* 组的背景任务反应时和正确率的前瞻干扰量都大于 *EBPM* 组的事实说明两类 *PM* 目标任务相关的加工对认知资源的需求不同。*TBPM* 任务更需要自我启动的、认知资源参与的加工。从一个侧面揭示了 *TBPM* 任务与 *EBPM* 任务加工机制上的差异。

在 *ISI* 长度的不同水平下，被试采取了不同的策略来查看时钟，说明 *TBPM* 任务的认知加工机制可能具有复杂的结构特点。在认知资源紧缺时，可以通过策略调整优化认知资源的利用，从另一个侧面揭示了 *TBPM* 任务与 *EBPM* 任务加工机制存在着差异。

四、结论

在 *ISI* 极短的条件下，*TBPM* 前瞻干扰效应量大于 *EBPM*，说明两类 *PM* 任务对认知资源的需求不同。

---

① Cicogna, P., Nigro, G., Occhionero, M., Esposito, M. J. Time-based prospective remembering: Interference and facilitation in a dual task. *European Journal of Cognitive Psychology*, 2005, 17(2): 221~240.

②⑧ Mäntylä, T., Carelli, M. G., Forman, H. Time monitoring and executive functioning in children and adults. *Journal of Experimental Child Psychology*, 2006, 96(1): 1~19.

③⑥ Mackinlay, R. J., Kliegel, M., Mäntylä, T. Predictors of time-based prospective memory in children. *Journal of Experimental Child Psychology*, 2009, 102(3): 251~264.

④ Marsh, R. L., Cook, G. I., Hicks, J. L. Task interference from event-based intentions can be material specific. *Memory & Cognition*, 2006, 34(8): 1636~1643.

⑤ Hicks, J. L., Marsh, R. L., Cook, G. I. Task interference in time-based, event-based, and dual intention prospective memory conditions.*Journal of Memory and Language*, 2005, 53(3): 430~444.

⑦ Kliegel, M., Ramuschkat, G., Martin, M. Executive functions and prospective memory performance in old age: An analysis of event-based and time-based prospective memory. *Zeitschrift Fur Gerontologie Und Geriatrie*, 2003, 36(1): 35~41.

TBPM 任务的认知加工机制可能具有复杂的结构特点，在认知资源紧缺时，会通过有效的策略使认知资源的利用得到优化。

　　TBPM 任务与 *EBPM* 任务的加工机制存在着差异。本研究从两个侧面初步揭示了 *TBPM* 任务加工机制与 *EBPM* 任务存在差异。对 *TBPM* 任务的加工还有其他影响因素，我们将在今后的研究中继续加以探讨。

　　合作者：袁宏、袁祥勇、尹天子、陈幼贞；原文载于：心理学报，2011，43（5）：500~508.

专题五　时间推理研究

　　时间因素对决策的影响是当前时间推理研究的一个热点。人们在决策时总会综合权衡现在和将来等多个时间段的收益。无论是吸烟者、吸毒者或是网络游戏成瘾者，都有戒的愿望，都懂得一旦成瘾，长期的成本付出要比当前获益大得多，但这些人依然不会戒断。为什么？这就是时间贴现问题。真可谓：明日复明日，明日何其多？我生待明日，万事成蹉跎！

引　　言

　　利用推理得出结论有多种方式。我们对时间推理的研究主要涉及两个大的领域：一是探讨对时间事件顺序的推理；二是研究时间因素对决策的影响。

　　早在 19 世纪末国外就有学者对时间推理做过研究，其研究主要探讨个体对时间事件和日常生活事件的关系或顺序的推理。这类的研究价值不大。而较有理论价值的研究是美国心理学家 *William J. Friedman* 在 20 世纪 80 年代对月份顺序的时间推理所提出的表象词表模型。他把对月份顺序的推理加工的表征称为词表系统，认为个体是运用词表系统对月份顺序进行推理的，并且表现出以下三个特点：①当个体用词表系统对月份顺序进行推理时，如果同时进行其他言语活动就会产生选择性干扰；②个体对月份的正向顺序判断比逆向顺序的判断要快，即具有方向效应；③个体对月份推理的加工时间随着激活要素数目的增加而线性地增加，即具有距离效应。他还认为，利用表象系统对月份信息的编码是直接编码的，类似于空间位置信息的编码，没有方向效应和距离效应，但会与同时进行的空间直接操作发生选择性干扰。总之，*Friedman* 认为，利用上述两种表征系统的双加工模型便能完善地解释被试在解决月份顺序推理所有任务中的操作特征①②。针对中文的月份顺序是以数字表达的与英语的月份表达有着显著的差异，黄巍以中国被试的月份推理研究来检验 *Friedman* 的模型，结果发现，中国成人被试在完成月份顺序任务时是根据月份数字表征系统进行数字运算加工的，没有表现出距离效应和方向效应，但表现出顺序性、大小可比性、可直接进行数的四则运算及周期性，其最典型的操作特征是越界效应③。李伯约和黄希庭考察了中国成人对以词汇的和数字的方式所表示的周期性时间现象的推理加工研究结果表明，被试对以词表表征的周期性时间现象有非常显著的方向效应，并且不产生越界效应；对通过顺序计数方式加工数字表征的周期性时间现象时有显著的方向效应，并且不产生越界效应。这说明，数字表征是产生越界效应的必要条件，数值运算的加工方式是产生越界效应的关键因素，对数字表征未必都产生数值运算的加工④。总之，月份顺序时间推理的加工特点既会受到表达月份的表征系统的影响，也会受到加工方式的影响。

近年来，与决策相关的时间推理已成为研究的主流。在这类研究中，研究者主要考察时间是怎样影响人的决策的。时间是决策过程中的一个重要维度，决策者往往需要把时间因素纳入自己的考虑当中。例如，在经济条件允许的情况下，买房者可以在一次性支付和分期付款之间自由选择。那么，是一次性付清房款，还是分期付款？如果是分期付款，那么是十年付清还是二十年付清？这些问题都反映了时间对决策的影响。在众多时间对决策的影响中，时间贴现（*temporal discount*）非常常见，它是指个体对于事物价值的评估随着时间的流逝而逐渐下降。上述买房的例子就与时间贴现有关。虽然目前时间推理的决策研究还处于初步阶段，但是其应用前景十分广阔。

对时间顺序推理的研究将为人工智能的进一步应用奠定基础。通俗来讲，人工智能就是让计算机去做原本只有人才能做的智能工作。为了让计算机能够像人一样提供服务，必须使其具备人类的基本能力。而在人类的工作和生活中，对时间顺序的推理必不可少。那么，怎样才能实现计算机对人类智能的模拟呢？对这个问题的探索经历了从物理结构模拟到心理结构模拟的转变。早期研究者希望通过模拟人类大脑的神经元网络来实现计算机的人工智能。但是人类大脑太过复杂，建造类似大脑神经元结构的计算机已经远远超过了现代工业所能达到的水平。于是，从 20 世纪 60 年代开始，人工智能专家开始通过计算机编程

① Friedman, W. J. Image and verbal processes in reasoning about the months of the year. *Journal of Experimental Psychology: Learning, Memory, and Cognition*, 1983, 9(4): 650~666.
② Freidman, W. J. Analog and semantic models of judgments about the month of the year. *Memory and Cognition*, 1984, 12(3): 306~313.
③ 黄巍. 中国成人推理月份时间的加工模型. 心理科学，1993，16(2): 84~89.
④ 李伯约，黄希庭. 周期性时间推理研究. 心理科学，2000，23(4): 479~481.

来模拟人类的认知结构和过程。计算机程序被分解为不同的部分，各部分分别代表不同的知识结构，同时，不同部分又以一定的方式联系起来，以此模拟人类的认知过程。相对于模拟物理结构，对心理结构的模拟要简便、现实得多。因此，对人类真实心理过程的模拟就成为了人工智能发展的重要课题①。从这个角度看，对时间顺序推理的研究无疑为人工智能的进一步应用奠定了基础。根据人类推理时间顺序的心理过程，计算机专家可以编制相应的程序，让计算机也能像人类一样进行时间推理。在人工智能领域，让计算机具备时间顺序推理能力的研究被称作时间表问题（*timetabling problem, TTP*）②。对 *TTP* 的应用非常广泛，小到课表设计安排，大到军用物资调度。*TTP* 应用最成功的案例是在海湾战争时期成功解决了人员和物资的调度问题。据估计，仅该次应用所节省的开支就足以抵上美国政府在过去 30 年中对人工智能研究的投入③。

此外，对时间贴现的研究可以在稳定经济秩序中发挥重要作用。从 2007 年 8 月起在美国爆发的次贷危机被视为自 20 世纪 30 年代以来最严重的一次经济危机，它迅速席卷全球，对包括美国、欧洲和日本在内的主要金融市场造成了巨大的冲击④。从发展进程来看，次贷危机源于一种非常普遍的商业行为：贷款买房。信用不良者没有能力一次性付清房款，于是银行就为这些人提供购房按揭，这种针对信用不良人群的贷款便被称为次级贷款，简称次贷。在银行发放了大量次级贷款后，由于按揭利率上升、就业形势恶化等原因，信用不良者无法还清房款，由此引发了大规模的金融危机⑤。诚然，次贷危机的爆发有着深刻的历史和经济背景，其原因也非常复杂，与美国的货币政策、信用体系和金融体系有关⑥。但是，追根溯源，次贷危机始于人们的贷款买房行为。乍看之下，贷款买房似乎很不合理：例如，一套房子，现付需要 80 万，十年付清却需要 90 万，为什么还有那么多人愿意花更多的钱在十年内付清呢？当然，这与当今大众的经济水平有关，由于大多数人没有能力一次性付清，所以不得不通过按揭的方式买房。但是，从心理层面来看，这与时间贴现有着密切的关系。时间贴现反映了人们的一种一般心态：随着时间的流逝，事物不断贬值，现在的事物比未来的事物价值更高。所以，现在支付的 80 万和十年内支付的 90 万，其心理上的价值量有可能是相同的。那么，为什么人们倾向于高估事

① 邹蕾，张先锋. 人工智能及其发展应用. 信息网络安全，2012，2: 11~13.
② 丁德路，姜云飞. 基于智能规划的时间表问题研究. 小型微型计算机系统，2003，24(2): 246~250.
③ *Cross, S.E., Walker, E.D. ART: Applying knowledge-based planning and scheduling to crisis action planning. Intelligent Scheduling. Morgan-Kaufmann Publishers, Inc, San Francisco,* 1994.
④ *http://baike.baidu.com/view/1256938.htm#5.*
⑤ 武修文. 次贷危机对信用风险管理的启示. 经济研究参考，2010，35: 55~60.
⑥ 冯庆，蔡顺富. 次贷危机成因研究述评. 集体经济，2011，2: 88~89.

物现在的价值而低估其未来的价值呢？心理学家常用解释水平理论（*construal level theory*）来进行解释。该理论认为，时间距离影响个体对于未来事件的心理表征水平，人们通常把未来的事物表征得较为抽象，把现在的事物表现得较为具体。因此，时间上较近的事物被表征得更明确、更具体，其价值也就更易量化、更加突出。根据这一理论，银行可以适当地调整按揭期限和按揭利率，从而调整消费者所感受到的现付价格和按揭价格之间的差异，在宏观上对按揭购房进行调控。

　　本专题的六篇论文反映了我们在时间推理两大研究领域的一些探索。"周期性时间推理研究"综合考察了周期性时间现象（生肖年、季节、符号月、数字月）在词表表征和数字表征上的加工特点，证明数字表征是产生越界效应的必要条件，数值运算的加工方式是产生越界效应的关键因素。"'米制'的时间层次网络结构研究"和"模糊分组的时间层次网络结构研究"发现对层次网络结构的时间（由日构成月，由月构成年）推理，采用了"顶层—底层"的加工方式，出现了层次效应和越界效应；模糊分组的时间也存在主观、模糊的层次网络结构。"日常生活事件时间关系推理的初步研究"发现个体在对时间事件进行推理时会使用多种模型，同时受到不同因素的影响。"时间贴现的分段性"发现时间贴现具有分段性，大致可以分为现在到未来两周，未来两周到未来十年，未来十年到未来五十年，这三个阶段时间贴现的心理状态不同。"解释水平和事件性质对活动设定时间距离的影响"探讨了发生在生活中的事件的时间距离效应的特点，发现不论该时间距离指向未来还是过去，高解释水平的事件同较远的心理时间距离相联系，低解释水平的事件同较近的心理时间距离相联系；负性事件被认为发生在更远的过去。

　　当代心理学的两种研究取向：一是用神经科学的新技术来探讨行为的神经机制；二是从社会文化的角度探讨行为的心理机制。可以预期，今后以这两种研究取向对时间推理的研究会有新的成果，但真正要探明时间推理的心理机制则需从多学科、多因素整合的角度加以研究。

周期性时间推理研究

时间推理是人们对时间顺序进行推论的心理过程。通过时间推理，人们可以间接地认知过去或者未来的时间。

虽然 *Calton*（1883）、*Guilford*（1926）、*Oswald*（1960）、*Warner* 和 *Kaplan*（1963）以及 *Seymour*（1980）等对时间推理进行过早期的研究，但较有价值的研究成果是 *Friedman*[①~⑥] 对月份顺序时间推论所提出的表象—词表模型（*image-verballist model*）。*Friedman* 把对月份顺序的推理加工的表征称为词表系统，认为人们在对月份顺序任务推理时是运用了词表系统的，而且还表现出下列三个特点：①当个体用词表系统对月份顺序进行推理时，如果同时进行，其他言语活动就会产生选择性干扰；②个体对月份的正向顺序的判断比逆向顺序的判断要快，即具有方向效应；③个体对月份的加工时间随着激活要素数目的增加而线性地增加，即具有距离效应，而运用表象系统对月份信息的编码是对月份信息的直接编码，类似于空间位置信息的编码，没有方向效应和距离效应。此外，运用表象加工解决月份任务会与同时进行的空间知觉操作发生选择性干扰。*Friedman* 还认为，利用了上述两种表征系统的双加工模型能完善地解释被试在解决月份顺序的所有任务中的操作特征。

黄巍[⑦]对具有数字表征特点的中文月份的推理的周期性进行了更为深入的研究，其结果表明中国成人在进行月份推理时是根据时间数字表征系统进行数字运算加工的，没有距离效应和方向效应，此外还有以下特征：①顺序性；②大小可比性；③可直接进行数的四则运算；④周期性。黄巍还指出，中国成

① *Friedman,W.J. Image and verbal progress in reasoning about the months of the year. Journal Experimental Psychology:Learning,Memory,andCognition,*1983,9:650~666.

② *Friedman,W.J. Analog and semanic models of judgements about the month of the year. Memory and Cognition,*1984, 15:518~520.

③ *Friedman,W.J. The development of children's knowledge of temporal structure. Child Development,*1986,57:1386~1400.

④ *Friedman,W.J. The representation of temporal structure in children,adolescents and adults. In: I. Levin, D.Zakay(Eds.).Psychological time:A life span perspective. Amsterdam:North-Holland,*1989.

⑤ *Friedman,W.J. Memory for time of past events. Psychological Bulletin,*1993, 113(1): 44~66.

⑥ *Friedman,W.K., DeWinstanley,P.A. Changes in the subjective properties of autobiographical memories with the passage time. Memry,*1998, 6: 367~381.

⑦ 黄巍. 中国成人推理月份的加工模型，心理科学，1993,16(2): 84~89.

人对月份时间顺序推理的最典型的操作特征是越界效应。

然而，一些具有词表表征特点的其他时间现象也有周期性性质，对它们的推理是否也会出现越界效应？对此，黄巍的研究没有涉及。

本研究的目的，就是要进一步考察被试在对生肖年、季节以及以词命名的月份这些具有词表表征特点的周期性的时间现象也有进行推理时出现的效应，并同纯数字表征的月份推理进行比较，从中找出两种表征条件下出现方向效应和越界效应的规律。

一、方法

（1）被试：21 名西南师范大学心理学系四年级学生，其中女生 13 名、男生 8 名。视力或者矫正视力正常。

（2）仪器：奔腾 66 微机一台，*VGA* 高分辨彩色显示器一台。

（3）设计：采用 2×2 被试内设计，每个被试均参加所有实验。两个自变量为越界情况以及方向，分别对应的任务是对同一方向上不同的越界情况的判断，以及对不同方向上同样的越界情况的判断。方向分为向前和向后两种，越界情况也分为越界和不越界两种。因此，实验共有向前越界、向前不越界、向后越界、向后不越界四种处理。

（4）材料：四组不同的周期性时间现象：生肖年、季节、符号月份、数字月份（表 5.1）。每组均包括上述四种处理，每种处理又包括四个问题。每个问题皆以相应的周期性时间现象第一个或最后一个单位开头，然后提出向前或者向后推 2~3 个时间单位是某个时间单位，要求被试判断其正误。其中一半问题需要被试予以肯定的判断，另一半问题需要被试予以否定的判断。每组材料的 16 个问题都混合后随机排列。

表 5.1　实验用材料举例

生肖年	鼠年前的第二年是狗年吗？
季　节	冬天前的第三季是夏天吗？
符号月	腊月后的第三月是 3 月吗？
数字月	1 月后的第二月是 4 月吗？

（5）程序：每组问题开始呈现之前都由计算机测试被试是否记住相应周期性时间的顺序，达到一定的熟练程度才转入问题的呈现。所有问题均由计算机自动呈现。在开始呈现问题时，先还要呈现四个同正式的问题相近似的练习题，但不告诉被试是练习题。然后呈现正式问题。每个问题呈现的时间不超过 10*s*。要求被试根据自己的推理来对该问题进行肯定的或否定的回答，在作出判断之后立即击键。若是肯定这一提问则右手中指击"/"键；若是否定这一

提问则用左手食指击"*A*"键。一组材料实验完之后，间隔30*s*才呈现下一组材料。

呈现第四组材料时，被试击键之后还要让其回答他是如何解决刚才的问题的：是用数值计算的方法还是用顺序背诵月份的方法。

被试反应的成绩分为回答问题的正确率和回答问题的反应时。计算机自动记录从问题呈现到被试击键之间的反应时间以及反应的正误。

二、结果与分析

四种子实验条件下被试解决各种作业任务的平均反应时和正确率见表5.2。

表5.2 四种子实验条件下解决各种作业任务的平均反应时和正确率

材料类型		任务			
		otfw	*otbw*	*infw*	*inbw*
生肖年	反应时（*ms*）	6254	5897	6588	5306
	标准差（*ms*）	1599	1061	1711	1092
	正确率（%）	62	79	67	70
季节	反应时（*ms*）	5117	4334	4774	3933
	标准差（*ms*）	1087	1134	1449	1118
	正确率（%）	80	85	80	85
符号月	反应时（*ms*）	5214	4496	5033	4131
	标准差（*ms*）	925	1081	1243	833
	正确率（%）	86	82	82	85
数字月	反应时（*ms*）	4450	3525	4169	3073
	标准差（*ms*）	1076	775	845	699
	正确率（%）	81	92	82	86

注：*ot*表示越界，*in*表示不越界，*fw*表示向前，*bw*表示向后。

对影响生肖年顺序任务判断的越界和方向两个因子进行重复测量的方差分析，对反应时的检验结果表明，越界效应不显著 $[F_{(1,20)}=0.21，P>0.05]$。但方向效应非常显著$[F_{(1,20)}=8.62，P<0.01]$。另外，交互作用不显著$[F_{(1,20)}=2.75，P>0.05]$。对反应的正确率的检验结果表明，其越界效应、方向效应两个因子的影响均不显著 $[F_{(1,20)}=0.11，P>0.05，F_{(1,20)}=3.45，P>0.05]$，交互作用也不显著 $[F_{(1,20)}=1.45，P>0.05]$。

对影响季节顺序任务判断的越界和方向两个因子进行重复测量的方差分析，对反应时的检验结果表明，越界效应不显著 $[F_{(1,20)}=1.90，P>0.05]$，但方向效应非常显著$[F_{(1,20)}=9.08，P<0.01]$。另外，交互作用不显著$[F_{(1,20)}=0.01，P>0.05]$。对反应的正确率的检验结果表明，其越界效应、方向效应两个因子

的影响均不显著 $[F_{(1,20)}=0.18$，$P>0.05$；$F_{(1,20)}=2.48$，$P>0.05]$，交互作用也不显著 $[F_{(1,20)}=0.18$，$P>0.05]$。对影响符号月份顺序任务判断的越界和方向两个因子进行重复测量的方差分析，对反应时的检验结果表明，越界效应不显著 $[F_{(1,20)}=1.40$，$P>0.05]$。但方向效应非常显著 $[F_{(1,20)}=12.33$，$P<0.01]$。另外，交互作用不显著 $[F_{(1,20)}=0.16$，$P>0.05]$。对反应的正确率的检验结果表明，其越界效应、方向效应两个因子的影响均不显著 $[F_{(1,20)}=0.02$；$P>0.05$，$F_{(1,20)}=0.02$，$P>0.05]$，交互作用也不显著 $[F_{(1,20)}=0.59$，$P>0.05]$。

最后，对影响数字月份顺序任务判断的越界和方向两个因子进行重复测量的方差分析，对反应时的检验结果表明，越界效应不显著 $[F_{(1,20)}=3.63$，$P>0.05]$。但方向效应非常显著 $[F_{(1,20)}=27.59$，$P<0.01]$。另外，交互作用不显著 $[F_{(1,20)}=0.20$，$P>0.05]$。对反应的正确率的检验结果表明，其越界效应、方向效应两个因子的影响均不显著 $[F_{(1,20)}=0.33$，$P>0.05$；$F_{(1,20)}=2.99$，$P>0.05]$，交互作用也不显著 $[F_{(1,20)}=0.75$，$P>0.05]$。

三、讨论

本实验首先考察了中国成人被试对诸如生肖年和季节的这样的以词汇的方式所表示的周期性时间现象的认知加工方式。实验结果清楚地表明了被试对这种时间现象是以词表表征的形式来加工的，被试在解决这两类时间顺序的任务时，都出现了非常显著的方向效应。这个结果同 *Friedman* 的英语月份的实验结果是一致的，这进一步验证了 *Friedman* 的理论，说明了不论是中国被试还是外国被试，对词表表征的周期性时间现象的加工方式是相同的。另外，在 *Friedman* 的研究中还考察了距离效应，但在本实验中，由于季节这一周期性时间现象只有四个单位，不可能进行超过三个单位以上的时间顺序推理，只有放弃对距离效应的考察。

其次，黄巍曾经假设越界效应是对数字表征的周期性时间现象进行加工时所特有的加工方式，但其没有进行对词表表征的周期性时间现象的加工的实验。本实验对此进行了进一步探讨，结果表明中国成人被试对生肖年和季节的这样的词表表征的周期性时间现象进行加工时没有出现越界效应。这不仅实证地验证了黄巍的假设，还可以进一步明确提出，对词表表征的周期性时间现象加工时，没有越界效应。

然而，本实验中对符号月份和数字月份的考察的结果就比较复杂了。这里先要确定符号月份的表征的性质。一方面，符号月份是一种词表表征，但另一方面，被试经过实验前的训练，都将符号月份迅速转为数字月份，如冬月转为11月，腊月转为12月，正月转为1月。因此本实验中的符号月份实质上是以数字的形式表征的。

但问题在于，本实验的结果中，无论符号月份还是数字月份，都出现了非常显著的方向效应，并且没有出现越界效应。从表现上来看，这同黄巍的研究结果是不相符合的，因此需要进行更加深入的探讨。从实验的程序的安排上来看，本实验的符号月份和数字月份是排在生肖年和季节之后的。而对生肖年和季节的加工，只能采用顺序计数的方式。在此心理定势的作用的影响下，本实验的被试在对符号月份和数字月份的加工时，基本上没有采用数值运算的方式。而黄巍的被试则几乎都采用了数值运算的加工方式。据此可以得出结论：被试对周期性时间现象的顺序进行推理是否出现越界效应的关键是其加工的方式，而不是其表征的形式。无论词表表征还是数字表征，只要采用的是顺序计数的加工方式，必然不会出现越界效应。当然，对词表表征来说，只可能出现顺序计数的加工方式。而对数字表征来说，既可出现顺序计数的加工方式，又可出现数值运算的加工方式。简言之，数字表征只是数值运算加工方式的必要条件，而非充分条件。因此，本实验的结果，是对黄巍的结论的进一步发展的必然。

从本实验的结果中还可以看出一个有待研究的问题，即是否存在熟悉的程度对方向效应和越界效应的影响。从实验的结果可以看出，无论方向效应还是越界效应，都在随着熟悉程度的增加而增大。这需要进行进一步的研究来加以探讨。

四、结论

（1）中国成人被试对词表表征的周期性时间现象产生了非常显著的方向效应；

（2）中国成人被试对词表表征的周期性时间现象不产生越界效应；

（3）中国成人被试通过顺序计数的方式对数字表征的周期性时间现象进行加工时产生了非常显著的方向效应；

（4）中国成人被试通过顺序计数的方式对数字表征的周期性时间现象进行加工时不产生越界效应；

（5）数字表征是产生越界效应的必要条件，数值运算的加工方式是产生越界效应的关键因素。

合作者：李伯约；原文载于：心理科学，2000，23（4）：479~481.

"米制"的时间层次网络结构研究

　　虽然时间的本质形式是线性的，项目或事件是以线性形式储存在人们的记忆中的[1][2]。然而，在对较多的一系列事件的时间信息进行认知的时候，人们要把它们分组，形成组块；进而再对组块分组，以至于最终形成了层次网络的结构，以提高认知的效率[3][4]。相对于连续性的时间顺序标码所形成的主观的层次网络结构[5]，*Essens* 和 *Povel*[6] 提出了"米制"的时间表征的新概念。所谓米制的时间信息，是指依据人们为度量时间而设计的各种不同层次的时间单位而生成的信息。例如，一年可分成四个季度并十二个月，每个月又可分成四个星期，每个星期可分成七天，每天又可分成二十四时。此外，大的还有千年、世纪、年代，小的还有分、秒、毫秒……归根结底，这种米制的时间信息构成了一种客观的层次网络结构。这种层次网络的时间表征具有外显性[7]、精确性的特点。对米制时间信息的层次网络结构时间信息的加工，可以是自动的，也可以是控制的，对此，现在还存在着较大的争论[8][9]。

　　虽然米制时间信息的层次网络结构的存在是很显而易见的，但迄今为止还没有见到有关的实验证明。为了全面地对时间顺序标码层次网络组织进行探讨，我们做了一个系列研究。作为其中的一项，本文拟采用直接比较或运算两种加

　　① *Hinrichs, J. V. A two-process memory-strength theory for judgment of recency. Psychological Review*, 1970, 77(3): 223~233.
　　② *Block, R. A. Remembered duration: Effects of event and sequence complexity. Memory & Cognition*, 1978, 6(3): 320~326.
　　③ *Estes, W. K. Memory for temporal information. In: J. A. Michon., J. Janckson. Time, mind and behavior. Berlin: Springer-Verlag*, 1985:151~168.
　　④ *Neisser, U. Nested structure in autobiographical memory. In: D. C. Rubin. Autobiographical memory. Cambridge, England: Cambridge University Press*, 1986: 71~81.
　　⑤ *Lee, C. L., Estes, W. K. Item and order information in short-term memory: Evidence for multilevel perturbation processes. Journal of Experimental Psychology: Human Learning and Memory*, 1981, 7(3): 149~169.
　　⑥ *Essens, P. J., Povel, J. J. Metrical and nonmetrical representations of temporal patterns. Perception and Psychophyiscs*, 1985, 37(1): 1~7.
　　⑦ *Michon, D. B. How many memory systems: Evidence from aging. Journal of Experimental Psychology: Learning, Memory, & Cognition*, 1990, 15(1): 31~49.
　　⑧ *Shiffrin, R. M., Schneider, W. Controlled and automatic human information processing: II. Perceptual learning, automatic attending, and a general theory. Psychological Review*, 1977, 84(2): 127~190.
　　⑨ *Beveh-Bengamin, M. Coding of temporal order information: An automatic process. Journal of Experimental Psychology: Learning, Memory, & Cognition*, 1990, 16(1): 117~126.

工方式，通过找出层次效应、越界效应和距离效应来论证米制的时间顺序标码的层次网络结构的存在，并将考察被试对米制的时间信息标码层次网络表征的加工方向以及不同加工方式的难易程度。

一、实验一

（一）目的

通过操纵标码的表达顺序、层次与距离，考察在具有明确层次的条件下，对两个时间标码进行直接比较时，是否存在两种具有不同的表达顺序的项目之间出现方向效应、层次效应和距离效应。

（二）方法

1. 被试

随机抽取 18 名重庆某中专学生，男 11 女 7，年龄 19 岁左右，视力或矫正视力正常。

2. 仪器与材料

奔腾微机一台，*VGA* 高分辨彩色显示器一台。

实验用的刺激材料为两组有"年、月、日"或"日、月、年"顺序的日历标码项目。每次选取两个项目，或左边的项目居先，或右边的项目居先，还可分为差五年或一年、差五日或一日等四种情况，如"59，03，10 59，03，11"或"27/09/78 27/09/73"。每组各有上述情况的刺激材料十个，随机排列。两组材料仅在时间标码的顺序的方向上不同，在内容、数量及排列顺序上完全相同。

3. 实验设计与程序

采用 $2 \times 2 \times 2$ 的混合设计。时间方向是被试间因素，分为正向及反向两个水平。层次和距离被试内因素，前者分为年、日两个水平，后者分为大、小两个水平。

刺激材料在计算机屏幕上呈现，并要求被试对两个项目的先后顺序进行判断，然后立即击键。被试的成绩分为从刺激材料出现到击键之间的反应时及反应的正误，计算机自动予以记录。正式实验开始前用同相应的预备材料安排十次练习。

（三）结果与分析

被试对层次、方向及距离的平均反应时与正确率的统计结果分别列于表5.3。

表 5.3 被试对层次、方向及距离的平均反应时与正确率

		年份		日子	
		反应时（ms）	正确率（%）	反应时（ms）	正确率（%）
正向	距离大	1801±149	96.0±6.0	1924±192	98.7±4.0
	距离小	1922±146	93.2±9.0	1988±309	94.7±6.3
反向	距离大	1813±321	93.7±4.0	2066±170	92.0±6.0
	距离小	1832±219	96.0±6.0	2204±287	97.3±5.3

对反应时的方差分析的结果表明，两种方向差异不显著：$F_{(1,16)}=0.68$，$p>0.05$。两个层次差异非常显著：$F_{(1,16)}=15.06$，$p<0.01$，对"年"的反应时非常显著地短于对"日"的反应时。层次同方向间交互作用差异不显著：$F_{(1,16)}=4.30$，$p>0.05$。距离大小差异显著：$F_{(1,16)}=4.89$，$p<0.05$，对距离大的项目的反应时显著地短于对距离小的项目的反应时。层次同方向间交互作用差异不显著：$F_{(1,16)}=0.03$，$p>0.05$。层次同距离间交互作用的差异不显著：$F_{(1,16)}=0.33$，$p>0.05$。方向、层次同距离间交互作用的差异也不显著：$F_{(1,16)}=2.67$，$p>0.05$。

对正确率的方差分析的结果表明，两种方向差异不显著：$F_{(1,16)}=0.05$，$p>0.05$。两个层次差异不显著：$F_{(1,16)}=0.07$，$p>0.05$。层次同方向间交互作用差异不显著：$F_{(1,16)}=4.25$，$p>0.05$。距离大小差异不显著：$F_{(1,16)}=0.60$，$p>0.05$。层次同方向间交互作用差异不显著：$F_{(1,16)}=0.03$，$p>0.05$。层次同距离间交互作用差异不显著：$F_{(1,16)}=3.80$，$p>0.05$。方向、层次同距离间交互作用差异也不显著：$F_{(1,16)}=2.51$，$p>0.05$。

（四）讨论

反应时的结果表明，被试对不同层次的时间信息的反应的差异非常显著，对年份层次的反应时非常之短，而对日子层次的反应时要长得多。在实验后向被试了解到，被试一旦在年份层次上发现了差别就不再对日子层次进行比较，而在年份层次相同才比较日子层次。因此，年份层次的差别进行一次比较就可判断，而日子层次的差别要进行两次比较才能判断。这一现象充分表明，米制时间的标码信息是存在着不同层次的，影响到个体对时间的认知。

再者，被试对不同距离的时间信息的反应之间也存在着显著差异，出现了距离效应。不论是年份层次，还是日子层次，被试对两个距离大的项目进行比较判断的时间要比对两个距离小的项目进行比较判断的时间短得多。这一结果意味着，被试要比较"5"与"1"的先后顺序所需要的时间，较之比较"5"与"4"的先后顺序所需要的时间要短得多。这说明，被试在对时间的数字标码进行比较的时候，没有采用运算的加工方式，而是采用了直接比较的加工方式，而且

同一层次的时间的数字顺序标码之间依然存在着内隐的分组。

这两个结果，证实了本实验预期的目的。

最后，本实验的结果还表明，两个组的被试对"年、月、日"的正向顺序的反应以及对"日、月、年"的反向顺序的反应时之间，没有出现显著的差异。然而，在实验后向被试了解到，反向组的被试在最初的练习时发现，对如此顺序的时间信息，要反过来从右到左看。这意味着被试实质上仍然是按照"年、月、日"的顺序进行比较判断，于是他们的成绩同正向组的是一致的。如果改变实验材料，把"日、月、年"的时间夹杂在一段文字材料的中部，迫使被试先从左到右，再从右到左，改变方向后再进行比较判断，结果可能就不相同。这留待今后进一步探讨。

二、实验二

（一）目的

通过操纵标码的子网络界限与加工方向，考察在具有明确的界限的条件下，两个不同组别的项目是否存在越界效应，同时考察不同的加工方向之间是否存在方向效应。

（二）方法

1. 被试

随机抽取 12 名西南师大一年级学生，男女各半，20 岁左右，视力或矫正视力正常。

2. 仪器与材料

仪器同实验一。

实验用的刺激材料为一个"年、月、日"的日历标码的项目，该项目的时间为一年的第二天或倒数第二天，以及从该时间出发推算出来的另一个"日、月、年"的日历标码的时间的项目。一半材料的推算是正确的，另一半则是错误的。刺激材料如："87，12，30 之前五天是 87，12，25"或者"30/12/97 之后五天是 02/01/98"。上述共四种情况的刺激材料各十个，随机排列。

3. 实验设计与程序

本实验采用 2×2 的被试内设计，每个被试参加所有实验处理。两个自变量分别为组别的与加工方向。组界的界限因素又分为跨越组界与不跨越组界两个水平，加工方向因素又分为正向加工与反向加工两个水平。

计算机屏幕上呈现指导语后就呈现刺激材料，并要求被试对所呈现的刺激材料中的两个时间标码的关系的正误进行判断，在作出判断之后立即击键。被试的成绩分为被试每次作出反应所花费的时间，以及该反应的正确与否。计算机自动记录从刺激材料出现到被试击键之间的反应时及反应的正误。正式实验开始前用相应的预备材料安排十次练习。

（三）结果与分析

被试对层次、方向及距离的平均反应时与正确率的统计结果分别列于表5.4。

表 5.4 被试对越界及方向的平均反应时与正确率

	越界		不越界	
	反应时（ms）	正确率（%）	反应时（ms）	正确率（%）
向前	4572±875	74.2±17.2	4283±754	75.3±15.1
向后	4395±818	72.3±18.5	3858±901	68.1±2.4

对越界与否及方向的反应时进行重复测量的方差分析的结果表明，两个刺激项目的位置是否越界的差异非常显著：$F_{(1,11)}$=17.269，$p<0.01$，这说明越界的加工所需要的时间非常显著地长于不越界的加工所需要的时间。然而两个刺激项目相隔的距离的大小之间不存在显著差异：$F_{(1,11)}$=3.704，$p>0.05$。再者，越界与否与方向之间的交互作用的差异也不显著：$F_{(1,11)}$=0.025，$p>0.05$。

对越界与否及方向的正确率进行重复测量的方差分析的结果表明，两个刺激项目的位置是否越界的差异不显著：$F_{(1,11)}$=0.13，$p>0.05$。不同的加工方向之间也不存在显著差异：$F_{(1,11)}$=3.55，$p>0.05$。再者，越界与否与方向之间的交互作用的差异也不显著：$F_{(1,11)}$=0.22，$p>0.05$。

（四）讨论

虽然 Friedman[1]、黄巍[2]、李伯约和黄希庭[3]的研究也曾涉及到周期性时间推理的越界的问题，但被试仅仅需要对同一层次的时间信息的进行比较判断，无需考虑层次网络结构中其他层次的信息。而在本实验中情况则大不相同，被试必须考虑层次网络结构中各个层次的时间信息，不仅要对日子层次的时间信息进行比较判断，还要对月份层次乃至年份层次的时间信息进行比较判断。

本实验的反应时的结果表明，不同层次的时间信息对被试的反应的速度有很大的影响。被试对不越界（同年同月）的时间信息，无需再对年份和月份的时间信息进行加工，只需对日子的时间信息进行比较，其反应的速度自然要快得多。而对越界（不同年）的时间信息，被试对其年份、月份以及日子这三个层次的时间信息都要进行比较，反应的速度要慢得多。这种层次的影响，表现

① Friedman, W. J. Image and verbal processes in reasoning about the months of the year. Journal of Experimental Psychology: Learning, Memory, and Cognition, 1983, 9(4): 650~666.
② 黄巍. 中国成人推理月份时间的加工模型. 心理科学，1993，16(2): 84~89.
③ 李伯约，黄希庭. 周期性时间推理研究. 心理科学，2000，23(4): 479~481.

为显著的越界效应。越界效应是黄巍在其研究中首先发现的，他将其称为对数值表征进行运算加工的最典型的特征。本实验的结果同黄巍的结果是一致的，不过由于黄巍的研究中只涉及到一个层次的时间信息，而本实验涉及到三个层次的时间信息，所以在其结果中显示出更加显著的越界效应。然而，这一结果同李伯约和黄希庭的结果则是不一致的。这是由于在该研究中被试采用的是计数的加工方式所致。

此外，本实验的结果也表明，对时间信息的加工的方向对被试的反应的影响不大，不论是在什么条件下，向前加工还是向后加工的难度及量都相差无几，没有出现方向效应。这一结果同 *Friedman*、李伯约和黄希庭的结果是不一致的。在他们的研究中，被试是用计数的方式对月份的顺序进行加工，正向计数的速度自然快于反向计数的速度，于是导致了方向效应。反之，在黄巍的研究中，被试用运算的方式进行加工，也没有出现方向效应，这同本实验的结果则是一致的。因此，可确认本实验的被试采用的是运算的加工方式。

三、总的讨论

我们初步探讨过连续的没有明确界限的时间标码信息的多层次分组问题[①②]。为了对这一问题进行更加明确的探讨，本研究采用了"年、月、日"式的层次界限非常分明的米制时间信息标码为材料，让被试对两个时间信息标码进行直接比较或运算等不同加工，以求得出更加全面的结果。两个实验的结果，都非常成功地表明，这种米制的时间标码是存在着层次网络结构的，无论是被试对两个刺激项目进行直接比较判断，还是对刺激项目进行运算加工，都出现了层次的效应。在实验二中出现的越界效应，实质上也是因为层次不同造成的，所以可以视为是层次效应的另一种表现形式。越界效应还表明，米制的时间标码的层次网络结构是有明确的界限的，是客观的。

从正确率的高低及反应时的长短上还可以看出，这两种加工的难易程度是不相同的。进行直接比较判断要容易得多，以至于被试反应的正确率极高，反应的时间极短。而进行运算加工则要困难一些，这表现为被试反应的正确率较低，反应的时间也较长。然而，尽管存在着两种不同加工的难易上的差别，但是在这两个实验中所得到的层次效应却都是非常显著的，而且大体相等，分别达到 $p=0.01$ 及 $p=0.02$ 的水平。这一结果充分显示了层次效应的存在。

值得注意的是，在实验一同实验二的结果中还存在着一个"矛盾"的现象：

---

① 李伯约，黄希庭. 周期性时间推理研究. 心理科学，2000，23(4)：479~481.
② 李伯约. 时间顺序标码的层次网络表征研究. 重庆：西南师范大学博士学位论文，2001.

在实验一中，被试在年份层次不同时的反应快于在年份层次相同时的反应；而在实验二中，被试年份层次不同时的反应则慢于在年份层次相同时的反应。实验一的结果已经表明了被试对不同层次的时间信息是采用了从顶层到底层逐层加工的方向，若在年份层次出现了差别就立即进行判断，不需要深入到下面的层次，所以反应的时间就比较短。而在实验二中，被试也采用了同样的加工方向，但是都必须从顶层深入到底层。而且，若高层次的时间相同，则可立即深入到下面的层次；若出现了差别，则需先在此层次进行一次比较判断，然后才能继续到下面的层次，所以反应的时间就大大延长了。两个实验的结果，分别从不同角度说明了被试对层次网络的加工，是采用了"顶层—底层"的方向。

四、结论

（1）米制的时间标码系统要进行多层分组，按照层次网络的结构组织起来，出现了层次效应和越界效应，被试对米制的时间信息标码层次网络表征的加工，是采用了"顶层—底层"的方向。

（2）同一层次不同距离的项目之间出现了距离效应，说明对这些项目还在继续进行分组。

（3）对两个刺激项目进行直接比较判断或运算这两种加工的难易是不同的。

（4）本研究中没有发现方向效应。

合作者：李伯约；原文载于：心理科学，2002，25（4）：410~413.

模糊分组的时间层次网络结构研究

　　就物理时间而言，时间的形式是线性的。虽然许多学者认为，项目或事件是以线性形式储存在记忆中的[1][2]，但也有些时间记忆理论就开始转向用层次网络结构来说明时间信息记忆的加工[3][4]，在对较多的一系列事件的时间信息进行认知的时候，人们要把它们分组，形成组块，进而再对组块分组，以至于最终形成了层次网络的结构，以提高认知的效率。例如，我们在先前的研究[5][6]中发现，"米制"的（*metrical*，也可译为"公制的"）时间表征就是以这样的层次网络结构的形式而组织起来的。值得注意的是，所谓米制的时间信息，如："年、月、日、时、分、秒"等，是有精确的外显的层次结构以及组块的界限的。

　　然而，非米制的连续性时间，如以 26 个字母为代码所表明的若干事件的时间顺序，是没有这种外显的层次结构以及组块的界限的。对此，已经有了若干初步的研究。例如，有人指出连续性的时间顺序标码能够形成主观的层次网络结构[7]。另外，有人提出时间表征可分为外显表征和内隐表征[8]，并指出外显表征是一致有意识的、概念性的结构；而内隐表征是潜意识的，具有动力性，

　　① Hinrichs, J. V. A two-process memory-strength theory for judgment of recency. Psychological Review, 1970, 77(3): 223~233.

　　② Block, R. A. Remembered duration: Effects of event and sequence complexity. Memory & Cognition, 1978, 6(3): 320~326.

　　③ Estes, W. K. Memory for temporal information. In: J. A. Michon, J. Jackson、Time, mind and behavior. Berlin: Springer-Verlag, 1985: 151~168.

　　④ Neisser, U. Nested structure in autobiographical memory. In: D. C. Rubin. Autobiographical memory. Cambridge, England: Cambridge University Press, 1986: 71~81.

　　⑤ 李伯约，黄希庭．"米制"的时间层次网络结构研究，心理科学，2002, 25(4): 410~413.

　　⑥ Li, B. The Research on the hierarchical network representation of mental sequence. The Proceedings of the 3rd International Conference on Cognitive Science, 2001: 352~354.

　　⑦ Lee, C. L., Estes, W. K. Item and order information in short-term memory: Evidence for multilevel perturbation processes. Journal of Experimental Psychology: Human Learning and Memory, 1981, 7(3): 149~169.

　　⑧ Michon, D. B. How many memory systems: Evidence from aging. Journal of Experimental Psychology: Learning, Memory, & Cognition, 1990, 15(1): 31~49.

同内隐记忆有关。关于时间信息的自动性，现在还存在着较大的争论[①][②]。特别要指出的是，对于时间的模糊性的研究，迄今仅仅见到一例[③]，但是没有涉及到这种层次结构以及组块的界限。综上所述，对时间顺序标码层次网络组织及其各种特征，至今尚未有比较系统的研究。

为了对时间顺序标码层次网络组织进行探讨，我们做了一个系列研究。作为其中的一项，本文论证了连续性的时间顺序标码的层次网络结构是否存在，考察了这种层次网络结构的各个方面的特征，诸如自动加工和控制加工、内隐加工和外显加工、模糊加工和精确加工的影响，以及标码之间的距离效应和越界效应的作用。

一、实验一

（一）目的

通过操纵标码的组别与距离，考察在没有明确的组界的条件下，不同组别的两个项目之间是否存在越界效应和距离效应。

（二）方法

1. 被试

随机抽取 12 名重庆某高校学生，男女各半，年龄 21 岁左右，视力或矫正视力正常。

2. 仪器与材料

奔腾微机一台，*VGA* 高分辨彩色显示器一台。

学习用的材料为彼此之间没有语义连续性的十个项目组成的一个词表。其中每个项目各是生活中的一个熟悉度较高的事件的名称。主试事先人为地规定了该十个项目的先后顺序，并用十个汉语拼音字母（从"*j*"到"*s*"）标在该项目之后。这种先后顺序同随机规定的呈现顺序是不一致的，如："联欢—*o*"、"讲演—*n*"、"辩论—*l*"。

正式实验用的刺激材料为在上述词表中选取出来的两个项目。刺激材料又分为两种情况，一种是两个项目的顺序同词表中规定的标码顺序一致（按字母顺序），如："辩论 联欢"或同词表中规定的标码的顺序不一致，如："联

① *Shiffrin, R. M., Schneider, W. Controlled and automatic human information processing: II. Perceptual learning, automatic attending, and a general theory. Psychological Review*, 1977, 84(2): 127~190.

② *Beveh-Bengamin, M. Coding of temporal order information: An automatic process. Journal of Experimental Psychology: Learning, Memory, & Cognition*, 1990, 16 (1): 117~126.

③ 黄希庭，孙承惠. 模糊偏序关系在心理学研究中的应用. 心理学报，1992, 25(2): 135~141.

欢 辩论"。两种刺激材料各 20 个，混合以后随机排列。

3. 实验设计与程序

本实验采用 2×2 的被试内设计。两个自变量分别为组界与两个项目之间的距离。组界因素又分为跨越组界和不跨越组界两个水平，距离因素又分为大、小两个水平。

首先在计算机屏幕上呈现学习材料，要求被试记牢词表上的各项目用标码所表达的顺序。被试记住词表后，用同正式实验类似的预备材料安排十次练习。在正式实验时，同时呈现两个词表上的项目，要求被试对其规定的顺序进行推理判断之后立即击键。被试的成绩分为从刺激材料出现到击键之间的反应时及反应的正误，计算机自动予以记录。完成一次作业 3000ms 后呈现下一个刺激项目。

（三）结果与分析

被试对越界及距离的平均反应时及正确率的统计结果见表 5.5。

表 5.5　无明确边界的不同组界与距离条件下的平均反应时及正确率

	越界		不越界	
	反应时（ms）	正确率（%）	反应时（ms）	正确率（%）
距离大	2212±803	68.9±17.2	2022±617	70.0±18.0
距离小	2333±666	61.6±17.2	2271±664	64.8±17.5

对越界与否及距离大小的反应时进行重复测量的方差分析的结果表明，两个刺激项目的位置是否越界的差异不显著：$F_{(1,11)}=1.07$，$p>0.05$。然而两个刺激项目相隔的距离的大小之间则差异显著：$F_{(1,11)}=5.51$，$p<0.05$，这说明对大距离的两个项目的反应时显著地短于对小距离的两个项目的反应时。再者，越界与否与距离大小之间的交互作用的差异也是不显著的：$F_{(1,11)}=0.55$，$p>0.05$。

对越界与否及距离大小的正确率进行重复测量的方差分析的结果表明，两个刺激项目的位置是否越界的差异不显著：$F_{(1,11)}=0.88$，$p>0.05$。两个刺激项目相隔的距离的大小之间的差异也不显著：$F_{(1,11)}=0.22$，$p>0.05$。再者，越界与否与距离大小之间的交互作用的差异也是不显著的：$F_{(1,11)}=0.05$，$p>0.05$。

（四）讨论

根据 Estes 等人的观点，对于数量较多的时间项目，个体会自动地将若干个项目分成一个组，形成一个组块。对事件的顺序标码来说，分组就是对标码的分组。实验一使用了从"j"到"s"这十个汉语拼音字母来做项目顺序的标码，并假定由于项目较多，被试会内隐地将这些标码分为"j、k、l、m、n"和"o、p、q、r、s"两个组，在"n"和"o"之间会出现一条组界，出现越界效应。

然而，本实验的结果却没有出现这样的越界效应。在距离小时，被试对"n"和"l"的反应时等同于对"m"和"o"的反应时。距离大时，被试对"o"和"s"的反应时也等同于对"l"和"p"的反应时。总而言之，被试根本没有把这些标码分成两个明确的组。对此，将在实验二中继续探讨。实验一的结果还表明，字母标码的距离效应是非常明显的，不论"跨组"与否，被试对间隔较大的两个项目的反应时都显著地短于对间隔较小的两个项目的反应时，说明距离效应是一个普遍现象。

二、实验二

（一）目的

通过操纵标码的组别与距离，考察在具有明确组界的条件下，不同组别的两个项目之间是否存在越界效应和距离效应。

（二）方法

1. 被试

随机抽取 12 名重庆某高校学生，男女各半，年龄 21 岁左右，视力或矫正视力正常。

2. 仪器与材料

仪器同实验一。

学习用的材料为一个等同于实验一的词表，但所用的标码不同（从"a"到"e"，从"v"到"z"十个汉语拼音字母）。其先后顺序同随机规定的呈现顺序是不一致的，如："郊游—z"、"讨论—a"、"比赛—x"、"考试—b"。

正式实验用的刺激材料为在上述词表中选取出来的两个项目，或同规定的标码的顺序相一致，如："考试 郊游"，或同规定的标码的顺序不一致，如"郊游 考试"。上述两种刺激材料各有 20 个，混合以后又随机排列。

3. 实验设计与程序

采用 2×2 的被试内设计。两个自变量分别为两个项目之间的距离及组界。距离因素又分为大、小两个水平，组界因素又分为跨越组界和不跨越组界两个水平。

程序基本上同实验一。

（三）结果与分析

被试对越界及距离的平均反应时与正确率的统计结果分别列于表 5.6。

表 5.6 有明确边界的不同组界与距离条件下的平均反应时及正确率

	越界		不越界	
	反应时（*ms*）	正确率（％）	反应时（*ms*）	正确率（％）
距离大	2241±632	66.8±23.7	2537±675	65.7±18.5
距离小	2151±662	62.6±20.7	2538±933	64.7±23.7

对越界与否及距离大小的反应时进行重复测量的方差分析的结果表明，两个刺激项目的位置是否越界的差异显著：$F_{(1,11)}$ =7.94，$p<0.05$，这说明对处于不同组别的两个项目的反应时显著地短于统一组别内的两个项目的反应时。然而两个刺激项目相隔的距离的大小之间不存在显著差异：$F_{(1,11)}$ =0.14，$p>0.05$。再者，越界与否与距离大小之间的交互作用的差异也不显著：$F_{(1,11)}$ = 0.16，$p>0.05$。

对越界与否及距离大小的正确率进行重复测量的方差分析的结果表明，两个刺激项目的位置是否越界的差异不显著：$F_{(1,11)}$ =0.01，$p>0.05$。两个刺激项目相隔的距离的大小之间的差异也不显著：$F_{(1,11)}$ =0.33，$p>0.05$。再者，越界与否与距离大小之间的交互作用的差异也是不显著的：$F_{(1,11)}$ =0.12，$p>0.05$。

（四）讨论

由于在实验一中没有出现越界效应，因而实验二对项目的标码作了改变，采用字母表两端的字母，扩大这两个组在字母表上的距离，假定被试会自动内隐地将这些标码分为"*a*、*b*、*c*、*d*、*e*"和"*v*、*w*、*x*、*y*、*z*"两个组，这样，在"*e*"和"*v*"之间就有边界，因此会出现越界效应。实验二的结果表现出非常显著的越界效应：处于不同组的两个项目，反应时都较短；而处于相同组两个的项目，反应时则都较长。证明了在"*e*"和"*v*"之间出现了一条无形的组界。实验二的结果中没有出现距离效应。尤其是不同组但间隔距离小的两个项目（"*e*"和"*v*"）的反应时还短于同组但间隔距离大的两个项目（"*e*"和"*a*"）的反应时。这说明被试没有在思想上将上述两个组的十个字母组成一个连续的表征："*a*、*b*、*c*、*d*、*e*、*v*、*w*、*x*、*y*、*z*"。"*e*"和"*v*"尽管间隔距离小，但并不是相邻的，仍然是跨组的两个项目，其间隔的项目仍然达 16 个之多。而"*e*"和"*a*"是间隔距离大但同组的两个项目。换言之，只要是跨组的两个项目，都是距离大的。

三、总的讨论

由于被试加工了不同的标码，两个实验的结果似乎是矛盾的，对此做出统一的解释是很有意义的。应当指出，在实验一中，被试对间隔 2~3 个项目的反应时显著地短于间隔 0~1 个项目的反应时。而在实验二中，被试对间隔 16 个（及以上）项目的反应时则又显著地短于间隔 2~3 个项目的反应时。因此，两个实验的结果表现出的是这样一种共同的趋势：两个项目之间间隔的项目愈多，被试对之的反应时愈短。这一结果同我们以前所做的米制时间的层次网络的结果是相一致的。可以认为，这种趋势表明，对一个项目众多的标码系统的分组是多层次的，不仅几个项目要组成一个小组，几个较小的组还要组成一个较大的组，以致形成一个层次网络。字母表的分组也形成一种如此"大组—小组—字母"的三级结构。"e"同"d"可同属一个小组，但同"b"分属不同小组而同属一个大组，同"v"则分属不同大组。不同小组的项目之间出现了距离效应，而不同大组的项目之间则出现了越界效应。由于两个大组的项目的平均距离大于两个小组的项目的平均距离，越界效应还大于距离效应。距离效应同越界效应实质上是相同的，都是这种层次网络的效应。

距离效应表明，就任何一个项目而言，同其间隔 0~1 个项目的项目，都可视为是同一个组的项目，而间隔达到 2~3 个项目时，则可视为不同组的项目。例如，就"n"而言，"o"乃至"p"与之同属一个组，而"q"、"r"则分属其他组，组界划在"o"与"p"之间。然而就"p"而言，"q"乃至"r"则同属一个组，组界划在"r"与"s"之间。对于诸如字母表这样的连续性的顺序标码系统来说，不存在两个相邻的项目（如"n"和"o"）之间的一条明确的组界，这条组界是主观的、模糊的、游移的。

四、结论

（1）对一个项目众多的时间标码系统要进行多层分组，按照层次网络的结构组织起来。

（2）时间标码层次网络的形成具有自动性、内隐性的特点。

（3）连续性的时间顺序标码的层次网络结构是主观的、模糊的。

（4）不同小组的项目之间出现了距离效应，而不同大组的项目之间则出现了越界效应，越界效应大于距离效应。

合作者：李伯约；原文载于：心理科学，2003，26（6）：979~982.

日常生活事件时间关系推理的初步研究

　　时间推理是人们对事件时序、时距和时点进行推理的心理过程。通过时间推理，人们可以间接地认知过去或者未来的时间。心理学对时间推理做了不少的探索。以往时间推理的心理学研究主要集中在周期性时间推理和时间关系推理两种视角。*Friedman* 通过一系列的研究，提出了表象—词表模型（*image-verbal list model*），并认为这个双加工模型能完善地解释被试在解决月份顺序的所有任务中的操作特征[①]。我国学者对此也做了大量的研究[②~⑤]。结果表明：对时间信息进行推理，实质上就是对时间信息的表征进行加工。顺序计数加工产生方向效应和距离效应，数值运算加工产生越界效应。即使对相同的表征，也可有不同的加工方式。时间推理也可视为是线形三段论推理或三项系列问题的扩展。*Schaeken* 等人认为可以从关系推理这个角度研究时间推理本身。他们假设被试是使用语言知识和一般知识来建构事件时间序列的心理模型[⑥]。不同角度的研究都表明心理模型理论更能解释时间推理现象[⑦~⑨]。

　　从时间关系推理这一角度进行的时间推理研究则刚起步，而且研究过程中的一些具体问题没有得到统一。比如指导语、问题的呈现方式以及研究的问题类型等。本研究就试图探讨个体生活事件时间关系推理的心理过程、影响因素以及所使用的策略等问题。

---

① *Friedman, W. J. Memory for time old past events. Psychological Bulletin*, 1993, 113(1): 44~66.
② 黄巍. 中国成人推理月份时间的加工模型. 心理科学，1993，16(2): 84~89.
③ *Huang, W. Reasoning about conventional time as a function of conventional time systems. Memory & Cognition*, 1999, 27(6): 1080~1086.
④ 李伯约，黄希庭. 周期性时间推理研究. 心理科学，2000，23(4): 479~481.
⑤ 李伯约，黄希庭. "米制"的时间层次网络结构研究. 心理科学，2002，25(4): 410~413.
⑥ *Schaeken, W., Johnson-Laird, P. N., d'Ydewalle, G. Mental models and temporal reasoning. Cognition*, 1996, 60(3): 205~234.
⑦ *Vandierendonck, A., De Vooght, G. Evidence for mental-model based reasoning: A comparison for reasoning with time and space concepts. Thinking and Reasoning*, 1996, 2(4): 249~272.
⑧ *Schaeken, W., Johnson-Laird, P. N. Strategies in temporal reasoning. Thinking and Reasoning*, 2000, 6(3): 193~219.
⑨ *Carreiras, M., Santamaria, C. Reasoning about relations: Spatial and nonspatial problems. Thinking and Reasoning*, 1997, 3(3): 191~208.

一、实验一

（一）目的

探讨个体日常生活事件时间关系推理的一般特点，以及影响个体时间关系推理的因素。

（二）方法

1. 被试

西南大学全日制本科一年级学生，均没有参加过类似实验。总共41人，其中男生21人、女生20人。所有被试身体健康，且都为招募的自愿参加实验的学生。

2. 仪器与材料

自编的日常生活事件时间关系推理问题六类，包括四前提传递性单模型、带无关前提的单模型、四前提多模型、四前提没有肯定答案、两前提单模型和两前提没有肯定答案（实验材料举例见文后附录），每类问题有三个具体的任务，加上两个练习问题，共20个。日常生活事件的界定是通过在课堂上对大学生的调查确定的。完成日常生活事件的主体，选用的是100个常见中文名中最熟悉的几个[①]。每个问题的答案都以四选一的形式出现，正确答案选项出现的位置是随机的。在问题中，两个主体的先后顺序也是随机的。青少年时间管理倾向量表由黄希庭、张志杰编制[②]。

3. 实验设计与程序

本实验采用6（问题类型）×2（性别）×2（"前提—提问"顺序）三因素混合设计。其中问题类型为被试内因素，性别和"前提—提问"顺序为被试间因素，"前提—提问"顺序有前提—提问和提问—前提两个水平。

实验材料（青少年时间管理倾向量表除外）均通过计算机屏幕呈现，每个被试单独施测。请被试根据相关的信息在四个选择项中选择认为正确的答案，要求既快又准确地回答问题。从给被试呈现推理任务开始到被试选出答案止，记录时间，作为被试回答问题的反应时。每答对一题记1分，每种问题类型最高为3分，最低为0分。实验结束后，再完成青少年时间管理倾向量表的测试。

（三）结果与分析

1. 反应时

被试在"前提—提问"顺序和性别变量上六类时间关系推理问题的平均反应时和标准差如表5.7所示。不计算被试错误推理的反应时。

---

① *Qin, Han, Chen. Undergraduates student's familiarity to Chinese surnames and forenames. ORAL presentation at the 28th International Congress of Psychology, 2004: 8.*
② 黄希庭，张志杰. 青少年时间管理倾向量表的编制. 心理学报，2001，33(4): 338~343.

表 5.7　被试对两类顺序六类问题推理的反应时（$M \pm SD$）

问题类型	"前提—提问"顺序		性别	
	前提—提问	提问—前提	男	女
四前提传递性单模型	15.89±5.38	19.55±6.56	19.01±6.15	16.60±6.24
带无关前提的单模型	18.54±5.52	23.94±11.11	23.60±10.86	19.13±6.80
四前提多模型	25.66±14.08	31.53±11.96	30.51±11.75	27.04±15.57
四前提没有肯定答案	15.16±6.73	18.76±8.16	17.69±8.37	16.46±7.00
两前提单模型	9.00±3.25	11.48±4.84	11.03±5.00	9.59±3.42
两前提没有肯定答案	8.09±3.13	8.88±3.14	9.22±3.25	7.77±3.06

对推理反应时做三因素重复测量方差分析表明，问题类型的主效应显著 [$F_{(5,175)} = 70.262$，$p < 0.01$]，性别 [$F_{(1,35)} = 1.152$，$p > 0.05$] 和 "前提—提问" 顺序 [$F_{(1,35)} = 3.270$，$p > 0.05$] 的主效应不显著。性别、"前提—提问" 顺序与问题类型的交互作用也都不显著。

六类推理任务之间有模型数量、前提数量、是否存在无关前提以及是否有肯定答案等方面的差异。在其他条件基本一致的条件下，逐个分析其对时间关系推理反应时的影响。结果发现：前提数量、无关前提、有无肯定答案对日常生活事件时间关系推理准确性的影响显著。其中，两前提问题的准确性高于四前提问题的准确性；带有无关前提的问题的准确性高于没有无关前提问题的准确性；没有肯定答案的问题的准确性要高于有肯定答案问题的准确性。此外，高、低时间管理倾向被试在带无关前提的单模型和四前提没有肯定答案两种问题类型上差异显著。

2. 准确性

被试对 "前提—提问" 顺序和性别变量上六类时间关系推理问题推理的准确性（得分与标准差）如表 5.8 所示。

表 5.8　被试对两类顺序六类问题推理的得分（$M \pm SD$）

问题类型	"前提—提问"顺序		性别	
	前提—提问	提问—前提	男	女
四前提传递性单模型	2.89±0.32	1.92±0.30	2.35±0.59	2.40±0.60
带无关前提的单模型	2.74±0.56	2.73±0.46	2.67±0.58	2.80±0.41
四前提多模型	2.28±0.83	2.43±0.68	2.55±0.69	2.16±0.76
四前提没有肯定答案	2.74±0.56	2.64±0.58	2.57±0.68	2.80±0.41
两前提单模型	2.68±0.58	2.86±0.35	2.76±0.44	2.80±0.52
两前提没有肯定答案	2.95±0.21	2.95±0.21	2.95±0.22	2.95±0.22

对不同推理任务的得分做三因素重复测量的方差分析表明，问题类型的主效应差异显著 [$F_{(5,190)} = 11.214$，$p < 0.01$]。此外，问题类型与 "前提—问题"

顺序两因素的交互作用显著［$F_{(5,190)}$ =7.78，$p<0.01$］。

进一步分析，前提数量、无关前提、有无肯定答案对日常生活事件时间关系推理准确性的影响显著。其中，两前提问题的准确性高于四前提问题的准确性；带有无关前提的问题的准确性高于没有无关前提问题的准确性；没有肯定答案的问题的准确性要高于有肯定答案问题的准确性。时间管理倾向低分组在四前提多模型问题上的准确性显著地高于时间管理倾向高分组。

（四）讨论

从实验一的结果可以看出：在反应时上，问题类型的主效应显著。其影响因素有模型数量、前提数量、无关前提、有无肯定答案等。其中多模型问题的反应时长于单模型问题的反应时；四前提问题难于两前提问题；存在无关前提的问题比没有无关前提的问题要复杂；有肯定答案的问题的反应时长于没有肯定答案的问题。在准确性上，问题类型的主效应显著，问题类型和"前提—提问"顺序两因素的交互作用显著。进一步的简单效应检验，问题类型在两种"前提—提问"顺序上的差异都是显著的。在准确性上表现出来的影响被试日常生活事件时间关系推理的因素有：前提数量、无关前提、有无肯定答案。其中四前提问题难于两前提问题；存在无关前提的问题比没有无关前提的问题容易；有肯定答案的问题比没有肯定答案问题难。此外，推理者时间维度上的人格特征影响部分问题的推理速度和准确性。

按照 Schaeken 等[1][2] 的假设，个体使用他们的语言和一般知识来建构事件时间序列的心理模型，前提数量不是时间关系推理问题解决的影响因素，模型数量才是最主要的影响因素。其中，多模型问题难于单模型问题，没有肯定答案的问题难于有肯定答案的问题。从实验一的结果中，我们可以发现仅在问题解决的时间上显示了模型数量的影响，前提数量也影响了推理问题的解决。另外，不同时间维度上的人格特征也在部分问题类型上表现出差异，高低时间管理倾向可能也是影响时间关系推理的一个因素。在我们的实验中，很难用心理模型理论来解释日常生活事件时间关系推理的心理表征过程。同时我们的实验结果也很难用形式规则推理理论来解释。实际上 Vandierendonck 和 De Vooght 的研究也发现了既不符合心理模型理论也不符合形式规则理论的推理现象，但是他们没有深入地探讨原因[3]。

---

[1] Schaeken, W., Johnson-Laird, P. N., d'Ydewalle, G. Mental models and temporal reasoning. Cognition, 1996, 60(3): 205~234.

[2] Schaeken, W., Johnson-Laird, P. N. Strategies in temporal reasoning. Thinking and Reasoning, 2000, 6(3): 193~219.

[3] Vandierendonck, A., De Vooght, G. Evidence for mental-model based reasoning: A comparison for reasoning with time and space concepts. Thinking and Reasoning, 1996, 2(4): 249~272.

此外，很多因素是动态非静态的，比如四前提单模型问题和四前提多模型问题两种不同的问题类型，被试只要能够忽略后者的无关前提，多模型问题就变成了单模型问题。从实验一的结果来看，在准确性上没有差异，但是在反应速度上的差异非常显著，这表明被试在解决问题的过程中被试没有从题目的全局考虑，很可能就是按照实验呈现的前提顺序来加工的。能否改变被试的加工方式，从题目的整体出发来表征问题？对此我们设计了实验二。

二、实验二

（一）目的

探讨个体日常生活事件时间关系推理的策略以及训练被试忽略无关前提。

（二）方法

1. 被试

西南大学全日制本科二年级学生，均没有参加过类似实验。其中男生 10 人；女生 13 人。所有被试均为招募的自愿参加实验的学生。

2. 仪器与材料

实验材料从实验一的日常生活事件时间关系推理问题中选取两类问题，四前提传递性单模型问题和有肯定答案的多模型问题。但是练习问题是含有多个无关前提的问题。

3. 实验设计与程序

除了问题类型是两个水平外，其他同实验一。

（三）结果与分析

被试对"前提—提问"和"提问—前提"两种顺序的两类日常生活事件时间关系推理任务的反应时的平均数和标准差如表 5.9 所示。对此的重复测量方差分析结果表明，两种问题类型之间不存在显著差异 $[F_{(1,20)}=1.86, p>0.05]$；而"前提—提问"和"提问—前提"两种顺序之间的差异显著 $[F_{(1,35)}=4.77, p<0.05]$，其中"前提—提问"顺序的反应时显著比"提问—前提"顺序的反应时长。

表 5.9　被试对两类顺序两类问题推理的反应时（$M \pm SD$）

问题类型	"前提—提问"顺序		性别	
	前提—提问	提问—前提	男	女
四前提传递性单模型	33.04±8.69	22.81±9.15	28.00±10.18	28.26±10.55
四前提多模型	33.85±13.34	29.84±10.52	34.30±11.09	30.11±12.75

两类问题得分的平均数和标准差如表 5.10 所示。对表 5.10 的数据做重复测量方差分析结果表明，问题类型因素的主效应不显著 $[F_{(1,20)}=1.140,$

$p>0.05$］；两种"前提—提问"顺序之间没有显著差异［$F_{(1,20)} =0.036$，$p>0.05$］；性别的主效应亦不显著［$F_{(1,20)} =0.09$，$p> 0.05$］；问题类型与性别和"前提—提问"顺序的交互作用也不显著。

表 5.10　被试对两类顺序两类问题推理的得分（$M \pm SD$）

问题类型	"前提—提问"顺序		性别	
	前提—提问	提问—前提	男	女
四前提传递性单模型	2.67 ± 0.65	2.27 ± 0.65	2.50 ± 0.53	2.46 ± 0.78
四前提多模型	2.50 ± 0.80	2.82 ± 0.40	2.70 ± 0.48	2.62 ± 0.77

（四）讨论

实验一的结果表明模型数量、前提数量、是否存在无关前提、是否有肯定答案等都会影响日常生活事件时间关系推理。实验材料中四前提多模型问题比四前提单模型问题多了一个无关前提，若被试能忽略无关前提，那就均为单模型问题了。而实验一的结果表明二者在加工速度上存在着显著的差异，说明被试没有忽略无关前提。被试可能是根据实验呈现的前提顺序来进行表征的。

在实验一的基础上，实验二专门探讨被试对四前提多模型和四前提传递性单模型两类问题的表征。实验二中的两类推理任务在实验一中出现过，但是这两类问题在两个实验中的结果是有差异的。实验一中多模型问题难于单模型问题，而实验二的结果表明，通过含有多个无关前提的练习问题的训练，被试对两类问题的加工在速度和准确性上都没有表现出显著的差异。就实验二的结果可以看出，对练习问题的操作导致了被试时间关系推理信息加工的变化。进一步推测，被试的推理策略可能发生了变化。

此外，实验二的条件下，被试完成两类日常生活事件时间推理任务过程所用的反应时间方面，"前提—提问"顺序的主效应显著。其中"提问—前提"顺序的反应时间短于"前提—提问"顺序任务的时间。这表明被试意识到无关前提的存在以后，尝试着从整体上表征问题，而问题在先更有利于被试忽略无关前提。

三、总的讨论

时间关系推理是日常生活的重要方面。任何事件都是发生在一个特定的历史时间，而任何两个事件发生时间的关系存在"在什么之前"、"同时"、"在什么之后"三种，其中"在什么之前"和"在什么之后"是可以互换的。本研究考察的是"在什么之前"和"同时"两种日常生活事件时间关系的推理。选用的生活事件都是大学生活中最为普遍的，可以代表当前大学生的日常生活事件。综合两个实验的结果，可以发现一些个体日常生活事件时间推理的规律。

（一）日常生活事件时间关系推理的特点

本研究考察了四前提传递性单模型、带无关前提的单模型、四前提多模型、四前提没有肯定答案、两前提单模型、两前提没有肯定答案共六类推理问题。对于时间关系推理，普遍有两种解释理论。一是心理模型理论，认为个体的推理过程就是模型的建构和验证过程；另外一种理论是规则理论，认为个体的推理是按照形式逻辑规则进行的，推理步骤的多少直接影响到推理的难度。从实验一的结果中可以看出在问题推理的速度上，六类问题之间存在显著的差异，这种差异与心理模型理论和规则理论的预期都不相符合；在准确性上也是一样的。这与方格等人对儿童的研究结果也有所不同[1]。

本研究的结果显示日常生活事件时间推理的速度和准确性并不是完全一致的，甚至是相反的。在实验过程中，对被试的要求是在保证答案正确的前提下越快越好。这种差异可能就是速度—准确性权衡的表现。

（二）日常生活事件时间关系推理的影响因素

就本实验的结果看，影响日常生活事件时间关系推理的因素主要有两方面：推理者个体的差异和推理任务的特点。推理者的个体差异可以从很多角度来分析，本研究主要考虑时间维度上的人格特征对其时间推理的影响。个体时间维度上的人格特征明显地表现在时间管理倾向上。本实验就采用时间管理倾向量表来验证时间维度上的人格特征对时间推理的影响。实验结果显示，高、低时间管理倾向个体对部分问题推理的速度和准确性差异显著。个体在时间维度上的人格特征对其时间推理的影响在本研究中还没有得到足够的证据。时间管理倾向是相当宏观的，可能不是一种直接的影响因素，这需要进一步的论证。就推理的具体任务而言，有很多因素可能影响个体的信息表征及加工过程。本研究中，着重探讨了推理任务的模型数量、前提数量、无关前提以及是否有必然的逻辑答案等因素的影响。实验结果发现这几个因素都影响了个体的时间关系推理。

看来，时间关系推理受多种因素的影响。这与我们提出的时间认知分段综合模型是一致的[2][3]。

（三）个体日常生活事件时间关系推理的策略

在本研究中，推理任务的呈现有两种方式："前提—提问"顺序和"提问—

---

① 方格，田学红. 小学儿童对日常生活事件时间关系推理能力的初探. 心理学报，2002，34(6): 604~610.

② 黄希庭. 时间心理学的若干研究. 见：中国心理学会编. 当代中国心理学. 北京：人民教育出版社，2001: 19~23.

③ 黄希庭，李伯约，张志杰. 时间认知分段综合模型的探讨. 西南师范大学学报（人文社会科学版），2003，29(2): 5~9.

前提"顺序。其目的是考察被试在两种呈现方式中的时间推理策略，"提问—前提"方式更能让被试从整体上表征问题，将多模型问题简化为单模型问题。实验结果表明，被试在两种呈现方式下时间推理的速度和准确性都没有差异（实验一）。不过当练习问题中含有多个无关前提，被试意识到存在无关前提后，两种呈现方式在推理速度上表现出差异，"前提—提问"顺序比"问题—前提"顺序的时间更长（实验二）。这表明被试在时间推理过程中，自发的策略是按照呈现的前提顺序来表征信息的，但是经过练习可以从整体上表征推理问题。

四、结论

综合以上，在本实验条件下，对日常生活事件时间关系的推理可以得出以下结论：个体对四前提传递性单模型、带无关前提的单模型、四前提多模型、四前提没有肯定答案、两前提单模型、两前提没有肯定答案六类问题的时间关系推理的速度和准确性有显著的差异；推理任务的模型数量、前提数量、无关前提、是否有肯定答案以及推理者时间维度上的人格特征都会影响个体的时间关系推理；被试一般是以呈现的前提顺序来表征推理任务的。但是当被试意识到无关信息时，可以从整体上表征问题，动态地将四前提多模型问题简化为单模型问题；被试的日常生活事件时间关系推理不能仅仅用心理模型理论或者形式规则理论来解释，而是受到多种因素的共同影响。

附录　实验一材料举例

第一类问题	第四类问题
小平在小明之前去上网	小平在小明之前去上网
小明在黎明之前去上网	黎明在小明之前去上网
小龙和小平一起去上网	小龙和黎明一起去上网
海燕和黎明一起去上网	海燕和小平一起去上网
小龙和海燕谁先去上网？	小龙和海燕谁先去上网？
A．小龙	A．一起去
B．不确定	B．海燕
C．海燕	C．不确定
D．一起去	D．小龙

续表

第二类问题	第五类问题
小平在小明之前去上网	小平在小明之前去上网
小明在黎明之前去上网	小明在黎明之前去上网
小龙和小明一起去上网	小平和黎明谁先去上网？
海燕和黎明一起去上网	*A*. 一起去
小龙和海燕谁先去上网？	*B*. 黎明
A. 不确定	*C*. 小平
B. 一起去	*D*. 不确定
C. 海燕	
D. 小龙	
第三类问题	第六类问题
小平在小明之前去上网	小平在小明之前去上网
黎明在小明之前去上网	黎明在小明之前去上网
小龙和黎明一起去上网	小平和黎明谁先去上网？
海燕和小明一起去上网	*A*. 一起去
小龙和海燕谁先去上网？	*B*. 小平
A. 一起去	*C*. 黎明
B. 不确定	*D*. 不确定
C. 小龙	
D. 海燕	

合作者：阮昆良；原文载于：心理科学，2006，29（1）：9~13.

解释水平和事件性质
对活动设定时间距离的影响

　　时间洞察力指个体对时间的认知、体验和行动（或行动倾向）上所表现出来的稳定的心理和行为特征，是在情境影响下所形成的相对稳定的个体差异变量或人格特质[①]。它源于个体在其独特的生活情境中所形成的认知时间偏向的习惯化[②]。个体相对稳定的时间洞察力能够刻画和预测其日常生活的心理和行为特点，因而一直是心理学、行为经济学和政治科学的研究焦点。尽管不同的领域关于时间洞察力的概念和研究方法差别迥异，但一个共同的命题是事件结果的效价或其影响如何随时间距离的延长发生规律性变化，例如人们普遍认为结果的效价随着时间距离的增加而打折扣或削减[③]。

　　关于这种时间折扣效应，研究者提出三种理论解释：认知—情感（*cognitive-affective*）理论认为事件结果的时间距离效应取决于结果的情感色彩，基于情感的、具有热效价（*hot value*）的结果比基于认知的、具有冷效价（*cool value*）的结果发生更大幅度的时间折扣[④]。据该理论，在决定事件效价时，时间距离会增加认知结果的重要性而减小情感结果的重要性。基于勒温场论的冲突理论（*conflict theory*）认为时间距离的效应取决于事件结果的正负效价，随着时间距离的增加，所有事件的心理影响都会降低，但负价(事件中的回避成分)比正价（事件的趋近成分）下降得更快[⑤]。上述两种理论所面临的一个共同问题是很难区分和分辨事件效价的性质，从而很难对其进行实证研究，而 *Trope* 和 *Liberman*[⑥] 等提出的解释水平理论（*construal level theory*，*CLT*）则从事件心理表征水平的角度为上述时间距离效应的实证研究提供了新的思路。*CLT* 认为，时间距离影响个体对于未来事件的心理表征水平，即解释水平：人们通常用更抽象、更一般、更能概括事件实质的信息来表征或解释发生在远的未来的

　　① 黄希庭. 论时间洞察力. 心理科学，2004，27(1): 5~7.
　　② *Zimbardo, P. G., Boyd, J. N. Putting time in perspective: A valid, reliable individual-differences metric. Journal of Personality and Social Psychology, 1999, 77(6): 1271~1288.*
　　③ *Trope, Y., Liberman, N. Temporal construal. Psychological Review, 2003, 110(3): 403~421.*
　　④ *Metcalfe, J., Michel, W. A hot/cool-system analysis of delay of gratification: Dynamics of willpower. Psychological Review, 1999, 106(1): 3~19.*
　　⑤⑥ *Trope, Y., Liberman, N. Temporal construal. Psychological Review, 2003, 110(3): 403~421.*

事件，而用相对具体的、情境性的和细节化的信息来表征发生在近的未来的事件。*Liberman* 等^{①②}通过对以往研究的总结，提炼出事件高低解释水平的一些特征，如相对低解释水平，高解释水平通常更加抽象、简单，更加结构化与连贯，不依赖情境、更加核心等。

自 20 世纪 90 年代后，以 *Liberman* 等为代表的研究者立足于 *CLT* 进行了一系列研究，验证了活动解释水平的时间距离效应。近来，研究者开始关注相反方向的效应，即既然不同时间距离和事件的心理表征水平存在如此广泛的联系，那么人们对活动的解释是否也会反过来影响活动的时间距离设定？*Lieberman* 等^③的一项最新研究发现，这一相反方向的效应也是存在的，进而提出解释水平与时间距离设定的双向关系。如就未来而言，关于活动的具体细节、次要方面、情境信息以及进程等信息只有在活动发生时间逼近时才能够获得，而个体也倾向于在发生时间逼近时才会去了解其具体信息，从而建立起时间距离和解释水平间的连接。而该连接一旦概化，个体就会倾向于对较远的未来使用高水平解释。在这里，解释水平理论的推论是：活动解释水平也影响活动时间距离的设定，高解释水平的事件或活动被倾向于设定在较远的未来，低解释水平的事件或活动则相反。

为进一步检验上述解释水平理论及其推论，本研究设计两个实验。实验一在 *Liberman* 等^④的最新研究基础上，假设解释水平所代表的不同心理表征水平对"发生在"过去的事件的时间距离设定具有类似于未来事件时间距离设定的效应。实验二在实验一结论基础上，引入事件性质因素，试图综合考察解释水平和事件性质对时间距离设定的影响。在以往的时间折扣研究中，将时间距离作为自变量操纵时，较难以令被试区分或辨别事件的性质或效价，而实验二操纵相对得到普遍认同的正性、负性生活事件作为呈现材料在一定程度上可以避免这一问题。

一、实验一

（一）方法

1. 被试

90 名本科生参与研究，经筛选得到有效测试问卷 75 份，其中男生 37 份、

---

① *Trope, Y., Liberman, N. Temporal construal. Psychological Review*, 2003, 110(3): 403~421.

② *Liberman, N., Trope, Y. Temporal construal theory of intertemporal judgment and decision. In: G. Loewenstein, D. Read, R. Baumeister. Time and decision: Economic and psychological perspectives on intertemporal choice. New York: Russell Sage Foundation*, 2003: 245~276.

③④ *Liberman, N., Trope, Y., McCrea, S. M., Sherman, S. J. The effect of level of construal on the temporal distance of activity enactment. Journal of Experimental Social Psychology*, 2007, 43(1): 143~149.

女生 38 份。

2. 设计与材料

采用 2×2 混合设计，被试内因素为活动的时间方向（过去 vs 未来）；被试间因素为解释水平（为什么 vs 怎么做）。

实验材料选择大学生们比较熟悉的、有直接或间接体验的六种活动：参加学校一个社团举行的野营活动、参加一个减肥计划、跟朋友聚会、搬到新宿舍、学习一种乐器、参加学生会竞选。这些活动涵盖了大学生活中较为重要的几个领域，且并没有特定的发生时间，均可能发生在未来或过去的任何时点。根据这些活动编制完整句子作为刺激材料，句子的主语均为第三人称，并加入标明时间方向的副词（如"王同学打算跟朋友聚会"；"吴同学搬到了一个新宿舍"）。

3. 程序

采用纸笔测验进行集体施测。正式测试时，要求被试依次阅读六个活动的描述句，想象这些情景后给出 3~5 句话描述主体"为什么做这件事"或"怎么做这件事"；之后，要求被试在一时间距离语义量尺上选择其认为合适的时间词表示活动发生的时间距离。该量尺以表示当前的"此刻"为中心，过去（很久以前、不久之前、刚刚）和未来（即将、不久以后、遥远的未来）方向从"–3"到"3"共标记七点。

（二）结果与分析

将表示过去时间的数据转换成正值，在两个时间方向上指标的数值涵义均为数值越大表示时间距离现在越远。表 5.11 所示为不同时间方向上高、低解释水平下活动设定时间距离的描述统计。

表 5.11　不同时间方向上高、低解释水平下活动设定时间距离

时间方向	高水平解释（why）	低水平解释（how）
过去	1.88±0.37	1.54±0.47
未来	1.88±0.43	1.43±0.51

重复测量方差分析表明只有被试间因素解释水平主效应极显著 $[F_{(1,73)} = 27.808, p < 0.001]$，被试内因素时间方向主效应及两因素交互作用均不显著 $[F_{(1,73)} = 0.627, p > 0.05]$。不论是针对过去事件还是未来事件，高解释水平的活动被设定为发生在更远的过去或更远的未来，而低解释水平的活动被设定为发生在更近的过去或更近的未来（图 5.1 左）。

二、实验二

实验二以过去活动为对象，探究"抽象"对"具体"的不同解释水平及不同活动性质对时间距离设定的影响。

（一）方法

1. 被试

200 名本科生参与研究，经筛选得到有效问卷 171 份，其中男生 105 份，女生 66 份。

2. 设计与材料

2×2 混合设计，被试内因素为事件的性质（正性 vs 负性）；被试间变量为事件解释水平（具体 vs 抽象）。

为便于评价活动效价，实验依据生活事件表[①]选取 12 个日常生活事件，其中正性事件六个（彩票中奖、找到好工作、买了自己喜欢的新车、遇到多年不见的朋友、结婚、升职）、负性事件六个（考试不及格、生病、失恋、亲友亡故、失业、被偷）。根据这些事件编制完整句子作为刺激材料，句子的主语仍为第三人称，并将每个事件表述为具体和抽象两种方式，编制成两类测量材料。两类材料的编制依据以往研究被设计成只存在"抽象—具体"程度上的描述差异。所有两种版本的 12 个事件均随机排列。

3. 程序

大体同实验一，不同的是测试中要求被试依次阅读 12 个事件的描述句，想象这些情景后在一个以"此刻"为起点（"0"）的表示过去时间的语义量尺上（包括"很久以前"、"不久之前"、"刚刚"，分别标记为"3"、"2"、"1"），选择合适的时间词表示事件发生的时间距离。

（二）结果与分析

不同性质生活事件在不同解释水平下得到的活动时间距离设定描述统计见表 5.12。

表 5.12　不同解释水平下不同性质事件的活动时间距离设定

事件性质	高水平解释（抽象）	低水平解释（具体）
正性事件	1.41±0.34	1.10±0.31
负性事件	1.99±0.31	1.37±0.35

重复测量方差分析表明事件性质与解释水平两因素主效应及交互作用均极显著 [$F_{(1,169)}=151.14$，$p<0.001$；$F_{(1,169)}=175.07$，$p<0.001$；$F_{(1,169)}=20.03$，$p<0.001$]。简单效应检验表明在高解释（抽象）水平和低解释（具体）水平上，均表现出对负性事件设定的时间距离显著大于正性事件的趋势 [$F_{(1,169)}=138.18$，$p<0.001$；$F_{(1,169)}=31.11$，$p<0.001$]，二者间差异在高解释水平上更大；

---

① 杨德森，张亚林. 生活事件量表. 行为医学. 长沙：湖南师范大学出版社，1990：285~287.

另外，对正性事件和负性事件，均表现出高解释水平设定的时间距离显著大于低解释水平的趋势［$F_{(1,169)}$=41.73，$p<0.001$；$F_{(1,169)}$=149.74，$p<0.001$］，二者间的差异在负性事件上更大（图 5.1 右）。

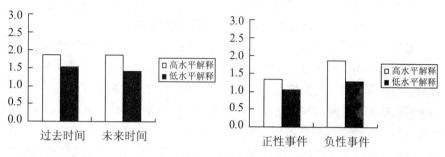

图 5.1　不同解释水平对不同时间方向（实验一）与不同性质（实验二）活动的时间距离设定

三、讨论

（一）时间距离设定的解释水平效应

实验一的结果验证了 *CLT* 所推论的时间距离设定和解释水平的双向关系——该效应不仅存在于对未来事件的感知，也同样发生在过去事件时间距离设定上。个体的时间洞察力既可指向未来，也可指向过去[①]。对此，*Liberman*等虽指出较远的过去也可能同较高的解释水平相联系[②]，但以往有关研究中却从未涉及。时间解释是一种概化的启发式，它来源于人们对于远近不同时间距离上各种情境的典型的想象和推断；而这种想象和推断的概化所形成的认知时间偏向又会反过来影响个体对时间距离的主观感知。不同方向上的时间洞察力对个体而言虽具有不同的意义，但从时间解释所反映的时间接近性本质而言，高解释水平的事件同较远的心理时间距离相联系，而不论该时间距离指向未来还是过去。

值得注意的是，在过去维度上较远时间距离对应较高解释水平，似乎是记忆系统中更具体的细节信息相对更抽象信息发生更快的衰退。实验一通过明确要求被试根据第三人称对无时间限定的活动进行想象，试图避免被试根据其对活动的不同记忆来进行时间设定。此外，在时间距离设定前，要求被试自行根据"为什么"和"怎么做"对假想的活动进行描述，也旨在确保被试基于不同的解释水平进行时间距离设定。

实验二要求被试对过去方向上的事件进行想象和时间距离设定，结果同样

①　黄希庭. 论时间洞察力. 心理科学，2004，27(1): 5~7.
②　*Trope, Y., Liberman, N. Temporal construal. Psychological Review, 2003, 110(3): 403~421.*

揭示了解释水平的效应，不论何种生活事件，高解释水平导致该事件被感知为发生在较远的过去，低解释水平则导致该事件被认为发生在较近的过去。同时也验证了心理时间距离的这种解释水平效应存在于"抽象—具体"维度上，这和 *Liberman* 的最新研究结论也一致[①]。

（二）事件性质与解释水平对时间距离设定的影响

实验二以生活事件作为过去时间距离设定的对象，发现了事件性质与解释水平两因素间的交互作用。在抽象和具体两种解释水平上，均表现为对负性事件设定的时间距离显著大于正性事件，二者间差异在抽象水平上更大。就事件性质的效应而言，冲突理论认为时间距离的效应取决于事件结果的正负效价，负价事件比正价事件被感知为更加久远。此外，时间自我评估（*temporal self-appraisal*）理论也可对其解释提供借鉴，该理论假设个体倾向于与不愉快的过去事件保持距离，以维护当前积极的自我观念[②]；因此负性事件被倾向于推向更久远的过去。

至于事件性质与解释水平的交互作用，可能的解释是该两因素在心理距离表征上的叠加作用：由于高解释水平（抽象）和负性事件都倾向于被感知为较远，在时间距离设定上，两因素的效应产生了叠加，即抽象且负性的事件被感知为相对单纯抽象或单纯负性的事件更加久远，而具体和正性事件都倾向于被感知为较近，其效应的叠加出现了地板效应。

实验二的结果表明"抽象—具体"层面的解释水平与事件效价对时间距离设定存在独立的影响，但二者间的关系究竟为何，目前还无法确定。如前所述，二者均可从心理距离的角度来加以认识，则它们对时间距离设定的影响似乎存在某种共同的机制。如同 *Liberman* 等[③] 所指出的，将过去和未来时间距离、各种具体的社会距离（如自我 *vs* 他人、团体内 *vs* 团体外、积极角色 *vs* 非积极角色）以及其他可能的心理距离统合在一个与勒温的场论相一致的统一的心理距离理论将是十分有益的。在影响活动时间距离设定的诸多因素中，不同类型的解释水平表征是否占据着不同的层级，有着不同的顺序或权重？今后的研究可以在辨明解释水平及其他效应的深层机制上继续深入。

① *Liberman, N., Trope, Y., McCrea, S. M., Sherman, S. J. The effect of level of construal on the temporal distance of activity enactment. Journal of Experimental Social Psychology,* 2007, 43(1): 143~149.

② *Ross, M., Wilson, A. It feels like yesterday: Self-esteem, valence of personal past experiences, and judgments of subjective distance. Journal of Personality and Social Psychology,* 2002, 82(5): 792~803.

③ *Trope, Y., Liberman, N. Temporal construal. Psychological Review,* 2003, 110(3): 403~421.

四、结论

在未来和过去两个方向上，活动时间距离设定均存在显著的解释水平效应，与低解释水平相比较，高解释水平活动被认为发生在距离现在较远的时间。在设定过去活动的时间距离时，事件性质和解释水平存在显著的交互效应；高解释水平与负性事件对应较远的时间距离，但不同解释水平的活动设定时间距离在负性事件上相差更大。

合作者：凤四海、张甜、李丹、苏丹；原文载于：心理科学，2008，31（4）：848~851.

时间贴现的分段性

时间既是物的存在方式，也是人的存在方式，既是心理过程、心理状态的存在方式，也是心理特征的存在方式。心理时间形式多样。时间贴现（*temporal discounting*）是其中一种相当有趣的心理时间，它是指个人对事件的价值量估计随着时间的流逝而下降的心理现象。对时间贴现的研究通常要求被试采用选择或匹配的方法来确定价值主观相等点（现在获得多少数量的价值对被试而言等同于延迟一段时间后获得的那笔价值）来间接认知时间贴现延迟获得的等待时间。选择是指要求被试在给出的两个选项中选择自己更愿意接受的那一个，匹配是指要求被试自行填写自己认为合适的价值量[1]。实验有延迟时间贴现范式和相对时间贴现范式[2]两种；前者要求被试在现在可以获得的价值和延迟一段时间后可获得的价值之间选择愿意接受的那一个，以此来确定延迟获得的价值主观相等点，而在后者的实验中选择项是两个不同的延迟时间可获得的价值。相对时间贴现实验的重点更侧重于两个不同延迟时间之间的比较。

个体对事件发生时间和事件结果之间延迟时间的认知影响着对事件价值的估计。研究发现两段延迟时间放在时间轴的不同位置上，个体对事件价值的认知差异会发生变化，即使是同一段延迟时间放在远近不同的未来，个体对事件价值的认知也会出现差异；但研究结果并不一致。研究表明随着延迟时间的增长，事件的主观价值持续下降但下降的速度放慢，时间贴现率是一个递减函数[3-5]，延迟时间越长，个体对时间距离的增长越不敏感。这些结果虽然揭示了时间贴现的大致趋势，但比较粗糙，没有具体说明不同时段间价值变化的差

① Tversky, A., Sattath, S., Slovic, P. Contingent weighting in judgment and choice. *Psychological Review*, 1988, 95(3): 371~384.

② Read, D., Roelofsma, P. H. M. P. Subadditive versus hyperbolic discounting: A comparison of choice and matching. *Organizational Behavior and Human Decision Processes*, 2003, 91: 140~153.

③ Green, L., Myerson, J. Exponential versus hyperbolic discounting of delayed outcomes: Risk and waiting time. *American Zoologist*, 1996, 36: 496~505.

④ Rubinstein, A. "Economics and psychology"? The case of hyperbolic discounting. *International Economic Review*, 2003, 44(4): 1207~1216.

⑤ Cajueiro, D. O. A note on the relevance of the q-exponential function in the context of intertemporal choices. *Physica, A.*, 2006, 364: 385~388.

异。而 *Read* 和 *Scholten* 等①② 的相对延迟时间贴现研究虽然发现，当延迟时间对之间的间隔较长时，随着时间间隔的增大，时间贴现率会减小；当延迟时间对之间的间隔很短时，随着时间间隔的增大，事件价值贬值的速度会加快，时间贴现率会增大，个体对时间间隔的增长的敏感性提高了③④。但是他们关注的仍然是时间贴现函数对不同延迟时间段的通用性，试图用一个函数的特征概括整个延迟时间的特点，忽视了不同长度的延迟时间可能具有不同的加工机制，没有提出相应的分段递减函数来拟合数据，更没有揭示时间贴现的分段性。

以往对时间贴现机制的研究仅关注立即与延迟事件的价值评估⑤~⑧，都没有涉及远近不同的未来事件的价值评估。个体对时间的认知是受时间长短和认知、情绪等因素影响的，而且对于不同长度的时间，个体的认知策略也不同⑨。因此，有必要专门探讨远近不同的延迟时间之间的关系。我们的研究曾发现人类对时间的认知具有分段性。例如对未来时间修饰词作经验赋值和模糊统计分析的结果发现，未来时间在心理结构上可以分为三个心理时间段，即以秒和分为计时单位的"较近的未来"，以小时、日和月为计时单位的"近的未来"和以年为计时单位的"远的未来"⑩。时间贴现是一种决策偏好行为，它既涉及动机也涉及对时间的认知，通常是跨期决策。基于此，本研究假设，人们对于未来时间贴现率可能不同，时间贴现也存在着分段性。为此，本研究设计了三个实验和一个问卷调查，以延迟时间和相对延迟时间贴现两个实验范式，操纵延迟时间长度，要求大学生被试用选择法与匹配法确定价值主观相等点，并回答时间贴现原因问卷来探寻时间贴现的分段性问题；还以中小学教师为被试来验证时间贴现分段性结论的普适性。

①③　*Read, D., Roelofsma, P. H. M. P. Subaddtive versus hyperbolic discounting: A comparison of choice and matching. Organizational Behavior and Human Decision Processes*, 2003, 91: 140~153.

②④　*Scholten, M., Read, D. Discounting by intervals: A generalized model of intertemporal choice. Management Science*, 2006, 52(9): 1424~1436.

⑤　*McClure, S. M., Laibson, D. I., Loewenstein, G., Cohen, J. D. Separate neural systems value immediate and delayed monetary. Rewards Science*, 2004, 306: 503~507.

⑥　*Wittmann, M., Leland, D. S., Paulus, M. P. Time and decision making: Differential contribution of the posterior insular cortex and the striatum during a delay discounting task. Experimental Brain Research*, 2007, 179(4): 643~653.

⑦　*Berns, G. S., Laibson, D., Loewenstein, G. Intertemporal choice-toward an integrative framework. Trends in Cognitive Sciences*, 2007, 11(11): 482~488.

⑧　*Loewenstein, G. F., Prelec, D. Preferences for sequences of outcomes. Psychological Review*, 1993, 100(3): 91~108.

⑨　黄希庭，李伯约，张志杰. 时间认知分段综合模型的探讨. 西南师范大学学报（人文社会科学版），2003, 29(2): 5~9.

⑩　黄希庭. 未来时间的心理结构. 心理学报，1994，26(2): 121~127.

一、实验一：选择法延迟时间贴现实验

（一）目的

以延迟时间贴现的实验范式要求被试采用选择法探寻时间贴现的分段性。

（二）方法

1. 被试

大学本科生33名，其中女22人、男11人；平均年龄19.8岁，标准差0.85；健康状况良好，视力或矫正视力正常，无类似实验经验。实验完成后支付每人5元报酬。

2. 实验材料

在电脑屏幕的右边呈现今天可获得的奖金数额（价值1），按大小顺序在延迟时间上进行匹配呈现，并且在被试间平衡价值1升降序出现的先后顺序（￥999、￥995、￥990、￥960、￥940、￥920、￥850、￥800、￥750、￥700、￥650、￥600、￥550、￥500、￥450、￥400、￥350、￥300、￥250、￥200、￥150、￥100、￥80、￥60、￥40、￥20、￥10、￥5、￥1，总共29个）。屏幕左边呈现延迟获得的奖金数额￥1000（价值2），延迟时间按时间长短顺序呈现，升序和降序出现的先后在被试间进行平衡（2周、1个月、3个月、6个月、1年、3年、5年、10年、25年、50年）。即在同一个延迟时间下，今天可获得的29个奖金数量依次呈现，完成一个循环后，顺序呈现下一个延迟时间选项。所有延迟时间呈现完一次后，再重复一次，价值1和延迟时间的呈现顺序与第一次相反。

举例：价值1　　价值2

　　　今天　　延迟时间

如果价值1从大到小顺序呈现，取被试的选择从愿意今天获得奖金转变到愿意延迟获得奖金时的价值1为价值主观相等点；如果价值1反向呈现时，取被试的选择从愿意延迟获得奖金转变到愿意今天获得奖金时的价值1为价值主观相等点。两者的平均值即为某个延迟时间的价值主观相等点。

3. 程序

被试在安静、光线良好的小房间单独完成实验，无反应时间限制。要求被试根据电脑屏幕上呈现的时间价值选项，按键表示愿意接受的选项。正式实验开始前要求被试完成包含四个延迟时间项的练习，但不告知被试这是练习，使被试在正式实验前能够熟悉实验程序。整个实验结束后要求被试完成回答时间贴现原因问卷（文后附录1）。整个实验大约耗时36*min*。

（三）结果与分析

1. 实验数据分析

剔除一个明显矛盾的无效数据，并剔除它的问卷回答，男女无性别差异（以下实验结果均无性别差异）。

用瞬时贴现率 $r(t)$[①] 曲线下延迟时间（t_1，t_2）范围内单位时间长度的面积 $UAUr(t_1, t_2)$（$t_1 < t_2$）来度量价值贬值的速度。随着延迟时间的增长，主观相等点降低（图 5.2），$UAUr(t_1, t_2)$ 逐渐减小（图 5.3），其数量级以十倍的速度下降（图 5.4），利用 *Mann-WhitneyU* 检验法检验每两个相临延迟时间之间 $UAUr(t_1, t_2)$ 的差异，1 个月和 3 个月之间差异达到显著水平，$Z=2.25$，$p=0.025$；3 年和 5 年之间差异达到显著水平，$Z=2.55$，$p=0.011$；10 年和 25 年之间差异达到显著水平，$Z=2.87$，$p=0.004$。数量级和 $UAUr(t_1, t_2)$ 计算方法见文后附录 2。

2. 答卷内容分析

四名研究者对 32 份有效答卷进行内容分析和频次统计，频次统计信度为 0.92。结果见表 5.13。

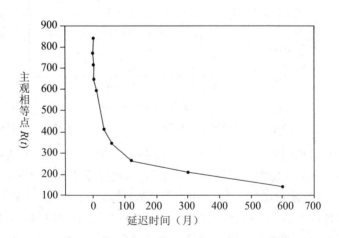

图 5.2　用延迟范式和选择法确定的主观相等点

---

① *Takahashi, T. A comparison of intertemporal choices for oneself versus someone else based on Tsallis' statistics. Physica. A.*, 2007, 385(2): 637~644.

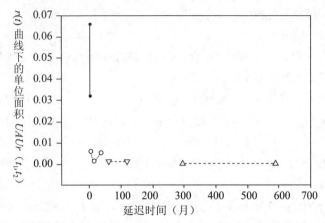

图 5.3　用延迟范式和选择法确定主观相等点时，$r(t)$ 曲线下的单位面积 $UAUr(t_1, t_2)$

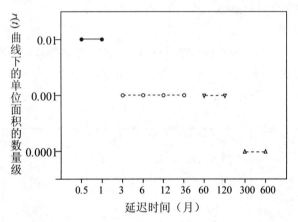

图 5.4　用延迟范式和选择法确定主观相等点时，$r(t)$ 曲线下的单位面积的数量级

　　每位被试的回答计作 1 人次，共 32 人次。30（93.75%）人次将延迟获得的等待时间分为愿意短期等待、愿意长期等待和不愿意等待三个时段；12（37.5%）人次愿意短期等待，"1~6 个月愿意等待"；22（68.75%）人次愿意长期等待，"1~5 年我倾向于选择左边的选项"；28（87.5%）人次不愿意等待太长时间，"10~50 年时间太久，肯定选眼前利益"。其余 2（6.25%）人次没有说出对延迟获得的等待时间。对被试选择原因的分析表明：21（65.63%）人次表示在未来不同时期对奖金的需求和影响奖金按期获得的风险影响了他们的选择；17（53.13%）人次关注未来不同时期对奖金的需求，"考虑奖金是否对目前或者将来有所帮助"；13（40.63%）人次关注各种影响奖金按期获得的风险"金融危机、货币贬值、意外去世"的估计；11（34.38%）人次没有提到具体的原因。

表 5.13　实验被试陈述时间贴现原因及人次（%）

选择策略	B1	B2	B1&B2	B3	小计（人次%）
A1&A2	0	0	1	0	1（3.13）
A2	0	0	0	1	1（3.13）
A1&A2&A3	1	0	7	3	11（34.38）
A2&A3	4	0	0	5	9（28.13）
A3	2	3	1	2	8（25.13）
A4	1	1	0	0	2（6.25）
小计（人次%）	8（25.00）	4（12.50）	9（28.13）	11（34.38）	32（100.00）

注：A1：规避损失，偏好风险，愿意短期等待。被试认为需要等待的时间很短，愿意等待，不愿意选择今天得到的奖金而遭受损失，只有当今天得到的奖金与等待规定的时间后得到的奖金差异很小时，被试才愿意选择今天的奖金。

A2：采用非补偿性策略，需求与风险并重，愿意长期等待。被试虽然认为需要等待的时间较长，但仍然愿意等待，只有当今天得到奖金的数量减少得不太多时，被试才愿意选择今天获得奖金。

A3：规避风险，聊胜于无，不愿意等待太长时间。被试认为需要等待的时间太长，不愿意等待，即使今天可以得到的奖金非常少，被试也宁愿今天得到奖金。

A4：没有提到多长的时间愿意等待或不愿意等待。

B1：对奖金的需求。影响个体在不同时期对奖金的需求的重大生活事件。

B2：按期获得奖金的风险。等待奖金的过程中，可能出现的影响获取具有同等购买力的奖金的各种意外事件。

B3：没有提到具体的原因。

&：被试同时提到"&"左右两个因素；*&*&*：被试同时提到三个因素。

二、实验二：选择法相对延迟时间贴现实验

（一）目的

用相对延迟时间贴现的实验范式要求被试采用选择法，以探究时间贴现的分段性。

（二）方法

1. 被试

大学本科生 33 名，其中女 23 人、男 10 人；平均年龄 20 岁，标准差 1.72；健康状况良好，视力或矫正视力正常，无类似实验经验。

2. 材料

在电脑屏幕右边呈现延迟时间 1（简称 $T1$）之后可获得的奖金数额，按从大到小或从小到大的顺序在延迟时间上进行匹配呈现，电脑屏幕左边呈现延迟时间 2（简称 $T2$）之后可获得的奖金数额￥1000（价值 2）；$T1<T2$，$T2$ 取 $T1$ 后的连续三个延迟时间。延迟时间对（$T1$、$T2$）以 $T1$ 为优先顺序按时间长度从长到短或从短到长呈现。举例：2 周：1 个月；2 周：3 个月；2 周：6 个月；

1 个月：3 个月；1 个月：6 个月；1 个月：1 年……；25 年：50 年；10 年：25 年；10 年：50 年；5 年：10 年；5 年：25 年；5 年：50 年……。所有被试均只完成一次共 24 个延迟时间对的时间贴现实验。

呈现方式：　　　　价值 1　　　　　　价值 2

　　　　　　　延迟时间 $T1$　　　　延迟时间 $T2$

3. 程序

实验程序同实验一。正式实验开始前要求被试做包含六对延迟时间项的练习。整个实验耗时 $45min$。

（三）结果与分析

1. 实验数据分析

以 $T1$ 为标准将延迟时间对（$T1$，$T2$）分为九组，随着 $T1$ 的增长，主观相等点和 $UAUr$（t_1，t_2）呈现整体下降的趋势（图 5.5、图 5.6），$UAUr$（t_1，t_2）的数量级从 0.1 下降到 0.0001（图 5.7）。当 $T1$=0.5 个月时，$UAUr$（t_1，t_2）的数量级从 0.1 下降到 0.001；当 $T1$=1、3、6、12 个月时，$UAUr$（t_1，t_2）的数量级从 0.01 下降到 0.001；当 $T1$=36、60、120 个月时，$UAUr$（t_1，t_2）的数量级从 0.001、0.01、0.001 下降到 0.0001；当 $T1$=300 个月时，$UAUr$（t_1，t_2）的数量级为 0.001。

以 $T1$ 为标准用每组延迟时间对（$T1$，$T2$）的贴现率计算 $T1$ 的平均贴现率，采用平方根将其转换为正态性数据（K-S 检验：Z=0.70-1.14，p=0.148-0.738），然后对每两个相临时间段进行重复测验方差分析结果表明：3 年和 5 年之间差异达到显著水平，$F_{(1,32)}$=12.94，p=0.001；10 年和 25 年之间差异达到显著水平，$F_{(1,32)}$=5.35，p=0.027。

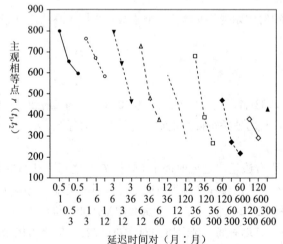

图 5.5　用相对延迟范式和选择法确定的主观相等点

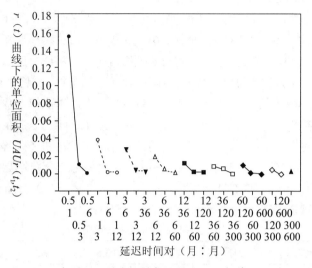

图 5.6 用相对延迟范式和选择法确定主观相等点时，
$r(t)$ 曲线下的单位面积 $UAUr(t_1, t_2)$

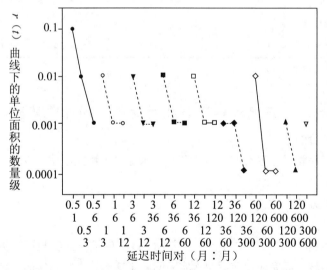

图 5.7 用相对延迟范式和选择法确定主观相等点时，
$r(t)$ 曲线下单位面积的数量级

2. 答卷内容分析

四名研究者对 33 份答卷进行内容分析和频次统计，频次统计信度为 0.93。
结果见表 5.14。

每位被试的回答计为 1 人次，共 33 人次。33 人次将延迟获得的等待时间分为愿意短期等待、愿意长期等待和不愿意等待三个时段；21（63.64%）人次愿意短期等待，"2 周、3 个月、6 个月这些时间对我来说几乎是一样的，可以等待"；27（81.81%）人次愿意长期等待，"一两年内还是可以等待的"；32（96.97%）人次不愿意等待太长时间，"十几二十年，宁愿早点得到奖金"。对被试选择原因的分析表明，18（54.55%）人次声称他们是基于自己对奖金的需求和奖金按期获得的风险的估计完成延迟获得的奖金选择的；16（48.48%）人次关注对未来不同时期对奖金的需求，"在 1 年后我并不能挣到什么钱，但 3 年 5 年后我已能养活自己"；13（39.39%）人次关注影响奖金按期获得的风险，"哪天有横祸，那不啥都没有了"。其余 15（45.46%）人次没有提到具体原因。这表明被试延迟等待的时间可以划分为三个时段。

表 5.14　实验二被试陈述时间贴现原因及人次（%）

选择策略	B1	B2	B1&B2	B3	小计（人次%）
A1&A2	0	0	1	0	1（3.03）
A1&A2&A3	4	0	6	10	20（60.61）
A2&A3	0	1	2	3	6（18.18）
A3	1	1	2	2	6（18.18）
小计（人次%）	5（15.15）	2（6.06）	11（33.33）	15（45.46）	33（100.00）

注：符号同表 5.13。

三、实验三：　匹配法延迟与相对延迟时间贴现实验

（一）目的

以延迟和相对延迟时间的实验范式要求被试采用匹配法，以探讨时间贴现的分段性。

（二）方法

1. 被试

大学本科生 66 人（均为参加了实验一或二的被试，实验三在被试完成了实验一或实验二后完成，前后两次实验间隔 1~2 天，参加过实验一或二的被试在实验三中的实验结果无显著差异），其中女 45 人、男 21 人；平均年龄 20 岁，标准差 1.35；健康状况良好，视力或矫正视力正常。实验完成后支付每人 5 元报酬。

2. 材料

延迟时间对（今天：T2）中的延迟时间 T2 按时间长短先后顺序呈现，呈

现方式同实验一，相对延迟时间对（*T*1：*T*2）按延迟时间长短顺序呈现，呈现方式同实验二。延迟时间对（今天：*T*2）和（*T*1：*T*2）出现的先后在被试间进行平衡。34 个时间对呈现完后，再重复一次，两次呈现中时间对的呈现顺序相反。

3. 程序

实验环境同实验一。选项成对出现在电脑屏幕上，要求被试在空白处填写合适的今天或延迟一段时间 *T*1 获得的奖金数额，使得不同时间获得的两笔奖金对被试来说没有差异。正式实验开始前要求被试做包含四个延迟时间项的练习，但不告知被试这是练习。

例：　　　???　　　　1000

　　　今天或 *T*1　　　*T*2

（三）结果与分析

剔除填写的奖金数值大于 1000 的无效数据 12 个。

对延迟时间对（今天：*T*2）的实验结果进行分析。随着延迟时间的增长，主观相等点和 $UAUr\,(t_1, t_2)$ 呈现下降趋势（图 5.8、图 5.9），其数量级从 0.01 下降至 0.0001（图 5.10），对每两个相临延迟时间段进行 *Mann-Whitney U* 检验：2 周和 1 个月之间差异显著，$Z=3.46$，$p=0.001$；1 年和 3 年之间差异显著，$Z=1.99$，$p=0.046$；10 年和 25 年之间差异显著，$Z=2.94$，$p=0.003$。$UAUr\,(t_1, t_2)$ 的计算方法见文后附录 2。

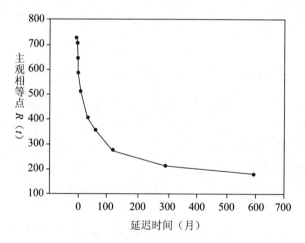

图 5.8　用延迟范式和匹配法确定的主观相等点

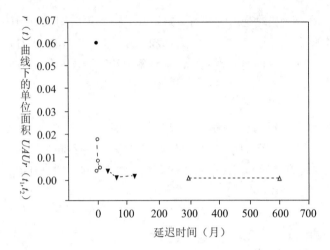

图 5.9 用延迟范式和匹配法确定主观相等点时，$r(t)$ 曲线下的单位面积 $UAUr(t_1, t_2)$

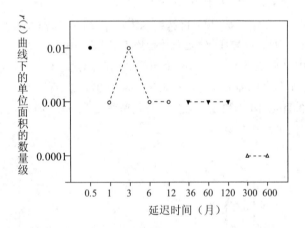

图 5.10 用延迟范式和匹配法确定主观相等点时，$r(t)$ 曲线下单位面积的数量级

　　分析延迟时间对（T1：T2）数据。随着延迟时间 T1 的增长，主观相等点下降（图 5.11），并且 $UAUr(t_1, t_2)$ 以十倍的速度整体下降（图 5.12），数量级从 0.1 下降到 0.00001（图 5.13）。根据九组延迟时间对（T1，T2）的 $UAUr(t_1, t_2)$ 数量级：当 T1=0.5 个月时，$UAUr(t_1, t_2)$ 的数量级从 0.1 下降到 0.0001；当 T1=1、3、6、12、36 个月时，$UAUr(t_1, t_2)$ 的数量级大都从 0.01 下降到 0.0001；当 T1=60、120 个月时，$UAUr(t_1, t_2)$ 的数量级从 0.001 下降到 0.00001；当 T1=300 个月时，$UAUr(t_1, t_2)$ 的数量级为 0.001。

　　以 T 为标准用每组延迟时间对（T1，T2）的贴现率计算 T1 的平均贴现率，采用 Mann-Whitney U 检验对每两个相临延迟时间进行检验：2 周和 1 个月之间差异达到显著水平，$Z=2.70$，$p=0.007$；3 年和 5 年之间差异达到显著水平，$Z=2.16$，$p=0.031$；10 年和 25 年之间差异达到显著水平，$Z=3.52$，$p<0.0001$。

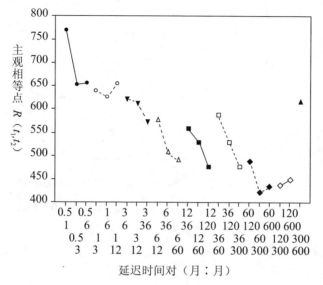

图 5.11　用相对延迟范式和匹配法确定的主观相等点

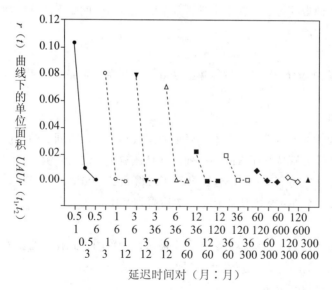

图 5.12　用相对延迟范式和匹配法确定主观相等点时，
曲线 $r(t)$ 下的单位面积 $UAUr(t_1, t_2)$

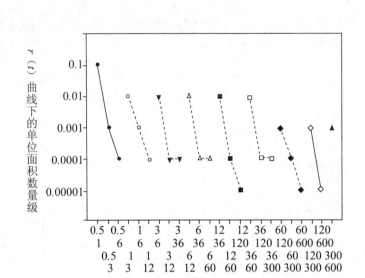

图 5.13　用相对延迟范式和匹配法确定主观相等点时，$r(t)$ 曲线下单位面积的数量级

四、研究四：问卷调查

（一）目的

以问卷调查的方式，在中小学教师被试中探讨时间贴现的分段性。

（二）方法

1. 被试

来自某市 46 所学校中小学教师 200 人，年龄 23~60 岁，其中 41 岁以上有 7 人。

2. 材料

将实验一的测试编制成问卷，延迟时间段和奖金数额同实验一，延迟时间段、奖金数额分别按升序或降序排列，并且在被试间进行平衡。

例：是现在得到￥1 还是延迟时间 T 后得到￥1000？

是现在得到￥999 还是延迟时间 T 后得到￥1000？

3. 程序

由研究者亲自主持集体施测，要求被试以画钩的方式在现在获得和延迟获得的奖金之间进行选择，完成纸笔测验的时间约 40min。

（三）结果与分析

共收回问卷 184 份。其中未完成的被试共 43 人，剔除年龄大于 40 的被试共 7 人，及回答明显矛盾的被试 30 人，余下的有效问卷共 104 份，年龄在

23~40 岁之间（平均年龄 31.73 岁，标准差 3.90）。

随着延迟时间的增长，主观相等点降低（图 5.14），$UAUr$（t_1，t_2）逐渐减小（图 5.15），其数量级以十倍的速度下降（图 5.16）。采用 *Mann-Whitney U* 检验对每两个相临延迟时间进行检验：2 周和 1 个月之间差异显著，$Z=2.11$，$p=0.035$；3 个月和 6 个月之间差异达到显著水平，$Z=2.42$，$p=0.016$；10 年和 25 年之间差异达到显著水平，$Z=5.40$，$p<0.0001$。

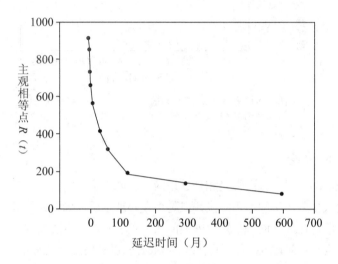

图 5.14　用问卷法延迟范式和选择法确定的主观相等点

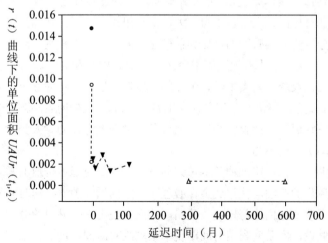

图 5.15　用问卷法延迟范式和选择法确定主观相等点时，
r（t）曲线下的单位面积 $UAUr$（t_1，t_2）

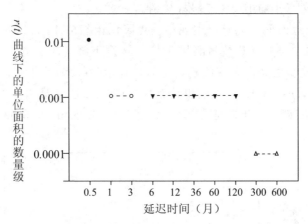

图 5.16　用问卷法延迟范式和选择法确定主观相等点时，
$r(t)$ 曲线下单位面积的数量级

五、总的讨论

人类活动的时间分段性是相当普遍的，它源于生命本身。无论是中国孔子总结自己人生所经历的不同阶段，或是当今心理学研究确认人类成长发展经历不同的阶段，在成长的每个阶段人类的认知发展同样具有阶段性。甚至人类的生物节律也存在阶段性：人类的食欲、睡眠时间以及情绪都具有年度周期变化；女性的月经经历 28 天周期；人类的警戒性、体温和生长激素的分泌符合 24 小时周期变化；人类睡眠经历 90 分钟周期。这种分段性还表现在人类对时间的运用、事业目标的设立上。下自个人，上至组织、国家，在计划活动、谋划发展时都是分时段安排时间的，比如：国家的五年中长期规划，港澳回归后一国两制 50 年不变，个体求学过程中经历的初等、中等和高等教育阶段。大量的民俗、谚语也反映了人类生活、劳作的阶段性：旧历新年的除夕，除旧迎新，饺子，更岁交子；谚语：一年之计在于春，一日之计在于晨；春争日，夏争时，一年大事不宜迟等，都表明心理时间分段性是普遍存在的。人类对不同时间段做出的行动决策也不同。

时间贴现是探讨跨期决策的偏好问题，它受到对延迟价值的需求和按期获得奖金的风险的影响，使得奖金在心理账户中的属性随着延迟时间发生变化，促使决策者改变他们的跨期决策策略，从而表现出时间贴现的分段性。为了验证我们的假设，本研究利用时间贴现率来刻画对时间贴现的认知变化。随着延迟时间的增长，个体对相同长度的时间距离的增长越来越不敏感，时间贴现率以时快时慢的递减速率持续递减：同一个时段内时间贴现率的减小变化小；不同时段之间时间贴现率的减小变化大。

　　以大学生为被试采用两种实验范式，以延迟时间范式关注被试对延迟获得的等待时间的认知，以相对延迟时间范式要求被试比较不同长度的延迟时间，来讨论时间贴现的分段性。在两个延迟时间之间进行权衡时，被试更关注延迟时间之间的差值，共同的等待时间很容易被忽视：认为都已经等了那么久，不妨再多等一下，出现选择偏好反转的现象[①~③]，即被试对相对延迟时间对（$T1$，$T2$）中的共同等待时间 $T1$ 的长度变化的敏感性降低。为了检验这种敏感性的降低对时间贴现分段性的影响，将相对延迟时间范式下的 24 个延迟时间对按 $T1$ 分为九组，用每组 $UAUr$（t_1，t_2）的平均值来度量 $T1$ 的价值贴现速度，发现即使被试对 $T1$ 的长度变化的敏感性降低，实验二中（3 年和 5 年：$F_{(1,32)}=12.94$，$p=0.001$；10 年和 25 年：$F_{(1,32)}=5.35$，$p=0.027$）的结果仍然与实验一（1个月和 3 个月：$Z=2.25$，$p=0.025$；3 年和 5 年：$Z=2.55$，$p=0.011$；10 年和 25 年：$Z=2.87$，$p=0.004$）具有一致性。被试在做了实验一、二的 1~2 天之后做实验三，在延迟（2 周和 1 个月：$Z=3.46$，$p=0.001$；1 年和 3 年：$Z=1.99$，$p=0.046$；10年和 25 年：$Z=2.94$，$p=0.003$）与相对延迟实验范式（2 周和 1 个月：$Z=2.70$，$p=0.007$；3 年和 5 年：$Z=2.16$，$p=0.031$；10 年和 25 年：$Z=3.52$，$p<0.0001$）下，采用匹配法确定价值主观相等点，结果同样表现出根据 $UAUr$（t_1，t_2）的数值变化，其延迟等待时间被分为三个时段。问卷调查中小学教师被试的时间贴现同样具有一致性（2 周和 1 个月：$Z=2.11$，$p=0.035$；3 个月和 6 个月：$Z=2.42$，$p=0.016$；10 年和 25 年：$Z=5.40$，$p<0.0001$）。综合本研究三个实验和一个问卷调查的结果，可以清楚地看出在 2 周内的时间贴现具有稳定性，采用匹配法确定主观相等点时 2 周和 1 个月的差异达到显著，采用选择法时，两个实验范式中 2 周内的时间贴现都很稳定，出现差异的时间点都在 2 周以后，这与已有研究发现的两三个月内的时间贴现是稳定的结论[④⑤] 有一定的相似性；两种实验范式确定主观相等点的方法都使 $UAUr$（t_1，t_2）在 10 年和 25 年之间出现显著差异。

　　① Read, D., Roelofsma, P. H. M. P. Subadditive versus hyperbolic discounting: A comparison of choice and matching. Organizational Behavior and Human Decision Processes, 2003, 91: 140~153.

　　② Scholten, M., Read, D. Discounting by intervals: A generalized model of intertemporal choice. Management Science, 2006, 52(9): 1424~1436.

　　③ Green, G., Myerson, J., Macaux, E. W. Temporal discounting when the choice is between two delayed rewards. Journal of Experimental Psychology: Learning, Memory, and Cognition, 2005, 31(5): 1121~1133.

　　④ Ohmura, Y., Takahashi, T., Kitamura, N., Wehr, P. Three-month stability of delay and probability discounting measures. Experimental and Clinical Psychopharmacology, 2006, 14(3): 318~328.

　　⑤ Takahashi, T., Furukawa, A., Miyakawa, T., Maesato, H., Higuchi, S. Two-month stability of hyperbotic discount rates for delayed monetary gains in abstinent inpatient alcoholics. Neroendocrinology Letters, 2007, 28(2): 131~136.

因此很明显被试的时间贴现从现在到未来50年之间有三个时段变化：从现在到未来2周内；从未来2周起直到未来10年；从未来10年起直到未来50年。

对大学生被试时间贴现原因开放式问卷的内容分析和频次统计证实，被试为了又快又多地得到奖金，关注等待时间的长度和等待时间之间的长度差异，通过权衡需求和风险在心理上将现在到未来50年的等待时间划分为三个时段。他们关注能否按期得到许诺的具有相同购买力的奖金，认为"不确定因素太多"，"早点拿到比较安心"。而且在不同时段被试对这笔奖金的需求在很大程度上影响了他们的选择。同时，被试常常比较等待时间的差异，当$T1$、$T2$都较短时，他们觉得等待无所谓，而当$T1$、$T2$都比较长，都是几年时，他们认为"都等了那么久何苦不继续等待"。基于这些理由，被试将延迟获得的等待时间分为愿意等待和不愿意等待，"太久了，我不会选择等待"，并且"在可等的时间内考虑效率问题"，思考等待成本与获得奖金之间的成本收益问题，将愿意等待时间分为愿意短期等待和愿意长期等待两种，"当等待时间不是很长，为了获得最大利益，愿意等待；当等待时间很长，选择今天获得略小于1000的奖金，可以投资得到更多的效益"。这也表现出被试对外部环境因素和自己生活状态因素的不同预期。外部环境是不可控的，等待时间越久，就越可能发生意外事件，越早获得奖金越稳妥。还有，被试对自己的未来生活充满信心，认为未来的生活是富足的，1000元钱对自己不在话下。

前景理论从收益和损失的角度来定义价值，认为决策偏好取决于问题的框架，相对于某一参照点，某项价值被看作损失时的心理影响比被看作收益时的心理影响更强烈[①]，使得决策者面对损失时常常偏好风险，面对收益时常常规避风险。在时间贴现中进行跨期抉择时，延迟获得的等待时间被看作影响奖金按期获得的风险因子[②③]。距离现在越近，评估发生风险和需求改变的可能性越小，决策者对延迟获得的奖金的预期很高，在心理账户上把它归入收益，这样选择今天支付的奖金就会带来损失。为了规避损失，决策者偏好风险，愿意等待一段延迟时间以获得奖金。随着延迟时间的增长，发生风险和需求改变的可能性逐渐增高，这时决策者采取需求和风险并重的非补偿性策略。当时间延迟很长时，存在的风险就更多，对按期获得许诺的奖金的预期很低，今天能够得到的奖金在心理账户上的属性变成了收益，所以决策者选择规避风险，宁愿

① Kahneman, D., Tversky, A. Prospect theory: An analysis of decision under risk. Economertrica, 1979, 47: 263~291.

② Green, L., Myerson, J. Exponential versus hyperbolic discounting of delayed outcomes: Risk and waiting time. American Zoologist, 1996, 36: 496~505.

③ Stevenson, M. K. A discounting model for decisions with delayed positive and negative outcomes. Journal of Experimental Psychology: General, 1986, 115: 131~154.

选择今天得到很少的奖金，也不愿意等待了。

因此，跨期决策策略的不同使得时间贴现具有分段性：规避损失，偏好风险、愿意短期等待，从现在到未来 2 周内将选择今天支付的奖金看作损失；采用非补偿性策略、需求与风险并重、愿意长期等待，从未来 2 周起直到未来 10 年决策者既关注获得奖金的可能性又关注自己对奖金的需求；规避风险、聊胜于无、不愿意等待，从未来 10 年起直到未来 50 年决策者将今天支付的奖金看作收益。

从现在到未来 2 周内是离现在最近的时段，这是被试认为自己最能把握的时段，离现在越近被试认为生活发生重大变化的可能性最低，最有可能按照预定的计划行事，这个时段被试的各项计划细节性强，多涉及如何做，怎样做；从未来 2 周起直到未来 10 年处于中间阶段，随着时间的延长各种不预期事件发生的可能性逐渐增大，被试常做出概括性高的计划，从为什么做某件事的层面上来计划生活[1~7]；从未来 10 年起直到未来 50 年，距离现在最远，人们对这一段的未来生活把握最小，发生不可预期事件的可能性最大，因此很多被试在规划未来时很少涉及这一段。

本研究发现时间贴现具有分段性，将有助于解决用数学模型来研究时间贴现，因为几乎所有数学模型的研究都没有得出一致认可的结果[8~10]。这些数学模型有一个共同的特点：不论研究中设定的延迟时间范围的宽窄，只采用某个函数来表征整个延迟时间范围上价值的贬值。本研究发现时间贴现三个时段的行为决策策略是受多种因素影响的。因此使用同一个数学函数来表征整个延迟时间范围上的时间贴现可能是不恰当的。今后我们将尝试采用分段函数来拟合时

① Green, L., Myerson, J. Exponential versus hyperbolic discounting of delayed outcomes: Risk and waiting time. American Zoologist, 1996, 36: 496~505.

② Stevenson, M. K. A discounting model for decisions with delayed positive and negative outcomes. Journal of Experimental Psychology: General, 1986, 115: 131~154.

③ Arai, D. Temporal resolution of uncertainty in risky choice. Acta Psychologica, 1997, 96: 15~26.

④ Rachlin, H., Raineri, A., Cross, D. Subjective probability and delay. Journal of the Experimental Analysis of Behavior, 1991, 55: 233~244.

⑤ Sagristano, M. D., Trope, Y., Liberman, N. Time-dependent gambling: Odds now, money later. Journal of Experimental Psychology: General, 2002, 131: 364~376.

⑥ Trope, Y., Liberman, N. Temporl construal. Psycholocal Review, 2003, 110(3): 403~421.

⑦ Wu, G. Anxiety and decision making with delayed resolution of uncertainty. Theory and Decision, 1999, 46: 159~198.

⑧ Read, D., Roelofsma, P. H. M. P. Subadditive versus hyperbolic discounting: A comparison of choice and matching. Organizational Behavior and Human Decision Processes, 2003, 91: 140~153.

⑨ Green, L., Myerson, J. Exponential versus hyperbolic discounting of delayed outcomes: Risk and waiting time. American Zoologist, 1996, 36: 496~505.

⑩ Cajueiro, D. O. A note on the relevance of the q-exponential function in the context of intertemporal choices. Physica, A., 2006, 364: 385~388.

间贴现实验数据，不同群体被试在时间贴现上的走势。

六、结论

在本研究的实验条件下，发现时间贴现具有分段性。被试的时间贴现有三次显著变化，表现为三个时段时间贴现心理状态的不同：从现在到未来 2 周内规避损失、偏好风险、愿意短期等待；从未来 2 周起直到未来 10 年采取非补偿性策略、需求与风险并重、愿意长期等待；从未来 10 年起直到未来 50 年规避风险、聊胜于无、不愿意等待。

附录 1

在每一对不同时间、不同数量的奖金之间进行选择时，你为什么会做出这样的选择？请把你的想法写在答题纸上。

附录 2

$UAUr$ (t_1, t_2) 的计算方法和相关解释

瞬时贴现率 $r(t)$ 是时刻 t 时单位时间内主观价值的变化与主观价值的比值，表示延迟一段时间直到时刻 t 时，单位时间内主观价值在 $R(t)$ 的基础上变化了多少（Takahashi, 2007）。

$UAUr$ (t_1, t_2) 的数量级是指 $UAUr$ (t_1, t_2) 的尺度或大小的级别，本研究中采用十的倍数作为相邻两个数量级之间的比，举例：$0.2 = 2 \times 0.1$ 的数量级为 0.1，$0.02 = 2 \times 0.01$ 的数量级为 0.01。

利用价值主观相等点，计算瞬时贴现率 $r(t)$ 曲线下延迟时间 (t_1, t_2) 范围内单位时间长度的面积 $UAUr$ (t_1, t_2)，$UAUr$ $(t_1, t_2) = ln\left[\dfrac{R(t_1)}{R(t_1)}\right]/(t_1 - t_2)$，$t_1 < t_2$。

$R(t)$：直到时间 t 贬值后的主观价值。

实验一：当延迟时间为 0.5 个月时，$t_2 = 0.5$，$t_1 = 0$，$R(0) = 1000$，

$$UAUr(t_1, t_2) = ln\left[\frac{1000}{R(0.5)}\right]/(0.5 - 0);$$

当延迟时间为 1 个月时，$t_2 = 1$，$t_1 = 0.5$，$UAUr(t_1, t_2) = ln\left[\dfrac{R(0.5)}{R(1)}\right]/(1 - 0.5)$；

其他延迟时间的 $UAUr$ (t_1, t_2) 值以此类推。

实验二：被试以延迟时间 $T1$ 为参考点，在延迟时间对（$T1 : T2$）之间做出选择时，所以应以 $T1$ 为参考点，计算 $UAUr$ (t_1, t_2)。表示以 $T1$ 为延迟时

间的参考点，随着 $T2$ 的增长，主观价值的贬值速度。R（$T1$：$T2$）：从延迟时间 $T1$ 直到延迟时间 $T2$，贬值后的主观价值。

当（$T1$：$T2$）=（$0.5m$：$1m$）时，$UAUr$（t_1,t_2）=$ln\left[\dfrac{1000}{R（0.5m：1m）}\right]$ /0.5；

当（$T1$：$T2$）=（$0.5m$：$3m$）时，$UAUr$（t_1,t_2）=$ln\left[\dfrac{R（0.5m：1m）}{R（0.5m：3m）}\right]$ /（3−1）；

当（$T1$：$T2$）=（$0.5m$：$6m$）时，$UAUr$（t_1,t_2）=$ln\left[\dfrac{R（0.5m：3m）}{R（0.5m：6m）}\right]$ /（6−3）。

当 $T1$ 为其他延迟时间时，$UAUr$（t_1,t_2）的值以此类推。

合作者：何嘉梅、尹可丽、罗扬眉；原文载于：心理学报，2010，42（4）：474~484.

专题六　时间认知分段综合模型研究

时间认知分段综合模型认为，人类对时间的认知具有分段性，不同时间段的认知表征是不同的，并且是受多种因素影响的。因此，对人类时间认知的研究应关注其时间的分段性和多因素的综合效应。

引言
时间词义赋值特征的分析
未来时间的心理结构
过去时间的心理结构
时间心理学的若干研究
时间认知分段综合模型的探讨
时间心理学的新探索

引　言

20 世纪 90 年代末，我们在探索时间认知已积累的研究基础上，发展出了一个理论构想——时间认知分段综合模型（*range-synthetic model of temporal cognition*）。该模型认为，人类对时间的认知具有分段性，不同持续时间的认知表征是不同的；并且是受多种因素影响的。其要点是，人类的时间认知具有分段性和综合性。

人类对时间的认知具有分段性是众所周知的。人类为了认知地球的发展，用地壳上不同年代的岩石在形成过程中的时间和顺序的更替的地质年代，如古生代（寒武纪、奥陶纪、志留纪、泥盆纪、石炭纪、二叠纪）、中生代（三叠纪、侏罗纪、白垩纪）和新生代（第三纪、第四纪）来进行分析。为了考察人类的发展史，用古代、中世纪（中古）、近代和现代四个时期来加以研究。为了研究个人心理和行为的毕生发展，用出生前、婴儿期、幼儿期、儿童期、青少年期、成年早期、成年中期、成年晚期来加以研究。我们用词义赋值的方法探讨人们对过去、现在和未来的认识，结果发现，过去和未来还可以再分为对称的三个时间段，即以秒和分为计时单位的"较近的过去"和"较近的未来"，以小时、日、月为计时单位的"近的过去"和"近的未来"，以年为计时单位的"远的过去"和"远的未来"[1][2]。而且主观的现在（3s内）也可以继续细分，比如以 1s 为分界点区分自动加工与控制加工[3]。

从行为的层面来看，我们对时间的认知确实是具有分段性的。例如，不同的心理时间段决定了我们对处于不同时间点的事件具有不同的感受和理解，距离现在越远的事件，对它的解释也越抽象。反之亦然，事件抽象的水平越高，也就越容易被认为距离现在较远[4]。这种分段性已经广泛应用于消费心理学中，以 2009 年上映的《花木兰》电影的海报为例：一共十张海报，其中包括一张概念海报，七张主要演员的单人海报，以及两张所有主演的主海报。其中特别值得一提的是概念海报，在整张海报浅绿色的背景中，只绘有一个铁质头盔和一点紫红色的唇影，并未有任何人物信息，然而却相当传神地告诉观众花木兰女扮男装的故事情节，宣传了影片的价值观。但随着电影档期的临近或档期中，只采用这种感性、含蓄的概念海报是不够的，还需要更多理性、明确、事实性的人物和情节海报来吸引更多的观影者[5]，必要时还有明星现场的造势活动。这些其实都说明了一点，越是临近决策就越需要具体的信息，而不只是抽象的价值观念和品牌概念。即使大多数人并没有特别留意过电影海报，也一定会熟悉便民超市时常举行的各种促销活动。超市针对促销活动的宣传策略其实也是立足当前时间从分段性的角度去尽可能多地争取可能入店的消费者。以传单为例，一般发到消费者手中的传单会印有正反两面，通常在正面会有本次促销的原因（比如店庆或国庆）、超市的理念（比如惠民）以及优惠的折扣，而许多超市会在传单的反面印了一些代表性消费品，像肉蛋奶之类具体的折扣。这种设计无非是在促销前就考虑到了两类可能的消费人群：一类是当下有购买需求的消费者，他们会更多地关注传单反面的信息；另一类是有可能在促销活动期间入店的消费人群，一般只需要告诉他们这个活动性质和店面及其价值取向即可。而且愈是随着活动的进行，店家也会采取更加具体的宣传攻势。

除了消费心理与行为，心理时间距离还会影响人们的道德判断和道德行为。心理时间距离越远，人们越倾向于从道德原则而不只是从孤立的事件角度来对他人的行为进行道德判断，并且倾向于将符合道德原则的行为判断为更好，

[1]　黄希庭. 未来时间的心理结构. 心理学报，1994，26(2): 121~126.
[2]　黄希庭，孙承惠，胡维芳. 过去时间的心理结构. 心理科学，1998，21(1): 1~4,16.
[3]　*Lewis, P. A., Miall, R. C. Distinct systems for automatic and cognitively controlled time measurement: Evidence from neuroimaging. Current Opinion in Neurobiology*, 2003, 13(2): 250~255.
[4]　*Trope, Y., Liberman, N. Construal-level theory of psychological distance. Psychological Review*, 2010, 117(2): 440~463.
[5]　金贵昆，柳承烨. 电影印刷品广告类型分析——以"时间解释水平"和"时间取向"的角度. 广告大观（理论版），2012：15~21.

将不符合道德原则的行为判断为更加不好[1]。比起评判他人的道德行为，更切身的体验来自于我们自己的某些经历。或许我们的某些"无心之失"曾令师长痛心、亲朋垂泪、妻子怨恨，倘若这个过失没有获得解释的机会，就很可能随着时间的流逝在各自心头烙下更深的印象，以致事隔多年那种悔意仍是有增无减。众多文学作品对此都有形象的描述，我们所熟知的祥林嫂正是因痛失爱子而变得呆滞麻木；许多典故用语像"一失足成千古恨"、"抱憾终身"也表达了相似的感慨与遗憾。

除了分段性，人类对时间的认知还具有综合性，这也是显而易见的。人类并不具有专门的时间感受器，因此对时间的认知必须要借助于其他感觉器官和心智运作，这就使得心理时间受到诸多因素的影响，是一种综合的产物。对于不同感觉道的刺激，相同的物理时间并不等于相同的心理时间，一般来说"听到"的时间比"看到"的时间更长，也更加准确，正如视觉的空间辨别能力占据着绝对优势，听觉的时间辨别能力也占据着同样的优势[2]。在不同的情绪状态下或者不同的情境中，相同的物理时间也不等于相同的心理时间。动作片经常以一些危险紧张刺激的场景来吸引观众，比如失去控制的跑车撞入一辆集装箱卡车，或者某个人物从高处坠落。在电影制作中，这样的场面经常以慢动作播放，这是因为我们都有一种朴素的体验，总感觉在危险的情境中每个细节都异常清晰，好像时间变慢了一样。事实也大致如此：当被试自己从高耸的塔顶坠落而不是看到他人坠落时（有安全措施），这一过程的持续时间被高估了36%[3]。任何时间认知的理论，如果忽略了刺激的特征、属性、通道与组织等条件以及注意、情绪、人格等因素的影响，其实都是不完备的，是缺乏生态效度的。

本专题的六篇论文从理论上阐述了以心理时间的分段性和综合性为基础的时间认知分段综合模型。其中"时间词义赋值特征的分析"是对心理时间分段性的初步探索。"未来时间的心理结构"和"过去时间的心理结构"则系统地探讨了过去与未来两个时间段的分段性。"时间心理学的若干研究"和"时间认知分段综合模型的探讨"回顾了我们在20世纪对时间加工进行的研究，在这些研究的基础上论证了时间认知分段综合模型的合理性，并完整地阐述了时间认知分段综合模型的理论要点，指出人类对时间的认知具有分段性，不同时距具有不同的表征；个体无论对哪一种时距的认知均受多种因素（例如事件

[1] Eyal, T., Liberman, N., Trope, Y. Judging near and distant virtue and vice. *Journal of Experimental Social Psychology*, 2008, 44(4): 1204~1209.

[2] Grondin, S. Timing and time perception: *A review of recent behavioral and neuroscience findings and theoretical directions. Attention, Perception, & Psychophysics*, 2010, 72(3): 561~582.

[3] Stetson, C., Fiesta, M. P., Eagleman, D. M. Does time really slow down during a frightening event? *PLoS One*, 2007, 2(12): e1295.

的数量与结构、通道性质和特点、时序和时点的性质、注意资源、编码方式、分段和提取策略、实验指标，以及个体的时间信念、情绪、人格特征、疾病等）的影响。只有综合上述诸种因素才能对时间认知做出科学的解释。"时间心理学的新探索"则着重阐述了三个新的研究方向，即时间知觉与意识的关系、时间认知的脑机制问题、时间人格的研究。

时间认知分段综合模型系统地考虑到时间的分段性与综合性两个重要特性，认为时序、时距和时点是同一时间经历不可分割的三个属性，应该将三个属性统一起来进行多维度的研究，这也是目前唯一将时序、时距和时点信息综合起来研究的理论。该模型是在中国的综合哲学观和当代系统论背景下所提出来的，采用了系统论的分析方法，全面考虑各个因素来认知时间，因此它具有扩展性和兼容性。未来我们会在宏观与微观两个层面对这一模型加以完善。在宏观领域，我们将继续整合时间加工的影响因素，考察这些因素的交互作用，比如近年来研究发现时间背景[1]、眼动[2]、空间适应[3]等都会影响时间加工，同时我们也关心如何利用更微观的时间加工模型来解释这些纷繁复杂的影响因素，以更深入地揭示心理时间的性质，并提出解释其加工机制的认知神经模型。在人格领域，我们将深入地考察具体的个人对待过去、现在和将来的时间经验上的分段性和综合性的特征。许多问题都有待我们去探究。

———————

① *Jazayeri, M., Shadlen, M. N. Temporal context calibrates interval timing. Nature Neuroscience, 2010, 13(8): 1020~1026.*

② *Eagleman, D. M. Distortions of time during rapid eye movements. Nature Neuroscience, 2005, 8(7): 850~851.*

③ *Burr, D., Tozzi, A., Morrone, M. C. Neural mechanisms for timing visual events are spatially selective in real-world coordinates. Nature Neuroscience, 2007, 10(4): 423~425.*

时间词义赋值特征的分析

时间和空间是运动着的物质存在的基本形式。任何物质的运动过程都以或前或后的相继顺序性和或长或短的持续性表现出来。从信息加工的观点来看，人们对时间词义的理解就是对客观现象的顺序性和持续性信息的认知。

今天人类社会已进入信息时代，进入计算机时代。自然语言的理解是当今人工智能的中心课题之一。要使机器理解语言，语义赋值是项基础性的工作[1][2]。但是，汉语不同于英语、俄语、法语等语种的一个显著特点是汉语语法在动词时态体系中不用时态变化，而用时间修饰词（如过去、现在和将来等）就能达到表意的目的。关于人们对时间修饰词的理解的研究，心理学家常采用现象学的分析[3]~[5]，至今未见有对时间词义赋值的研究。本研究的目的是采用模糊统计试验方法探讨人们对时间词义理解的特点。

一、方法

（一）被试

参加这一赋值调查的对象是大学二、三年级学生 260 人（文理科学生各约占一半）以及高中二年级学生 160 人。

（二）材料

给定的时间修饰词是："过去"、"将来"、"刚才"、"现在"、"很久以前"、"此刻"、"不久"、"即将"和"遥远的未来"。为降低各词出现次序的影响，将它们随机地印在试验用纸上，形成两种试验用纸。它们的排列方式是："过去"、"刚才"、"将来"、"现在"、"遥远的未来"、"此刻"、"不久"、"即将"、"很久以前" / "将来"、"此刻"、"刚才"、"过去"、"很久以前"、"现在"、"不久"、"遥远的未来"、"即将"。每个词的后面都留有空格。将这两种不同的排列方式的试验用纸随机

① 史忠植. 知识工程. 清华大学出版社，1988：169~180.
② 马谋超. 词义赋值的模糊统计分析. 心理学报，1990, 22(1): 51~56.
③ *Fraisse, P., The psychology of time, New York: Harper & Row*, 1963: 149~177.
④ *Ganesan, V. Perceptions of self, village, and nation under three temporal dimensions. Psychological Research Journal*, 1982, 6(1): 7~15.
⑤ *Panides. W. The perception of the past, present, and future in preadolescent children: An exploratory study. Sex Roles*, 1984, 11(11-12): 1141~1162.

地分发给被试。要求被试根据词义的特征在指定的闭区间上选出一个适当的数值范围或一个实数填入空格内。

（三）赋值规则

给定的闭区间是［0，1］。被试按下列规则赋值：①该词表示的时间越指向未来就选取越大的数字；反之，越指向过去就选取越小的数字。②该词的词义越含混给出的数值范围应越宽；反之，该词的词义是明确的、毫不含混的，就可以用［0，1］中的一个数来表示。③选择出来的数值范围或一个数必须限于给定的区间。

（四）统计方法

给定论域 $X=［0，1］$，为了赋值和统计的方便，首先将 X 转化为离散的有限论域 $X_i=\{x_1, x_2, \cdots, x_{21}\}=\{0, 0.05, 0.1, \cdots, 0.95, 1\}$。利用公式[①]

$$f_i = \frac{\text{“}X_i \in D\text{” 的次数}}{N} \quad (i=1,2,\cdots,21) \tag{1}$$

统计出分点 $X_i \in X_1$ 对每个词的隶属频率 f_i，其中 D 是对词的赋值区间，N 是被试总人数。我们把此 f_i 定义为 X_i 对该词所对应的模糊集的隶属度。再按最大隶属原则 1[②]，取隶属度最大值所对应的分点 $X_k \in X_1$，作为词在 X 上的赋值。由于 X_k 不便于进一步分析，再计算赋值区间的中点平均值[③]

$$a = \frac{1}{N} \sum_{j=1}^{N} \frac{a_j + b_j}{2} \tag{2}$$

其中 a_j 和 b_j 分别代表 D 的左、右端点的坐标。由公式（2）所得的 a 称为词在 X 中的位置点的估计值。再利用盲度公式[④]

$$\bar{m} = \frac{1}{N} \sum_{j=1}^{N} (b_j - a_j) \tag{3}$$

计算点估计值 a 的把握度。$\bar{m}$ 越大，评量的把握度越小；$\bar{m}$ 越小，评量的把握度越大；特别地，$\bar{m}=0$，意味着绝对有把握。

为了比较和分析词义的模糊程度，采用欧几里得模糊度公式[⑤]

$$d_E(\underset{\sim}{A}) = \frac{2}{\sqrt{n}}[\sum_{i=1}^{n} (\underset{\sim}{A}(X_i) - \underset{\sim}{A}_{0.5}(X_i))^2]^{\frac{1}{2}} \tag{4}$$

其中用 f_i 代替 $\underset{\sim}{A}(X_i)$ 计算，n 是有限论域 x_i 中的元素个数。$\underset{\sim}{A}_{0.5}$ 是模糊集 $\underset{\sim}{A}$ 的 0.5 一截集。

① 汪培庄. 模糊集合论及其应用. 上海：上海科学技术出版社，1983：34~36.

②③④ 汪培庄. 模糊集与随机集落影. 北京：北京师范大学出版社，1986，22：42~50.

⑤ 区奕勤等. 模糊教学原理及其应用. 四川：成都电讯工程学院出版社，1988：98~99.

二、结果和分析

根据公式（1），算出各分点对九个时间修饰词的隶属频率，结果见表 6.1 和表 6.2。

表 6.1　大学生对时间修饰词的赋值结果

分点	很久以前	过去	刚才	此刻	现在	即将	不久	将来	遥远的未来
1.00						0.02		0.68	0.97
0.95						0.05	0.02	0.72	0.49
0.90						0.05	0.02	0.77	0.34
0.85						0.07	0.03	0.80	0.24
0.80						0.04	0.05	0.78	0.21
0.75		0.02			0.03	0.08	0.12	0.82	0.17
0.70		0.02			0.04	0.09	0.20	0.68	0.10
0.65		0.02			0.04	0.16	0.34	0.63	0.07
0.60		0.02	0.03		0.12	0.28	0.53	0.57	0.06
0.55		0.02	0.03	0.07	0.39	0.65	0.55	0.43	0.12
0.50	0.03	0.28	0.37	0.72	0.81	0.39	0.43	0.37	0.04
0.45	0.04	0.48	0.67	0.07	0.36	0.08	0.25	0.08	0.04
0.40	0.06	0.58	0.26	0.06	0.11	0.04	0.23	0.06	
0.35	0.07	0.68	0.13	0.03	0.07	0.05	0.13	0.04	
0.30	0.10	0.72	0.08	0.04	0.05	0.04	0.08	0.03	
0.25	0.20	0.78	0.06	0.03	0.05	0.02	0.05	0.02	
0.20	0.28	0.75	0.06	0.02	0.02		0.02		
0.15	0.39	0.73	0.04		0.02		0.02		
0.10	0.46	0.70	0.03				0.02		
0.05	0.57	0.70	0.02						
0.00	0.90	0.67							

表 6.2　高中生对时间修饰词的赋值结果

分点	很久以前	过去	刚才	此刻	现在	即将	不久	将来	遥远的未来
1.00								0.63	0.97
0.95							0.03	0.66	0.53
0.90						0.04	0.06	0.67	0.38
0.85				0.01	0.04	0.08	0.05	0.72	0.25
0.80			0.02	0.02	0.05	0.06	0.10	0.73	0.18
0.75			0.02	0.02	0.04	0.09	0.21	0.74	0.11
0.70			0.02	0.02	0.03	0.11	0.31	0.64	0.03
0.65			0.01	0.01	0.02	0.16	0.49	0.57	0.03
0.60			0.01	0.04	0.09	0.33	0.61	0.52	0.02
0.55		0.02	0.04	0.19	0.30	0.55	0.49	0.45	0.02
0.50		0.20	0.30	0.68	0.77	0.27	0.28	0.24	
0.45	0.01	0.54	0.68	0.13	0.23	0.04	0.15	0.03	
0.40	0.02	0.61	0.28	0.07	0.10	0.04	0.11	0.02	
0.35	0.02	0.67	0.19	0.04	0.04	0.01	0.10		
0.30	0.03	0.69	0.11	0.02	0.03	0.02	0.06		
0.25	0.15	0.79	0.07	0.02	0.01	0.01	0.04		
0.20	0.20	0.77	0.04	0.01	0.01		0.01		
0.15	0.32	0.76	0.01	0.01			0.01		
0.10	0.47	0.71	0.01						
0.05	0.58	0.71	0.01						
0.00	0.90	0.61							

表 6.1 和表 6.2 资料表明：①从隶属频率最大值所对应的分点来看，"此刻"、"现在"位于论域 $X=[0，1]$ 的中点上；"遥远的未来"和"很久以前"分别位于 X 的两个端点 1 和 0 上；"将来"和"过去"分别位于 0.75 和 0.25 上；"即将"和"刚才"分别位于 0.55 和 0.45 上；从这三对词的隶属度来看，它们都在论域 X 的中点两边呈较好的对称性。②对于每个词论域 $X1$ 的每个元素 Xi（$i=1，2，\cdots，21$）通过映射，在连续闭区间 $[0，1]$ 上都对应于一个唯一确定的值，而不是取集合 $\{0，1\}$ 中的值，这正反映了人们对这九个词的词义理解的模糊性，说明了它们都是模糊概念，所以这九个词是论域 X 上的模糊集合 $A^{(1)}$（$1=1，2，\cdots，9$）。

表 6.1 和表 6.2 所得的赋值结果仅是各分点对各词的隶属度，不便于使用，我们采用了两种不同的方法得到最后的赋值结果 X_k 和 a，总称为九个时间修饰词的量表值。

根据公式（2）、（3）、（4）计算，九个时间修饰词的量表值、盲度、模糊度见表6.3。

表 6.3 时间修饰词的量表值、盲度、模糊度

		很久以前	过去	刚才	此刻	现在	即将	不久	将来	遥远的未来
大学生	X_k	0.00	0.26	0.45	0.50	0.50	0.55	0.55	0.75	1.00
	a	0.05	0.21	0.43	0.48	0.49	0.55	0.56	0.79	0.96
	$\overline{m}$	0.10	0.306	0.038	0.004	0.05	0.052	0.104	0.310	0.088
	$d_E(\underset{\sim}{A})$	0.368	0.462	0.257	0.184	0.262	0.281	0.419	0.485	0.315
高中生	X_k	0.00	0.25	0.45	0.50	0.50	0.55	0.60	0.75	1.00
	a	0.09	0.23	0.48	0.50	0.51	0.58	0.59	0.79	0.95
	$\overline{m}$	0.094	0.30	0.05	0.017	0.038	0.05	0.104	0.290	0.08
	$d_E(\underset{\sim}{A})$	0.330	0.452	0.250	0.177	0.206	0.291	0.418	0.513	0.301

由表6.3看出：①按最大隶属度原则1和由公式（2）两种方法所确定的同一个词在区间 $[0，1]$ 上的位置 X_k 和 a，其差异都很小。就其对点估计值 a 的把握度而言，以"此刻"的把握度最大，"现在"和"刚才"的把握度大于"即将"和"不久"的把握度。从把握度的大小来看，基本上是以"此刻"为中心，两边呈对称。总的看来，盲度值都很小，因此，取 a 作为赋值结果是有效的。②表6.3资料表明，"此刻"的模糊度最小，"将来"和"过去"的模糊度最大，"不久"的模糊度较大；对大学生而言，模糊度由小到大的排列顺序为："此刻"、"刚才"、"现在"、"即将"、"遥远的未来"、"很久以前"、"不久"、"过去"和"将来"。对高中生来说，模糊度由小到大的排列顺序为："此刻"、"现在"、"刚才"、"即将"、"遥远的未来"、"很久以前"、"不久"、"过去"和"将来"。③表6.3资料还表明，把握度与模糊度呈负相关。④根据表6.1和表6.2所列的九个词的排列顺序，计算相邻两个词之间的距离，公式为[1]

$$M(\underset{\sim}{A},\underset{\sim}{B}) = \left[\sum_{i=1}^{n}(\underset{\sim}{A}(X_i) - \underset{\sim}{B}(X_i))^2\right]^{\frac{1}{2}} \tag{5}$$

由表6.4数据表明，它们在心理量表上的距离是不等的。

---

① 区奕勤等. 模糊数学原理及其应用. 四川：成都电讯工程学院出版社，1988：98~99.

表 6.4　时间修饰词之间的距离

	大学生	高中生
很久以前—过去	1.444	1.617
过去—刚才	1.921	1.917
刚才—此刻	0.667	0.741
此刻—现在	0.467	0.191
现在—即将	0.621	0.665
即将—不久	0.447	0.536
不久—将来	1.874	1.567
将来—遥远的未来	1.583	1.514

三、讨论

　　词的意义就是我们对这个词所具有的知识。人类处理数据最杰出的特征之一是处理不完整格式数据的能力。从我们给定的九个时间修饰词来看，人们对它们的理解都是模糊的。由于各人的知识经验不同，人们对它们的赋值范围不尽相同，但又有共同的理解。这九个时间修饰词以"此刻"、"现在"为中点所表现出来的对称性，正是反映了人们对时间定向的一个基本特征。

　　从表 6.3 模糊度的排序上来看，仅在"现在"和"刚才"这两个时间修饰词上大学生和高中生恰好相反。对大学生来说，"现在"比"刚才"模糊度大，而对高中生来说，"刚才"比"现在"模糊度大。从词的模糊度来看，显然大学生对这两个时间修饰词的理解是正确的，而高中生的理解是欠妥的。因为，"刚才"是指刚过去不久的时间。而"现在"正如《现代汉语词典》所下的定义："这个时候，指说话的时候，有时包括说话前后或长或短的一段时间"①，它比"刚才"更模糊。由此可以推论被试的年龄特征对时间修饰词的理解是有影响的。

　　当我们说到"过去"和"将来"等词时，头脑里总是要区分出一个"现在"。这种区分可能是有意识的也可能是无意识的。我们生活中的某一个时间（例如，早晨 7 时，今天上午，这个星期，这个月）作为"现在"，作为认知"过去"和"将来"的参照点。与这个"现在"（或"此刻"）相关联，人们头脑里都有一个由记忆和知识构成的"过去"的表征，也都有一个"将来"的表征。表 6.1 和表 6.2 的材料表明：绝大多数被试对"此刻"、"现在"的赋值集中在 0.5，但也不尽然如此，极少数被试对"此刻"、"现在"的赋值甚至是很小（如 0.15、

---

　　① 中国社会科学院语言研究所词典编辑室编. 现代汉语词典. 北京：商务印书馆，1983：1251.

0.20、0.30）或很大的（如 0.9、0.85、0.80）。由于这些被试对"现在"和"此刻"的赋值取偏向于论域 $[0，1]$ 中的两个极端，所以，像"很久以前"、"遥远的未来"等修饰词在 0.5 以上或 0.5 以下赋值还有一定的频率。这说明人们对时间词义赋值，在选取参照点和以该参照点所建构起的对"过去"、"将来"、"刚才"、"不久"、"很久以前"和"遥远的未来"的心理表征上既有较大的共同性，也有一定的差异性。至于时间词义心理表征的特点，我们将另文进行探讨。

词义赋值要求被试在给定的实数闭区间上明确划分区间，它有合理性也有不合理性。其合理性已有研究作了阐释[1]，我们的研究也证明这种做法是合理的。其不合理性可能表现在由于我们取的是闭区间，像"很久以前"、"遥远的未来"一类词，赋值的范围受到了限制。表 6.3 中的"很久以前"和"遥远的未来"的 X_k 值分别在区间的两个端点上，这说明它们的模糊性尚未得到充分的显示。关于这一类词如何赋值更为合理，仍有待于进一步研究。

本研究取了 21 个分点将连续的无限论域转化为离散的有限论域。从表 6.3 的量表值看，"很久以前"、"过去"、"刚才"、"将来"和"遥远的未来"等时间修饰词具有较好的区分度。但是"现在"和"此刻"的赋值是相同的，这可能反映了人们对这对词在时间坐标上的位置是相同的，也可能是我们所取的分点还不够多所致。至于"不久"和"即将"的赋值，大学生和高中生的结果略有差异（对"即将"的赋值两者均为 0.55，对"不久"的赋值大学生为 0.55，高中生为 0.60），但主要是相同的，即对这两个词的赋值都倾向于"将来"一侧。

其实，"不久"一词，在汉语中既可以表示"不久的将来"，也可以表示"过去不久"。例如说"厂房不久就能完工"或"插完秧不久就下雨了"。对"不久"的赋值既可以倾向于"将来"一侧，也可以倾向于"过去"一侧。然而，在我们的实验中，从表 6.1 和表 6.2 的隶属频率可以看出，绝大多数被试把"不久"理解为"不久的将来"，仅有极少数被试把"不久"理解为"过去不久"，因而得出了对"不久"的赋值倾向于"将来"一侧。这里的难题是，如果我们运用公式（2），得到的 a 值只能是一个，赋值也只能是一个；如果按最大隶属度原则，有可能出现两个赋值并且可能一个倾向于"将来"一侧，另一个倾向于"过去"一侧，不过这种情况几乎是罕见的。这说明用上述两种方法要想对"不久"一词得到两个赋值是很不可能的。因此，本研究的结果对"不久"一词的赋值可能是不够全面的。至于用什么方法才能全面反映像"不久"这类时间修饰词的赋值，仍有待于我们进一步的探讨。这里需要指出的是，本研究

① 马谋超. 词义赋值的模糊统计分析. 心理学报，1990, 22(1): 51~56.

得出的"不久"的词义赋值特征，看来也不像是由于被试对呈现材料的反应定势所致。因为在本试验中，九个时间修饰词随机地形成两种排列方式呈现给被试，在这两种试验用纸上都很难看出会造成倾向于"将来"一侧的反应定势。因此，"不久"一词的赋值特征也可能反映了我们中国人对该词的心理表征的一个特点。

四、结论

（1）模糊统计试验结果表明，给定的九个时间修饰词都是模糊概念，其中"此刻"的模糊度最小，"将来"和"过去"的模糊度最大，"不久"的模糊度较大。对大学生来说，模糊度由小到大的排列顺序为"此刻"、"刚才"、"现在"、"即将"、"遥远的未来"、"很久以前"、"不久"、"过去"和"将来"。对高中生来说，模糊度由小到大的排列顺序为"此刻"、"现在"、"刚才"、"即将"、"遥远的未来"、"很久以前"、"不久"、"过去"和"将来"。词义的模糊度与评量的把握度呈负相关。

（2）给定的九个时间修饰词在心理量表上的距离是不等的。

合作者：孙承惠；原文载于：心理学报，1991，23（3）：243~249.

未来时间的心理结构

　　把时间观念置于重要位置，这是现代文明的一个重要特征。在现代科学中，时间已成为许多学科共同研究的一个课题。在心理学中对时间的研究可以追溯至 19 世纪 20 年代对人差方程式的测量。但是，在 20 世纪 60 年代以前心理学家对人类经验中的时间现象的研究，仅限于经典的时间心理学问题，如对时距的知觉、估计、复制以及无差别点经验等问题的研究。1970 年以来，由于 Block[①] 和 Michon[②] 卓有成效的研究，时间心理学领域中出现了大量的崭新的实验心理学研究文献。这些研究虽然仍试图回答许多经典性的问题，但侧重点却发生了根本性的变化。时间不再被简单地看作是一种从输入到输出的同一的、不变的参数，而是被看成需要进行加工的重要信息。当前用信息加工观点对时间认知的研究，主要集中在对现在时间和过去时间的研究[③~⑥]，而对未来时间的实证研究则相当少见[⑦]。

　　物理时间是一元的，从无限的过去经现在向无限的未来延续。从时距长短来看，距今 500 年前与 500 年后在物理时间上是相等的。但心理时间的延续性却不等同于物理时间的延续性，尽管在一定的时间范围内两者可能是等质的，但超过一定范围便看出其间的异质性。"一日三秋"、"度日如年"、"浮生若梦"、"十年弹指一挥间"等谚语便说明了它们之间的异质性。过去时间的一部分我们曾经历过，未来时间是我们没有经历过的。人类对未来时间的认知结构具有哪些特点呢？本研究拟用日常生活中表示未来时间的修饰词为工具，

---

　　① Block, R. A. Memory and the experience of duration in retrospect. Memory & Cognition, 1974, 2(1): 153~160.

　　② Michon, J. A. Time experience and memory processes. In: J. T. Fraser, N. Lawrenca, The study of time II. New York: Springer-Verlag, 1975: 302~313.

　　③ Fraisse, P. Perception and estimation of time. Annual Review of Psychology, 1984, 35: 1~36.

　　④ Poynter, W. D. Judging the duration of time intervals: A process of remembering segments of experience. In: I. Levin, D. Zakay. Time and human cognition: A life-span perspective. New York: Elsevier Science Publishing Company, 1989: 305~331.

　　⑤ Jackson, J. L. A cognitive approach to temporal information processing. In: R. A. Block. Cognitive models of psychological time. NJ: Lawrence Erlbaum Associates, 1990: 153~180.

　　⑥ Friedman, W. J. Memory for the time of past events. Psychological Bulletin, 1993, 113(1): 44~66.

　　⑦ Nuttin, J. Future time perspective and motivation: Theory and research method. NJ: Leuver University Press, Lawrence Erlbaum Associates, 1985: 69~100.

对未来时间的心理结构进行初步的探讨。

一、研究方法

（一）时间修饰词的收集

从《现代汉语词典》（中国社会科学院语言研究所词典编辑室编，商务印书馆，1983年）和《词林》（张聿忠主编，工人出版社，1986年）中选取表示未来时间的修饰词。选词的标准是：①所选的修饰词是日常生活中广泛使用的，而不是特定专业领域中使用的词（如佛教中的"永劫"）或方言（如"拔白"、"傍晌"等）和口语（如"下半晌"、"来年"等）；②所选的修饰词是不定时间词，而不是固定时间词（如"明天"、"即日"、"整年"等）。根据这两条标准，最后通过三位专家的评定，共选出39个修饰词（表6.5）。

（二）问卷

为了消除顺序效应，39个未来时间修饰词随机地排列成两张问卷表。问卷包含下列两项内容：①未来时间长度赋值：要求被试用秒、分、小时、日、星期、月、年七个时间单位对39个未来时间修饰词进行赋值。即要求他们根据自己的感觉判断哪些时间修饰词应该与哪种时间单位相对应，并用其中的一种时间单位给每个时间修饰词写出一定的数值并注明其时间单位。②未来时间模糊统计方法赋值：向被试呈现从0~100的直线数轴，要求他们参考数轴，根据每个未来时间修饰词的时间属性，从0~100中挑选出一个适当的数值范围或一个数来表明其意义。赋值的规则是：①该词表示的时间越指向未来，选取越大的数字；反之，越指向现在，选取越小的数字。②该词的时间词义越含混，给出的数值范围应越宽；反之，该词的时间词义是明确的、毫不含混的，就可以用［0，100］中的一个数来表示。③选择出来的数值范围或一个数必须限于给定的区间［0，100］。

（三）被试

重庆大学、西南政法学院、西南师范大学的二、三年级学生共220人，其中男生131人、女生89人。

（四）实施程序

集体分发问卷。主试讲解指导语后，让被试按照规定的要求，将答案填入空格内。被试完成整个问卷约40min。在做问卷前，告知被试完成此项工作后将给予适当的报酬，希望被试认真地加以完成。

二、结果与分析

（一）时间长度赋值的结果和分析

220 名被试用秒、分、小时、日、星期、月、年七个时间单位对未来时间修饰词所表示的时间长度进行赋值所使用的时间单位、频数和众数列入表 6.5 的 A 栏。从表 6.5 的 A 栏可以看出：①虽然被试对修饰词以个时间单位进行赋值不完全相同，但总的趋势是，在日常所用的未来时间修饰词中表征时间长度的单位是相当一致的。从众数值来看，39 个时间修饰词中以年为单位计时的词最多（13 个），其次是日（9 个），再其次是秒（5 个）、分（5 个）、小时（4 个）和月（3 个），只有极少数被试对某些修饰词是以星期为单位来赋值的。②虽然被试使用某种时间单位计量未来时间有个体差异，但他们在用秒、分、时、日、月、年六种时间单位在心理计时上所表示的时间长度却都具有相对独立的范围。

表 6.5　未来时间修饰词赋值的时间单位、频数、众数（A）以及量表值和模糊度（B）

编号	修饰词	A 单位	A 频数	A 众数	B X_K	B $d_E(\underline{A})$	编号	修饰词	A 单位	A 频数	A 众数	B X_K	B $d_E(\underline{A})$
1	瞬间	s	216	1s	0.03	0.132	20	他日	d mo yr	100 37 71	1d	0.31	0.252
2	刹那	s	200	1s	0.03	0.104	21	异日	d yr	156 32	1d	0.35	0.221
3	寸阴	s min	139 60	1s	0.05	0.164	22	最近	d wk	146 40	3d	0.32	0.398
4	立即	s min	108 102	1s	0.01	0.163	23	近来	d wk mo	123 49 38	3d	0.38	0.375
5	立刻	s min	138 65	1s	0.02	0.203	24	迟早	d mo yr	52 82 50	1mo	0.41	0.481
6	马上	s min	35 151	1min	0.07	0.230	25	短期	d wk mo	58 40 100	1mo	0.40	0.251
7	及时	s min h	38 116 36	1min	0.12	0.281	26	近期	d wk mo	49 48 101	1mo	0.33	0.294
8	随后	s min h	56 90 38	5min	0.15	0.395	27	往后	d mo yr	40 56 115	1yr	0.54	0.452

序号	修饰词	单位	众数	修饰词	X_k	d_E
9	一会儿	min h s	172 31 61	5min	0.06	0.242
10	在即	min d	94 37	10min	0.08	0.310
11	不久	min h d	35 65 46	1h	0.33	0.416
12	傍晚	h	211	2h	0.27	0.270
13	晚间	h	200	3h	0.26	0.235
14	晚上	h	214	12h	0.28	0.210
15	尔后	min h d	47 43 61	1d	0.34	0.309
16	即将	min h d	32 36 80	1d	0.35	0.320
17	旦夕	min h d	36 74 111	1d	0.34	0.496
18	即日	h d	46 169	1d	0.30	0.122
19	日后	d mo yr	83 40 79	1d	0.42	0.306

序号	修饰词	单位	众数	修饰词	X_k	d_E
28	后来	d mo yr	60 42 90	1yr	0.55	0.570
29	以后	d mo yr	46 54 94	10yr	0.59	0.340
30	今后	d mo yr	34 31 129	10yr	0.63	0.582
31	未来	d mo yr	31 37 149	10yr	0.72	0.590
32	将来	d mo yr	32 35 150	10yr	0.75	0.483
33	常年	yr	185	10yr	0.74	0.220
34	长期	yr	182	10yr	0.77	0.438
35	晚世	yr	212	20yr	0.78	0.453
36	永世	yr	211	100yr	0.83	0.310
37	永远	yr	214	100yr	0.86	0.630
38	恒久	yr	216	100yr	0.96	0.511
39	千秋万代	yr	220	1000yr	0.99	0.420

（二）模糊统计试验赋值的结果和分析

根据模糊统计试验的赋值结果，用计算机统计程序，算出各修饰词隶属度最大值所对应的分点 X_k 和模糊集合的欧几里得模糊度 $d_E(\underline{A})$，其结果列入表6.5的 B 栏。从表6.5的 B 栏可以看出：①时间单位量表值，即由众数所对应的 X_k 值，由短的时间单位到长的时间单位，其量表值基本上是由小到大按顺序排列的。②从直观上看，各时间单位的量表值之间的距离是不等距的；与其他时间单位量表值的间距相比较，秒与分之间的间距、日与月之间的间距，都很接近。这表明，在日常用语中，秒与分、日与月是不大区别地使用的，即它们之间的心理距离较近。③从 $d_E(\underline{A})$ 值来看，距现在越近的修饰词，其模糊度越小；距现在越远的修饰词，其模糊度越大。

三、讨论

（一）时间修饰词与时间单位的对应关系

本研究要求被试以秒、分、小时、日、星期、月和年七种时间单位对 39 个时间修饰词进行赋值，在所得结果中我们没有把赋值的时间单位按物理时间进行换算，而是统计被试用哪一种时间单位对修饰词进行赋值的频数和众数。这样做的理由是：①心理时间与物理时间并不是等同的。如果将心理时间与物理时间等值加以计算，一味追求同一单位时间量的严密性，就会丧失用某种时间单位进行赋值的心理意义。这显然是不足取的。②已有的研究[①]表明，日常生活中的时间修饰词都是模糊概念。日常生活中人们的心理时间多数情况下不是以严格数量化的时间量来使用的。例如，假定以秒为单位，1 分钟是 60 秒，1 小时是 3600 秒，1 年是 3153.6 万秒，日常生活中人们使用的时间修饰词以某种时间单位来衡量时显然不是这样来计算的。③时间修饰词虽然是模糊的，但它们所表示的时间却大致都有一定的范围。例如，说"一会儿"，大约不会超过几个小时，说"永世"也不会指一年半载的。这说明时间修饰词与一定的时间单位有对应关系，并且有大致的范围。从表 6.5 的 A 栏可以看出，时间修饰词与时间单位的对应关系有些比较明确，有些则较模糊。其中比较明确的有：秒与"瞬间"、"刹那"，分与"一会儿"、"马上"，小时与"不久"、"傍晚"，日与"异日"、"旦夕"，月与"短期"、"近期"，年与"往后"、"后来"、"今后"等相对应。为了检验这一结论，我们在大学一年级学生（42 人）中进行了未来时间长度赋值的重测。结果表明，两次测试得到的未来时间修饰词赋值的时间单位的频率，除了"及时"、"随后"、"即将"、"迟早"、"近期"五个词的赋值单位有一些差异外，其余 34 个时间修饰词的赋值单位十分接近。再一次证明，时间修饰词与一定的时间单位有对应关系。人们在使用某个时间修饰词时，总是自觉或不自觉地以某种时间单位来衡量的。

（二）未来时间的分段问题

人类对于物理时间的利用是以自己确定的时间单位，根据不同的用途而加以分段的[②]。人们对于未来时间的思考和筹划也是以自己所确定的时间单位来加以分段的。这明显地反映在 39 个时间修饰词在心理量表值上距离的不同。从表 6.5 的 B 栏的量表值可以看出，以秒和分为单位衡量的十个时间修饰词在心理量表值上是十分接近的，这种未来时间可以称为"较近的未来"。以秒和分为单位的"较近的未来"在心理量表值上十分接近，很明显地反映在人们的

① 黄希庭，孙承惠. 时间词义赋值特征的分析. 心理学报，1991，23(3): 243~249.
② G. J. 威特罗著，文荆江译. 时间的本质. 北京：科学出版社，1982：45~66.

日常生活语言中。例如，成语"分秒必争"、"争分夺秒"、"五分钟热度"等都表明，秒和分表达的是较近的未来时间，在心理距离上十分接近。从表6.5的 B 栏还可以看出，以小时、日和月为单位计时的 16 个时间修饰词的心理量表值相当接近，这种未来时间可以称为"近的未来"。日和月两种时间单位在心理量表值上的接近，有许多成语为佐证。例如，"日积月累"、"日就月将"、"日新月异"、"日削月梭"、"日月如梭"等，都表明在日常用语中，日和月在心理距离上是很接近的。至于"小时"与"日"、"月"这两个时间单位在心理距离上的接近，这在我国的成语中尚未找到解释。关于这个问题，我们将留待以后继续研究。以年为单位表达的未来时间修饰词在心理量表值上也相当接近。这种未来时间属于"远的未来"。许多日常用语，如"十年树木，百年树人"、"百年大计"、"百年不遇"、"千载难逢"、"亿万斯年"等，都是以年为单位表达"远的未来"。人类的心理活动主要是用言语来表达的。从日常使用的成语来看，根据本研究结果所测得的心理量表值的不同，把人们未来的心理时间划分为三个时间段，即以秒和分为计时单位的"较近的未来"，以小时、日和月为计时单位的"近的未来"，以及以年为计时单位的"远的未来"，看来是有根据的，可信的。

（三）未来心理时间的模型

从表6.5的 B 栏大致可以看出，离现在越近的时间修饰词的词义模糊度 $[d_E (\underline{A})]$ 越小，而离现在越远的时间修饰词的词义模糊度则较大。已有的研究[1]表明，词义的模糊度与评量的把握度呈负相关；也就是说，对离现在越近的时间修饰词的评量的把握度越大，对离现在越远的时间修饰词的评量的把握度越小。

以上分析的是大多数被试对未来时间修饰词赋值结果的一般趋向，但被试间也有相当大的个别差异。人们的未来时间是受许多因素制约的。*Fraisse*[2]指出，未来的表征依赖于过去，一个人的过去越丰富，在他面前展现的未来也越广阔。*Nuttin*[3]认为，对于过去和未来的具体表征，我们的时间透视取决于许多心理社会因素，其中年龄、文化、成败经验具有决定性的重要作用。*Friedman* 的研究[4]指出，文化、人格和心理疾病等因素对未来时间透视有深刻的影响。

---

[1] 黄希庭，孙承惠. 时间词义赋值特征的分析. 心理学报，1991，23(3): 243~249.

[2] *Fraisse, P. Cognition of time in human activity. In: G. d' Ydewalle, W. Lens. Cognition in motivation and learning. NJ: Lawrence Erlbaum Associates, 1981: 253.*

[3] *Nuttin, J. Future time perspective and motivation: Theory and research method. NJ: Leuver University Press, Lawrence Erlbaum Associates, 1985: 69~100.*

[4] *Friedman, W. J. About time: Inventing the fourth dimension. Cambridge: The MIT Press, 1990: 113~120.*

此外，我们的研究[①]表明，未来时间展望与人们的人生观、价值观有密切的联系。这些因素都可能导致人们的未来心理时间的个体差异和团体差异，并在赋值中表现出来。

根据上述，我尝试提出一个未来时间的心理结构的模型（图6.1）。图6.1中下面大的框图表示未来时间透视，其中横轴表示从现在指向未来的各种量度时间的单位（即时间量尺）。时间透视同一定的时间单位相对应：以秒和分为单位度量的未来时间是"较近的未来"，以小时、日和月为单位度量的是"近的未来"，以年为单位度量的是"远的未来"。虚线表示的是未来时间透视的模糊度，随着从现在越指向未来，其心理时间的模糊度也越来越大。未来的心理时间又是受人们的年龄、过去经验、人格特征、动机、价值观和心理疾病等因素的制约，图6.1中上面的小长方框表示制约未来时间透视的诸因素。图6.1仅根据本研究结果及前人的一些研究结果描述了人们未来时间心理结构的大致情况。该模型中的一些细节尚待进一步的研究。

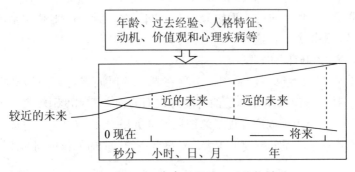

图 6.1　未来时间的心理结构模型

四、小结

本研究结果表明：

（1）选用的39个不定的未来时间修饰词与秒、分、小时、日、月、年有一定的对应关系。

（2）未来的心理时间分为三个时间段，即以秒和分为计时单位的"较近的未来"，以小时、日、月为计时单位的"近的未来"，以及以年为计时单位的"远的未来"。

（3）离现在越近的未来时间修饰词，词义模糊度越小，评量的把握度越大；

---

① 黄希庭，张进辅，李红. 当代中国青年价值观与教育. 成都：四川教育出版社，1994：430~457.

而离现在越远的未来时间修饰词，词义模糊度越大，评量的把握度越小。

根据未来时间修饰词词义赋值的结果，作者提出了一个未来时间的心理结构模型。

致谢：感谢刘访华、王敏、王建协助调查研究，李强、徐光国协助数据处理。

原文载于：心理学报，1994，26（2）：124~127.

过去时间的心理结构

心理时间由时序、时距和时间透视等多种成分构成。时序是指事件出现的顺序、位置和间隔，也就是个人所知觉到的事件的相继性和顺序性。时距是指时间的长短，即每一事件的持续时间。汉语中"时间"的"间"，其义为持续性被分成各个片断，有计量的含义。事件的持续时间是个人在编码和/或回忆时觉知到的。时间透视是指个人对过去、现在和未来时间的经验和观念。这里所讲的经验和观念也包括个人对过去、现在和未来的情感、态度和预期。心理时间不同于物理时间。它不完全是认知性的。人们头脑里的心理时间总是受其情感、需要、价值观、性格、知识经验等因素的影响。

每一种文化中的时间修饰词都沉积着该种文化下人们的心理时间。我们的研究[1][2]已经表明，通过对修饰词的赋值来探索人们时间经验的特点是相当有成效的。例如，汉语的未来时间修饰词与秒、分、小时、日、月、年有一定的对应关系。未来的心理时间分为三个时间段，即以秒和分为计时单位的"较近的未来"，以小时、日和月为计时单位的"近的未来"，以及以年为计时单位的"远的未来"。那么，可否用过去时间修饰词来探讨人们过去时间的心理结构？人们的过去时间的心理结构是否与未来时间的心理结构有相类似的特点呢？本研究的目的是用计时单位和模糊统计试验方法对汉语的过去时间修饰词作经验赋值，来探讨我国大学生过去时间心理结构的特点。

一、研究方法

（一）材料

从《现代汉语词典》（中国社科院语言研究所词典编辑室编，商务印书馆，1983年）和《词林》（张圭忠主编，工人出版社，1986年）中选取表示过去时间的修饰词。选词的标准是：①所选的修饰词是日常生活中广泛使用的，而非特定专业领域中使用的词或方言和口语；②所选的修饰词是不定时间词而非固定的时间词。根据这两条标准，最后通过三位专家的评定，共选出40个修

---

① 黄希庭，孙承惠. 时间词义赋值特征的分析. 心理学报，1991，23(3): 243~249.
② 黄希庭. 未来时间的心理结构. 心理学报，1994，26(2): 121~126.

饰词（表6.6）。

（二）问卷

为了消除顺序效应，40个过去时间修饰词随机地排列成两种问卷。两种问卷都包含以下两项内容：①过去时间长度赋值：要求被试用秒、分、小时、日、星期、月、年七个时间单位对40个过去时间修饰词进行赋值。即要求被试根据自己的经验对表中列出的时间修饰词应该与哪种时间单位相对应作出判断，并用该时间单位对每个时间修饰词写出一定的数值和注明其时间单位。②过去时间模糊统计方法赋值：向被试呈现从0~100的直线数轴，要求他们参照数轴，根据自己对每个过去时间修饰词的时间属性的理解从0~100中挑选出一个适当的数值范围或一个数来表明其意义。赋值的规则是：①该词所表示的时间越指向过去，选取越大的数字；反之，越指向现在，选取越小的数字。②该词的时间词义越含混，给出的数值范围应越宽；反之，该词的时间词义是明确的，就可用数轴上的一个数来表示。③选取出来的数值范围或一个数必须是给定的区间［0，100］。

（三）被试

408名一、二、三、四年级大学生，男218人，女190人；文科236人，理科172人。

（四）实施程序

以班为单位集体发放问卷。主试讲解指导语后，要求被试按规定将答案认真填入空格内。被试完成问卷的时间约为40min。在答卷前，告知被试完成问卷后将得到一定的报酬。

二、结果与分析

（一）时间长度赋值的结果与分析

表6.6的 A 栏表示的是被试用秒、分、小时、日、星期、月、年七个时间单位对过去时间修饰词赋值所使用的时间单位及其长度的频数和众数。其结果显示：①被试使用某个时间单位对各修饰词的赋值结果是不大相同的，与我们日常生活中所使用的过去时间修饰词所表示的时间长度单位的基本倾向是相当一致的。从频数上看，对前面的22个时间修饰词主要是以秒、分、日、月这几个时间单位进行赋值的。从众数值来看，40个时间修饰词中以年为单位进行赋值的词最多（18个），其次是日（9个），再其次是秒（5个）、小时（3个）、月（3个）、分（2个）。②被试用何种时间单位对过去时间修饰词进行赋值有相当大的一致性，但也有个别差异。其中对瞬间、刹那、往年、近年、过去、早年、由来已久、现代、近代、从前、很久以前、亘古等的赋值具有相

当高的一致性，而对之前、近来、往常等的赋值则相当不一致。总的来看，被试对一些过去时间修饰词用秒、分、小时、日、月、年进行赋值具有相当高的一致性；而用星期为时间单位对某个时间修饰词赋值的却相当少。

（二）模糊统计试验值的结果与分析

以模糊统计试验的赋值结果，求出各时间修饰词隶属度的最大值，所对应的分点 X_K 和模糊集合的欧几里得模糊度 $d_E(\underline{A})$，此项结果列入表 6.6 的 B 栏。从此项结果可以看出：①时间单位量表值，即由众数所对应的 X_K 值是时间单位的增函数，也就是说随着时间单位由小到大，其量表 X_K 也基本上是按从小到大的顺序排列。这表明，X_K 越小，时间修饰词所表示的时间距现在越近。②从直观上看，虽然各时间单位的量表值之间不等距，但仍然可以看出，秒与分比较接近，日与月比较接近，它们之间似乎是不加区别地使用的。③从 $d_E(\underline{A})$ 值看来，距现在越近的时间修饰词，模糊度越小，距现在越远的时间修饰词，模糊度越大；时间修饰词蕴含的时间范围较宽，与其对应的 $d_E(\underline{A})$ 值也较大。

三、讨论

（一）过去与未来心理时间的对称性问题

本研究要求被试用秒、分、小时、日、星期、月和年七个时间单位对 40 个过去时间修饰词赋值的结果，如表 6.6 的 A 栏所示，相当多的过去时间修饰词与某个时间单位有明确的对应关系。绝大多数被试对"瞬间"、"刹那"、"瞬时"、"寸阴"是以秒来度量的；对"一会儿"、"刚才"是以分来度量的；对"目前"、"前夕"、"新近"、"早期"、"往日"是以天来度量的；而对"往年"、"近年"、"过去"、"从来"、"早年"、"由来已久"、"现代"、"近代"、"从前"、"很久以前"、"亘古"则是以年来度量的。再从表 6.6 的 B 栏的量表值可以看出，以秒、分为度量单位的七个时间修饰词在心理量表上的距离十分接近，它们在过去时间的心理结构中可称为"较近的过去"；以小时、天、月为度量单位的 15 个时间修饰词在心理量表上的距离看来也比较接近，它们可称为"近的过去"；而以年为单位的 18 个时间修饰词也相当接近，它们可称为"远的过去"。这一结果与我们对未来时间心理结构的分段是完全相对称的。

表 6.6 过去时间修饰值单位、频数（A）以及量表值和模糊度（B）

编号	修饰词	单位	频数	众数	X_k	$d_E(\underline{A})$	编号	修饰词	单位	频数	众数	X_k	$d_E(\underline{A})$
1	瞬间	s	408	1s	0.00	0.253	20	近期	d wk mo	77 69 213	1mo	0.22	0.376
2	寸阴	s min	354 51	1s	0.01	0.261	21	初期	d mo yr	89 124 132	1mo	0.28	0.375
3	瞬时	s min	322 74	1s	0.00	0.272	22	往常	d mo yr	102 149 115	3mo	0.28	0.416
4	刹那	s	408	1s	0.02	0.281	23	至今	d yr	87 282	1yr	0.34	0.580
5	眼前	s min d	139 117 123	1s	0.05	0.180	24	以前	d mo yr	85 81 212	2yr	0.35	0.518
6	刚才	min h	275 92	5 min	0.05	0.321	25	往年	yr	371	3yr	0.38	0.489
7	一会儿	min h	289 78	10 min	0.05	0.321	26	近年	yr d	389 89	3yr	0.37	0.452
8	伊始	min h	140 214	1h	0.16	0.342	27	原先	d mo yr	89 91 191	3yr	0.40	0.474
9	不久	min h d	98 162 120	1h	0.13	0.307	28	先前	d mo yr	89 87 181	5yr	0.41	0.474
10	最近	h d wk	159 124 89	2h	0.18	0.396	29	后期	mo yr	105 274	10yr	0.42	0.439
11	前夕	h d	126 258	1d	0.15	0.383	30	过去	yr	359	10yr	0.22	0.495
12	之前	h d mo	121 158 121	1d	0.15	0.368	31	前期	mo yr	172 192	10yr	0.45	0.493
13	事先	h d	172 192	1d	0.16	0.353	32	以往	mo yr	111 261	10yr	0.40	0.503
14	目前	d mo	222 145	1d	0.18	0.388	33	从来	yr	384	10yr	0.44	0.504
15	平时	d mo yr	148 129 111	1d	0.11	0.392	34	早年	yr	388	10yr	0.45	0.423
16	新近	d wk mo	220 106 81	2d	0.18	0.340	35	由来已久	yr	385	10yr	0.50	0.646
17	近来	d wk mo	131 122 111	5d	0.12	0.407	36	现代	yr	379	50yr	0.47	0.456
18	早期	d mo	245 133	10d	0.10	0.407	37	近代	yr	388	100yr	0.15	0.492
19	往日	d mo yr	240 73 60	10d	0.10	0.340	38	从前	yr	378	100yr	0.52	0.519
							39	很久以前	yr	390	100yr	0.80	0.524
							40	亘古	yr	404	1000yr	1.00	0.538

为什么过去的心理时间与未来的心理时间是对称性的？①这可能是心理上的未来时间总是以过去经验为基础而建构的。正如 *Michon*[①] 所说，过去总是作为未来的一种可能性而出现，而所发生的事件总是期待着为某种现实可能性的未来。②也可能是我们中国人的一种心理特点。众所周知，中国人的时间观念是在循环中进行度量的。例如，天干（甲、乙、丙、丁、戊、己、庚、辛、壬、癸）和地支（子、丑、寅、卯、辰、巳、午、未、申、酉、戌、亥）合称为干支。以十干同十二支循环相配，可成为甲子、乙丑、丙寅……六十组，称为"六十花甲子"，用来表示年、月、日和时的次序，周而复始，循环使用。至今我国夏历的年和日仍用干支量度，循环使用。这种文化的历史沉积可能使人们在使用时间修饰词时反映出来：未来是与过去相对称而循环的。

（二）很少用星期对时间修饰词赋值的问题

在本次研究中只有少数被试对"最近"、"新近"、"近来"、"近期"四个过去时间修饰词采用以"星期"即周为单位赋值。在我们上一次的研究[②]中也只有少数被试对"最近"、"短期"、"近期"、"近来"四个未来时间修饰词以"星期"为单位进行赋值，同样都没有达到众数的水平。我们的大学生被试的学习活动是以星期安排的，而他们对时间修饰词的赋值却很少用星期为单位，这是为什么呢？对于这个问题，似乎也只能从我国传统文化的时间经验中可以得到理解。在我国的传统文化中计算时间顺序和长短，除了上述的"六十花甲子"外，还有一年的 24 个节气、一昼夜的 12 个时辰，而"星期"则是从国外传入的。心理时间肯定受时间经验者的特征的影响。时间经验者的一些重要特征如种族、人格特征、兴趣、时间观念和先前的经验等对心理时间会产生深刻的影响[③]。而这些重要特征是不能不受传统文化影响的。这种潜在的影响，可能使我们的大学生被试很少用星期为单位对时间修饰词赋值。

我们推想，如果其他民族（例如犹太人）对他们所使用的时间修饰词进行赋值，其时间单位可能较多地使用星期。因为犹太教十分重视安息日。正如 *Gardet*[④] 所说："假如你在沙漠或极地迷了路，与其他犹太人失去了联系，假如你忘记今天是一周的哪一天，那么你所需要做的一切就是为自己择定第一日，尔后数到第七日，那将是你的安息日。"在这种传统文化的影响下，以安息日、安息年来度量心理时间，估计是相当普遍的。如果在这方面进行跨文化研究，

---

① *Michon, J. A. Representing time. In: F. Macar, V. Pouthas, W. J. Friedman. Time, action and cognition: Towards bridging the gap. Dordrecht: Kluwer Academic Publishers, 1997: 303~308.*
② 黄希庭. 未来时间的心理结构. 心理学报, 1994, 26(2): 121~126.
③ *Block, R. A. Models of psychological time. In: R. A. Block. Cognitive models of psychological time. NJ: Lawrence Erlbaum Associates, 1990: 10~36.*
④ *Gardet, L.* 等著. 郑乐平, 胡建平译. 文化与时间. 杭州: 浙江人民出版社, 1988: 215.

将会加深我们对心理时间性质的认识。

（三）对时间透视的研究问题

时间透视影响着人们看待时间的方式以及与过去、现在、未来有关的问题。本研究通过对时间修饰词赋值探讨过去时间的心理结构，其实也就是对人们时间透视的研究。本研究得出的两项结论：①过去心理时间与未来心理时间分段的对称性；②离现在越近的过去时间修饰词，词义模糊度越小，评量的把握度越大。而离现在越远的过去的时间修饰词，词义模糊度越大，评量的把握度越小。这与人们的时间透视是一致的。对时间透视的研究表明，人们倾向于把时间看成是从过去、经过现在到将来的连续体，但现代物理学不需要有从过去、到现在和将来的时间经过的概念[①]。这也可以说，间接地证明了本研究结果的可信性。

时间透视是时间心理学的一个重要研究课题。由于它所含的成分的复杂性以及研究手段上的局限性，这一研究领域一直进展不大[②~④]。时间透视的心理结构至少包含认知和情感两种成分，并且受文化因素的制约[⑤]。而以往对时间透视的研究主要是采用问卷法考察其认知性成分。本研究用七个时间单位和模糊统计试验方法对40个过去时间修饰词作经验赋值，虽然仍然考察透视的认知成分，但从方法上来说，是一种创新，并且更能揭示时间经验的模糊性。

四、结论

本研究结果表明：

（1）过去时间和未来时间在心理结构上是对称的，分为三个心理时间段，即以秒和分为计时单位的"较近的过去"和"较近的未来"，以小时、日和月为计时单位的"近的过去"和"近的未来"，和以年为计时单位的"远的过去"和"远的未来"。

（2）随着时间修饰词的词义离现在由近至远，其词义的模糊度趋于变大，而评量的把握度则变小。

（3）很少有被试以星期为计时单位对时间修饰词进行赋值。

合作者：孙承惠、胡维芳；原文载于：心理科学，1998，21（1）：1~4,16.

① *Fraser, J. T. Time: The familiar stranger. Amberst MA: University of Massachusetts Press*, 1987.

② *Melges, F. T. Identity and temporal perspective. In: R. A. Block. Cognitive models of psychological time. NJ: Lawrence Erlbaum Associates*, 1990: 255~266.

③ *Fingerman, K., Perlmutter, M. Future time perspective and life events across adulthood. The Journal of General Psychology*, 1995, 122(1): 95~111.

④ *Rappaport, H., Enrich, K., Wilson, A. Relation between ego identity and temporal perspective. Journal of Personality and Social Psychology*, 1985, 48: 1609~1620.

⑤ *Block, R. A., Saggau, J. L., Nickol, L. H. Temporal inventory on meaning and experience: A structure of time. Imagination, Cognition and Personality*, 1983~1984, 3(3): 203~225.

时间心理学的若干研究

一、儿童时间认知发展研究

儿童时间认知的发展依存于许多条件。黄希庭、张增杰[1]曾对 5~8 岁儿童的时间知觉做过一项实验研究。以先后按两次秒表的响声之间的时间作为呈现时距（3s、5s、15s、30s）。实验情境分有或无节拍器提供时间标尺两种。每次呈现时距后要求被试使用同样的方法再现时距。实验后向被试询问：用什么方法感知和再现时距？节拍器对确定时距是否有帮助？是怎么利用的？利用节拍器确定时距是否比没有节拍器要准确些？结果表明，5 岁儿童不会使用时间标尺，时间知觉极不准确、极不稳定；6 岁儿童一般不会使用时间标尺，再现长时间不确定、不稳定，基本上与 5 岁儿童相似；7 岁儿童开始使用时间标尺，但大多数使用外部时间标尺，只有极少数人有时使用内部时间标尺；8 岁儿童大多能主动使用时间标尺，时间知觉准确度和稳定性有开始接近成人的倾向；儿童的时间知觉有显著的个别差异。黄希庭、杨宗义、刘中华[2]的一项研究中，改变自变量中的时间、空间距离和速度三者的关系以考察 5~9 岁儿童时间认知的特点。此项研究有两个实验。在实验一中，主试用尼龙线牵引两辆纸制的红、绿小汽车在两个行车道上作直线行驶。行车道的起点和终点设有木制的小车站，以便于儿童识别。向儿童呈现四个课题：课题 1 和课题 2 两车同时开出，驶过 4m 的路程，课题 1 两车历时 20s 同时到站；课题 2 红车行驶 10s 到站，绿车行驶 20s 到站；课题 3 和课题 4 绿车在始发站、红车在行车道中点同时开出，课题 3 红车以 10s 行驶 2m 到站，绿车以 20s 行驶到站；课题 4 红车的速度比绿车慢，两车行驶 20s 一起到站。每个课题演示后向儿童询问：这两个小汽车是否走得一样快，或哪个走得快些？它们是否同时到达，或哪一个先到站？接着向儿童提出假定的时间估计问题：假如红车从那个车站走到这个车站花了一分钟（一小时、一天），那么绿车从那个车站走到这个车站要花多长时间？假定红车从那个车站开到这个车站刚好是吃午饭的时候，那么绿车开到这个车站是什么时候？在实验二中，主试只牵引一辆红色的小汽车，从一个车站行驶到另

---

① 黄希庭，张增杰. 5 至 8 岁儿童时间知觉的实验研究. 心理学报，1979，12(2): 166~174.
② 黄希庭，杨宗义，刘中华. 5 至 9 岁儿童时间观念发展的实验研究. 西南师范大学学报（自然科学版），1980，1: 67~76.

一个车站，以此时间作为呈现时距。呈现时距有两种：车子行驶 4m 或 2m 历时 20s，行驶 4m 或 2m 历时 10s。要求被试以"预备起！""到！"这两个口令再现所感知到的视觉，而不牵动小汽车行驶。主试用秒表记下被试的再现时距。结果表明，5 岁儿童基本上不会用"一分钟"、"一小时"、"一天"等时间概念作假定的时间估计，仅有少数儿童（占总人次的 40%）能正确使用"吃午饭时"作假定的时间估计；多数 6 岁儿童（占总人次的 66%~86%）已能正确使用"吃午饭时"和"一天"这些时间概念作假定的时间估计；7 岁儿童大多（占总人次的 70% 以上）能正确使用"一分钟"、"一小时"、"一天"、"吃午饭时"等时间概念作假定的时间估计。5 岁儿童往往分不清事件的空间和时间关系，用小车行驶路程长短来估计时间，Kappa 效应最大，随着年龄的增长，儿童的 Kappa 效应逐渐减少，到 8~9 岁时 60%~75% 的儿童都能主动地使用时间标尺，已能把小车行驶的空间距离与时间关系区分开来，再现时距的准确度显著提高。儿童再现时距的 Kappa 效应与其能主动使用时间标尺密切相关。

周榕、黄希庭[1]用故事句子完成法，考查了小学一年级至初一七个年级组儿童（各组平均年龄为 7.3 岁、8.3 岁、9.4 岁、10.3 岁、11.3 岁、12.2 岁、13.1 岁）时间隐喻表征能力的发展以及使用不同概念隐喻来喻指时间的先后次序。此项研究根据对成人被试研究得出的 11 个时间概念隐喻，即"时间是空间"，"时间是有价物"，"时间是状态"，"时间是易逝物"，"时间是效应"，"时间是改变者"，"时间是检验者"，"时间是动体"，"时间是媒介"，"时间是人"，"时间是主宰—被主宰"，编写了 11 个有关时间的通俗易懂的小故事。一个故事体现一个概念隐喻，但故事最后一个句子不完整，要求被试根据故事内容说出一个他们自己认为最恰当的词来完成该故事，如："小明学校非常努力，他总是抓紧一切时间认真学习，因为他知道时间非常宝贵，就像……一样。"结果发现，儿童时间隐喻能力随年龄的增长而提高，但小学一二年级儿童还不具备用别的语义域概念来隐喻性地表征时间的能力，小学三年级是基本形成时间隐喻表征能力的转折时期，到六年级这种能力趋于成熟；儿童时间隐喻表征能力的发展无性别差异；"空间"和"人"两种范畴是儿童最早用来喻指时间的隐喻。

二、时间认知分段综合模型探讨

人类是怎么认知时距的？心理学家曾提出过三个认知模型：存储容量模型、加工时间模型和变化/分割模型。黄希庭[2]在一篇文献综述中曾用前人

① 周榕，黄希庭. 时间隐喻表征的跨文化研究. 心理科学，2000，23(2)：141~145.
② 黄希庭. 时距信息加工的认知研究. 西南师范大学学报（自然科学版），1993，18(2)：207~215.

的实验材料分析过它们的预测效应和尚需进一步探讨的问题。存储容量模型（storage size model，简称 SS 模型）认为，人们估计时距与存储的信息量或复杂度呈正相关；但也有研究发现时距估计长短与所获得的信息数量或复杂度呈负相关。加工时间模型（processing-time model，简称 PT 模型）认为，人类信息加工中存在着一个认知计时器，专门负责加工和编码时间信息，还存在着一个刺激加工器，专门负责对刺激进行加工和编码；注意分配于这两个加工器之间，如果对事件信息投入的注意资源较多，那么注意资源投入于认知计时器的较少，因而对时距的估计就较短，反之，时距估计便较长。变化／分割模型（change/segmentation model，简称 CS 模型）认为，对时距的认知是以心理变化为依据的，时距估计就是把心理上所经历的变化分割为可记忆的片段，然后再根据所分割出的变化段数的多少来估计时距。人类对时间的认知，其时距的幅度是很悬殊的：从毫秒、分、小时、日、月、年直至数十年。上述三个模型是否适合于解释人类经历的所有时距？个人的心理时间是否具有分段性？其认知特点是否有差异？基于此，我们[1~3]用 39 个未来时间修饰词和 40 个过去时间修饰词（这些都是日常生活常用的，不是专业用词、方言和口语，不是固定时间词，而是不定时间词），要求大学生被试用秒、分、小时、日、星期、月、年七个时间单位对这些时间修饰词进行赋值，并向被试呈现从 0~100 的数轴，要求他们参考数轴及对每个时间修饰词时间属性加以理解的基础上进行模糊统计赋值。结果发现，心理时间具有分段性；不同的心理时间，其认知有不同的特点。这两项研究结果表明，过去时间和未来时间在心理结构上是对称的，分为三个心理时间段，即以秒和分为计时单位的"较近的过去"和"较近的未来"，以小时、日、月为计时单位的"近的过去"和"近的未来"，以及以年为计时单位的"远的过去"和"远的未来"。随着时间修饰词词义离现在由近至远，其词义的模糊度趋于变大，评量的把握度变小。很少有被试以星期为计时单位对时间修饰词进行赋值的。

虽然 CS 模型实际上是 SS 模型和 PT 模型的综合，较之于 SS 模型或 PT 模型具有较高的预测效度，但是人类对时间的认知并不是 CS 模型都能理解的。例如我们的研究发现，活动的性质和量会影响对短时距的认知[4]，刺激物的面积大小会影响短时距知觉[5]，短时距认知既有自动加工又有控制加工[6]，不同

---

① 黄希庭，孙承惠．时间词义赋值特征的分析．心理学报，1991，23(3): 243~249.
② 黄希庭．未来时间的心理结构．心理学报，1994，26(2): 121~126.
③ 黄希庭，孙承惠，胡维芳．过去时间的心理结构．心理科学，1998，21(1): 1~4,16.
④ 黄希庭，张庆林，张小真．活动对短时距知觉影响的初步研究．心理学杂志，1987，3: 26~29.
⑤ 张蜀林，黄希庭．短时距知觉中的面积效应．心理科学，1995，18(1): 6~9.
⑥ 郭召良，黄希庭．短时距加工方式实验研究．西南师范大学学报（自然科学版），1997，22(3): 330~334.

感觉道的时间信息输入会影响时距认知[①②]；加工方式和提取机制不同会影响时距认知[③④]，甚至时间连续知觉的阈限也受刺激的性质、通道的个数、判断标准等多种因素的影响[⑤]。基于上述研究，黄希庭、徐光国[⑥⑦]设计了四个实验对变化／分割模型进行了系统的检验：实验一控制目标时距和该时距内的填充数字系列，操纵数字系列的分割段数；实验二控制目标时距内的填充数字间距和个数，操纵目标时距及其中填充数字系列的分割段数；实验三控制目标时距和该时距内的填充数字系列的分割段数和段的持续时间，操纵段内的项目数；实验四控制目标时距和该时距内的填充数字系列的分割段数以及段内的项目数，操纵段的持续时间，要求被试用再现法和参数估计法分别复制目标时距，并进行立即估计和延迟估计。结果表明，变化／分割模型具有较高的预测效度。但也有不足之处，主要是因为人类对时间的认知受多种因素的影响。因此，我们提出了时间认知的分段综合模型。所谓时间认知的分段综合模型是指人类对时间的认知具有分段性，不同时距具有不同的表征，个体无论对哪一种时距的认知均受多种因素，例如事件的数量与结构、通道性质和特点、时序和时点的性质、注意资源、编码方式、分段和提取策略、实验指标，以及个体的时间信念、情绪、疾病等的影响。综合上述诸种因素才能对时间认知做出科学的解释。我们的一些研究已对该模型做出了论证[⑧~⑩]。

三、时间维度上的人格差异

时间倾向于所有的人，给每个人以相同的机会；但每个人的时间紧迫感是不同的。*Friedman*和*Rosenman*[⑪]的临床观察发现，易患冠心病者的*A*型人格与*B*型人格在时间紧迫感上有很大的差异。*A*型人格者对于较长目标时距（40*s*和60*s*），无论及时再现、剥夺使用内部时间标尺再现或口头言语估计都显著地短于*B*型人格者；对于短时距（3*s*和16*s*），在剥夺使用内部时间标尺和口

① 胡湘明，黄希庭. 短时距知觉的视听通道效应的初步研究. 心理科学，1992，15(1): 6~10.

② 黄希庭，郑云. 时间判断的视听通道效应的实验研究. 心理学报，1993，25(3): 225~231.

③ *Huang, X. T., Xie, H. L. Characteristic of short time duration detection. In: S. Wang. Proceedings of the second Afro-Asian Psychological Congress, Beijing: Peking University Press. 1993: 64~69.*

④ 黄希庭，邓铸. 分时距认知特点的研究. 心理科学，1997，20(3): 193~196.

⑤ 柳学智. 多种因素对时间连续阈限的影响. 心理学报，1993，26(4): 226~231.

⑥ 黄希庭，徐光国. 对变化／分割模型的检验 (I). 心理学报，1997，29(3): 326~334.

⑦ 黄希庭，徐光国. 对变化／分割模型的检验 (II). 心理学报，1999，31(2): 135~141.

⑧ 王振勇，黄希庭. 时点、时距和时序信息加工之间的相关研究. 心理科学，1999，22(5): 398~402.

⑨ 王振勇，李宏翰. 时间记忆层次网络模型的实验检验. 心理学报，1999，31(4): 383~389.

⑩ *Huang, W. Reasoning about conventional time as a function of conventional time systems. Memory & Cognition, 1999, 27(6): 1080~1086.*

⑪ *Friedman, M., Rosenman, R. Type A behavior and your heart. New York: Knopf, 1974.*

头言语估计的条件下，*A* 型人格者再现和估计均显著短于 *B* 型人格者[①]。黄希庭、张增杰[②]对 5~8 岁儿童时间知觉的研究发现，有的儿童不论对哪一种时距（$3s$、$5s$、$15s$、$30s$）的再现绝大多数均作提前反应；而另一些儿童恰好相反，不论对哪种时距绝大多数均作错后反应。这些个别差异提示，人们在时间认知上可能存在着气质差异。

时间维度上的人格差异不仅表现在时间紧迫感上，还表现在时间态度、价值观和监控管理上。时间是一种重要的资源，它具有不变性、无存贮性和无替代性，但却可以对其进行有效的管理和使用。黄希庭、张志杰[③]参照国外文献并结合我国的社会文化背景编制出一份具有较高信度和效度的青少年时间管理倾向量表，该量表由三个分量表（时间价值感量表、时间监控观量表和时间效能感量表）构成。时间价值感由社会取向和个人取向两个维度构成；时间监控观由设置目标、计划、优先级、时间分配和反馈性五个维度构成；时间效能感由时间管理效能和时间管理行为效能两个维度构成。该量表的理论构想已得到一些研究的证实[④⑤]。

时间管理倾向于人生处境有着密切的相关。可以想见，高分时间管理倾向者看起来总是悠闲自得但业绩却出类拔萃，而低分时间管理倾向者总是忙忙碌碌但业绩较少；高分时间管理倾向者不仅学习期间成绩优秀，而且在工作岗位上职务晋升也远早于低分时间管理倾向者；高分时间管理倾向者的工资、奖金领先于低分时间管理倾向者；高分时间管理倾向者有时间关心孩子的成长和家人的情感需求、家庭圆满；低分时间管理倾向者无暇顾及孩子的成长，易导致家庭不和，甚至家庭破裂；高分时间管理倾向者的生活丰富多彩、社交范围广；低分时间管理倾向者的生活单调乏味，甚至连最基本的社会关系网都难以建立起来。只要我们留心观察周围的人们，处处都可以看到，成功的人生大多是有效时间管理者。从日常观察到实证研究，我们将以更多的证据来论证时间维度上的人格差异。

原文载于：中国心理学会编. 当代中国心理学，北京：人民教育出版社，2001：19~23.

① 梅传强. *A* 型和 *B* 型行为类型大学生的时间认知特点的实验研究. 心理科学，1991，13(4): 52~53.
② 黄希庭，张增杰. 5 至 8 岁儿童时间知觉的实验研究. 心理学报，1979，12(2): 166~174.
③ 黄希庭，张志杰. 青少年时间管理倾向量表的编制. 心理学报，2001，33(4): 338~343.
④ 黄希庭，郑涌. 时间透视的自我整合：I. 心理结构方式的投射测验. 心理学报，2000，32(1): 30~35.
⑤ 郑涌，黄希庭. 时间透视的自我整合：II. 心理功能机制的实验研究. 心理学报，2000，32(1): 36~39.

时间认知分段综合模型的探讨

一、国外心理学家已有的研究

时间和空间是运动着的物质存在的基本形式。任何物质的运动过程表现为或前或后的相继顺序性和或长或短的持续性。对时间的认知，是人们进行各种活动的一个重要依据，一个社会越发达，时间观念就越被重视。时间早已成为许多学科的共同研究对象。

物理时间是一元的，但心理时间的延续性却不等同于物理时间的延续性，超过一定范围便看出其间的异质性。因此，自 19 世纪 20 年代对人差方程式进行测量以来，心理学家始终关注着对时间的研究。而现代认知心理学家则认为，时间不仅是一种因变量，而且也是一种自变量。在人类的信息加工系统中，时间是需要对其进行加工的重要信息。人类对时间的认知包括对时距、时序和时点的认知。其中，时序指人们能将两个或两个以上的事件知觉为不同的并且按顺序组织起来。时距指界于两个相继事件之间间隔时间的长短。人们能够对时距长短做出判断和估计，但又不完全等同于物理时距。同样长的物理时距，人有时会觉得长一些，有时又会觉得短一些。那么，人类是怎样估计（判断）时距的呢？对于这个问题的解释，有两种观点：一种是生物学的观点，如生物钟理论；另一种是信息加工的理论，即认知的观点。用认知观点探讨人类如何形成时距估计，心理学家已提出了三种模型：存储容量模型、加工时间模型和变化／分割模型。

存储容量模型认为，对持续时间的估计取决于记忆中存储事件的数量，同样长的物理时距，个体所存储的信息越多，对时距的估计就越长；反之，时距估计就越短。除了被估计时距内觉察到的信息量以外，影响时距估计的因素还有信息的复杂度，被试对填充刺激信息复杂的时距的估计长于填充刺激简单的时距的估计。上述观点得到了许多研究结果的支持，然而也有反对此模型的研究结果。有美国心理学家的研究表明，再现时距的长短与时距内事件的数量并不完全一致。对于短时距（小于 2.4s）再现时距是事件数的增函数（与上述模型相同），但是当时间上升至 16s 时，再现时距与事件数呈 "U" 形函数关系，少于两个事件的时距有时被判断为长于更多填充事件的时距。

加工时间模型认为，人类大脑的信息加工系统中存在两个不同的加工器，即认知计时器和刺激加工器。前者专门负责加工和编码时间信息，后者专门负责对刺激信息进行加工和编码，注意在它们之间进行分配。认知计时器得到的注意资源越多，时距估计就越长；反之越短。有限的注意资源对刺激加工器和认知计时器的投入成反比关系，随着刺激数的增加，注意对计时器的分配就越少，从而导致时距估计更短。另外，随着对时距内刺激信息加工深度的增加，估计的时距也在缩小。该模型最初用于解释短时距（小于100ms）时间认知，现在被推广到更长的时距，也暴露出一些问题。由于该模型强调注意资源的有限性，强调注意对加工器的分配，所以加工时间模型也被称为注意模型。

变化/分割模型认为，时间知觉就是知觉变化，时间估计就是把心理上所经历的变化分割为可记忆的片段，然后再根据判断段数来判断时距的长短。在被估计的时距内，认知背景的变化数量同其后的时距估计成正相关。时距估计并不受被估计时距内的信息量的决定，而是受时间经验的分割程度的决定。影响分割水平的因素有：①知觉到的事件数；②事件的可分离性；③事件的可记忆性（储存、提取、被组块的难易度）。这些因素都可能引起事件经验分割的变化，从而影响时距的判断。该模型不强调单一计时机制或时距估计方法，因而能够很好地解释存储容量模型和加工时间模型无法解释的实验结果，具有较高的预测效度，但它尚不能回答某些关键性的问题。

此外，国外的心理学家也就时序的认知提出了若干模型。这些研究的依据和重点各不相同，都能解释一些情况，但彼此之间争议较大。黄希庭和郑涌已对这方面的研究成果做过综述[1][2]，此处不再赘述。

综上所述，这些研究都是各自为政的，需要有一个综合的模型来对时距、时序和时点进行统一的解释。更重要的是，人类对时间的认知，其时距的幅度是很悬殊的：从毫秒、秒、分、小时、日、月、直至数十年。然而上述三个模型都是就短时距的认知而开展研究的。例如，*Ornstein* 最初提出存储容量模型时只研究了 1*min* 左右的时距；*Block* 和 *Poynter* 所研究的时距虽然有所延长，但仍未超过 4*min*。但这些模型都试图以自己的结果来解释人类经历的所有时距，这显然是不适合的。值得注意的是 *Burt* 曾经力图突破这一局限性，要求被试追溯估计实际时距范围为 3~550 天，以进一步支持存储容量模型，但其研究结果与该模型的预期是相矛盾的[3]。如此跨度应该是具有分段性的，是已有的理论所不能解释的。人对不同时段的认知特点是应当有差异的。

① 黄希庭. 时距信息加工的认知研究. 西南师范大学学报（自然科学版），1993，18(2): 207~216.

② 黄希庭，郑涌. 时间记忆的理论与实验范型. 心理科学，1995，18(4): 201~205.

③ *Burt, C. D. B. The effect of actual event duration and event memory on the reconstruction of duration information. Applied Cognitive Psychology*, 1993, 7(1): 63~73.

二、中国心理学家的早期研究

黄希庭从事件数和事件组织结构、刺激复杂度、对非时间信息的加工深度三个方面来对国外时间认知三个模型的预测效度进行了进一步的综合考察。其研究结果表明，这三个模型都能解释不少实验结果，都分别对理解人类时距观念的形成做出了自己特殊的贡献。相比而言，变化/分割模型的预测效度比存储容量模型和加工时间模型要高一些。但变化/分割模型仍然是不够完善的，它没有解释什么是时间信息的表征，人类是如何对时距信息进行编码的以及遵循什么原则进行加工的。

为了建立一个综合的时间认知模型，中国心理学家很早就开展了广泛的研究，取得了一系列的成果。

首先是在短时距的认知方面开展了研究。黄希庭、张庆林和张小真[1]研究了在短时记忆的操作时间内，活动对时间认知的影响。结果表明，再现时距是随着活动量的增多而增长的，其平均值与呈现时距呈线性相关；但其数值均小于呈现时距，出现时间知觉的低估。另外，当主体做外部活动时，在短时距知觉中仍可出现 Kappa 效应。胡湘明和黄希庭[2]考察了短时距知觉的视听通道效应及有关影响因素。结果表明：①在等时距比较实验中听道正误差判断率显著高于视道正误差判断率；通道间的这种差异是间隔时距的函数；②在全部再现法实验中听道的再现时距长于视道，听道再现时距的精确度低于视道；③在部分再现法实验中听道的再现时距短于视道，听道再现时距的精确度高于视道；④在视听同时呈现一种时距的条件下均有听道优势效应表现，但也受实验方法的影响。

此外，柳学智[3]发现，时间连续知觉的阈限也受刺激的性质、通道的个数、判断标准等多种因素的影响。张蜀林和黄希庭[4]发现，刺激物的面积大小会影响短时距知觉。郭召良和黄希庭[5]发现，短时距认知既有自动加工，又有控制加工。黄希庭和邓铸[6]发现，加工方式和提取机制不同会影响时距认知。总而言之，短时距的认知受到多种因素的影响。

为了进一步开展长时距认知的研究，黄希庭和孙承惠[7]用模糊统计实验方

① 黄希庭，张庆林，张小真. 活动对短时距知觉影响的初步研究. 心理学杂志，1987，3: 26~29.
② 胡湘明，黄希庭. 短时距知觉的视听通道效应的初步研究. 心理科学，1992，1: 6~10.
③ 柳学智. 多种因素对时间连续阈限的影响. 心理学报，1993，26(3): 226~231.
④ 张蜀林，黄希庭. 时距知觉中的面积效应. 心理科学，1995，18(1): 6~9.
⑤ 郭召良，黄希庭. 短时距加工方式实验研究. 西南师范大学学报（自然科学版），1997，22(3): 330~334.
⑥ 黄希庭，邓铸. 分时距认知特点的研究. 心理科学，1997，20(3): 193~196.
⑦ 黄希庭，孙承惠. 时间词义赋值特征的分析. 心理学报，1991，24(3): 243~248.

法对九个表达不同时段的时间修饰词做了经验赋值工作。结果表明，虽然给定的九个时间修饰词都是模糊概念，但它们在心理量表上的距离是不相等的：离现在越近的未来时间修饰词，词义模糊度越小，评量的把握度越大；而离现在越远的未来时间修饰词，词义模糊度越大，评量的把握度越小。词义的模糊度与评量的把握度呈负相关。例如"此刻"的模糊度最小，"将来"和"过去"的模糊度最大，"不久"的模糊度居中。这一研究的结果虽然只是探索性的，但意味着人对不同时间长度的认知是有分段性的，因而是很有启发意义的。在此基础上，黄希庭等人使用了更多的时间词汇来进行更加深入的探讨。

黄希庭[1]对大学生被试用秒、分、小时、日、星期、月和年七个时间单位和模糊统计试验方法对 39 个不定的未来时间修饰词作经验赋值的研究结果表明：这些不定的未来时间修饰词与秒、分、小时、日、月、年有一定的对应关系，因此，未来的心理时间大致可以分为三个心理时间段，即以秒和分为计时单位的"较近的未来"，以小时、日和月为计时单位的"近的未来"，以及以年为计时单位的"远的未来"。

黄希庭、孙承惠、胡维芳[2]则改用相似的方法对 40 个不定的过去时间修饰词作经验赋值，其研究结果表明：过去时间和未来时间在心理结构上是对称的，同样可以分为三个时间段，即以秒和分为计时单位的"较近的过去"，以小时、日和月为计时单位的"近的过去"，以及以年为计时单位的"远的过去"。此外还发现中国被试很少以星期为时间单位对时间修饰词进行赋值。

上述研究的结果充分表明，人类对于物理时间的利用是以自己确定的时间单位，根据不同的用途而加以分段的。人们对于未来时间的思考和筹划也是以自己所确定的时间单位来加以分段的。这明显地反映在上述时间修饰词在心理量表值上距离的不同。例如所有以秒和分为单位衡量的时间修饰词在心理量表值上就是十分接近的，而以小时、日和月为单位计时的时间修饰词的心理量表值相当接近，而以年为单位表达的未来时间修饰词在心理量表值上也相当接近。人类的心理活动主要是用言语来表达的。从日常使用的词语来看，根据该研究结果所测得的心理量表值的不同，把人们的心理时间分别划分为"较近的未来"或"较近的过去"、"近的未来"或"近的过去"和"远的未来"或"远的过去"三个时间段是存在的。

此外，该研究的结果还表明，许多心理社会因素，其中年龄、文化、成败经验、人格和心理疾病等因素具有决定性的重要作用。未来时间展望与人们的

---

[1] 黄希庭. 未来时间的心理结构. 心理学报，1994，26(2): 110~126.
[2] 黄希庭，孙承惠，胡维芳. 过去时间的心理结构. 心理科学，1998，21(1): 1~4.

人生观、价值观有密切的联系。这些个体差异和团体差异，也在时间语词的赋值中表现出来。

黄希庭和徐光国[1][2]进行了四个实验，对已有的模型，尤其是对预测效度最高的变化/分割模型，进行更加全面深入的检验。实验一控制目标时距和该时距内的填充数字系列，操纵数字系列的分割段数；实验二控制目标时距内的填充数字系列的间距，操纵目标时距及其中填充数字系列的分割段数；实验三控制目标时距及其中的填充数字系列的分割段数以及段的持续时间，操纵段内的项目数；实验四控制目标时距和该时距内填充数字系列的分割段数以及段内的项目数，操纵段的持续时间（段的时距），要求被试用再现法和参数估计法。分别复制目标时距，并进行立即估计和延迟估计。

人脑中的时间表征的研究是当代时间心理学的一个热点。是否承认有内部计时器的存在是上述各个模型争论的一个焦点。加工时间模型认为通过"注意"启动的认知计时器才能对时间信息进行加工，因此，任何对注意的干扰都将缩短时距的估计值。这一模型可称为"注意模型"。然而，存储容量模型和变化/分割模型则根本否认计时器的观念，甚至连"时间信息"的观念也不承认，认为时距估计只是一般信息加工的副产物。这两个模型可称为"记忆模型"。但黄希庭和徐光国的研究结果表明，在立即操作条件下数字回忆任务的正确率与时距估计的长短不呈正相关，而在延迟操作条件下两者却呈正相关；然而在立即操作条件下，被试分割出的变化事件数则与时距估计的长短呈正相关。换言之，时距的认知并不简单地受到单一的计时机制或时距估计方法的影响，记忆的数量、组织都可以决定时距认知，对事件的加工方式及注意的转移也可以影响时距认知。这说明时距判断都必须依据一个固定的可见的变化，即非时间维度才能作用。这一结果可以比较完整地解释上述各个模型的争论。

该研究的结果还表明，被试对时距的估计，受到目标时距内的段数、段的持续时间以及被试对时距的估计方法、不同的分段策略、分段的层次等多种因素的影响。

首先，分段的多少对时距估计所起的作用很大。但当时距被分割的段数相等、段的项目数相等时，段的持续时间影响立即条件下的时距估计，而对延迟时距估计没有影响。如果段数及段的持续时间都是相同的，段内的项目数并不影响对时距的估计。不同方法所得到的结果，也有差异。如再现法较能验证内部变化/分割效应，而参数估计法则比再现法更能验证外部的变化/分割效应。

①　黄希庭，徐光国. 对变化/分割模型的检验 (I). 心理学报，1997，29(3): 326~334.
②　黄希庭，徐光国. 对变化/分割模型的检验 (II). 心理学报，1999，31(2): 135~141.

这种差异是由于被试使用量度时间的分段策略不同所致：要求用再现法估计，被试大多直观地进行估计；而用参数估计法，被试对时间的估计，所用的是一种习俗的时间单位。再者，被试既可能选择高阶结构如组块的方式，也可能选择低阶结构如单个阿拉伯数字作为分段单位来对时距加以估计。

三、神经科学方面的探讨

来自神经心理学和脑成像的研究证实人类对不同时段的认知加工所涉及的脑区域是不同的。现有的研究表明基底神经节、小脑和前额叶与时间信息加工脑机制有关。但不同的脑区域可能涉及不同时段的信息加工。也就是来自大脑皮层的不同区域及其皮下结构可能涉及不同的时间信息加工机制[1][2]。小脑在时间信息加工中作用可能主要表现在感觉运动方面，但也有可能参与有关时间估计的记忆或决策过程[3][4]。基底神经节在时间信息加工中与短时距（几百毫秒）的计时活动有关，但有研究表明也参与几秒的计时加工[5]，因此基底神经节可能控制基本的时间编码机制。前额叶是一个结构复杂的区域，同时与颞叶、顶叶及其皮层下区域存在广泛的神经联系。前额叶在时间信息加工中机制可能主要与注意和工作记忆有关。但是由于时间判断作业中所要求注意和记忆的参与的程度不同（时距复制与产生作业，同步化作业），并不是所有的研究中都能观察到前额叶或顶叶等部位的激活。在要求 1s 以上的时间加工作业中，通常能够观察到前额叶和顶叶下部皮层被激活。额叶—顶叶和额叶—颞叶通路也有可能参与时间信息的加工，但这主要取决于时间信息加工的要求[6]。虽然对于像年、月等时间单位以及过去、现在、将来等时间概念记忆的脑机制目前还不清楚，但可能涉及更为广泛的脑皮层及其皮下结构[7]。

① *Block, R. A. Psychological time and memory systems of the brain. In: J. T. Fraser, M. P. Soulsby. Dimensions of time and life: The study of time VIII. Madison, CT: International Universities Press , 1996: 61~76.*

② *Meck, W. H. Neuropharmacology of timing and time perception. Cognitve Brain Research, 1996, 3: 237~242.*

③ *Gibbon, J., Malapaini, C., Dale, C. L., et al. Toward a neurology of temporal cognition: Advances and challenges. Current Opinion Neurobiology, 1997, 7(2): 170~184.*

④ *Mangels, J. A., Ivry, R. B., Shimizu, N. Dissociable contributions of the prefrontal and neocerebellar cortex to time perception. Cognitive Brain Research, 1998, 7(2): 15~39.*

⑤ *Riesen, J. M., Schnider, A. Time estimation in Parkinson's disease: Normal long duration estimation despite impaired short duration discrimination. Journal of Neurology, 2001, 248: 27~35.*

⑥ *Maquet, P., Lejeune, H., Pouthas, V., et al. Brain activation induced by estimation of duration: A PET study. Neuroimage, 1996, 3(2): 119~126.*

⑦ *Block, R. A. Psychological time and memory systems of the brain. In: J. T. Fraser, M. P. Soulsby. Dimensions of time and life: The study of time VIII. Madison, CT: International Universities Press , 1996: 61~76.*

四、分段综合模型的提出

黄希庭等人在上述研究的基础上，提出了一个建立时间认知模型的基本思想，即既要考虑人类对时间的认知具有分段性，对不同持续时间有不同的表征，同时还必须考虑到无论对哪一种时距的认知均受多种因素，例如事件的数量与结构、通道特点、时序和时点的性质、注意资源、编码方式、分段和提取策略、实验指标，以及个体的时间信念、情绪、疾病等的影响，这样才可以全面理解人类对时间的认知。黄希庭[①②]将这个模型称为"分段综合模型"（range-synthetic model）。该模型认为，个体对时间的认知取决于多种因素，主要有时间的长短、间隔、顺序、刺激出现的时点以及个体的认知因素和人格特征等。对于不同长度的时间，个体的认知策略也不同。通常个体对时间的认知总是将时序、时距和时点以及影响时间认知的诸因素综合起来加以考虑来认知时间的。该模型还认为，时序、时距和时点是同一时间经历的不可分割的三个属性，单独对某一属性的研究，虽然有利于深入探讨该属性的特点，但必然会忽略时间经历过程的完整性。应将这三个属性统一起来进行多维度的研究。因为不同的时间长度涉及不同的加工机制，而且其时间记忆表征的机制也不会完全相同[③~⑧]。分段综合模型是目前唯一把时序、时距和时点的信息综合起来加以研究的理论。虽然该模型还只是初步的，其主要研究在对变化／分割模型的检验的基础上针对时距的认知而开展的，但它指明了今后关于时间认知的进一步研究的方向。

五、今后的努力方向

由于人对时间的认知具有高度的复杂性，我们今后的研究必须走综合的方向，将已有的对时距认知的研究同对时序和时点认知的研究整合起来，力求对时间认知有一个全面的理解。我们将把成人个体的所记忆的持续时间分为极短时距、短时距、长时距和极长时距，探讨成人个体对这四种时距记忆的认知机制和脑机制，以实验结果来论证分段综合模型。此外，由于人对时间的认知的不确定性，我们一方面要继续进行定量的研究，另一方面还要进行定性的研究。

①④ 黄希庭，徐光国. 对变化／分割模型的检验 (II). 心理学报，1999，31(2): 135~141.

② 黄希庭. 时间心理学的若干研究. 见：中国心理学会 (编). 当代中国心理学. 北京：人民教育出版社，2001：19~23.

③ 黄希庭，徐光国. 对变化／分割模型的检验 (I). 心理学报，1997，29(3): 326~334.

⑤ Huang, W. Reasoning about conventional time as a function of conventional time systems. Memory & Cognition, 1999, 27(6): 1080~1086.

⑥ 王振勇，黄希庭. 顺序信息记忆的研究范型与加工机制. 心理学动态，1996，4(1): 30~35.

⑦ 王振勇，黄希庭. 时间信息加工机制及其通道效应的实验研究. 心理科学，1997，28(4): 345~351.

⑧ 李伯约，黄希庭. 周期性时间推理研究. 心理科学，2000，23(4): 479~481.

从研究取向上看，对时间的认知必须是多取向的。因此，除了进行实验的研究之外，利用神经心理学、神经病理学和脑成像的证据来证实分段综合模型，也是我们今后研究的一个重要手段。

合作者：李伯约、张志杰；原文载于：西南师范大学学报（人文社科版），2003，29（2）：5~9.

时间心理学的新探索

　　时间是物的存在方式，也是人的存在方式。时间是心理过程的存在方式，也是人格特征的存在方式。对心理现象的研究都会涉及时间问题。经过多年的努力，我们已经在时间心理学领域取得了一些成绩，但仍然有许多问题值得探讨。本文着重阐述了我们当前的主攻方向，即时间知觉与意识的关系、时间认知的脑机制问题、时间人格的研究。

一、时间知觉与意识

　　时间知觉即"知觉到的现在"（*perceived present*），和时间估计不同，它强调的是离散的心理事件只有在一定的时间限度内（其上限约为 3*s*）才能形成知觉上的整体[①]。*Pöppel* 认为这种时间知觉就是意识的限度，因为系列事件只有通过某种时间整合机制被整合成一个个单元或时间上的"格式塔"，才能成为主观的"现在"的内容[②]。*James* 很早就注意到这种主观的"现在"和意识之间的关系，他认为充斥着我们清醒生活中每个瞬间的"意识流"是多个对象和关系的复合，单个感觉汇聚在其中而常常难以区分[③]。迄今，尽管对于意识的本质虽仍是众说纷纭，但一种普遍的倾向是将意识定义为觉知或是选择性注意的"探照灯"[④][⑤]，后一种界定或比喻形象地表明了意识的加工容量和计时（*timing*）上的有限性，例如人在观察耐克立方体（*Necker cube*）等双关图形时，在一定时间间隔内注意或意识的内容会自动发生转换，表明人脑整合系列时间事件的能力有限，任一个意识的内容都只能保持至多 3*s*，且在这个时限内只能有一个意识内容存在[⑥]。可见，时间知觉本质上反映了意识的主要功能，即将大量复杂知觉和心理过程整合成单一连贯的整体。

　　关于意识的这种计时机制，现代认知神经科学关于时间绑定（*temporal binding*）的研究给出了部分解释。"绑定"问题的基本形式是在作为认知功能

　　① *Fraisse, P. Perception and estimation of time. Annual Review of Psychology*, 1984, 35: 1~36.
　　②④⑥ 恩斯特·波佩尔，李百涵，韩力译. 意识的限度——关于时间与意识的新见解. 北京：北京大学出版社，2000：35~47.
　　③⑤ *Kosslyn, S. M., Rosenberg, R. S. Psychology: The brain, the person, the world*（英文影印版）. 北京：北京大学出版社，2004：172~174.

基础的分布式神经系统中，信息如何被整合和达到连贯的表征状态[①-③]。例如视知觉过程牵涉到许多脑区的并行分布式加工，视觉对象同时激活了许多皮质区的特征检测单元，分别对物体的不同特征做出反应，这些并行神经反应如何被整合从而产生连贯的视觉觉知？一种解释是对同一物体做出反应的神经元可能会产生动作电位发放的时间同步化（*temporal synchronization*），研究者们在大量神经生理学证据的基础上提出了一个 γ 振荡（或 40 赫兹振荡）同步假设，即某种注意机制使得神经元的信号发放同步成 40 赫兹的振荡过程，从而在时间上将有关神经元绑定在一起，经成功绑定的物体才进入工作记忆从而实现意识的通达[④-⑦]。关于这种同步过程产生的神经机制，各种理论则略有不同，特别是关于丘脑皮质回路在同步振荡产生中的作用[⑧]。

尽管在中枢神经系统的各个水平上都发现了时间绑定所假设的同步化现象，但时间绑定和意识或觉知间的关系仍是研究者们争论的焦点。例如，*Crick* 曾指出意识产生于注意和工作记忆相结合的过程，而时间绑定是产生意识的必要条件[⑨]；*Engel* 等同步化假设的支持者起初认同这一点，但随后则做了退让[⑩⑪]。*Zeki* 等则认为视觉意识本质上是模块化的：初级视感觉由自主加工系统产生，称"微意识"（*microconsciousness*），大规模的神经一致性并非单个有意识感觉产生的必要条件，绑定未必需要同步化，但关于模块化的微意识如何"累积"成整体意识单元则不清楚[⑫]。

Libet 等较早用实验方法研究意识经验的计时机制，他用脉冲电直接刺激大脑皮层体感区使被试产生感觉。其观点主要是：首先，意识的产生对应着一个长约 500*ms* 的神经激活时间（潜伏期）。其次，为了解释意识经验的这种时滞和人对外部感觉世界的实时体验（即被试报告刺激发生与刺激作用同时）间的矛盾，他提出一个时间回退或时间倒置（*backward referral in time*）假设，并得到大量实验证据。感觉体验存在时滞，则可能有意识心理功能是无意识发动的，

①④ *Crick, F., Koch, C. Towards a neurobiological theory of consciousness. Seminars in the Neurosciences*, 1990, 2: 263~275.

②⑤ *Singer, W., Gray, C. M. Visual feature integration and the temporal correlation hypothesis. Annual Review of Neuroscience*, 1995, 18: 555~586.

③⑥ *Treisman, A. The binding problem. Current Opinion in Neurobiology*, 1996, (6): 171~178.

⑦⑧ *Revonsuo, A., Newman, J. Binding and consciousness. Consciousness and Cognition*, 1999, (8): 123~127.

⑨ 弗兰西斯·克里克，汪云九等译. 惊人的假说：灵魂的科学探索. 长沙：湖南科学技术出版社，1998.

⑩ *Engel, A. K., Roelfsema, P. R., Fries, P., et al. Role of the temporal domain for response selection and perceptual binding. Cerebral Cortex*, 1997, 7(6): 571~582.

⑪ *Engel, A. K. Time and conscious visual processing. In: H. Helfrich. Time and mind II: Information processing perspectives. Cambridge, MA: Hogrefe & Huber Publishers*, 2003:141~159.

⑫ *Zeki, S., Bartels, A. Towards a theory of visual consciousness. Consciousness and Cognition*, 1999, 8: 225~259.

只有当神经活动持续足够长时间才会被意识到。第三，发现同时性自主运动的无意识激活以及动作意向的意识经验仅出现在其对应的皮质激活之后350*ms*；由此他认为尽管自主动作被无意识激活，但动作意向可能在其动作完成前就被有意识地否决了。这可能意味着"就对动作意向的意识早已产生而言，意识控制功能可以独立于先前发动的无意识皮质过程"[1][2]。这些结论常被认为同心理和神经状态的同一性假设相矛盾，是对"自由意志"的否定，引起了广泛的争论。

　　Davies 曾说：只有当理解了时间的本质，我们才能理解心灵的奥秘[3]。心理学家和哲学家关于时间和意识间关系的探索已经历了一个多世纪。随着意识问题重新成为科学研究的关注点，从计时和时间整合角度探讨意识的特点和功能无疑和回答意识在何处产生、如何产生同等重要。在这方面，时间知觉的研究将为之提供崭新的研究视角。

二、时间认知的脑机制

　　虽然到目前为止我们既不清楚感受时间信息的特定感受器官，也不清楚加工时间信息的脑机制，但是现代神经心理学的研究以及脑成像技术的发展为我们揭示时间信息加工的神经机制提供了有效的手段。

　　神经心理学的研究主要是通过对脑损伤或脑疾病患者在认知实验中的结果来推知时间信息加工的脑机制。例如，*Mangles* 等[4]通过对前额叶和新小脑皮层损伤病人的实验表明，新小脑损伤病人在400*ms* 和4*s* 的时间辨别作业中受到损伤，而前额叶损伤病人的损伤主要表现在长时间估计中。*Casini* 及其同事[5]探讨了前额叶和小脑在时间信息加工中的具体作用，结果表明在前额叶损伤病人所表现出来的时间信息加工的损伤可能与作业中注意的要求有关，而小脑损伤病人更具体的表现为计时机制的损伤。

　　由于神经心理学方法是通过被试在行为作业上的结果来推论认知功能和脑结构之间的相关性，但是这种推论有其局限性，并且不能区分出是认知加工

　　① *Gomes, G. The timing of conscious experience: A critical review and reinterpretation of Libet's research. Consciousness and Cognition*, 1998, 7(4): 559~595.

　　② *Libet, B. Neural time factors in conscious and unconscious mental functions. In: S. R. Hameroff, A. W. Kaszniack, A. C. Scott. Towards a scientific basis for consciousness. Cambridge, MA: MIT Press*, 1996: 337~347.

　　③ *Breitmeyer, B. G. In support of Pockett's critique of Libet's studies of the time course of consciousness. Consciousness and Cognition*, 2002, 11: 280~283.

　　④ *Mangels, J. A., Ivry, R. B., Shimizu, N. Dissociable contributions of the prefrontal and neocerebellar cortex to time perception. Cognitive Brain Research*, 1998, 7(1): 15~39.

　　⑤ *Casini, L., Ivry, R. B. Effects of divided attention on temporal processing in patients with lesions of the cerebellum or frontal lobe. Neuropsychology*, 1999, 13(1): 10~21.

过程的哪一个阶段受到的影响。随着科学技术的发展，事件相关电位（*event-related potential*，*ERP*）、正电子发射断层成像（*positron emission tomography*，*PET*）和功能核磁共振成像（*functional magnetic resonance imaging*，*fMRI*）等功能成像方法能够对大脑活动进行无损伤的动态测量。*Jueptner* 等[①]采用 *PET* 来研究小脑在时间信系加工中的作用。小脑两侧半球和蚓部的 *rCBF*在实验条件下有显著的增加。这表明小脑参与时距信息的加工过程。同时还观察到基底神经节、颞叶、前额叶和前扣带回的 *rCBF* 的增加，表明这些皮层也可能与时距的信息加工有关。*PET*、*fMRI* 这两种脑成像技术最大的优点在于具有较高的空间分辨率，能够对认知活动所涉及的脑区域进行精确的定位。但是在时间分辨率具有一定的局限性。脑电活动的时间分辨率很高，可以实时记录认知过程的脑功能变化，但其空间分辨率能力较差。因此两者的结合既能探讨时距过程中的时间历程，又能进行精确的脑定位。*Pouthas* 等[②] 把 *ERP* 和 *PET*两种技术结合起来研究时间信息加工的脑机制及其时间历程。虽然 *PET* 的研究结果表明时间维度和其他属性的加工激活具有相似的脑区域。但在 *ERP* 分析中，时距加工作业中额叶处诱发 *CNV*，而强度加工作业在顶—枕叶处诱发*P300*。同时 *ERP* 的结果还显示出在不同作业条件下各个脑区所涉及加工的时间历程的差异。在强度辨别作业中，在 *P300* 时间窗口中，楔叶、前扣带回和左侧额叶产生最大的活动，并且随着刺激呈现的结束而快速减退。而在时距作业中，在刺激呈现结束后，楔叶和前扣带回的活动仍将持续几百毫秒。在时距加工过程中额叶处诱发 *CNV*，而在强度作业中，这个区域没有表现出明显的活动。近来，*Lewis* 等[③]通过对有关结果的元分析发现对于低于 1*s*（*sub-second*）和高于 1*s*（*supra-second*）的时距加工存在显著的脑区域的分离。低于 1*s* 的时距加工的脑区主要有初级运动皮层、初级感觉皮层、辅助运动皮层、小脑以及颞叶上部。高于 1*s* 的时距加工的脑区主要有前额叶背外侧、额叶、顶叶下部等。此外，由于所采用的实验任务不同，其他的脑区也可能参与时间知觉过程。据此，*Lewis* 等认为，时距加工存在两种认知机制：自动加工和认知控制加工。短时距的加工方式主要是自动加工，不受注意、唤醒等因素的影响，所涉及的脑机制区域主要由小脑、基底神经节、辅助运动皮层等。而长时距加工主要是

① *Jueptner, M., Rijntjes, M., Weiller, C., et al. Localization of a cerebellar timing process using PET. Neurology*, 1995, 45: 1540~1545.

② *Pouthas, V., Garnero, L., Ferrandez, A. M. et al. ERPs and PET analysis of time perception: Spatial and temporal brain mapping during visual discrimination tasks. Human Brain Mapping*, 2000, 10(2): 49~60.

③ *Lewis, P. A., Miall, R. C. Distinct systems for automatic and cognitively controlled time measurement: Evidence from neuroimaging. Current Opinion in Neurobiology*, 2003, 13: 1~6.

认知控制的加工，易受注意、唤醒等因素的影响，与之有关的脑区域主要由前额叶背外侧、顶叶、颞叶等脑区。此外还有运动皮层、扣带回、纺锤体等广泛的皮层及皮下区域参与时间知觉过程。

三、时间人格的研究

时间给每个人以相同的机会，但每个人对待时间的态度、看待时间的价值、管理和规划时间却是不同的。人们在时间上的人格差异，我们将其称为时间人格（*time-personality*）。早在 1961 年，我们[①]曾对 6~7 岁儿童时间知觉的研究中就发现，有的儿童不论对哪一种时距（3s、5s、15s、30s）的再现绝大多数均作提前反应；而另一些儿童恰好相反，不论对哪种时距大多数均作错后反应。每个人对时间的紧迫感也不同。*Friedman* 和 *Rosenman* 的临床观察[②]发现，易患冠心病者的 *A* 型人格与 *B* 型人格在时间紧迫感上有很大的差异。我们的另一项研究[③]表明，*A* 型人格者对于较长目标时距（40s 和 60s），无论即时再现、剥夺使用内部时间标尺再现或口头言语估计都显著地短于 *B* 型人格者；对于短时距（3s 和 16s），在剥夺使用内部时间标尺和口头言语估计的条件下，*A* 型人格者再现和估计均显著短于 *B* 型人格者。*Rammsayer* 的研究[④]发现外倾向性的被试比内倾向性的被试更容易高估时距，并且估计时距的准确性也更低。在精神病症倾向上得分较高的被试比得分较低的被试复制时距更准确。此外，时间知觉还存在显著的性别差异。*Block*、*Hancok* 和 *Zakay*[⑤]对已有时距估计性别差异的元分析表明，与其他认知过程一样，时距估计的程度（*magnitude*）和个体间变异（*interindividual variability*）上存在一定程度的性别差异。在预期式和回溯式实验条件下出现任务上的分离，即在预期式条件下，虽然没有表现出显著的性别差异，但女性比男性能够更多地注意时间信息。而在回溯式条件下表现出明显的性别效应，女性比男性具有较好的情节记忆，因而女性倾向于高估目标时距，而男性的差异则不显著。

时间洞察力（*time perspective*）是个体对于时间的认知、体验和行动（或行动倾向）的人格特质[⑥]。时间洞察力既是一种能力特质（*ability trait*）也是

① 黄希庭，张增杰. 5 至 8 岁儿童时间知觉的实验研究. 心理学报，1979，22(2): 166~174.

② *Friedman, M. R., Osenman, R. H. Type A behavior and your heart. New York: Knopf*, 1974.

③ 梅传强. *A* 型和 *B* 型行为类型大学生的时间认知特点的实验研究. 心理科学，1991，13(4): 52~53.

④ *Rammsayer, T. H. On the relationship between personality and time estimation. Personality and Individual Differences*, 1997, 23: 739~744.

⑤ *Block, R. A., Hancock, P. A., Zakay, D. Sex difference in duration judgments: A meta-analytic review. Memory & Cognition*, 2000, 28: 1333~1346.

⑥ 黄希庭. 论时间洞察力. 心理科学，2004，27(1): 5~7.

一种动力特质（*dynamic trait*）。从类别上划分，时间洞察力可分为过去时间洞察力、现在时间洞察力和未来时间洞察力。时间洞察力又可以分为状态时间洞察力（*statetime perspective*）和特质时间洞察力（*trait time perspective*），后者是一个人的人格特质，属于时间维度上的人格差异。时间洞察力作为一种相对稳定的人格特质，在许多研究中都得以或明显或隐含地说明。*Gorman* 和 *Wessman* 指出①，把时间定向（*time orientation*）、时间态度和时间体验看作持久的人格特质是可能的。*Zimbardo* 和 *Boyd* 也认为②，尽管时间洞察力受到各种情景因素如职业性质、经济或政治的不稳定、个人经历、创伤事件或个人成功的影响，而且其变化是通过个人的、社会的、情景的影响而习得和修改的，但是当一种独特的时间偏向（*time bias*）支配了个人的看法和反应，并且这种偏向在决策时受到习惯化地过度强调时（对某一个独特的时间结构过度的依赖取决于多种习得的因素，如文化的、教育的、宗教的、社会阶层的、家庭风格等），就变成了对过去、现在和未来的认知时间偏向，如果被长期使用，这种偏向便可能成为一种相对稳定的倾向性特征或个体差异变量，能够刻画和预测个体在日常生活的抉择中将会有何反应。因此，时间洞察力是可以作为个体差异变量起作用的。但是，个体使用这些时间偏向的程度可能有所不同，每种偏向可能在具体的情景中引起最优的决策。时间偏向可能涉及到频繁地（或很少）使用某一种或某几种时间框架。个体可能会在不同的人生阶段中以不同的方式形成某种特定的偏向，但是这种特定的时间定向一旦形成，个体就具备了相应的心理和行为过程的特征。我们的研究也发现③④，不同自我同一性的被试对其过去、现在和将来的时间体验不同；在时间洞察力的广度、方向及关联性等方面，高自我认同的被试有着较大的现在广度、较积极的远景开放的未来取向及较强的时间整合；低自我认同的被试则较注重过去，较易发生与未来中断的倾向。这些都表明时间是一种人格维度。我们对时间洞察力采用多维度、多方法的模式进行探讨，主要内容包括：时间洞察力的心理结构、机制和形成规律，以及其他心理因素诸如自我观念（如自信、自尊）、成就动机、社会情绪、心理幸福感等与时间洞察力的关系，及这些因素如何与时间洞察力一起影响着人格的形成与发展。

① *Gorman, B. S., Wessman, A. E. The personal experience of time. New York: Plenum Press, 1977.*
② *Zimbardo, P. G., Boyd, J. N. Putting time in perspective: A valid, reliable individual-differences metric. Journal of Personality and Social Psychology, 1999, 77(6): 1271~1288.*
③ 黄希庭，郑涌. 时间透视的自我整合：Ⅰ. 心理结构方式的投射测验. 心理学报，2000，32(1): 30~35.
④ 郑涌，黄希庭. 时间透视的自我整合：Ⅱ. 心理功能的实验研究. 心理学报，2000，32(1): 36~39.

时间人格的另一种表现是时间管理倾向。根据我们的研究[1]，时间管理倾向包含三个维度：时间价值感、时间监控能力和时间效能感。时间价值感是指个体对时间的功能和价值的稳定的态度和观念，是个体时间管理的基础。时间监控能力是个体利用和运筹时间的能力和观念，它体现在一系列外显的活动中，例如在计划安排、目标设置、时间分配、结果检查等一系列监控活动中所表现出的能力及主观评估。时间效能感指个体对自己驾驭时间的信念和预期，反映了个体对时间管理的信心以及对时间管理行为能力的估计，它是制约时间监控的一个重要的因素。因此，时间价值感、时间监控能力和时间效能感分别是价值观、自我监控和自我效能在个体运用时间上的心理和行为特征，即时间维度上的人格特征。并据此编制了青少年时间管理倾向量表（*Adolescence Time Management Disposition Scale*，*ATMD*）[2]。我们随后的研究从多方面论证了这种人格差异的存在及其特征[3-5]。

　　目前，我们正尝试从过去时间洞察力、现在时间洞察力和未来时间洞察力等内涵着手对时间洞察力进行深入的研究，力求把我们的理论成果应用于健全人格养成的实践中；并探索时间管理倾向的理论及其应用，例如关于企业经理的时间管理倾向特点等。

　　合作者：张志杰、凤四海、郭秀艳、吕厚超、陈莹；原文载于：心理科学，2005，28（6）：1284~1287.

---

①② 黄希庭，张志杰. 青少年时间管理倾向量表的编制. 心理学报，2001，33(4): 338~343.
③ 张志杰，黄希庭，凤四海等. 青少年时间管理倾向相关因素的研究. 心理科学，2001，24(6): 649~653.
④ 张志杰，黄希庭，崔丽弦. 大学生时间管理倾向与学习满意度：递增效度的分析. 西南师范大学学报（人文社会科学版），2004，30(4): 42~45.
⑤ 张志杰. 时间管理倾向与自尊、自我效能和学习满意度：中介作用分析. 心理科学，2005，28(3): 566~568.

专题七　时间人格研究

时间给每个人以相同的机会，但每个人对待时间的态度、看待时间的价值、管理和规划时间的效能是不同的，人们在时间上的这些稳定的个体差异，我们称之为时间人格上的差异。时间就是生命，时间人格也就是个人对待时间的生活方式。了解时间人格，将有助于我们成为时间的主人。

引言
论个人的时间管理倾向
青少年时间管理倾向量表的编制
论时间洞察力
时间透视的自我整合：Ⅰ.心理结构方式的投射测验
时间透视的自我整合：Ⅱ.心理功能机制的实验研究
大学生过去时间洞察力的心理结构
时间自我评价的性质
青少年未来取向问卷的编制

引　　言

前六个专题我们关注的是人们认知时间的共同性，在本专题中我们将关注人们认知时间的个性差异。早在 1961~1963 年我们对 5~8 岁儿童做时间估计的研究时就发现，"有的儿童不论对哪种时距绝大多数均作提前反应，如 5 岁被试刘××和 8 岁被试林××，在 32 次再现中均有 29 次提前；而另一些儿童恰好相反，不论对哪种时距绝大多数均作错后反应，如 5 岁被试石×在 32 次再现中有 29 次错后，8 岁被试易×则有 25 次错后。"[①]"文革"后 1986 年我们做短时距知觉的视听通道效应研究时也发现有这样的大学生。当时我正在收集人格心理学方面的资料，准备完成张春兴教授主编的《世纪心理学丛书》中的《人格心理学》一书，因而便想到"时间维度上的人格特点"。人们在时间维度上是否具有人格特征上的差异呢？要回答这个问题，首先要弄清什么是人格？人格心理学中有许多定义，至今没有一个是为学界普遍认可的。但是，

---

① 黄希庭，张增杰. 5~8 岁儿童时间知觉的实验研究. 心理学报，1979，12(2): 166~174.

我比较欣赏 *Lawrence A. Pervin* 的定义：[①]

人格是认知、情感和行为的复杂组织，它赋予个人生活的倾向和模式（一致性）。像身体一样，人格包含结构和过程，并且反映着天性（基因）和教养（经验）。另外，人格包含过去的影响及对现在和未来的建构，过去的影响中包含对过去的记忆。

我认为这个定义基本上涵盖了人格理论家们的主要观念。表 7.1 是人格理论家的五种主要观点。人格是个人的生存方式，他不仅表现在个体差异上，更主要的是表现在个人整体的机能系统上，表现在所思所感和所做的交互作用上。人格是一个人当下行为的表现，一个人过去的经历肯定会影响其当下的生存方式。而他／她对未来的期望和目标也一定会影响其现在总的精神面貌。*Pervin* 明确认为人格"必须包含一个时间维度"。看来，从时间维度上来探讨人格特征是被学者认同的。

表 7.1 主要的人格理论

人格理论	基本观点
类型论与特质论	类型论把人们划分为若干个大的类型，各类型之间的特征是不同的，而同一类型人们的特征是相同的。例如四种气质类型：胆汁质、多血质、抑郁质、黏液质；内向型与外向型等。而特质论则认为人格是某些特质或某些思想、情感和行为反应等倾向的集合。最有影响的是卡特尔的 16 种潜源特质和晚近提出的五因素模型。
心理动力论	认为人格应当用整合的观点来加以描述，成人的人格是经过一段时间逐渐形成的，并且依存于诸因素整合的发展方式。精神分析的心理动力论强调潜意识动机在人格形成中的重要作用。而人本主义的心理动力论则强调经验、意识、自由意志、价值观等在人格形成发展中的重要作用。
生物学观点	探寻人格的生物学根源。主要有两种视角：一是从遗传和进化的视角来考察；二是从神经系统（特别是大脑）和内分泌系统的结构和功能角度，来考察人格的生物学根源。
社会学习论	强调把学习理论应用到人格的研究上。人格就是某种社会环境中所习得的行为方式，认为认知因素如注意、记忆、自我调节、自我图式在社会学习中有重要作用。
交互作用论	人格是一个具有许多相互联系的倾向性、特征和成分组成的复杂的开放系统。人格是先天因素与环境（自然、社会文化）因素交互作用、人格内诸因素复杂交互作用模式所表现出来的个人的生存方式[②]。

时间不仅是物的存在方式，而且也是心理活动、心理状态和心理特征的存在方式。该从哪一类心理现象入手，来研究时间维度上的人格特征呢？大概从 1997 年起我开始搜集有关时间管理方面的资料，那年 12 月 10~18 日出席在香港中文大学举行的第二届华人心理学家学术研讨会，会议期间我逛了一家书店，

① *L. A.* 珀文著，周榕，陈红等译. 人格科学. 上海：华东师范大学出版社, 2001: 466~481.

购回两本有关时间管理的书，一本叫《时间管理锦囊》，另一本叫《时间管理》（记不准确了）。这两本书都把时间管理作为知识技能来传授，而我们则把时间管理作为心理倾向性来考虑。通过文献综述和深度访谈，我们把时间管理倾向具体分为三个维度：时间价值感、时间监控观和时间效能感，并编制了一个问卷①。纵观古今中外的成功人士，可以发现他们的时间价值感、时间监控观及时间效能感上都是很优秀的。例如，著名的数学家华罗庚就是一个惜时如金的人，在谈到利用时间和所取得的成就之间的关系时，他说"时间是由分、秒积成的，只有善待每一分钟的人，才能做出伟大的成绩来"；著名的生物学家达尔文也说过，"我从不认为一分钟是个微不足道的、很小的时间段"，"完成工作的最好方法就是爱惜每一分钟"②。已有的研究表明，时间管理倾向与个人的业绩、心理健康、主观幸福感有显著的正相关③~⑤。

时间洞察力是指个体对于时间的认知、体验和行动（或行动倾向）的一种人格特质⑥。Zimbardo 经过 20 年的研究发现，西方世界存在六种类型的时间洞察力（或译为时间观）：消极的过去、积极的过去、宿命主义的现在、享乐主义的现在、未来时间观和超未来的时间观。一个人的成功与失败，在很大程度上是由他的时间观决定的。亚洲首富李嘉诚是一个典型的未来时间观者，其行为与态度均指向未来。2007 年 12 月，李嘉诚接受《商业周刊》访谈时，记者问他的成功秘诀是什么，李嘉诚说："用 90％的时间考虑失败"⑦。高未来指向者善于未雨绸缪。每天早上，秘书都会把一份全球新闻列表放到李嘉诚的办公桌上，李嘉诚会选择感兴趣的文章，让专业的翻译人员翻译。通过这些新闻，他能够设想公司在未来可能遭遇的困境，进而找到解决的方法。当逆境真的到来时，他已经做好了准备，逆境反而变成了机遇。具有合理的时间洞察力，能够帮助个人实现自己的理想，达成幸福的人生。

时间观也表现在一个国民对待时间的态度上。有一次，Zimbardo 到墨西哥给几位精神病学家和临床心理学家开办一个工作坊。然而当约定的时间到达时只有两个人准时到场，而且他们都是美国人，因此他不得不将开讲的时间推迟了 30min。即使这样，还是有部分人是在一小时后，甚至预定的结束时间才来。

① 黄希庭，张志杰. 青少年时间管理倾向量表的编制. 心理学报，2001, 33(4): 338~343.
② 曹晔辉等. 管理者的时间管理. 中国经济出版社，2006.
③ Jex, S. M., Elacqua, T. C. Time management as a moderator of relations between stressors and employee strain. Work & Stress, 1999, 13(2): 182~199.
④ 秦启文，张志杰. 时间管理倾向与心理健康关系的相关研究. 心理科学，2002(3): 360.
⑤ 张志杰，黄希庭，凤四海，邓麟. 青少年时间管理倾向相关因素的研究. 心理科学，2001, 24(6): 649~653.
⑥ 黄希庭. 论时间洞察力. 心理科学，2004, 27(1): 5~7.
⑦ http://finance.sina.com.cn/leadership/mroll/20100626/00098183371.shtml.

并且他们没有因迟到的尴尬而悄悄溜进会场，而大多是用公开问候的方式闯了进来[①]。不同国家国民的时间观也各不相同。有人曾对英国、日本、印度尼西亚、意大利、中国台湾和美国六个国家和地区中的最大城市和中等城市居民生活节奏做过调查，比较了这些城市里银行时钟的准确度、行人的步行速度和购买邮票所需的时间，结果发现，由于文化及时间观的不同，他们的生活节奏也不同：日本城市的银行时钟最准确、行人走路最快、邮局职员办事效率最高，美国城市在这三项调查中排第二，印度尼西亚城市时钟最不准确，行人走路最慢，意大利城市的邮局职员办事效率最低[②]。随着社会的发展，国际间的人际交流日益增多，在跨文化交流中往往会因为时间观的不同而引起的误解甚至冲突。跨文化的时间观研究对于实现有效的文化适应具有重要的意义。

本专题的八篇论文从时间管理倾向、时间洞察力和时间自我三个方面探讨时间维度上的人格特点。时间给每个人以相同的机会，但每个人对待时间的态度、看待时间的价值、管理和规划时间却是不同的，人们在时间上的这些人格差异，我们称之为时间人格[③]。"论个人的时间管理倾向"论述了时间管理倾向的结构，并阐述了其与学业成绩、个人能力、自我观念、工作成就的关系；"青少年时间管理倾向量表的编制"论述了该量表的信效度及使用时的注意事项；"论时间洞察力"论述了时间洞察力的内涵以及国内外的研究现状；"时间透视的自我整合：Ⅰ．心理结构方式的投射测验"和"时间透视的自我整合：Ⅱ．心理功能机制的实验研究"这两个研究发现，不同自我同一性的被试对其过去、现在和将来的时间体验存在质的差别。另外，"大学生过去时间洞察力的心理结构"和"青少年未来取向问卷的编制"还分别探讨了大学生过去时间洞察力和青少年未来取向的心理结构，并编制了具有良好信效度的大学生过去时间洞察力量表和青少年未来取向问卷。最后，我们通过"时间自我评价的性质"一文阐述了时间自我评价的功能以及跨文化的普适性和特异性。时间人格对个体的重要意义不言而喻，相信这些论文将会引起大家对时间人格的兴趣。

近年来，时间人格的研究已受到不少研究者的重视。时间人格的研究已经应用到心理障碍的治疗之中。有研究发现，帮助患者建立未来取向的时间观，能够更好地缓解抑郁症和战争创伤后遗症[④]。看来，如何将时间人格研究更为

① 菲利普·津巴多，约翰·博伊德著，段鑫星等译. 津巴多时间心理学. 沈阳：北方联合出版传媒（集团）股份有限公司，2010.

② *Dorfman, P. W., et al. Perceptions of punctuality: Cultural differences and the impact of time perceptions on job satisfaction and organizational commitment. Paper presented at the Pan Pacific Conference, Beijing, China*, 1993: 112~118.

③ 黄希庭. 时间与人格心理学探索. 北京：北京师范大学出版社，2006.

④ 菲利普·津巴多，约翰·博伊德著，段鑫星等译. 津巴多时间心理学. 沈阳：北方联合出版传媒（集团）股份有限公司，2010.

广泛地应用于心理障碍的治疗是今后的一个重要研究方向。时间人格的研究对于个人的性格修炼也会有很大的帮助。另外，随着脑成像和数据分析技术的进步，越来越多的研究者开始为个体的人格差异寻找神经生理学上的证据[1]，时间人格是否也能够在大脑的结构和功能上找到其神经基础？这个问题也是值得探讨的。时间人格具有文化差异，这直接影响了单一文化背景下研究结论的可推广性，因此未来需要更多跨文化的研究。总之，今后的时间人格研究既要重视基础理论的完善，又要积极响应现实的需要，发挥其应用价值。

① Adelstein, J. S., Shehzad, Z., Mennes, M., DeYoung, C. G., Zuo, X. N., Kelly, C., et al. *Personality is reflected in the brain's intrinsic functional architecture. PlosOne*, 2011, 6(11): *e27633.*

论个人的时间管理倾向

一、何谓时间管理倾向

个人的时间管理倾向（*time management disposition*）是一种人格特征。虽然理论家们对人格特征的理解存在着差异，例如人格类型论者强调个人的先天因素，特别是那些机体的、遗传的、相当稳定的因素，以及它们与心理特征和行为特征有关的生理学和形态学的属性。特质论者认为人格是一些特质或者是某些行为、思想、感情、动作反应等方式的集合。*Cattell* 假定每一个人的潜源特质是相同的，但人们所具有的程度却是不同的，并设计出量表来进行测量。可以这样认为，人格特征是稳定的、在各种不同情境中重复出现的个体行为特点。这些特点在不同的人身上具有不同的表现程度，具有跨时间、跨情境的潜在可测性。例如外倾、内倾、外控、内控、宜人性、依赖性、焦虑性、攻击性等都属于人格特征。

时间无处不在，处处在；它倾向于所有的人，给每个人以相同的机会。但人们对时间的认知、态度和行为是不同的。我们曾对 5~8 岁儿童时间知觉的研究[1] 中发现，有的儿童不论对哪一种时距（3s、5s、15s、30s）的再现绝大多数均作提前反应；而另一些儿童恰好相反，不论对哪种时距大多数均作错后反应。每个人对时间的紧迫感也不同。*Friedman* 和 *Rosenman* 的临床观察[2] 发现，易患冠心病者的 A 型人格与 B 型人格在时间紧迫感上有很大的差异。我们的一项研究[3] 表明，A 型人格者对于较长目标时距（40s 和 60s），无论即时再现、剥夺使用内部时间标尺再现或口头言语估计都显著短于 B 型人格者；对于短时距（3s 和 16s），在剥夺使用内部时间标尺和口头言语估计的条件下，A 型人格者再现和估计均显著短于 B 型人格者。时间透视是指个人对于过去、现在和将来的时间所持的看法、态度和观念，以及对过去、现在和将来的相对注

① 黄希庭，张增杰. 5~8 岁儿童时间知觉的实验研究. 心理学报，1979，22(2): 166~174.
② *Friedman, M., Rosenman, R. H. Type A behavior and your heart. New York*: Knopf, 1974.
③ 梅传强. A 型和 B 型行为类型大学生的时间认知特点的实验研究. 心理科学，1991，13(4): 52~53.

意。我们的研究[①][②]发现，不同自我同一性的被试对其过去、现在和将来的时间体验不同；在时间透视的广度、方向及关联性等方面，高自我认同的被试有着较大的现在广度、较积极的远景开放的未来取向及较强的时间整合；低自我认同的被试则较注重过去，较易发生与未来中断的倾向。这些都表明在时间维度上具有人格差异，简称时间人格[③]。

时间维度上的人格差异明显地表现在时间管理倾向上。时间是一种重要的资源，一天 24 小时对每个人都是相同的。但是由于管理的不同，时间可以使一个人在青春年华里成就事业，摘取皇冠，达到理想的彼岸；也可以使年轻人转眼间滑向老年，终生一无所成。时间的种种隐喻，诸如"时间就是财富"、"时间就是力量"、"时间就是生命"、"时间就是一切"、"时间就是过客"，都反映了人们对待时间的态度和价值观念。个人在利用和支配时间上的人格特征不仅表现在行为上，而且与其对待时间的态度以及对时间的价值观念密切相联系。对待时间的态度和时间的价值观念促使人朝着一定的目标而行动。基于此，我们把时间管理上的人格特征称为时间管理倾向。这种人格特征具有动力性，在不同的人身上有不同的表现程度、跨情境性和潜在的可测度。

二、时间管理倾向的结构

有些研究者曾对时间管理的结构成分做过探讨。*Britton* 和 *Glynn*[④] 从信息加工的角度把人的时间管理与计算机操作系统加以类比，提出了一个时间管理的理论模型。他们把时间管理分为宏观、中间和微观三个水平的成分。宏观水平的成分包括选择目标和子目标，排列目标的优先级；中间水平的成分包括产生任务和子任务，并且排列任务的优先级；微观水平的成分包括安排和执行任务。依据此模型，*Britton* 和 *Tesser*[⑤] 编制了时间管理问卷（*Time Management Questionnaire*，*TMQ*），由三个因素即短期计划、时间态度和长期计划构成。*Macan*[⑥] 认为时间管理的特征行为应包括以下几个成分：辨别需求，根据其重

① 黄希庭，郑涌. 时间透视的自我整合：Ⅰ. 心理结构方式的投射测验. 心理学报，2000，33(1): 30~35.
② 郑涌，黄希庭. 时间透视的自我整合：Ⅱ. 心理功能的实验研究. 2000，33(1): 36~39.
③ 黄希庭. 人格心理学. 台北：东华书局，1998: 52.
④ *Britton, B. K., Glynn, S. M. Mental management and creativity: A cognitive model of time management for intellectual productivity. In: J. A. Glover, R. R. Ronning, C. R. Reynolds. Handbook of Creativity. New York: Plenum Press.* 1989: 429~440.
⑤ *Britton, B. K., Tesser, A. Effects of time-management practices on college grades. Journal of Educational Psychology,* 1991, 83(3): 405~410.
⑥ *Macan, T. H., Shahani, C., Dpboye, R. L., et al. College students's time management: Correlation with academic performance and stress. Journal of Education Psychology,* 1990, 182(4): 760~768.

要性来排序以及据此分配相应的时间和资源。在此基础上，*Macan* 等编制了时间管理行为量表（*Time Management Behavior Scale*，*TMB*）。该量表包含四个基本维度，即设置目标和优先级、计划—机制和安排、时间的自觉控制以及混乱倾向。

我们在查阅文献和开放式问卷调查的基础上，提出了一个时间管理倾向的三维理论模型并编制了青少年时间管理倾向量表（*Adolescence Time Management Disposition Scale*，*ATMD*）[①]。该模型把时间管理倾向划分为时间价值感、时间监控观和时间效能感三个维度。其详细结构如图 7.1 所示。

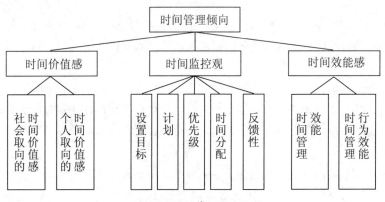

图 7.1 时间管理倾向结构

时间管理倾向中的时间价值感是指个体对时间的功能和价值的稳定的态度和观念，包括时间对个人的生存与发展以及对社会的存在与发展的意义的稳定态度和观念，它通常充满情感，从而驱使人朝着一定的目标而行动，对个体驾驭时间具有动力或导向作用。时间价值感是个体时间管理的基础。时间监控观是个体利用和运筹时间的能力和观念，它体现在一系列外显的活动中，例如在计划安排、目标设置、时间分配、结果检查等一系列监控活动中所表现出的能力及主观评估。时间效能感指个体对自己驾驭时间的信念和预期，反映了个体对时间管理的信心以及对时间管理行为能力的估计，它是制约时间监控的一个重要的因素。因此，时间价值感、时间监控观和时间效能感分别是价值观、自我监控和自我效能在个体运用时间上的心理和行为特征，即时间维度上的人格特征。

三、与时间管理倾向相关的因素

能否有效地实现对时间的管理与个人的生活质量密切相关。只要分析一下

---

① 黄希庭，张志杰. 青少年时间管理倾向量表的编制. 心理学报，2001, 33(4): 338~343.

古今中外的成功人士，就可以发现他们原来都是管理时间的高手。可以推测，善于管理时间者，其生活质量是高的，即事业有成，能力强，有正面的自我观念和幸福生活。

善于驾驭时间的人，出色快捷地完成了任务，成绩显著，成就动机高，薪水高，出人头地的时间也早；不会驾驭时间的人，尽管他拼命地干，工作仍停滞不前，成绩平平或很差，出人头地的时间晚甚至不可能。有些人曾研究过学生的时间管理行为与学业成绩的关系，例如 Weinstein、Stone 和 Hanson 的研究[①]表明大学生在时间管理量表上的得分高低与其学业成绩呈显著的正相关。

时间管理倾向与个人的能力有关。善于驾驭时间的人，具有强的统筹时间的能力和捕捉时机作出决策的能力；相反，不会驾驭时间的人，这些能力相应地要差得多。

善于驾驭时间的人有正面的自我观念。他们成才早，出人头地早，地位高，收入高，其自立意识必然发展得早，自信心和自尊心强，有强烈的自我实现动机和行为；相反，不会驾驭时间的人，在自立、自信、自尊、自强等方面相应地要差得多。

善于驾驭时间的人，出色快捷地完成了工作任务，能做到按时回家与家人团聚，有时间关爱家庭成员，在业余时间能进行自我提高，生活方式丰富多彩，家庭圆满幸福；相反，不会驾驭时间的人，工作拖拖拉拉，牺牲自己的业余时间去干工作，生活方式单调乏味，无暇关心家庭成员，很可能会导致夫妻间、亲子间的感情产生裂隙，甚至导致家庭破裂。

虽然上述是依据日常观察和传记文献资料所做出的推测，但要验证这些推测是否正确则需要做大量的研究。不过，我们最近的两项研究[②]表明，时间管理倾向与自我价值感和主观幸福感都有显著的正相关，从而增强了我们对上述推测正确性的预期。

四、时间管理技能的训练

对时间管理倾向的结构及与时间管理倾向的相关因素的探讨，目的是试图采取措施以提高人们的时间管理技能。时间管理技能是可以通过训练得到提高

① Zimmer, B. J., Weinstein, C. E. Self-regulating academic study time: A strategy approach. In: D. H. Schunk, B. J. Zimmer. Self-regulation of learning and performance: Issues and educational applications. New Jersey: Lawrence Erlaum, 1994. 181~199.

② 张志杰，黄希庭，凤四海等. 青少年时间管理倾向相关因素的研究. 心理科学，2001，24(6): 649~653.

的。Zimmer 等[1]在美国得克萨斯大学建立起一套训练课程，目的是帮助学生成功地驾驭时间，成为一个有效的学习者。这套训练课的开初，时间管理以一个独立的专题进行讲授，讲授的主要内容是时间管理的理论和实践应用等；接着是把时间管理与其他的学习内容结合起来讲授，使学生有更多的机会来对他们的时间管理策略的使用效果进行检验，同时也接受教师给予的反馈。学生在学习时间管理策略时教师的主要任务是：①如何使学生对他们时间使用状况有一个明确的认识。如一天或一周的时间里个人时间的浪费情况，以及如何减少或消除对时间的浪费，要求学生进行监控，并对成功或失败的结果进行自我分析。②估计出完成学业任务所需要的时间。结果表明，通过训练不少学生养成了良好的时间管理的行为习惯，学业成绩也提高了。

中岛孝志[2]在总结自己的经验时提出对工作人员时间管理技能训练的策略，例如怎样利用早晨的时间，怎样利用星期一的时间，怎样摆脱不会管理时间的"蜗牛"状态，短时间内完成工作的方法以及如何使时间增值的方法等，认为对于时间管理，只掌握理论是不够的，还应有实践精神。一个人通过实践能够形成时间管理技能，摆脱磨蹭恶习，从而可以改变命运。

其实，时间管理技能的训练是可以从小开始抓起的。虽然幼小儿童并不懂得什么是时间及其含义，但时间管理技能完全可以与培养良好的学习、生活习惯结合起来进行训练。从少年期起，时间管理技能则完全可以与理论讲解时间的意义和价值结合起来进行系统的训练。善于驾驭时间就从根本上提高了人的素质，提高了人的生活质量。

假定一个人的生命为80年，约合70万小时，其中去掉孩童时期的10年（8.7万小时）、退休后的17.5万小时以及睡眠时间（13万小时），剩下的仅为30余万小时，而逝去的时光已不再来，再减去10~22岁的10万小时，最后所剩者仅为20万小时。"人生天地之间，若白驹之过隙，忽然而已"（《庄子·外篇·知北游》）。有效地管理好时间，也就是使个人的有限生命，更加有成效，也便是延长了自己的生命。

时间管理技能的训练是一项造福子孙、提升民族素质的工作，让我们一起来研究时间心理学问题，重视青少年时间管理技能的训练工作，把这项工作开展起来。

合作者：张志杰；原文载于：心理科学，2001，24（5）：516~518.

---

① *Zimmer, B. J., Weinstein, C. E. Self-regulating academic study time: A strategy approach. In: D. H. Schunk, B. J. Zimmer. Self-regulation of learning and performance: Issues and educational applications. New Jersey: Lawrence Erlaum, 1994: 181~199.*

② 中岛孝志. 活用时间的 33 条规则. 北京：知识出版社，1999.

青少年时间管理倾向量表的编制

　　科学合理地使用时间是现代人社会性格的一个重要标志。时间是一种重要的资源，它具有不变性、无存贮性和无替代性，但却可以对其进行有效的管理和使用。现在，时间管理和使用已成为心理学研究中的一个新领域。

　　虽然心理学家对于诸如时间态度、时间经验和时间结构[1]-[3]的研究也反映了个体利用和支配时间的一种行为倾向，但并没有明确提出时间管理的概念及其结构。例如，*Wessman* 把个体时间经验划分为三个维度：近期的时间压力、长期的个人方向和时间利用。*Bond* 和 *Feather* 认为时间结构反映了个体对时间有组织、有目的的使用程度的知觉，并把个体的时间结构划分为目的感、有结构的常规行为、当前定向、有效组织和坚持性五个维度。

　　Britton、*Macan* 等对时间管理和时间管理行为的探讨开创了心理学家对时间管理的研究。*Britton* 和 *Glynn*[4] 从信息加工的角度把时间管理看作是心理管理的一个方面，把人的时间管理与计算机操作系统进行类比，并在此基础上提出了时间管理的理论模型。他们把时间管理分为宏观、中间和微观三个水平的成分。宏观水平的成分包括选择目标和子目标，排列目标的优先级；中间水平的成分包括产生任务和子任务，并排列任务的优先级；微观水平的成分包括安排和执行任务。依据此模型，*Britton* 和 *Tesser*[5] 编制了时间管理量表（*Time Management Questionnaire*，TMQ），由三个因素即短期计划、时间态度和长期计划构成。*Macan*[6] 认为时间管理的特征行为应包括以下几个成分：

　　[1] *Wessman, A. E. Personality and subjective experience of time. Journal of Personality Assessment*, 1973, 37: 103~114.
　　[2] *Calabresi, R., Cohen, J. Personality and time attitude. Journal of Abnormal Psychology*, 1968, 3: 431~439.
　　[3] *Bond, J. M., Feather, N. T. Some correlates and purpose in the use of time. Journal of Personality and Social Psychology*, 1988, 55(2): 321~329.
　　[4] *Britton, B. K., Glynn, S. M. Mental management and creativity: A cognitive model of time management for intellectual productivity. In: J. A. Glover, R. R. Ronning, C. R. Reynolds. Handbook of Creativity. New York: Plenum Press.* 1989: 429~440.
　　[5] *Britton, B. K., Tesser, A. Effects of time-management practices on college grades. Journal of Educational Psychology*, 1991, 83(3): 405~410.
　　[6] *Macan, T. H., Shahani, C., Dipboye, R. L., et al. College students' time management: Correlation with academic performance and stress. Journal of Educational Psychology*, 1990, 182(4): 760~768.

辨别需求、根据其重要性来排序以及据此分配相应的时间和资源。在此基础上，*Macan* 等编制了时间管理行为量表（*Time Management Behavior Scale*，*TMB*）。该量表包含四个基本维度，即设置目标和优先级、机制—计划和安排、时间的自觉控制以及混乱倾向。其实，时间管理倾向既是个体对时间的态度、计划和利用等认知特点，也是个体对时间的价值观和行为倾向，是一种具有多维度、多层次心理结构的人格特征。

　　我国对于时间管理的研究还相对较少。我们认为个体在运用时间方式上所表现出来的心理和行为特征是一种人格倾向，可称之为时间管理倾向。本研究的目的是参照国外文献并结合我国的社会文化背景编制出一份具有较高信度、效度的青少年时间管理倾向量表，为评鉴我国青少年掌握和支配时间的人格特征提供有效的工具。

一、研究方法

（一）被试

　　由本课题协作组各地负责人在大学和中学进行调查。被试取样的要求是：大学本科中文、理、工、医及其他系科的学生比例约为 2∶2∶2∶1∶1，男女比例大致相等；三种不同类型的中学（如省市重点、一般中学、职业中学或其他类型的中等学校），初一至高三各年级学生人数和男女比例大致相等。由课题组负责人在全国 12 个省（直辖市），按指导书进行施测。截止到 2000年 4 月，共收回有效问卷 14258 份。

（二）程序

1. 量表项目的选择

　　根据对既往文献的分析和开放式问卷调查结果，初步提出时间管理倾向的理论维度，即时间价值感、时间监控观和时间效能感三个维度。同时搜集有关项目。对国外的两种时间管理问卷（时间管理问卷 *Time Management Questionnaire*，简称 *TMQ*；时间管理行为量表 *Time Management Behavior Scale*，简称 *TMB*）和时间结构问卷（*Time Structure Questionnaire*，简称 *TSQ*）进行翻译，并结合开放式问卷所搜集的项目，最后确定的预测问卷为 51个项目。量表采用 *Likert* 五点自评式量表，从"完全不符合"至"完全符合"分别评定为 1~5 分。然后选取重庆市 321 名中学生进行预测，对所得结果作探索性因素分析。以各项目的共同度和因素负荷作为项目区分度的指标对量表的项目进行筛选，筛选后正式量表共有 44 个项目，见附录。

2. 量表因素的确定

　　在所收回的有效问卷中随机选取 1207 份进行探索性因素分析，以确定各分量表的因素结构。分量表的因素结构及组成项目的负荷值见表 7.2、表 7.3 和表 7.4。

表 7.2　时间价值感分量表的因素结构和负荷值

项目序号	个人取向	项目序号	社会取向
5	0.70	11	0.69
28	0.68	39	0.68
6	0.63	1	0.62
16	0.55	3	0.50
9	0.48	31	0.43
贡献率		57.2%	

注：9 号项目为反向题，统计时进行了转换。

表 7.3　时间监控观分量表的因素结构和负荷值

项目序号	设置目标	项目序号	计划	项目序号	优先级	项目序号	反馈性	项目序号	时间分配
10	0.71	12	0.71	33	0.69	21	0.71	42	0.64
4	0.69	25	0.68	7	0.66	44	0.65	14	0.63
15	0.67	41	0.67	19	0.61	38	0.64	34	0.45
17	0.66	8	0.64	22	0.50	26	0.54	37	0.38
40	0.41	2	0.58	27	0.45	43	0.48		
贡献率				61.8%					

注：17、41、27 号项目为反向题，统计时进行了转换。

表 7.4　时间效能感分量表的因素结构和负荷值

项目序号	时间管理行为效能	项目序号	时间管理效能
24	0.74	18	0.69
13	0.69	29	0.67
36	0.61	20	0.67
35	0.58	23	0.57
30	0.49	32	0.44
贡献率		54.6%	

注：30 号项目为反向题，统计时进行了转换。

二、结果

（一）信度指标

采用重测信度和内部一致性信度（*Cronbach* α 系数）作为本研究的信度指标。其中，重测信度的被试为重庆两所中学的学生和西南师范大学的学生，共 216 人，时间间隔为四周。结果见表 7.5。

表 7.5 青少年时间管理量表的信度指标

信度	时间价值感		时间监控观					时间效能感	
	社会取向	个人取向	设置目标	计划	优先级	时间分配	反馈性	时间管理效能	时间管理行为效能
Cronbach α 系数（*n*=1027）	0.70	0.73	0.81	0.72	0.62	0.65	0.63	0.74	0.61
重测信度（*n*=216）	0.75	0.80	0.85	0.71	0.73	0.71	0.77	0.75	0.78

（二）效度

1. 内容效度

时间管理倾向量表的内容效度结合已有的两种时间管理量表和较有影响的时间结构问卷进行分析，即 *Britton* 和 *Tesser* 的时间管理问卷（*TMQ*）、*Macan* 和 *Shahani* 的时间管理行为量表（*TMB*）以及 *Bond* 和 *Feather* 的时间结构问卷（*TSQ*），这几个量表的因素结构[1~3]都在有关的研究中得到验证。这三个时间管理量表的因素结构如表 7.6。

表 7.6 三种时间管理量表因素结构

量表名称	因素 1	因素 2	因素 3	因素 4	因素 5
TSQ	目的感	有结构的常规行为	当前定向	有效组织	坚持性
TMQ	短期计划	时间态度	长期计划		
TMB	设置目标与优先级	机制—计划、安排	时间的自觉控制	混乱倾向	

从表 7.6 中可以看出，*TMQ* 中的短期计划和长期计划、*TMB* 中的机制—计划、安排都属于自我监控的一些典型的行为表现。另外，在 *TMB* 中也存在时间控制的因素，因此可认为相当于本量表中时间监控观的有关内容。

Britton 和 *Tesser* 在其研究中认为[4]*TMQ* 中时间态度的测量与自我效能非常相似。根据 *Bandura* 的观点，自我效能包括个体对自己控制事件能力的信念。而在时间态度的测量中包括这样的项目：管理自己时间的情感、对别人说"不"以便集中于自己的作业等。*Bandura* 认为高效能感会增强坚持性（*persistence*）。因此 *TMQ* 的时间态度维度、*TSQ* 的坚持性维度与本量表的时间效能感具有内在一致性。

① *Adams, G. A., Jex, S. M. Confirmatory factor analysis of the time management behavior scale. Psychological Reports*, 1997, 84(1): 225~226.

② *Mpofu, E., D'Amico, M., Cleghorn, A. Time management practice in an African culture: Correlates with college academic grades. Canadian Journal of Behavioral Science*, 1996, 28(2): 102~112.

③ *Muduack, P. E. The structure of perceptions of time. Educational & Psychological Measurement*, 1997, 57(2): 222~240.

④ *Britton, B. K., Tesser, A. Effects of time-management practices on college grades. Journal of Educational Psychology*, 1991, 83(3): 405~410.

TSQ 中的目的感、当前定向所包含的项目涉及个体对过去、将来时间的看法或观点，例如"你是否花一定的时间考虑过曾失去了的机会"；"你是否花一定的时间考虑过将来是什么样子"等。这些内容几乎都包含在本量表的时间价值感中。

从以上分析可以看出，时间管理倾向量表的项目可以反映出时间管理的基本特征，具有较好的内容效度。

2. 结构效度

为了进一步检验时间管理倾向的时间价值感、时间监控观和时间效能感的三维度因素结构的假设，我们在探索性因素分析的基础上另选取 507 名学生的数据，根据 *Pearson* 相关矩阵进行验证性因素分析。结果得到所构建的二阶一因素同质性测量模型的参数：χ^2（24）$=113.46$，$p < 0.01$，$\chi^2/df=4.71$，$GFI=0.95$。

在此基础上，考虑有关的等值模型的存在，对这三个维度之间的相关关系进一步分析，结果见表 7.7。

表 7.7　时间管理倾向量表三维度之间的相关

维度	时间价值感	时间监控观	时间效能感
时间价值感	1.00		
时间监控观	0.43***	1.00	
时间效能感	0.48***	0.68***	1.00

注：*** 表示 $p < 0.001$。

从表 7.7 中可以看出，这三个维度之间存在显著的相关。其中时间监控观和时间效能感之间的相关较高，达到 0.68。根据有关理论，本研究设置两个可资比较的模型，并且这两个模型也就是原构想模型的放宽模型（*unconstrianed model*）：①这三个维度合并成一个维度，也就是时间管理倾向的结构模型由二阶模型变为一阶同质性模型；②时间监控观和时间效能感维度合并，时间管理倾向结构模型的一阶因素变为两个。在此基础之上，通过比较这两个模型与原模型的卡方差异，来评估这些放宽模型的效应。表 7.8 列出了这两个放宽模型的 χ^2 检验结果。

表 7.8　两个放宽模型的拟合度检验

模型	χ^2	df	χ^2/df	GFI		$\Delta \chi^2$	Δdf	p
三维模型 *a*	113	24	4.71	0.95				
两维模型 *b*	251	26	9.65	0.89	*Ma & Mb*	138	2	< 0.01
一阶因子模型 *c*	324	27	12.00	0.86	*Ma & Mc*	211	3	< 0.01
					Mb & Mc	73	1	< 0.01

注：χ^2/df 为模型与数据的拟合值，其值越小越好，一般较为公认的模型与数据的拟合标准为（χ^2/df）< 5。

表 7.8 结果表明，与两个放宽模型相比，原有的三维模型对时间管理倾向结构提供了较为准确的拟合。其中一阶单因素模型的拟合效果最差，χ^2 以及 χ^2/df 都是三个模型中最大的，表明时间管理倾向并不是一个单一的因素结构。两维模型与三维相比，$\Delta\chi^2=138$，$\Delta df=2$（$p < 0.01$），表明这两个模型之间拟合效果存在显著的差异。从总的效果上来看，含有三个一阶因子的二阶因素模型似乎更为合适。该模型的其他参数分别为 $RMR=0.05$、$AGFI=0.91$、$NFI=0.93$、$CFI=0.93$、$IFI=0.93$，这些参数都表示该模型是时间管理倾向更为理想的拟合。

三、讨论

（一）时间管理倾向量表的构成

时间管理是个体在时间价值和意义认识的基础上，在活动和时间关系的监控和评价中所表现出来的心理和行为特征。时间管理倾向的概念是我们在分析了国外有关时间管理的心理学研究的基础上，从个体支配和利用时间的人格特质的角度提出来的。对于时间管理倾向维度的划分，我们还参考了其他领域中有关时间管理的论述，并结合价值观研究、自我监控理论和自我效能感研究，初步提出时间价值感、时间监控观和时间效能感的三维度结构。在此理论假设的基础上，我们编制出时间管理倾向量表。

本量表由三个分量表构成，包括时间价值感量表、时间监控观量表和时间效能感量表，每个分量表所包含的项目数分别为 10、24 和 10。探索性和验证性因素分析的结果表明，时间管理倾向的较理想结构是由三个因素构成，即时间价值感、时间监控观和时间效能感，其中时间价值感由社会取向和个人取向两个维度构成；时间监控观由设置目标、计划、优先级、时间分配和反馈性五个维度构成；时间效能感由时间管理效能和时间管理行为效能两个维度构成。

（二）时间管理倾向是一种人格特征

青少年时间管理倾向这个概念是我们在分析前人研究的基础上提出来的。我们认为时间管理倾向是个体在对待时间功能和价值上，在运用时间方式上所表现出的心理和行为特征。实际上，时间管理倾向的三个维度是从时间管理的整个过程来区分的，是一种过程性的特征结构。具体地讲，时间价值感是指个体对时间的功能和价值的稳定的态度和观念，包括时间对个体人生和社会发展意义的稳定态度和观念，它通常是充满情感，对个体运用时间的方式具有导向作用。时间价值感是个体时间管理的基础。时间监控观是个体利用和运筹时间的观念和能力，它是通过一系列外显的活动来体现，例如计划安排、目标设置、时间分配、结果检查等一系列监控活动；时间效能感指个体对自己利用和运筹时间的信念和预期，反映了个体对时间管理的信心以及对时间管理行为能力的估计，它是制约时间监控的一个重要的因素。因此，时间价值感、时间监控观和时间效能感分别是价值观、自我监控和自我效能在个体运用时间上的心理和行为特征，即时间维度上的人格特征。

时间管理倾向是一种多维度、多层次的人格特征，也可以从以下的研究中得到佐证。*Calibresi*[①] 等研究表明个体的时间态度反映了一种基本的人格特征，并且个体支配时间的方式与性格（*character*）结构有着密切的联系。*Knapp* 等的研究发现，在个体时间意象（*time imagery*）的类型和成就动机之间以及时间态度和审美倾向（*esthetic preference*）之间存在一定的相关。*Wessman*[②] 也发现个体对时间的态度和利用反映了一种基本的人格特征，并认为"个体的时间经验以及在时间背景中安排和构建其生活的方式是一种基本的人格特征"。在其他有关时间结构、时间管理和时间管理行为等有关时间利用和支配的研究中[③~⑤]，都表明时间管理与自我价值感、主观幸福感、工作满意度等人格特征存在显著的相关，而与抑郁、焦虑、躯体紧张感等人格特征之间存在显著的负相关。既然时间管理倾向是一种人格特征，那么它可能对个人的工作绩效具有预测作用，例如对学生的学业成绩具有预测作用。对于这个问题，我们将在另一项研究中加以探讨。

四、结论

本研究自编的青少年时间管理倾向量表具有较好的信度和效度，可以作为评鉴青少年时间管理倾向的有效工具。

① Britton, B. K., Glynn, S. M. Mental management and creativity: A cognitive model of time management for intellectual productivity. In: J. A. Glover, R. R. Ronning, C. R. Reynolds. Handbook of Creativity. New York: Plenum Press, 1989: 429~440.

② Wessman, A. E. Personality and subjective experience of time. Journal of Personality Assessment, 1973, 37: 103~114.

③ Bond, J. M., Feather, N. T. Some correlates and purpose in the use of time. Journal of Personality and Social Psychology, 1988, 55(2): 321~329.

④ Britton, B. K., Tesser, A. Effects of time-management practices on college grades. Journal of Educational Psychology, 1991, 83(3): 405~410.

⑤ Macan, T. H., Shahani, C., Dipboye, R. L., et al. College students' time management: Correlation with academic performance and stress. Journal of Educational Psychology, 1990, 182(4): 760~768.

注：参加本项目工作的还有郑涌、张仲明（西南师大），郭德俊（首都师大），马建青、王东莉（浙江大学），樊琪（苏州大学），陆桂芝（哈尔滨师大），邹大炎（河北师大），刘永芳、刘瑞光（山东师大），李维青（新疆大学），周保爱（西北师大），毛晋平（湖南师大），连榕（福建师大），肖崇好、林振海（韩山师范学院），杜萍（重庆师院），刘广勤（西安体育学院），简洪权（成都十二中），王官诚（四川畜牧兽医学院），王志蓉（重庆一中），程云（重庆七中）。

合作者：张志杰；原文载于：心理学报，2001，33（4）：338~343.

论时间洞察力

一、何谓时间洞察力

　　英文中的"*time perspective*"或"*temporal perspective*"曾被翻译为"时间透视"、"时间展望"、"时间向往"或"时间观"，这些译名缺乏心理学的意味且令人费解，我觉得译为时间洞察力为妥。《美国传统词典》对"*perspective*"下的一个主要定义是"察觉事件真实的相互关系或相对重要性的能力"（*The ability to perceive things in their actual interrelations or comparative importance*），察觉事件真实的相互关系或相对重要性实际上就是对事件的洞察。所谓时间洞察力就是指个体对于时间的认知、体验和行动（或行动倾向）的一种人格特质。

　　时间是物质存在的基本形式之一，它具有不变性、无存贮性和无替代性。但人类心理时间不同于物质时间。人们对时间的认知、体验和行动（或行动倾向）的能力有很大的个体差异。人们对时间的理解、认知是不同的。鲁迅说："节省时间，也就是使一个人的有限的生命，更加有效，而也即等于延长了人的生命。"（《鲁迅全集》第 5 卷第 249 页）"时间就是性命。无端的空耗别人的时间，其实是无异于谋财害命的。"（《鲁迅全集》第 6 卷第 78 页）居里夫人说："我以为人们在每一时期都可以过有趣而且有用的生活。我们应该不虚度一生，应该能够说，'我已经做了我能做的事'，人们只能要求我们如此，而且只有这样我们才能有一点快乐。"（《居里夫人传》第 250 页）而英国作家 Samuel Butler 把时间称为"真正独一无二的炼狱"（*the only ture purgatory*），美国诗人爱默生则说，时间是"最有效的毒药"（*the surest poison*）。对时间的理解从事不同职业的人们也可能是不同的。例如对于下列一些时间隐喻的赞同度，学生更倾向于时间就是知识；工人更倾向于时间就是钢铁；农民更倾向于时间就是粮食；军人更倾向于时间就是胜利；商人更倾向于时间就是金钱……。这些也表明人们对时间的情感体验是不同的。时间洞察力包含对时间的认知、理解、动机和情绪已为许多心理学家所认同①~④。

时间洞察力除了包含对时间的认知和情绪体验之外，还包含对时间的行动或行动倾向。珍惜时间的人在行动上会注重时间的管理。夸美纽斯说："时间应分配得精密，使每年、每月、每天和每小时都有它的特殊任务。"（《大教学论》第18页）列宁说："历史不会饶恕那些拖延时刻的革命者，他们本来在今天可以获得胜利（而且一定能在今天胜利），却要拖到明天去，冒着丧失许多、丧失一切的危险。"（《列宁全集》第26卷，第215页）有人曾对英国、日本、印度尼西亚、意大利、中国台湾和美国六个国家和地区中的最大城市和中等城市居民生活节奏做过调查，比较了这些城市里银行时钟的准确度、行人的步行速度和购置邮票所需的时间，结果发现，由于文化及对时间认知的不同，他们的生活节奏也不同：日本城市的银行时钟最准确，行人走路最快，邮局职员办事效率最高，美国城市在这三项调查中排位第二；印度尼西亚城市时钟最不准确，行人走路最慢，意大利城市的邮局职员办事效率最低⑤。

时间洞察力既是个体的一种能力特质（*ability trait*），也是一种动力特质（*dynamic trait*）。说它是一种能力特质，因为人们对时间的感知、记忆推理，对时间价值的理解，对当前时机的把握，对时间的管理，对未来的决策等，都存在着能力上的差异，具有相对稳定的个体差异。我们在对 5~8 岁儿童时间知觉的研究中发现，有的儿童不论对哪一种时距（$3s$、$5s$、$15s$、$30s$）的再现绝大多数均作提前反应；而另一些儿童恰好相反，无论对哪一种时距绝大多数均作错后反应⑥。在成人中时间洞察力在能力上的差异则屡见不鲜。说时间洞察力是一种动力特质，因为人们对时间的价值观、对个人未来的理想和追求、对时间的情操（责任感、义务感、荣誉感、事业心……）、对自我的监控等，都存在着动机上的差异，具有相对稳定的个体差异。正因为时间洞察力具有能力和动力性质，因而它会深刻地影响着个人的生活质量。

————————

① *Lennings, C. J. Adolescents' time perspective. Perceptual and Motor Skills*, 1992, 74: 424~426.

② *Zimbardo, P. G., Boyd, J. N. Putting time in perspective: A valid, reliable individual-differences metric. Journal of Personality and Social Psychology*, 1999, 77(6): 1271~1288.

③ *Jones, J. M. Cultural differences in temporal perspectives: Instrumental and expressive behaviors in time. In: J. E. McGrath. The social psychology of time: New perspectives. Beverly Hills, CA: Sage*, 1988: 21~38.

④ *Lang, F. R., Carstensen, L. L. Time counts: Future time perspective, goals and social relationships. Psychology and Aging*, 2002, 17: 125~139.

⑤ *Dorfman, P. W., et al. Perceptions of punctuality: Cultural differences and the impact of time perceptions on job satisfaction and organizational commitment. Paper presented at the Pan Pacific Conference, Beijing, China, June 8~10*, 1993: 112~118.

⑥ 黄希庭. 时间心理学的若干研究. 见：中国心理学会（编）. 当代中国心理学. 人民教育出版社，2001: 19~33.

二、时间洞察力的结构

可以从多种不同的维度对时间洞察力的结构进行分析。下面仅从两个维度对时间洞察力的结构进行分析。

时间总是从无限的"过去",经"现在",向着无限的"未来"。"过去"、"未来"的中间经"现在"使时间成为无始无终连续体。对时间的洞察力离不开对过去—现在—将来的认知、情感和行动或行动倾向。因此,时间洞察力可分为过去时间洞察力、现在时间洞察力和未来时间洞察力。但人们对过去、现在和未来的时间洞察力是不同的。国外的不少研究对时间洞察力的测量大多包含人们对待过去、现在和未来的测量。例如 *Agarwal* 的时间洞察力模型包含过去、现在和将来的总的心理表征[①]。白井利明的时间洞察力模型包含过去是否接受、现在是否充实、未来是否有希望[②]。杉山成的时间洞察力模型包含是否对过去、现在和未来的不满以及对过去的取向性和未来的取向性构成[③]。*Zimbardo* 和 *Boyd* 的时间洞察力模型也包含了过去、现在和未来的维度[④]。

在个体的过去、现在与未来所涉及的事件、情境和计划都具有时间信息,并对个体的情感产生正面或负面影响。个体之所以能记忆这些内容或期待它们的出现,是因为它们对个体的情感或动机具有意义。而中性的或不具重要意义的事件是不可能包含在个体的时间洞察力之中的。由于个体对自己的过去、现在与未来具有正面或负面情绪,因而它具有激发、调整和维持个体行动的作用。例如,对自己的未来持正面或乐观的情绪,就会激发个体去追求所期望的目标,有助于目标的达成。这就是说,在过去时间洞察力、现在时间洞察力与未来时间洞察力三个维度中均包含有认知、情感和行动或行动倾向成分;而这三个维度所包含的认知、情感及行动或行动倾向的具体内容则可能是不同的。例如过去和现在时间洞察力包含行动成分,而未来时间洞察力则包含目标和行动倾向成分。

人们在过去、现在所经历的时间事件很多,对未来所希望的时间事件也很多。有些时间事件可能是情境性的,属于状态时间洞察力(*state time perspective*),而另一些时间事件可能是相对持久的,属于特质时间洞察力

---

① *Agarwal, A. Time, memory and knowledge representation: The Indian perspective. In: A. Jeanette. Cognition and culture: A Cross-cultural approach to psychology. Elsevier Science Publishers,* 1993: 45~56.

② 白井利明. *A study on the construction of Experiential Time Perspective Scale. The Japanese Journal of Psychology,* 1994, 65(1): 54~60.

③ 杉山成. *An analysis of relationship between the general perceived control and the time perspective in junior high school students. Japanese Journal of Educational Psychology,* 1994, 42: 415~420.

④ *Zimbardo, P. G., Boyd, J. N. Putting time in perspective: A valid, reliable individual-differences metric. Journal of Personality and Social Psychology,* 1999, 77(6): 1271~1288.

（*trait time perspective*）；后者是一个人的人格特质，属于时间维度上的人格差异①。人格特质具有跨时间的稳定性，但也有一定程度的变化。许多研究表明，一旦进入成年期后，人格特质就具有相对的稳定性，尽管生活情境可能变化，但人格特质分数的 3/5 的变异在整个成年期的生命中是稳定的。大约在 21~31 岁期间，人格已具有了其最终的充分发展形式②，特质时间洞察力有其形成过程，可以推论，进入成年期之后，个人的这种人格特质的充分发展形式已经形成了。

三、时间洞察力与人生

时间洞察力与个人的发展前途密切相关，甚至可以说，时间洞察力决定着一个人的命运。无论年轻者或年老者，无论贫穷者或富贵者，一天 24 小时，一年 365 天，人人都能得到相同的时间；但由于人们对于过去逝去的时间、对于现在的时机，对于未来的预期的不同，它可以使贫穷者成为百万富翁，也可以使富贵者成为贫穷潦倒的人。时间洞察力是决定一个人的事业与人生成功的关键。

能否有效地总结自己过去的经验与教训，是时间洞察力的一种表现。高时间洞察力者决不会陷入因失败而哀号并丧失信心，而是能从过去的错误中吸取教训，乐观地去寻求加以挽救的办法。对于过去，成功者与失败者之间的主要区别，常在于成功者能以高时间洞察力从过去的错误中吸取教益，并在今后的生活中以不同的方式去进行再尝试。

能否抓住当前时机，是时间洞察力的另一种表现。高时间洞察力者正视现在，善于创造时机，及时把握时机，不因循、不观望、不退缩、不犹豫，该出手时就出手。对于现在，成功者与失败者之间的主要区别，常在于成功者能及时把握稍纵即逝的时机，眼明手快，当机立断，而不是优柔寡断或因循拖延。

能否确定个人未来的目标并按计划有效地加以实现，也是时间洞察力的一种表现。生活是一个宏伟的竞技场。古之立大事者，不唯有超世之才，亦必有坚忍不拔之志。观察周围的人们，我们可以发现，大多数人的未来目标都定得不够高，显得平庸，而成功者为自己未来制定的目标则是既实际却又有相当野心的。对于未来，成功者与失败者之间的主要区别，常在于成功者敢于追求卓越超群的未来目标，采取具体措施，踏踏实实地从现在做起，以自己的努力来

① 黄希庭. 时间心理学的若干研究. 见：中国心理学会（编）. 当代中国心理学. 人民教育出版社，2001：19~33.

② Costa, P. T., Jr, McCrae, R. R. "*Set like plaster ?*" *Evidence for the stability of adult personality. In: T. Heatherton., J. Weinberger. Can personality change? Washington DC: American Psychological Association*, 1994: 21~40.

创造未来；而不是安于现状的宿命态度和及时享乐的无所作为。

人们都希望在有限的时间里尝试去做某些事情，例如，"做出更大的业绩"；"进一步扩展自己的知识"；"做一个有钱的人"；"希望有一个幸福的家庭"；"学会社会技能，扩大关系网"；"做一名志愿者从事社会服务"……总之追求事业成功，人生幸福。而人生成功的关键乃在于其时间洞察力。

四、展望

虽然我国古时已有"人生天地之间，若白驹之过隙，忽然而已"（《庄周·外篇·知北游》）、"壮而怠则失时"（《管子·形势》）。但真正对时间洞察力进行心理学研究却始于 1985 年。随着我国经济持续高速发展和增长方式的转变，以及社会信息化程度和知识经济成分的提高，社会对创新人才与创业人才的需求更为迫切。而时间洞察力乃是创新人才与创业人才的一种基本特质。从祖国现代化和建设小康社会的角度来看，开展对时间洞察力的研究就显得十分迫切、十分重要。

对时间洞察力的研究还有重要的理论意义。虽然时间和空间是物质存在的基本形式。人不仅是无限时间中的有限存在物，而且是能够意识到其自身的有限性，意识到时间价值，并能控制自己的时间，从而使自己在有限的生存时间里去实现更多、更高的目的。这是人类的本性，也是人格心理学的一个重要课题。然而在以往的人格心理学文献中很少见有这方面的研究报告。研究时间维度上的人格差异，研究人们在时间洞察力上的共性与差异性，无疑将有助于我们深入地理解人类的本性。

我们已经启动并采用多维度多方法对时间洞察力开展了研究，探讨时间洞察力的结构、机制和形成规律，探讨其他心理因素诸如自我观念、成就动机、社会情绪等如何与时间洞察力一起影响着人格的形成与发展。我们将扎扎实实地对此项课题进行研究。

原文载于：心理科学，2004，27（1）：5~7.

时间透视的自我整合：
I. 心理结构方式的投射测验

　　心理时间不同于物理时间。时间透视是人们对过去、现在和未来的意识、态度，以及对过去、现在和未来的相对注意。过去（现在之前）与未来（现在之后）的区别之所以进入意识的范围，是源于长期记忆，特别是情节记忆与预期记忆[1-3]。最近，黄希庭[4]以未来时间修饰词为材料，探讨了未来心理时间的结构特点，结果显示，心理未来是从较近的未来、近的未来向远的未来移动的过程。黄希庭等[5]的研究还表明，过去的心理时间有着与未来的心理时间相似的结构。

　　但是，个人对于自己的过去、现在及未来的不同体验之间存在怎样的关系？其结构方式和功能机制怎样？郑涌和黄希庭[6]的一项研究表明，不同自我同一性状态下的被试对其过去、现在和未来的时间体验存在着差异。为了揭示不同自我同一性状态者的时间透视特点，拟设计能够反映被试的时间体验与自我概念的投射测验，并配合自我同一性状态量表，以揭示不同自我同一性状态下时间透视的心理结构方式。至于功能机制的问题，将另文探讨。

一、研究方法

（一）测验设计

1. 测验一：画圆测验

材料：绘有 14cm×9cm 的空白方框的卷纸。

指导语："对于自己的过去、现在与未来，你感受如何？请在下面的方框内自由地画出三个圆，表现你的所感。注意：不要有多余的图案，要把你对自己的过去、现在与未来的感受真切自然地融入三个圆的大小及排列组合方式之

---

①　黄希庭，郑涌. 时间记忆的理论与实验范型. 心理科学，1995, 18(4): 201~205.
②　Block, R. A., (Ed). Cognitive models of psychological time. Hillsdale, NJ: Erlbaum, 1990.
③　Michon, J. A., Jackson, J. L. Time, mind, and behavior. Berlin: Springer-Verlag, 1985.
④　黄希庭. 未来时间的心理结构. 心理学报，1994, 26(2): 121~127.
⑤　黄希庭，孙承惠，胡维芳. 过去时间的心理结构. 心理科学，1998, 21(1): 1~4.
⑥　郑涌，黄希庭. 自我同一性状态对时间透视体验的结构关系研究. 心理科学，1998, 21(3): 201~204.

中；画完后，请对相应的圆用文字注明'过去'、'现在'与'未来'。"

反应分类：根据被试所画的三个圆的大小及相互位置关系，确定了三个分类指标：①时间支配（*time dominance*）。指过去、现在与未来三者何者占据时间透视的意识重心和注意焦点，并显示其在态度和行为方面的支配地位。根据分别标志过去、现在与未来的三个圆何者最大，相应地将时间支配分为过去支配、现在支配与未来支配；若过去、现在与未来大小大体相当，称时间均衡。②时间取向（*time orientation*）。指时间透视的方向性和发展性，是从过去向未来的积极地延伸，还是消极地暗淡。比较三个圆的大小，若过去<现在<未来，定义为未来取向；若过去>现在>未来，定义为过去取向。此外，一律列为其他。③时间关联性。指个人的时间透视中，过去、现在与未来三者之间的结构关系。对于任两圆的位置关系，分离计 0 分，接触计 1 分，部分重叠计 2 分，包含计 3 分。然后根据过去和现在、过去和未来、现在和未来三种关系的累积得分，将时间关联性分为分离（0 分）、连续（1~3 分）和包含（4~9 分）三类。

2. 测验二：完成句子测验

造句：紧接测验一，卷面呈现分别以"我过去……"、"我现在……"、"我将来……"开头的空格句各 5 个，要求被试分别结合自己过去、现在、将来的情形造 5 个句子，共 15 个。

时间标定：待被试完成全部造句后，出示测验副本，要求被试对照其在测验二中所造的每一个句子，将其中的时间修饰词"过去"、"现在"与"将来"的时间含义逐一在相应的时间量尺上标示出来。所列量尺上，从"此刻"到"无限"，依次标有秒、分、小时、天、星期、月、年、年代以及世纪。

（二）施测

1. 被试

本科二年级大学生 201 名。经测谎题筛选后，剩余有效被试 154 名，其中男 95 名，女 59 名。

2. 场所

以班级为单位，利用公共心理学课课堂教学时间，组织团体施测。

3. 附加问卷

被试完成测试后，随即完成自我同一性状态量表（*SISS*）[①]。154 名被试按其得分的高低均分为高自我认同组和低自我认同组。

---

① 郑涌，黄希庭. 自我同一性状态对时间透视体验的结构关系研究. 心理科学，1998，21(3): 201~204.

（三）效度分析

在完成测验后，对部分被试就下列几个问题作访谈："你所谓的'过去'、'现在'与'未来'分别指什么时期（间）？""如果你画的圆有大有小，什么意思？""如果你画的圆从过去、现在到未来越来越大（或越来越小），什么意思？""如果你画的圆是分离的（或相邻的，或重叠的），什么意思？"结果说明：被试所指的"过去"大多是大学以前，"现在"多是指的大学期间或最近一段时间，而"未来"指的是大学毕业以后或现在以后的时光。关于圆圈大小及其组合方式，也找到了支持画圆测验效度的证据：被试把圆画得大，大多是想显示其"重要性"、"充实的感受"、"自身感觉好"、"辉煌"、"有信心"、"有希望"等，反之同理；如果被试画的圆越来越大，是表示"希望和选择的机会会越来越大"、"懂得越来越多"、"会越做越好"、"不断扩展"、"憧憬"等，反之同理；如果被试画的圆是分离的，表示"是完全不同的"、"有明显界线的"、"有质的不同"、"让过去的成为历史，重新奋斗"、"距离的远近"等，反之则表示"相互联系的"、"存在影响"、"既留下一些，也放弃一些"、"未来是以现在为基础，现在以过去为基础"。看来，圆圈大小确实蕴含着时间体验与自我概念两方面的信息，其大小及组合方式可以用来对一定的自我同一性状态下时间透视的心理结构做出推论。

二、结果与讨论

（一）画圆测验结果分析

1. 时间支配

从总体上看，过去支配、现在支配、未来支配及时间均衡型各有13人、13人、118人、10人，分布极为不均 $[\chi^2(3) =219.04, P < 0.001]$，大多属未来支配型（76.6％）。比较高、低认同组，达显著水平的差异在于：高认同组现在支配较多 $[10人比3人，\chi^2(1) =3.77, P < 0.1]$，而低认同组过去支配较多 $[10人比3人，\chi^2(1) =3.77, P < 0.1]$，如图7.2所示。这一结果正是对前面的研究[①]中不同自我同一性状态对时间体验的回归分析结果的实证。它表明，在如何看待过去与现在的问题上，自我同一性越是趋于达成，就越是立足现在；相反，越是处在混淆状态，就越是沉溺于过去。表现在时间透视心理结构的广度特征上，同一性达成型被试有更广的现在，而混淆型有更广的过去。

---

① 郑涌，黄希庭. 自我同一性状态对时间透视体验的结构关系研究. 心理科学，1998，21(3): 201~204.

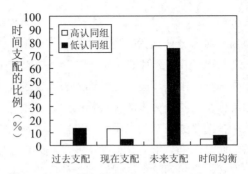

图 7.2　高、低认同组的时间支配分布

2. 时间取向

总体上，过去取向、未来取向及其他型各有 5 人、80 人、69 人，分布极为不均 ［$\chi^2(2)$=63.91，$P < 0.001$］，只有极少数属过去取向型（3.2%）。比较高、低认同组，最显著的差异在于，所有的过去取向型都在低认同组［5 人，$\chi^2(1)$=5，$P < 0.05$］；另外，高认同组的是未来取向型较多（47 人比 33 人），而低认同组的其他型较多（39 人比 30 人），但差异未达显著水平（$P > 0.1$），如图 7.3 所示。它表明，在如何看待自己的过去、现在与未来的问题上，自我同一性越是趋于达成，就越是能够"抛开"过去、展望未来，既立足现实，又对未来抱有积极的期待；相反，越是处在同一性混淆状态，就越是看重过去，并以此为参照，因为现在不如过去，又引申出不如现在的消极暗淡的未来。表现在时间透视心理结构的方向特征上，同一性达成型被试更多未来取向，而混淆型会有过去取向。

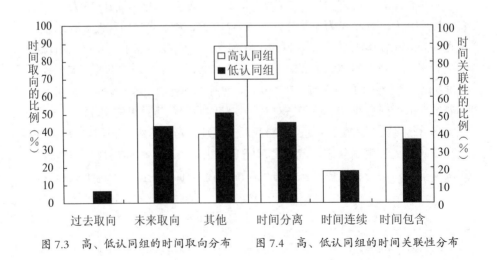

图 7.3　高、低认同组的时间取向分布　　图 7.4　高、低认同组的时间关联性分布

3. 时间关联性

总体上，时间分离、时间连续和时间包含型各有 65 人、28 人、61 人，分布也不均匀 [$\chi^2(2)$=16.06，$P < 0.001$]，时间分离型（42.2％）和时间包含型（39.6％）较多，时间连续型（18.2％）较少。比较高、低认同组，未见显著的差异（$P > 0.1$），但高认同组似乎时间包含型较多（33 人比 28 人），而低认同组似乎时间分离型较多（35 人比 30 人），如图 7.4 所示。这一结果表明，同一性程度可能影响到时间透视的心理结构的紧密程度，同一性程度越高，越是把过去、现在和未来看作是相互关联的，现在是过去的果，又是未来的因；相反，越是处在同一性混淆状态，越是把过去、现在和未来看作是互不相干的，其时间是断裂的。表现在时间透视心理结构的关联性特征上，同一性达成型被试更多时间整合，而混淆型更多时间分裂。

综合以上分析，高认同组被试在时间透视心理结构上是现在更广、未来取向更多、时间整合更强，低认同组则是过去更广、过去取向更多、时间分裂更强。图 7.5 是以画圆方式对此所作的两种理论抽象的典型模式。

达成型　　　　　　　　　　　　　　　　混淆型

图 7.5　不同自我同一性状态下时间透视心理结构的两种典型模式

（二）典型个案分析

按图 7.5 的模式，并参考被试在 *SISS* 上的得分，表 7.9 是同一性达成型和混淆型被试各一例在完成句子测验中的典型个案。分析其所造的句子，不难看出，例甲处在同一性达成的状态下，重视眼前的时光，对未来抱有积极的期待，并把现在与过去相对照，对现状感到满意；又把现在视为将来的起点，句子"我现在为将来设计蓝图，愿以血汗营造成功之路"集中体现了现在与将来的这种关联。例乙处在同一性混淆的状态下，觉得过去最为美好，对现在"感觉什么事都不如意"，对未来不抱希望，"只求平平淡淡地生活"，而句子"我过去从没有想到我会有现在这种情形"和"我现在对将来没有任何把握，对未来没有信心"显示了过去、现在与将来的分裂。另外，值得注意的是，例乙只造了两个将来句，似乎是未来时间中断的情形。上述分析表明，例甲与例乙的差别正体现了达成型与混淆型两种不同同一性状态下的时间透视在时间支配、时间取向和时间关联性上的差别。

表7.9 达成型和混淆型被试各一例的造句反应

例 甲	例 乙
个人资料：	个人资料：
姓名：××	姓名：×××
性别：女	性别：男
年龄：19	年龄：21
画圆测验：类似图7.6左图	画圆测验：类似图7.6右图
SISS 得分：99	SISS 得分：78
我过去……	我过去……
不懂得珍惜时光，日子总是过得迷迷糊糊。	最大的优点是与同学、老师相处得很融洽。
不懂抓住机会，让良机稍纵即逝。	学习成绩不算很差，学习很顺利，不会
性格内向，不爱结交朋友。	感到特别吃力。
对亲人对自己的爱体会不深，对他们的关怀	生活得很有规律。
不够。	玩耍起来很开心，玩得很痛快。
爱读文学作品，领略与感受不同的人生。	从没有想到我会有现在这种情形。
我现在……	我现在……
要珍惜时光，专心致力于我的学业，为将来	感觉什么事都不如意。
打好坚实的基础。	最大的不如意乃是学习成绩一落千丈。
培养自己的社会工作能力，不做只会读书的	和同学相处不是很融洽。
"呆子"。	感到很委屈，竟然有同学怀疑我的人格。
性格开朗，朋友很多。	对将来没有任何把握，对未来没有信心。
和家人关系和睦，以我的成绩回报父母养育	
之恩。	
为将来设计蓝图，愿以血汗营造成功之路。	
我将来……	我将来……
可能是事业上的成功者，也可能是一个平凡	只求一份能糊口养家的普通工作。
的人，但我会做好我自己。	只求平平淡淡地生活，做一个平凡（得）
做人有自己的原则，不因外界环境轻易动摇。	不能（再）平凡的老百姓。
拥有自己的一个空间，闲暇之余，读书、看报、	
绘画、写字……	
争取到音乐学院学钢琴，继续深造（如果可	
能的话）。	
要带父母到处旅游，让他们幸福、快乐。	

（三）完成句子测验的时间标定

1. 总体分析

过去起点、过去终点、现在起点、现在终点、将来起点、将来终点在时间标尺上各时间单位的分布都不是均匀的，也不是渐进的，间接表明了自我时间透视具有阶段性。过去起点明显集中在过去的年（55.2%）和年代（34.3%）上；过去终点除一直持续到此刻（40.5%）而外，过去的年（33%）、月（13.5%）也是重要的终结单位。现在起、终点是从过去的年（50%）、月（25.8%）持续到此刻（22.7%）或将来的年（32.5%）甚至无限（13.4%）。将来主要以此刻（59.4%）为起点，年（28.2%）也是重要的起始单位；向未来的延伸是无限（49%）的，也有相当一部分只持续到年代（21.8%）或年（18.2%）上，成了将来的终点。可见，除了此刻分点是在物理时间的意义上影响到心理时间而外，年分点——也包括较大的年代分点和较小的月分点——对于自我整合的时间的分段有着特别重要的意义，而无限的延伸更具有突出的透视效果。这些结果与单纯对时间修饰词"过去"、"现在"及"将来"的时间赋值研究结果有相通之处。例如，黄希庭等[1][2]的研究中，大学生被试对"将来"一词的时间赋值的单位频数从多到少依次是年、月、天，众数是十年。对"过去"一词的赋值情况相当。也是以大学生为被试，野村和西田[3]用双对尺度法求得"现在"延伸的三个主解是延伸广度、延伸方向及二者的关联程度，并用因素分析的方法表明了其分别为持续、变化及无时间的心理意义，此后还在矛盾情境的认知与解决过程中证实了这三个基本维度的存在[4]。这些研究结果相通的原因不难理解，被试完成这类作业时，对时间的基本的认知性心理结构——是心理的而非物理的时间，必然与主体自身及其生活方式有关——都会起作用。也就是说，可能由于来自自我的本原的动力作用，时间透视的自我整合经常是无意识就要进行的。不过，本研究更加突出了这种整合作用，强调一种有意识的自我整合过程，从而得出了有特色的研究结果，主要表现在更大的现在广度和不对称的过去与未来——后者显然更加开放。

2. 高、低认同组的比较

比较高、低认同组被试的时间标定，在过去起点、过去终点、现在起点及将来起点上未见重要而显著的差异，在现在终点和将来终点上有显著的差异。图 7.6 显示，在现在终点上，高认同组的无限反应较多［66 次比 37 次，$\chi^2(1)=8.17$，$P<0.1$］，而低认同组的此刻反应较多［104 次比 71 次，$\chi^2(1)=6.22$，$P<0.05$］，说明高认同组被试比低认同组有着更广的现在广度，并可能与未来有着更好的连续。在将来终点上，如图 7.6 所示，高认同组也是无限反应较多［206 次比 171 次，$\chi^2(1)=3.25$，$P<0.1$］，而低认同组较多的是年代反应［97 次比 71 次，$\chi^2(1)=4.02$，$P<0.05$］和月反应［10 次比 2 次，$\chi^2(1)=5.33$，$P<0.05$］，再考虑到低认同组在月以下的短时间单位上还有一些反应次数，说明高认同组被试有着更远景的未来，而低认同组的未来透视短

① 黄希庭. 未来时间的心理结构. 心理学报，1994，26(2): 121~127.
② 黄希庭，孙承惠，胡维芳. 过去时间的心理结构. 心理科学，1998，21(1): 1~4.
③ 野村幸正，西田晃一. "いま"の拡がりの範囲，方向の評価——双対尺度法および因子分析法から. 心理学研究，1992，63: 133~139.
④ 西田晃一，野村幸正. 矛盾の認知と解決の過程における"いま"の拡がり. 心理学研究，1994，65: 150~155.

暂一些，较为缺乏由近的未来向远的未来推移的好的心理连续。这些结果与画圆测验的结果看来是一致的。

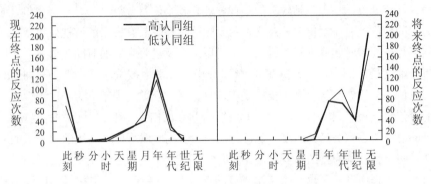

图 7.6　高低认同组现在终点和将来终点的反应次数

三、小结

　　画圆测验和完成句子测验时间标定的配合使用，揭示了建立在时间与自我整合基础上的时间透视的心理结构。以时间透视的广度、方向和关联性作为其结构要素，可见高自我认同组被试有着更大的现在广度、更积极而远景开放的未来取向以及更强的时间整合；低自我认同组则是过去广度更大，过去取向更多，其时间分裂及未来中断的现象更易发生。其意义就在于：一个处在同一性达成的人格成熟状态的人，也就是一个生活目标明确的人，他既重视现在，又积极地面向未来，并用联系与发展的观点看待自己的过去、现在与将来；而一个尚处在同一性混淆状态的人，也就是一个在现实生活中还没有确定目的、价值或计划的人，他对现实要求感到无所适从，对未来方向感到彷徨迷惑，转而试图从过去追寻中找到自身稳定性的支点，他的过去、现在与将来似乎是互不相干的。

　　合作者：郑涌；原文载于：心理学报，2000，32（1）：30~35.

时间透视的自我整合：
Ⅱ．心理功能机制的实验研究

前文所述[①]，已从时间透视的广度、方向及关联性上，初步揭示了时间透视自我整合的心理结构特征。本文试图用实验法加以验证，并考查对于积极与消极的自我信息，一定的同一性状态下的时间透视是以怎样的方式加以整合的，从而从功能上揭示时间透视的自我整合机制。

用实验法研究时间透视难度很大，国内外迄今未见报告。借鉴有关自我图式（self-schema）的研究方法，本实验拟用积极词和消极词让被试对照自己作"过去的我"、"现在的我"与"将来的我"的三择一式迫选反应，并通过被试对其选择结果的时间标定对自我整合的时间透视作进一步的量化考察。

一、方法

（一）材料

24个人格形容词，包括了积极与消极相对的12对形容词：健谈的—寡言的、热忱的—冷漠的、活泼的—压抑的、乐观的—悲观的、和蔼的—苛刻的、慷慨的—自私的、友善的—敌意的、合作的—对抗的、正直的—势利的、可靠的—圆滑的、诚实的—虚伪的、认真的—草率的。对所选词汇在人格维度方面的考虑，依据的是大学生自我概念维度的因素探析[②]；对所选词汇在稳定性要求上的考虑，参考了一项以大学生为被试的中国人人格的词汇研究[③]；而对所选词对在好恶度相对并相当、熟悉度和意义度相当等方面的考虑，则参考了大学生对中文人格特质形容词的评定研究[④]。

（二）被试

本科二年级大学生111名。

---

① 黄希庭，郑涌. 时间透视的自我整合：I. 心理结构方式的投射测验. 心理学报，2000，32(12): 30~35.

② 郑涌，黄希庭. 自我概念的结构：Ⅱ. 大学生自我概念理论维度的因素探析. 西南师范大学学报，1998: (5): 51~56.

③ 王登峰，方林，左衍涛. 中国人人格的词汇研究. 心理学报，1995, 27(4): 400~406.

④ 黄希庭，张蜀林. 562个人格特质形容词的好恶度、意义度和熟悉度的测定. 见：黄希庭，张进辅，李红等. 当代中国青年价值观与教育. 成都：四川教育出版社，1994: 469~499.

（三）实验程序

24 个刺激词随机排列，逐一呈现在计算机屏幕上。每出现一个词（出现时伴有"嘀"声提示），即要求被试根据自己的实际情况尽快而又恰当地做出三择一式判断：该词最好地描述了"过去的我"、"现在的我"还是"将来的我"？屏幕上呈现相应的选项和反应键符。被试分别以敲"1"、"5"或"9"键做出反应。从被试做出反应到下一个刺激呈现间隔 3s，同时刺激词清屏。计算机记录被试的反应和反应时，计时精确到 1ms。在预备实验，被试对另备的十个中性人格形容词进行练习，直至熟悉实验要求为止。

（四）时间标定

完成上述实验后，要求被试在实验附卷上对其选择的结果完成时间标定作业。在 24 个实验用词下面，均有下列一条示意生命历程的时间线，如图 7.7 所示。要求被试先用"↑"符号在全部 24 条时间线上注明目前的年龄，然后标示你对该词所做出的选择（若有更正，以更正的为准）的时间含义：如果选择的是"现在的我"，就用两个"V"符号在时间线上标明该词所描述的现在的时间范围；如果选择的是"过去的我"，仅用一个"V"符号在时间线上标明该词所描述的过去与现在的分节点；如果选择的是"将来的我"，也仅用一个"V"符号在时间线上标明该词所描述的将来与现在的分节点。

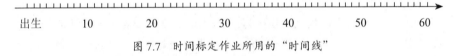

出生　　10　　20　　30　　40　　50　　60

图 7.7　时间标定作业所用的"时间线"

（五）量表测试

被试最后完成自我同一性状态量表（SISS）[①]，用以对被试的自我同一性状态作事后分类。

二、结果与讨论

根据大学生对时间修饰词的赋值特点，本实验指导语中选取"过去"、"现在"和"将来"作为指代过去、现在与未来不同时间段的用词。已有的研究表明[②]，以"此刻"、"现在"为中点，"过去"和"将来"表现出对称性，且模糊度相当，而"未来"的模糊度较大，因而选用"将来"而不用"未来"；至于仍用"现在"而不用"此刻"，是因为前者在模糊度上与"过去"、"将

---

①　郑涌，黄希庭. 自我同一性状态对时间透视体验的结构关系研究. 心理科学，1998，21(3): 201~204.
②　黄希庭. 未来时间的心理结构. 心理学报，1994，26(2): 121~127.

来"较为匹配。

全部 111 名被试经 *SISS* 所含的测谎题筛选后，剔除不合格的资料，剩余完整有效资料被试 87 名。再按 *SISS* 得分，截取最高和最低的各 20 名被试，分别为达成型和混淆型。40 名被试共得 960 个反应（$40 \times 24 = 960$）。

（一）不同同一性状态对不同刺激词的反应时分析

对反应时结果的 2（同一性状态：达成型、混淆型）×2（词性：积极、消极）*ANOVA* 表明，两者存在显著的交互作用 $[F_{(1,956)} = 4.96, P < 0.05]$，其中词性主效应 $[F_{(1,956)} = 25.03, P < 0.001]$ 和同一性状态主效应 $[F_{(1,956)} = 4.79, P < 0.05]$ 显著。图 7.8 显示了在反应时上同一性状态与词性之间的交互作用。这表明，无论达成组还是混淆组，积极词的反应时均短于消极词的，但在达成组差别的幅度更大：在达成组，对积极词和消极词的反应时的平均数和标准差分别为 $192.97 \pm 96.97ms$ 和 $251.15 \pm 151.62ms$，呈极显著差异 $[t_{(478)} = -5.01, P < 0.001]$；在混淆组，对积极词和消极词的反应时的平均数和标准差分别为 $193.29 \pm 118.08ms$ 和 $215.62 \pm 125.71ms$，呈显著差异 $[t_{(478)} = -2.01, P < 0.05]$。而达成组和混淆组在反应时上的差异主要表现在消极词上 $[t_{(478)} = 2.79, P < 0.01]$，积极词没有显著差异 $[t_{(478)} = -0.01, P > 0.05]$。

上述结论与前文① 的研究结果的一致之处在于，由于大学生的自我概念总的说来是积极的，实验中的积极词就更可能与被试的实际相符，从而更易做出选择判断。进而，由于达成组的自我概念较之混淆组更为积极，也就出现了统合状态与词性的交互作用。然而，关联性较强因而分辨难度越大、选择反应时越长的假设未得证实。因为根据假设，达成组在积极词和消极词上的反应时都应长于混淆组，但在积极词上的反应时没有出现预期的显著差异，且同一性状态与词性存在显著的交互作用。这一问题的出现，可能是实验效应分离不清所致。

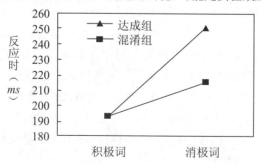

图 7.8 不同同一性状态对不同刺激词的反应时

---

① 黄希庭，郑涌. 时间透视的自我整合：I. 心理结构方式的投射测验. 心理学报，2000，32(12): 30~35.

(二) 不同统合状态对不同刺激词的反应倾向分析

达成组和混淆组各 480 个反应 (20×24=480) 中，做出的过去、现在与将来反应分别为 153 次、197 次、130 次和 155 次、195 次、130 次，都是现在多于过去、过去多于将来。但对积极词与消极词，达成组和混淆组表现出过去、现在与将来的不同反应倾向。如表 7.10 所示，对积极词，混淆组的过去反应多于达成组 [χ^2 (1) =15.38，$P<0.001$]；而对消极词，达成组的过去反应多于混淆组 [χ^2 (1) =5.40，$P<0.05$]。与此相应，对积极词，达成组的现在和将来反应均多于混淆组；而对消极词，混淆组的现在和将来反应多于达成组，只是现在和将来分别看来差异未达显著水平 ($P>0.05$)。

表 7.10　不同同一性状态被试对积极与消极刺激词的过去、现在与将来反应次数

	积极词			消极词		
	达成组	混淆组	χ^2 (1)	达成组	混淆组	χ^2 (1)
过去反应	22	59	15.38***	131	96	5.40*
现在反应	138	113	3.49	59	82	3.75
将来反应	80	68	0.97	50	62	1.29

注：* 表示 P<0.05，** 表示 P<0.01，*** 表示 P<0.001，下同。

这一结果表明，不同同一性状态的被试的时间透视有着不同的自我整合倾向：同一性达成者比混淆者更倾向于把积极的自我信息融入自己的现在与未来，把消极的抛给过去。随之而来的，同一性达成者更易表现为既看重现在又憧憬未来的乐观取向，而同一性混淆者更易表现为怀旧的悲观取向。这一结果与前文[①] 的研究是一致的，分别可看作未来取向与过去取向。

(三) 不同反应倾向及其反应时分析

将上述反应时与反应倾向的分析联系起来，可以作进一步的推测：对消极词，达成组被试因更不符合而反应时明显变长，只是由于必须做出选择，倾向于选择了过去的我；但这一解释不适用于积极词，因为两组被试在反应时上不存在显著差异，其在反应倾向上的差异就只能看作被试自身的真实写照。对反应时结果的 2 (同一性状态：达成型、混淆型)×2 (词性：积极、消极)×3 (反应倾向：过去、现在、将来) ANOVA 表明，三者存在显著的交互作用 [$F_{(2,948)}$ =3.35，$P<0.05$]，除了主要来自同一性状态与词性的交互作用 [$F_{(1,948)}$ =6.08，$P<0.05$] 而外，还有词性与反应倾向的交互作用 [$F_{(2,948)}$ = 3.82，$P<0.05$]。ANOVA 结果支持了上述推测。

① 黄希庭，郑涌. 时间透视的自我整合：Ⅰ. 心理结构方式的投射测验. 心理学报，2000，32(12): 30~35.

（四）时间标定结果分析

被试在作时间标定之前，有 9.6%（共 92 人次）的实验反应做了更正，其同一性状态和词性分布均匀，未见显著差异。以年为单位，表 7.11 列出了不同同一性状态被试对积极词和消极词的时间标定结果，并做了其差异显著性检验。这些结果可从以下几个角度加以分析。

表 7.11 达成组和混淆组被试对积极词和消极词的时间标定

	过去—现在节点（距此刻）						现在—将来节点（距此刻）			
	过去终点		现在起点		现在广度		现在终点		将来终点	
	积极词	消极词	积极词	消极词	积极词	消极词	积极词	消极词	积极词	消极词
达成组	3.12 ±2.47	4.57 ±3.09	4.29 ±4.01	3.23 ±3.31	23.61 ±15.62	7.43 ±6.46	19.32 ±14.54	4.20 ±5.59	4.01 ±4.58	12.80 ±10.26
混淆组	2.11 ±2.06	5.04 ±4.45	3.37 ±3.03	2.21 ±2.13	12.37 ±8.80	6.56 ±7.87	8.99 ±8.78	4.35 ±6.51	5.82 ±4.92	10.34 ±9.82
df	69	230	257	136	257	136	257	136	148	108
t 值	1.67	−0.96	2.03*	2.21*	6.89***	0.68	6.70***	−0.15	−2.32*	1.27

1. "过去—现在"节点

从过去终点看，无论积极词消极词，达成组和混淆组都未表现出显著差异（$P > 0.05$）；从现在起点看，则都表现出显著差异（$P < 0.05$）：无论积极词消极词，都是达成组远大于混淆组。

2. "现在—将来"节点

从现在终点看，在积极词上有极显著差异 [$t_{(257)} = 6.70$，$P < 0.001$]，达成组大大远于混淆组；从将来起点看，也是在积极词上有显著差异 [$t_{(148)} = -2.32$，$P < 0.05$]，达成组近于混淆组。二者结合起来，充分显示了达成组被试时间透视的更强的自我整合。不过，这些差异在消极词上不显著（$P > 0.05$）。

3. "现在"的广度与方向

上述现在起点和现在终点也就规定了现在的广度及方向。对积极词，达成组的现在范围远大于混淆组 [$t_{(257)} = 6.89$，$P < 0.001$]，但在消极词上差异不显著（$P > 0.05$）。结合图 7.9 可进一步发现，达成组和混淆组在积极词的心理现在上的差异，还表现在前者有更强的未来取向。

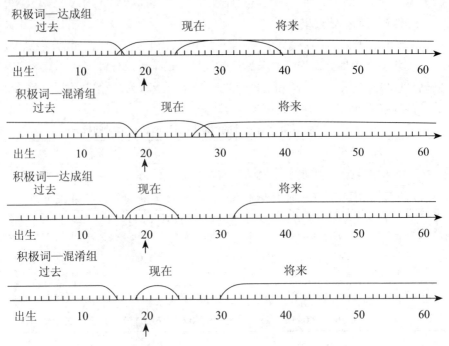

图 7.9　时间透视的自我整合（↑表示该组平均年龄）

三、结论

以同一性状态（达成组与混淆组）和词性（积极词与消极词）为操纵变量，以"过去的我"、"现在的我"和"将来的我"三择一式迫选程序的反应选择及反应时为因变量，本实验不仅验证了前文的研究结论，即不同同一性状态的被试的时间透视在广度、方向及关联性等的心理结构特征上存在差异（达成组有更大的现在范围、更强的未来取向和更紧的时间联结），而且表明了二者对于自我信息的整合有着不同的功能机制（达成组比混淆组更倾向于把积极的自我信息融入自己的现在与未来，把消极的抛给过去）。不过，这种差异主要体现在积极词上，在消极词上差异不显著。

合作者：郑涌；原文载于：心理学报，2000，32（1）：36~39.

大学生过去时间洞察力的心理结构

　　人类从来就生活在时间中，但是人的心理时间不同于物理时间。人类对时间的主观感知和体验构成了人类理解、解释生活经历[①②]和人类行为认知结构的重要背景，并对思维、情感和行为产生极大的影响[③④]。作为一种构建心理时间的基本维度，时间洞察力（time/temporal perspective，TP）这一构念越来越受到人们的关注。时间洞察力是指个体对于时间的认知、体验和行动（或行动倾向）的一种人格特质[⑤]。时间洞察力与人们对时间的感知、记忆推理，对时间价值的理解，对当前时机的把握，对时间的管理，对未来的决策密切相关；时间洞察力又与人们对时间的价值观、对个人未来的理想和追求、对自我的监控，以及其成就动机、工作道德取向等有着紧密联系[⑥]。因此，对时间洞察力的研究具有重要的意义。

　　国外从心理学的角度对时间洞察力进行研究起步较早，并编制了多种时间洞察力问卷或量表。而国内从整体的角度对时间洞察力开展研究始于20世纪90年代。但是，由我们之前的相关研究和综述[⑦~⑪]可知，在研究内容上，国内外多数研究侧重于未来时间洞察力和现在时间洞察力，而对过去时间洞察力关注较少，很少有研究专门对过去时间洞察力（past time perspective）进行过探讨，作为时间洞察力的一个组成部分，过去时间洞察力似乎被忽视了。因此，本文

　　① James, W. The principles of psychology (Originally Published in 1890). New York: Doverm, 1950.
　　② Kelly, G. A. The psychology of personal constructs. New York: Norton, 1955.
　　③ Fraisse, P. The psychology of time(J. Leith, Trans). New York: Harer & Row, 1963.
　　④ Zimbardo, P. G. Whose time it is, I think I know-research on time perspective. In: R. C. Silver. Temporal perspective-A topic whose time has come again. Symposium conducted at the 102nd Annual Convention of American Psychological Association. Los Angeles, CA, 1994.
　　⑤ 黄希庭. 论时间洞察力. 心理科学, 2004, 27(1): 5~7.
　　⑥ 吕厚超, 黄希庭. 关于时间透视的研究. 西南师范大学学报 (自然科学版), 1999, 24(3): 351~356.
　　⑦ 吕厚超, 黄希庭. 青年学生时间洞察力结构的初步探讨. 西南师范大学学报(人文社科版), 2004, 30(4): 46~50.
　　⑧ 吕厚超, 黄希庭. 时间洞察力的概念及研究方法. 心理科学, 2005, 28(1): 166~169.
　　⑨ 吕厚超, 黄希庭. 时间洞察力的理论研究. 心理科学进展, 2005, 13(1): 27~32.
　　⑩ 吕厚超, 黄希庭. 时间洞察力的心理结构、特征及研究焦点. 心理科学, 2004, 27(5): 1037~1040.
　　⑪ 吕厚超. 青年学生过去时间洞察力研究. 重庆：西南大学博士学位论文, 2006.

旨在根据过去时间洞察力的理论构想[1]，探索大学生过去时间洞察力的心理结构，并编制大学生过去时间洞察力量表，为时间洞察力研究提供工具。

根据时间洞察力的概念分析[2]，我们把过去时间洞察力界定为：个体对过去时间的认知、情绪体验和行动上所表现出来的相对稳定的心理特征，包括过去时间认知、过去情绪体验、过去行动三个维度。

一、方法

（一）大学生过去时间洞察力预试问卷编制

1. 被试

以随机抽样法选取大学生被试 555 人，尽可能考虑性别、年级、学科等变量的平衡。共发出预试问卷 555 份，回收有效问卷 523 份，回收有效率为94％。问卷调查由研究者亲自主持，统一指导语，采用五点自评式量表以班级为单位进行团体测量。

2. 程序

（1）预试问卷的编制

根据开放式问卷调查结果和理论构想[3]，参考 *Zimbardo* 时间洞察力量表[4]、时间管理倾向量表[5]、时间洞察力（透视）问卷[6][7] 以及有关文献的论述，筛选出预试问卷的题项。根据理论构想[8]和有关理论[9]，预试问卷共编制封闭式题目 75 个。考虑到社会赞许性的影响，施测时问卷名称可以不显示出来，只标明"调查问卷"。另外，参照期待性回答平衡调查表[10]，拟定五条测谎题，用来测量个体的社会赞许性程度。因此，预试问卷共包括 80 个题项，预试问卷编制完毕，请专家、学生对表述不清、难于理解、有歧义或有其他问题的题项进行修改。预试问卷采用五点 *Likert* 量表法（1 = 完全不符合，2 = 较不符合，3 = 不确定，4 = 较符合，5 = 完全符合）。在施测中让被试根据自己的实际情况评定与各题项的符合程度，由"完全不符合"到"完全符合"分别计 1~5 分。

---

①③⑧ 吕厚超，黄希庭. 大学生过去时间洞察力的理论构想. 西南大学学报 (社会科学版)，2007，33(3): 16~20.

② 黄希庭. 论时间洞察力. 心理科学，2004，27(1): 5~7.

④ *Zimbardo, P. G., Boyd, J. N. Putting time in perspective: A valid, reliable individual-differences metric. Journal of Personality and Social Psychology, 1999, 77(6): 1271~1288.*

⑤ 黄希庭，张志杰. 青少年时间管理倾向量表的编制. 心理学报，2001，33(4): 338~343.

⑥ 吕厚超，黄希庭. 青年学生时间洞察力结构的初步探讨. 西南师范大学学报 (人文社科版)，2004，30(4): 46~50.

⑦ 吕厚超. 青年学生时间透视及其与人格特征关系的研究. 重庆：西南师范大学硕士学位论文，2000.

⑨ 孟庆茂，侯杰泰. 协方差结构模型与多层线性模型：原理及应用. 北京：北京师范大学心理计量与统计分析研究室，2001.

⑩ 汪向东. 心理卫生评定量表手册. 北京：中国心理卫生杂志增刊，1993.

为了避免施测时被试心理定势的影响，问卷中设置了反向记分题，在统计计分时作相应分数转换。

（2）统计方法

采用 *SPSS*10.0 *for windows* 2000 软件包进行统计分析。

（二）正式问卷的编制

1. 题项分析与筛选

通过项目分析进行题项筛选，即考虑题项的临界比率（*critical ratio*，简称 *CR* 值）的显著性（鉴别力分析）和题项与量表总分相关系数的大小。据此剔除四个题项。

通过因素分析进行筛选，参照以下标准进行项目评价：因素负荷 <0.39（α<0.39）；共同度 <0.16（$h^2<0.16$）；"概括"负荷（*substantial loading*）<0.5（$α^2/h^2<0.5$）；每个项目最大的两个"概括"负荷之差 <0.25 [（$α_2^1−α_2^2$）/ h^2]。据此剔除 16 个题项。

预试时被试作答情况的定性分析，如是否存在几乎所有被试对某一题项作相同的回答、是否大部分被试认为某个题项难于理解等。据此剔除两个题项。

最后剩下 53 题构成大学生过去时间洞察力量表（*Past Time Perspective Scale for Undergraduate Students*），其中过去时间认知分量表 27 题，过去情绪体验分量表 12 题，过去行动分量表 14 题。

2. 因素确定与命名

对筛选后剩余的 53 题的数据进行探索性因素分析。*KMO* 检验和因素模型的适合性检验（即 *Bartlett* 球形检验）表明，三个分问卷（过去时间认知、过去情绪体验、过去行动）的 *KMO* 值分别为 0.84、0.88、0.78；*Bartlett* 球形检验值分别为 5725.85、2786.26、1780.23，其显著性水均为 *p*<0.000，说明可以对数据进行因素分析。对三个分问卷先分别进行主成分分析，提取公共因素，求得初始因素负荷矩阵，然后使用正交旋转法求出旋转因素负荷矩阵，最后参照以下标准确定因素数目：因素的特征值（*eigenvalue*）大于 1；因素解符合陡阶检验（*scree test*）；碎石图（*scree plot*）拐点（图 7.10）。因素分析结果见表 7.12、表 7.13、表 7.14。

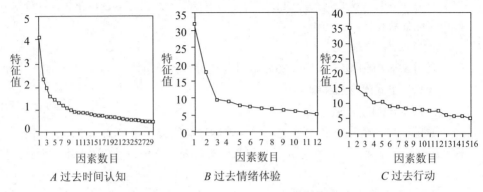

图 7.10　三个分量表因素分析的碎石图

表 7.12　过去时间认知分量表

因素 1			因素 2			因素 3			因素 4			因素 5			因素 6		
特征值 4.07			特征值 2.32			特征值 1.92			特征值 1.56			特征值 1.41			特征值 1.32			
贡献率 13.58%			贡献率 7.72%			贡献率 6.41%			贡献率 5.18%			贡献率 4.71%			贡献率 4.39%			
题号	共同度	因素负荷	题号	共同度	因素负荷	题号	共同度	因素负荷	题号	共同度	因素负荷	题号	共同度	因素负荷	题号	共同度	因素负荷
T16	0.48	0.65	T79	0.55	0.70	T76	0.45	0.62	T04	0.56	0.66	T02	0.48	0.63	T14	0.46	0.54
T44	0.46	0.61	T05	0.44	0.61	T77	0.42	−0.60	T45	0.47	0.60	T43	0.47	0.60	T42	0.29	0.52
T55	0.45	0.61	T63	0.43	0.57	T71	0.28	0.49	T29	0.49	0.54	T30	0.50	0.54	T01	0.36	0.39
T03	0.46	0.58	T33	0.42	0.50	T69	0.39	0.40	T32	0.36	0.51	T15	0.45	0.52			
T54	0.42	0.52	T46	0.42	0.50												
T21	0.30	0.41	T18	0.38	0.50												

　　由表 7.12 可知，六个因素共解释总变异的 41.990%。因素命名遵循以下原则：一是参照理论构想命名；二是参照题项因素的负荷值命名，一般根据负荷值较高的题项所隐含的意义命名。在表 7.12 中，因素 1 包含的六个题项涉及个体对过去时间的管理、利用和控制，是个体对自己过去管理、利用时间的能力具有的某种信念，命名为"过去时间管理评价"。因素 2 所包含的六个题项反映了个体对过去的客体、事件或观念所投注的注意和反应倾向，涉及个体从过去的失败或成功中吸取经验和教训的能力，命名为"反思过去"。因素 3 所包含的四个题项涉及个体在过去能否有效地抓住各种时机和机会，命名为"时机评价"。因素 4 所包含的四个题项反映个人对过去的行为和思想所偏好的方向持有的观念和认识，涉及个体把自我沉溺（或投向）于过去，命名为"沉湎过去"。因素 5 所包含的四个题项涉及个体对过去时间的宽松度、紧迫性的认识和看法，命名为"时间压力评价"。因素 6 所包含的三个题项涉及个人对过去时间的价值、重要性和功能所具有的相对稳定的观念，命名为"过去时间价值评价"。

表 7.13　过去情绪体验分量表

因素 1			因素 2		
特征值 2.48			特征值 2.47		
贡献率 20.64%			贡献率 20.54%		
题号	共同度	因素负荷	题号	共同度	因素负荷
T59	0.49	0.70	T47	0.51	0.71
T61	0.47	0.66	T35	0.43	0.65
T66	0.51	0.62	T08	0.45	0.64
T78	0.35	0.59	T72	0.44	0.61
T24	0.38	0.52	T74	0.33	0.48
T37	0.27	0.48	T22	0.31	0.48

由表 7.13 可知,两个因素共解释总变异的 41.181%。因素 1 的六个题项涉及个体对过去持有一种负面的、悲观的、消极的情绪体验,命名为"负面过去";因素 2 的六个题项主要反映个体对过去持有一种正面的、乐观的、积极的情绪体验,命名为"正面过去"。

表 7.14　过去行动分量表

因素 1			因素 2			因素 3			因素 4		
特征值 2.30			特征值 1.79			特征值 1.76			特征值 1.51		
贡献率 14.37%			贡献率 11.18%			贡献率 11.01%			贡献率 9.45%		
题号	共同度	因素负荷	题号	共同度	因素负荷	题号	共同度	因素负荷	题号	共同度	因素负荷
T40	0.66	0.81	T28	0.67	0.81	T48	0.48	0.66	T25	0.47	0.68
T26	0.54	0.72	T13	0.44	0.65	T60	0.39	0.59	T07	0.46	0.66
T50	0.55	0.69	T41	0.48	0.61	T62	0.43	0.53	T39	0.44	0.46
T12	0.43	0.50				T53	0.37	0.50			

由表 7.14 可知,四个因素共解释总变异的 46.01%。因素 1 的四个题项主要涉及个体在行动之前对活动作出的整体部署和安排,命名为"行动计划性";因素 2 的三个题项主要反映个体能否依据自身的实际情况,设立符合自己的各种目标,命名为"制定目标";因素 3 的四个题项主要涉及个体的目标是否实现,是否适合自己情况,能否依据现实情况进行调整,命名为"目标合适性";因素 4 的三个题项反映了个体对过去时间是遵守还是拖延,命名为"行动守时性"。

(三)信度、效度检验

1. 信度检验

采用内部一致性信度和重测信度进行检验。重测人数为 136 人,来自预试群体，时间间隔为一个月。

总问卷的内部一致性信度系数为 0.65，重测信度系数为 0.72；各分问卷及其所属维度的内部一致性信度系数在 0.40~0.87 之间，除了个别较低之外，大部分都在 0.50 以上；重测信度系数在 0.64~0.88 之间，绝大多数在 0.60 以上，且均达到 .01 的显著性水平。

2. 效度检验

效度检验采用内容效度和结构效度。

内容效度：文献综述、开放式调查、专家评判和个案访谈等多种研究的结果均表明，问卷具有较好的内容效度。

表 7.15　各分问卷、因素之间及其与总问卷的相关

	一	二	三	四	五	六	七	八	九	十	十一	十二	十三	十四	十五	十六
一	1.00															
二	0.31	1.00														
三	0.31	0.14	1.00													
四	−0.02	−0.001	−0.13	1.00												
五	0.22	0.15	−0.07	0.01	1.00											
六	0.22	0.39	0.13	0.16	0.12	1.00										
七	−0.20	−0.14	−0.47	0.03	0.25	−0.26	1.00									
八	0.32	0.13	0.18	0.35	−0.14	0.37	−0.43	1.00								
九	0.53	0.29	0.16	−0.08	6	0.29	0.12	−0.00	0.12	1.00						
十	0.28	0.27	−0.02	0.08	0.29	0.27	−0.01	0.10	0.23	1.00						
十一	0.40	0.37	0.32	−0.10	2	0.03	0.17	−0.28	0.15	0.36	0.16	1.00				
十二	0.35	0.27	0.15	0.03	0.12	0.20	−0.20	0.14	0.23	0.31	0.19	1.00				
十三	0.70	0.63	0.51	0.61	0.51	0.61	−0.27	0.28	0.47	0.37	0.43	0.36	1.00			
十四	0.60	0.45	0.23	−0.03	0	0.29	0.28	−0.17	0.19	0.72	0.65	0.61	0.65	0.62	1.00	
十五	0.30	0.16	0.39	0.18	−0.23	0.37	−0.86	0.83	0.07	0.07	0.26	0.20	0.32	0.21	1.00	
十六	0.67	0.51	0.49	0.68	0.70	0.54	−0.62	0.61	0.52	0.45	0.55	0.52	0.80	0.77	0.73	1.00

注：表中一、二、三、四、五、六、七、八、九、十、十一、十二、十三、十四、十五、十六分别代表：时间管理、反思过去、时机评价、沉湎过去、时间压力、时间价值、负面过去、正面过去、计划性、制定目标、合适性、守时性、过去认知、过去行动、情绪体验、总问卷平均分。

结构效度：对经题项筛选后剩下的题项数据进行探索性因素分析，所得出的大学生过去时间洞察力的结构模型与理论构想基本一致，说明该问卷具有较好的结构效度。此外，根据测量理论，各分问卷与总问卷得分的相关超过各分问卷之间的相关可以提供良好结构效度的证据[①]。从表 7.15 可知，各分问卷与

---

① 戴忠恒. 心理教育测量. 上海：华东师范大学出版社，1987.

总分之间的相关为 0.726~0.800；各因素与所属问卷之间的相关也大都高于各因素之间的相关或各因素与其他分问卷及其所属因素之间的相关。说明各分问卷、各因素既有一定的独立性，也反映出了一定的归属性，问卷具有较好的结构效度。

（四）验证性因素分析

1. 被试

从正式问卷调查 2234 名大学生被试（考虑性别、年级、专业、区域、学校类型等因素）中随机选取 600 名。

2. 验证性因素分析路径

采用 *Amos*5.0 对调查数据进行验证性因素分析，以确定理论模型对实际数据的拟合程度。采用 *ADF* 法（*Asymptotically distribution-free*）对模型进行拟合估计，验证性因子负荷见图 7.11，图 7.11-*A* 和图 7.11-*B* 的主要拟合指标为 x^2/df=4.54、3.67，p=0.00<0.05；*GFI*=0.75、0.63，*RMR*=0.05、0.04，*RMSEA*=0.09、0.08。无论是相对指标还是绝对指标，本研究的结果都在公认的可接受范围，表明该模型对数据的拟合较好。

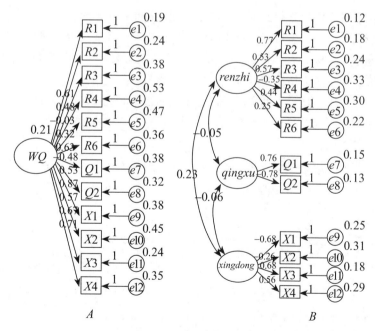

图 7.11　大学生过去时间洞察力验证性因素分析路径

二、讨论

确定大学生过去时间洞察力的心理结构并编制测量工具是进行实证研究的重要步骤，也是进行后续研究的基础。对于测量工具的编制和使用，国内很多学者[1~3]倡导进行本土化研究。时间洞察力这一概念译自英文，国外研究者编制了众多的时间洞察力量表，但把这些量表引进国内，存在着文化、国情等方面的适应症。因此，编制测量工具更应建立在对文化历史分析的基础之上。本研究基于过去时间洞察力理论构想，参考前人有关问卷或量表[4~7]以及相关的文献论述，确定了大学生过去时间洞察力的心理结构，并编制出大学生过去时间洞察力量表。经过探索性因素分析和验证性因素分析，发现我国大学生过去时间洞察力的心理结构由三个维度共12个因素构成，与理论构想[8]基本一致，验证了我们之前所假设的理论模型。然而，将本研究得到的大学生过去时间洞察力的心理结构与理论构想[9]相比较，两者所包括的三个维度中的因素存在一些差异。本研究得到的结构比理论构想多出一个因素。分析如下：

在过去时间认知维度中，本研究结果比理论构想多出"时机评价"这一因素，其余五个因素相同。时机评价这一新的因素可能在理论构想中被忽略了，在开放式问卷调查中也未得到揭示。但是，理论构想后再次进行的专家访谈和学生访谈表明，这一因素可能是过去时间认知中的一个重要成分，因此，在编制预试问卷时，我们设计了相关题项，经过探索性因素分析和验证性因素分析，均得到证实。对于过去情绪体验维度，理论构想与本研究得到的结构相一致。在过去行动维度中，均包含四个因素，所不同的是本研究在对因素命名时，把理论构想中的"行动的目标性"命名为"制定目标"，这样才能更好地体现该因素中题项的含义。

当然，本研究所编制的大学生过去时间洞察力量表在题项上尚存在某些表达不准确或不明确的词句；某些个别的题项与所属的分量表之间的相关相对较

① 黄希庭. 再谈人格研究的中国化. 西南师范大学学报（人文社科版），2004，30(6): 5~9.
② 林崇德，俞国良. 心理学研究的中国化：过程与道路. 心理科学，1996，19(4): 193~198.
③ 王登峰，崔红，胡军生，陈侠. 中国青少年人格量表（*QZPS-Q*）的编制. 心理发展与教育，2006，22(3): 110~115.
④ 吕厚超，黄希庭. 关于时间透视的研究. 西南师范大学学报（自然科学版），1999，24(3): 351~356.
⑤ *Zimbardo, P. G., Boyd, J. N. Putting time in perspective: A valid, reliable individual-differences metric. Journal of Personality and Social Psychology, 1999, 77(6): 1271~1288.*
⑥ 黄希庭，张志杰. 青少年时间管理倾向量表的编制. 心理学报，2001，33(4): 338~343.
⑦ 吕厚超. 青年学生时间透视及其与人格特征关系的研究. 重庆：西南师范大学硕士学位论文，2000.
⑧⑨ 吕厚超，黄希庭. 大学生过去时间洞察力的理论构想. 西南大学学报（社会科学版），2007，33(3): 16~20.

低，比如有的项目负荷值小于 0.40，可能会对总量表的使用产生不利影响；某些因素所包含的题项数目较少，相对不均衡，在一定程度上可能也会影响测量工具的使用；从三个分量表所解释的总变异量来看，过去时间认知、过去情绪体验和过去行动分别为 41.99％、41.18％和 46.01％，相对来说并不是很高，说明可能存在某些理论构建或验证方面的不足。需要在进一步的研究中进行交叉验证，为更深入地进行过去时间洞察力研究指标良好的测量工具。

三、结 论

（1）大学生过去时间洞察力是一个多层次的心理结构系统，包括三个维度共 12 个因素。

（2）大学生过去时间洞察力量表有着良好的效度、信度和较理想的项目鉴别度，可以作为一种研究工具使用。

合作者：吕厚超；原文载于：心理科学，2007，30（5）：1037~1041.

时间自我评价的性质

一、时间自我评价及其功能

自我是人类意识的一种最为基本的特征，也是人格的核心因素之一。自我是一个复杂的系统，从时间维度上看，它可分为现在我、过去我和将来我。对于现在我，不是单指当下的瞬间我，而是与过去我、将来我联系在一起的，正如 James 所说，现在"……不是小刀的尖角，而是山脊，因为在山脊上有一定的宽度供我们休息，而且从那里我们可以看到时间的两个方向"[①]。时间自我也是一个复杂的系统，就自我知识而言，主要包含了两种知识：时间自我情节知识和时间自我语义知识。时间自我情节知识又可分为自传体记忆和将来情节想象。例如，回忆或想象自己在过去或将来某一天和朋友欢聚的场景。时间自我语义知识主要是从时间自我情节知识中抽象出来而形成的较为一般的稳定的知识。譬如，如果一个人回想起自己过去很多次在公众场合讲话而紧张脸红，从而得出过去的我是相当害羞的。而时间自我评价就是个体对自己的过去我、现在我和将来我的认知和评价[②]，它主要由时间自我语义知识构成。例如，个体对于自己在过去、现在和将来的特性的评价。时间自我评价还可细分为过去自我评价、现在自我评价和将来自我评价。

时间自我评价的功能主要表现为两个方面。一方面，时间自我评价具有保持自我认同和觉知自我变化的重要功能。自我认同或自我同一性是指个体觉得自己是一个连续的自我。我们认同今天的我是从过去的我发展而来的，并且会发展成为将来的我。自我认同使个体在主观上保持了自我的连续性。如果没有自我认同，就会出现严重的心理障碍或疾病，如有一种精神分裂症就没有自我认同感。自我并不是一成不变的，也会随着时间的流逝而有所改变，如上大学、参军、结婚或经历重大灾难事件等等，也会使个体的自我观念也会发生某些甚至重大变化。因此，个体的自我认同是基本的并且也是在觉知自我变化的基础上实现的。自我也需要觉知自我的某些甚至重要的变化，否则就会出现严重的适应问题。例如，如果个体进入大学后觉知到自己的人际自我要比过去的差，他或她就会做出适当的调整来改变人际自我；如果个体不能觉知到人际自我发

---

① *James, W. Principles of psychology. New York: Henry Holt and Company,* 1892.
② 黄希庭，夏凌翔. 人格中的自我问题. 陕西师范大学学报（哲学社会科学版），2004，33(2): 108~111.

生了变化，不能对其人际关系做出正确的自我评价，其人际交往就会出现障碍。又如个体结婚有了孩子之后能觉知到自己的角色身份发生了变化，他或她就会担负起父亲或母亲这个角色相应的责任，从而改变自己的家庭自我；如果个体不能知觉其角色身份的变化，则会引起家庭冲突和矛盾。另一方面，对过去自我、现在自我和将来自我的评价会影响个体的动机和行为。时间自我评价具有激发、调整和维持动机和行为的作用。人们从评价过去自我中获得经验和教训，从而能够指引当前或将来的行为。个体对未来自我的积极评价将会激起并坚持对目标的追求，而个体对未来时间自我的消极评价则可能会影响对目标的追求。譬如，如果一个医学院学生的职业自我是当一名优秀的医生，并且对此理想抱有积极乐观的态度的话，则他或她会尽力抵制娱乐的诱惑，努力学习医学相关知识和技能；但是如果他或她觉知自己当一名优秀医生的前景比较渺茫和悲观的话，则会影响其为该目标付出努力的程度，甚至放弃当医生这个目标。

二、时间自我评价与文化

要了解一个人就必须深入到其对自己的独特的看法和评价，就不能不关注文化对时间自我评价的影响。文化是一套共享知识的网络，这些共享知识在一个相互关联的个体集合中被生产、散布和再生产①。它影响着时间自我评价，时间自我评价既有跨文化的相同之处，同时又具有各自文化的独特之处。前者称为文化的普遍性，后者称为文化的特殊性。例如，所有的文化都有"自信"这个概念，指个体信任自己，对自己的知识、能力具有信心。但是除了这种文化普遍性之外，不同文化对自信的关注和强调不同。我国文化中的自信，更加强调自信作为稳定人格特征的一面，不仅能准确对应具体行为情境中的某种心理机能，并且还包含了西方对自信相关概念中没有的内容，如品格、成就等因素②。

时间自我评价的跨文化普遍性表现在对将来自我的积极评价上。在东西方关于将来自我的研究中，无论是行为水平上还是神经生理水平上，均发现了人们倾向于积极地看待将来③~⑥。人们认为自己的将来是美好而且光明的，很少考

①　赵志裕，康萤仪. 文化社会心理学. 北京：中国人民大学出版社，2011.
②　毕重增，黄希庭. 青年学生自信问卷的编制. 心理学报，2009，41(5): 444~453.
③　Luo, Y. M., Huang, X. T., Chen, Y. G., Jackson, T., Wei DT. Negativity bias of the self across time: An event-related potentials study. Neuroscience Letters, 2010, 475(2): 69~73.
④　Newby-Clark, I. R., Ross, M. Conceiving the past and future. Personality and Social Psychology Bulletin, 2003, 29(7): 807~818.
⑤　Sharot, T., Riccardi, A. M., Raio, C. M., Phelps, E. A. Neural mechanisms mediating optimism bias. Nature, 2007, 450(7166): 102~105.
⑥　罗扬眉. 时间自我态度的外显和内隐测量. 重庆：西南大学硕士学位论文，2011.

虑到将来消极事件会发生。尽管东西方文化在对将来自我的积极评价上是普遍的，但是在看重将来的程度上是具有跨文化特殊性。已有研究发现，东方人更加看重过去，而西方人更加强调将来[①]。另外，在过去自我和现在自我评价的相对关系上，东西方文化也存在特殊性。在西方的研究中，过去自我评价和现在自我评价存在显著差异[②-④]。Wilson 和 Ross 认为，个体为了使自己当前的状态有积极感觉，有意地建构或夸大消极的过去自我，称赞现在自我[⑤⑥]。然而，在东方文化中如日本和中国文化中发现过去自我评价和现在自我评价并不存在差异[⑦-⑩]。例如，陈莹和黄希庭在中国文化背景下研究中国人在情感维度上时间自我评价差异后发现，人们普遍地积极地看待自己的将来，但在对过去自我和现在自我的评价上不存在效价差异，有混合的情感体验[⑪]。

然而，东西方文化在时间自我评价上存在特殊性的机制还需要进一步探讨。例如，在过去和现在自我评价存在文化差异的动因上，还需要确定到底是由于东方文化中自我增强动机的减少和缺乏[⑫]，还是由于自我增强动机的表现形式受到文化的影响？对其文化差异背后机制的研究，可能有助于间接地解决当前关于自我增强是否具有跨文化普遍性这一热点争议问题。另外，在具体的研究方法层次上，目前大多数研究没有直接对东西方的时间自我评价进行比较，因此得出的结果可信度还值得怀疑，未来还需要对东方和西方文化中的时间自我评价进行跨文化直接比较。最后，东西方被试在外显自我报告时受到社会赞许性的影响上还不一样，东方被试可能更容易受到其影响，所以采用内隐社会认知的研究对时间自我评价展开研究也是未来可以探索的问题之一。总之，对于时间自我评价的跨文化差异问题，未来还可以在很多方面展开研究。

① Ji, L. J., Guo, T. Y., Zhang, Z. Y., Messervey, D. Looking into the past: Cultural differences in perception and representation of past information. Journal of personality and social psychology, 2009, 96(4): 761~769.

② Haddock, G. Do I get better looking each day? Changes in self-perceptions of attractiveness as a function of temporal perspective. European Journal of Social Psychology, 2006, 36(5): 761~771.

③ Kanten, A. B., Teigen, K. H. Better than average and better with time: Relative evaluations of self and others in the past, present, and future. European Journal of Social Psychology, 2008, 38(2): 343~353.

④⑤⑫ Wilson, A. E., Ross, M. From chump to champ: People's appraisals of their earlier and present selves. Journal of Personality and Social Psychology, 2001, 80(4): 572~584.

⑥ Ross, M., Wilson, A. E. It feels like yesterday: Self-esteem, valence of personal past experiences, and judgments of subjective distance. Journal of Personality and Social Psychology, 2002, 82(5): 792~803.

⑦ Luo, Y. M., Huang, X. T., Chen, Y. G., Jackson, T., Wei, D. T. Negativity bias of the self across time: An event-related potentials study. Neuroscience Letters, 2010, 475(2): 69~73.

⑧ 罗扬眉. 时间自我态度的外显和内隐测量. 重庆：西南大学硕士学位论文，2011.

⑨ Ross, M., Heine, S. J., Wilson, A. E., Sugimori, S. Cross-cultural discrepancies in self-appraisals. Personality and Social Psychology Bulletin, 2005, 31(9): 1175~1188.

⑩⑪ 陈莹. 时间自我：过去我、现在我和将来我的一致与不一致. 重庆：西南大学博士学位论文，2008.

三、时间自我评价与经验

个体对时间自我形成的评价大部分是来源于日常生活经验。人们从过去、现在和将来的大量生活事件中提取出了相对抽象的自我评价，形成了时间自我评价。此外，时间自我评价也要受到经验的制约。经验会影响个体知觉世界和自我的方式，从而会影响到时间自我评价。例如，创伤事件这一经历会影响到时间自我评价。患创伤后应激障碍（*Posttraumatic Stress Disorder*，PTSD）的被试通常会认为自己在经历创伤之前的过去自我要比别人好，而现在自我和将来自我都要比别人要差[①]。

黄希庭和李宏翰采用了时间态度量表、自我概念量表和 *A* 型行为类型问卷对青年学生和中年教师的时间自我评价及其与自我概念、*A* 型行为类型之间的关系进行了研究，发现不管是青年还是中年，都对自己的过去、现在和将来持积极评价；但从过去、现在和将来的比较来看，青年学生对将来评价更加积极，过去次之，对现在自我的评价最低，而中年教师则比较重视现在，过去次之，将来评价最低。可能是因为青少年对未来抱有很高的期望，但当前的学习任务过重，所以他们对现在的评价较低；而中年教师由于生理上的下降和任务较重等原因，他们重视现在，对过去时间自我评价最好，而对将来自我评价低。这说明生活经验会对时间自我评价的影响。研究还发现，时间自我态度与自我概念是正相关的，*A* 型行为类型者在 *A* 型行为类型问卷得分与时间自我态度量表上的得分是负相关的[②]。除了研究不同年龄被试的时间自我评价模式之外，黄希庭和郑涌采用了画圆测验、完成句子测验和时间标定作业或人格形容词迫选法对不同同一性状态个体的时间自我特点进行了研究[③④]。结果发现，不同同一性状态被试的时间透视有着不同的自我整合倾向，高自我认同的个体有更宽的现在广度，更为积极和开放的未来，以及更强的时间整合能力；而低自我认同的个体有更宽的过去广度，更多采取过去取向，并且过去、现在和未来似乎是割裂的，易表现为怀旧的悲观取向。

然而，从经验的维度来研究时间自我评价还是初步的，未来在研究内容上还可以进一步拓展。首先，不同人格类型的时间自我评价的特点还没有得到研

---

① *Brown, A. D., Buckner, J. P., Hirst, W. Time, before, and after time: Temporal self and social appraisals in posttraumatic stress disorder. Journal of Behavior Therapy and Experimental Psychiatry,* 2011, 42(3): 344.

② 黄希庭，李宏翰. 青少年学生和中年教师的时间态度之研究. 黄希庭心理学文选. 重庆：西南师范大学出版社，1995.

③ 黄希庭，郑涌. 时间透视的自我整合：I. 心理结构方式的投射测验. 心理学报，2000，33：30~35.

④ 郑涌，黄希庭. 时间透视的自我整合：II. 心理功能的实验研究. 心理学报，2000，33：36~39.

究。譬如，A 型和 B 型人格；荣格的内倾和外倾型人格；John Holland 的现实型、研究型、艺术型、社会型、企业型和传统型六种人格类型等等。其次，时间距离对时间自我评价影响也是需要探索的。以往研究显示，过去和未来在心理结构上是分段的。过去时间和未来时间在心理结构上是对称的，分为三个心理时间段，即以秒和分为计时单位的"较近的过去"和"较近的未来"，以小时、日和月为计时单位的"近的过去"和"近的未来"，以及以年为计时单位的"远的过去"和"远的未来"[①~④]。可以推测，时间自我在过去未来的不同时间阶段上的心理表征上可能存在差异，这也是未来值得研究的问题。最后，在年龄差异上，对于不同年龄的个体，譬如儿童、青少年和老年人，由于其生活经历和主观期望的不一样，时间自我评价模式也可能存在显著的差异。

另外，目前已有研究大多只是从经验的角度进行了研究，而对其他时间自我维度很少有研究。例如，自我是一个多维度、多层次的系统，可以从各种不同的维度对自我进行划分，从自我与人的关系来分，可以分为个体自我、关系自我和集体自我；从发展的维度来分，可以分为身体自我、物质自我、心理自我和社会自我；从个人活动的领域可以分为工作自我、学业自我、家庭自我等等[⑤]。这些自我均具有时间属性，都能够从时间维度对它们加以研究。

四、时间自我评价与心理健康

心理健康是一个连续体，又可分为若干分层次。如可以分为心理疾病或障碍、心理机能正常和健全人格三个层次。心理疾病或障碍是不健康的层次；心理机能正常以心理适应为基本特征，属于低层次的心理健康；健全人格属于高层次的心理健康。正面的时间自我评价有利于促进心理健康，负面的时间自我评价会导致心理障碍或疾病。反过来，不同心理健康状态的人也会影响到个体对自己过去、现在和将来的评价。

时间自我评价与每个层次的心理健康都有密切联系。例如，在心理疾病或障碍层次上，Beck 的抑郁认知理论指出，抑郁个体中消极地看待自己的将来就是三组消极认知图式之一[⑥]；患有精神分裂症和创伤后应激障碍的患者与控

① 何嘉梅，黄希庭，尹可丽，罗扬眉. 时间贴现的分段性. 心理学报，2010，42(4)：474~484.

② 黄希庭. 未来时间的心理结构. 心理学报，26(2)：121~127.

③ 黄希庭，李伯约，张志杰. 时间认知分段综合模型的探讨. 西南师范大学学报（人文社会科学版），2003，29(2)：5~9.

④ 黄希庭，孙承惠，胡维芳. 过去时间的心理结构. 心理学报，1998，21(1)：1~16.

⑤ 黄希庭，夏凌翔. 人格中的自我问题. 陕西师范大学学报（哲学社会科学版），2004，33(2)：108~111.

⑥ Haaga, D. A. F., Dyck, M. J., Ernst, D. Empirical status of cognitive theory of depression. Psychological Bulletin, 1991, 110(2): 215~236.

制组相比有着不同的时间自我评价模式[1][2]。在心理适应机能层次，*Zimbardo* 和 *Boyd* 的研究发现，与那些对过去抱有消极态度的人相比，那些对过去有着乐观态度的人，倾向于更加快乐、健康和成功[3]。时间自我评价与高层次的心理健康即健全人格也是紧密联系在一起的。黄希庭提出的健全人格理论就认为，健全人格者的特征之一就是应该要以正面的态度看待过去、现在和未来，追求现实而高尚的生活目标。一个健全人格者应能以辩证的态度看待世界、他人、自己、过去、现在和未来、顺境与逆境，是一个自立、自信、自尊、自强、幸福的进取者[4]-[6]。它说明了个体对过去、现在和未来的态度与健全人格、幸福感之间的关系。

　　尽管时间自我评价在心理健康和幸福感上均有重要意义，但是时间自我评价在心理健康各个层次的应用意义还很少得到实证探索。未来需要对心理障碍患者的时间自我评价模式进行研究，识别其独特的时间自我评价模式，用于抑郁症或其他临床心理障碍患者的早期甄别和治疗效果的评估，这可能对其心理咨询和治疗具有重要指导意义和应用价值。另外，还可以比较不同心理障碍患者的时间自我评价模式的异同，如抑郁症患者和焦虑症患者之间的异同，有利于探明心理障碍的发生机制；还可以比较不同健康状态的心理疾病患者的时间自我评价的差异，比如抑郁症患者（临床）、抑郁情绪个体（非临床）和正常人之间的时间自我评价模式，以在不同阶段采取不同治疗和干预方法。在心理机能适应方面，辩证思维可能会对时间自我评价和心理健康产生影响，未来还需要证实。在健全人格方面，健全人格者和幸福进取者的时间自我评价模式也是我们需要关注的，这样才有利于健全人格的培养和教育。

五、时间自我评价的脑机制

　　自我加工的脑机制问题成为社会认知神经科学领域的热点之一。尽管当前大量脑成像研究都是对当前自我展开研究的，但对时间维度上的自我脑成像研

---

　　① *Brown, A. D., Buckner, J. P., Hirst, W. Time, before, and after time: Temporal self and social appraisals in posttraumatic stress disorder. Journal of Behavior Therapy and Experimental Psychiatry,* 2011, 42(3): 344~348.

　　② *Dinos, S., Lyons, E., Finlay, W. M. L. Does chronic illness place constraints on positive constructions of identity? Temporal comparisons and self-evaluations in people with schizophrenia. Social Science & Medicine,* 2005, 60(10): 2239~2248.

　　③ *Zimbardo, P., Boyd, J.* 津巴多时间心理学. 沈阳：万卷出版公司，2010.

　　④ 黄希庭. 时间与人格心理学探索. 自序与后记. 宁波大学学报（教育科学版），2006，28(4): 1~3.

　　⑤ 黄希庭. 压力，应对与幸福进取者. 西南师范大学学报（人文社会科学版），2006，32(3): 1~6.

　　⑥ 黄希庭. 序. 载车丽萍. 自信心及其培养. 北京：新华出版社，2004.

究也开始受到了研究者们的关注。*D'Argembeau* 等人率先对时间自我评价进行了两项脑功能成像研究。这两项研究均采用自我参照范式，即让被试判断特质形容词如亲切的是否适合描述时间维度上的自己或他人。结果均发现，与过去自我和将来自我评价相比，内侧前额叶在现在自我评价时有更大的激活；与现在自我评价相比，过去和将来自我评价时右侧顶下回有更大的激活[①②]。然而，在另一项脑功能成像的研究中却发现了不同的激活模式。*Ersner-Hershfield*、*Wimmer* 和 *Knutson* 发现现在自我评价比将来自我评价在前扣带皮层喙部（*rostral anterior cingulate cortex*，*rACC*）有更大的激活[③]。

当前对时间自我评价脑机制的研究也存在某些缺陷。一方面，以往对时间自我评价的脑成像研究中均没有发现情绪效价对脑机制的影响[④~⑥]。在过去的行为研究和对自传体记忆的脑成像研究中却发现了效价对时间自我评价有影响[⑦⑧]。另一方面，以往在研究工具上存在缺陷。尽管脑功能成像研究具有高空间分辨率，但其时间分辨率低，得到的结果可能是多种心理过程的叠加。因此，*Luo*、*Huang*、*Chen*、*Jackson* 和 *Wei* 采用高时间分辨率的事件相关电位来研究时间自我评价的时间进程[⑨]。让被试根据他们的过去自我、现在自我和将来自我进行自我参照判断。结果发现，与积极词相比，消极词在过去自我和现在自我条件下在 650~800*ms* 的晚期正成分（*late positive components*，*LPC*）引发了更为负性的偏向，即负性偏向（*negativity bias*），而在将来自我条件下，正性词和负性词引发的 *ERP* 波形在同一时间窗口没有分离。这可能说明人们对自己的过去和现在有混杂的正性情绪和负性情绪体验，但对于自己的将来却是一致的乐观。

目前，对时间自我评价的脑机制是在自我脑机制研究背景下展开的，对于时间自我评价包含哪些神经过程，是否有特定的大脑区域参与等问题，还不得而知。另外，自我评价与时间自我评价的神经过程有何异同也是需要探究的问

---

①④ *D'Argembeau, A., Feyers, D., Majerus, S., Collette, F., Van der Linden, M., Maquet, P., et al. Self-reflection across time: Cortical midline structures differentiate between present and past selves. Social Cognitive and Affective Neuroscience*, 2008, 3(3): 244~252.

②⑤ *D'Argembeau, A., Stawarczyk, D., Majerus, S., Collette, F., Van der Linden, M., Salmon, E. Modulation of medial prefrontal and inferior parietal cortices when thinking about past, present, and future selves. Social Neuroscience*, 2010, 5(2): 187~200.

③⑥ *Ersner-Hershfield, H., Wimmer, G. E., Knutson, B. Saving for the future self: Neural measures of future self-continuity predict temporal discounting. Social Cognitive and Affective neuroscience*, 2009, 4(1): 85~92.

⑦ *Newby-Clark, I. R., Ross, M. Conceiving the past and future. Personality and Social Psychology Bulletin*, 2003, 29(7): 807~818.

⑧ *Sharot, T., Riccardi, A. M., Raio, C. M., Phelps, E. A. Neural mechanisms mediating optimism bias. Nature*, 2007, 450(7166): 102~105.

⑨ *Luo, Y. M., Huang, X. T., Chen, Y. G., Jackson, T., Wei, D. T. Negativity bias of the self across time: An event-related potentials study. Neuroscience Letters*, 2010, 475(2): 69~73.

题。另外，最近，将来情节想象成为心理学特别是认知神经科学中炙手可热的研究课题[1]，未来可以探究对过去和将来的自我语义知识与过去和将来的情节想象在大脑激活区域上可能存在的异同。

六、三个值得研究的方向

（一）时间自我评价的理论构建

尽管时间自我评价的研究已经取得了一定成果，但是在理论构建方面还远远不够。未来还需要构建理论特别是构建具有本土文化特点的理论来促进人们对于时间自我的理解。尽管西方有时间自我评价理论来解释人们的时间自我评价，但并不具备全人类普遍性。许多研究表明，以西方文化为代表的个体主义和以东方文化为代表的集体主义文化中的心理和行为是有差异的。个体主义文化强调的是个人独立自由发展以及个人目标的实现；集体主义文化强调的是个人与他人、与环境关系的和谐，集体规范的遵守。个体主义和集体主义文化差异在自我构念上得到了反映，比如个体主义文化中的个体对自我或他人的知识是一般性、概括性的，而集体主义文化中的个体则是具体的、情境化的知识；个体主义文化中的个体擅长分析思维，而集体主义文化中的个体擅长辩证思维；个体主义文化中的个体不轻易接受别人的意见，而集体主义文化中的个体容易相信和服从权威等等。正是由于东西方文化在自我构念上是存在差异的，不能简单地将西方的时间自我理论简单地套用和照搬，来描述和解释东方人的时间自我。例如，东方人的时间自我中可能包含了社会自我、关系自我和家庭自我等等，而西方人的时间自我包含更多的是独立的自主的个体我。东西方的文化差异就决定了我们需要构建根植于本土社会和文化传统、具有中国文化特色的时间自我评价理论，这是未来需要努力的方向。

（二）时间自我评价的方法拓展

目前对时间自我评价的研究多以问卷法、实验法为主，方法较为单一。每种研究方法都存在优缺点。单一的研究方法不能揭示时间自我评价的全貌。未来需要采用多维度多方法对时间自我评价展开研究，可以从人格心理学、社会心理学、生理心理学和临床心理学等多维度多进行探索，不仅需要量化研究，如实验法、问卷调查法和相关法等等，还需要结合质性研究，如个案法、深度访谈法、叙述研究法、文献分析法等。例如，采用深度访谈法或叙述研究法来研究时间自我评价的问题，可能比量表或实验法等量化方法能够获得更为丰富

---

[1]　*Szpunar, K. K. Episodic Future thought: An emerging concept. Perspectives on Psychological Science*, 2010, 5(2): 142~162.

的资料。只有采用多维度多方法，才能较为全面地探明时间自我评价的结构、性质和机制，并探讨其他因素如文化、经验、人格特征等对时间自我评价的影响规律。

（三）时间自我评价的应用研究

除了在心理疾病或障碍上具有应用价值之外，时间自我评价还对健全人格的养成和培养具有重要应用意义。一个健全人格者，应该能够以辩证的态度对待自己的过去、现在和将来。具体地说，健全人格者的时间自我评价总体上是积极的；有积极的过去自我，但也能够认识和接纳负面过去自我，能够从过去自我反思中获得经验和教训来指导现在自我和将来自我；现在自我是有价值和意义的，能够与他人和谐相处的，能够经常把现在自我和过去自我、将来自我相比较，以找出现在自我的不足之处和努力的方向；对于将来自我有理想有目标，并且对实现理想将来自我抱有乐观的态度。当然，这些仅仅是推论，未来还需要实证研究来证实。未来还需要扎实推进时间自我评价在健全人格培养、人才选拔和培训等方面的应用，这对于健全人格的培养和国民心理素质的提升有莫大的益处。

合作者：罗扬眉；原文载于：西南大学学报（社会科学版），2011，37（6）：1~6.

青少年未来取向问卷的编制

    未来取向是指个体对未来时间的认知偏好和意志行动倾向，同时也包括个体在此基础上形成的主观情感体验，它体现了人类思维和行为指向未来这一重要特征。对于未来取向者，未来不是虚无缥缈的，他们总是未雨绸缪，为将来做好规划，这些特点都会对思维、情感和行为产生影响，并由此决定着个人的事业，甚至决定着个人的成功与失败[1]。青少年期是一个思考未来，准备向成年过渡的时期。同时，也是未来取向迅速发展、分化和拓展的重要时期[2]。未来取向的发展对青少年个体的成长起着至关重要的作用。例如，有研究发现，未来取向的大学生更倾向于采用健康的行为方式来维护自身的身体健康[3][4]。*Wills* 和 *Sandy* 对初中生的调查发现，未来取向与早期的物质滥用成负相关，即未来取向程度高的个体越不容易出现物质滥用现象[5]。*Apostolidis* 等[6] 对法国青少年的调查发现未来取向对青少年的物质滥用起间接的保护作用。此外，未来取向对于个体的学业成绩也有积极的预测作用，*Bowles*[7] 对青少年的调查发现，未来取向与个体的学业成绩有着积极的联系。*Barber* 等[8] 对大学生的调查也发现未来取向高的个体更有可能获得较高的学业成绩。

    对于未来取向的研究主要集中在问卷法和投射法。圆环测验，讲故事技术等投射技术由于难度大、计分困难，且具有主观性，实用性受到一定的限

---

① 刘霞，黄希庭. 未来取向研究概述. 心理科学进展，2010，18(3): 385~393.

② *Nurmi, J. E. Adolescent development in age-graded context: The role of personal beliefs, goals, and strategies in the tackling of developmental tasks and standards. International Journal of Behavioral Development, 1993, 16: 169~189.*

③ *Adams, J., Nettle, D. Time perspective, personality and smoking, body mass, and physical activity: An empirical study. British Journal of Health Psychology, 2009, 14: 83~105.*

④ *Daugherty, J. R., Brase, G. L. Taking time to be healthy: Predicting health behaviors with delay discounting and time perspective. Personality and Individual Differences, 2009, 48: 202~207.*

⑤ *Wills, T. A., Sandy, J. M. Time perspective and early-onset substance use: A model based on stress-coping theory. Psychology of Addictive Behaviors, 2001, 15 :118~225.*

⑥ *Apostolidis, T., Fieulaine, N., Soule, F. Future time perspective as predictor of cannabis use: Exploring the role of substance perception among French adolescents. Addictive Behaviors, 2006, 31: 2339~2343.*

⑦ *Bowles, T. The relationship of time orientation with perceived academic performance and preparation for assessment in adolescents. Educational Psychology, 2008, 28: 551~565.*

⑧ *Barber, L. K., Munz, D. C., Bagsby, P. G., Grawitch, M. J. When does time perspective matter? Self-control as a moderator between time perspective and academic achievement. Personality and Individual Differences, 2009, 46: 250~253.*

制。近些年来，针对未来取向编制的问卷得到广泛的使用，但不同的学者由于对未来取向的建构不同，他们所编制的测量工具也有所不同，有些问卷仅仅考察未来取向的认知因素，如 *Gjesme*[①] 编制的未来时间取向量表，该量表的卷入、期望、速度和占据都是认知因素。有些问卷则考察未来取向情感因素，*Trommsdorff* 等人[②] 的未来取向问卷用来评估人们对于未来的希望和焦虑，这也从侧面反映了人类的情感因素。而有些问卷主要考察未来取向的意志行动因素。*Zimbardo*[③] 编制的未来时间洞察力量表中的未来分量表包括计划性这一维度，这是人类意志行动最好的体现。针对未来取向的问卷大都是把未来取向固有的认知过程、情感过程和意志行动过程割裂开来。其次，国内对于未来取向的研究还相对薄弱，对中国人未来取向的研究都采用国外的研究工具，直接用国外的未来取向问卷来测查中国人的未来取向程度是否合适还是一个值得探讨的问题。

国外对于未来取向的研究至今尚未形成专门的领域，关于未来取向的研究仍然没有取得系统完整的研究成果。国内对于未来取向的研究更是相对薄弱，几乎未见国内对于中国人的未来取向的结构进行探讨，更未见有中国化的测量工具出现。因此，本文对国内外未来取向进行研究综述的基础上，探讨中国青少年未来取向的心理结构，并在此基础上编制中国青少年未来取向问卷，意义重大。

一、方法

（一）问卷结构的初步确定与预测问卷的初步形成

1. 青少年未来取向心理结构的初步构想

通过对相关文献进行整理分析形成了青少年未来取向的基本认识。在此基础上对初中生、高中生和大学生进行了开放式问卷调查。开放式调查主要围绕以下三个问题：①每个人对过去、现在和未来的关注程度不同，有的人喜欢沉湎过去，有的人喜欢展望未来。您认为那些比较关注未来的人有哪些突出的行为表现和人格特点？②您认为自己是一个关注未来较多的人吗？请说明原因。③您通常会关注未来的哪些方面？请详细列举[④]。根据开放式问卷调查结果，

---

① Gjesme, T. *Future time orientation as a function of achievement motives, ability, delay of gratification, and sex. Journal of Psychology*, 1979, 101, 173~188.

② Trommsdorff, G., LammH., Schmidt, R. W. *A longtitudinal study of adolescents future orientation. Journal of Youth and Adolescence*, 1979, 8(2): 131~147.

③ Zimbardo, P. G., Boyd, J. N. *Putting time in perspective: A valid, reliable individual-differences metric. Journal of Personality and Social Psychology*, 1999, 77: 1271~1288.

④ 刘霞，黄希庭，高芬芬. 青少年未来取向的理论构想. 西南大学学报，2011，37(2): 15~19.

再结合文献，将青少年未来取向界定为：未来取向是指个体对未来时间的认知偏好和意志行动倾向，同时也包括个体在此基础上形成的主观情感体验。初步构想的青少年未来取向的心理结构包括未来认知、未来情感和未来意志行动三个维度。其中，未来认知又包括广度和密度两个因素；未来情感包括乐观性和思虑性两个因素；未来意志行动包括计划性和执行性两个因素。

2. 青少年未来取向预测问卷的初步形成

依据开放式问卷的调查结果与有关专家的意见，参考国内外的相关研究，编制出青少年未来取向预测问卷，该预试问卷共包括 60 个题项。为了使问卷结构合理、通俗易懂，反复请心理学院的老师和专家对问卷的题项进行修改。为了避免答题定式的影响，问卷中设置了反向计分题。为便于施测，将所有题目随机排列，构成青少年学生未来取向预测问卷。问卷采用五点量表自评，从"完全不符合"、"较不符合"、"不确定"、"较符合"、"完全符合"依次记为 1 分、2 分、3 分、4 分和 5 分。

3. 青少年未来取向正式问卷的形成

对山东省的两所中学和重庆市的一所大学进行了预试问卷的调查，共发放问卷 450 份，收到有效问卷 412 份。初中生 119 人，高中生 128 人，大学生 165 人。年龄从 11~25 岁。其中男生 192 人，女生 220 人。通过对预测问卷的数据分析，使用区分度、共同度、因素负荷等指标删除 29 个题项，青少年未来取向正式问卷由 31 个题项构成。

（二）被试

在开放式问卷调查阶段，共发放问卷 370 份，收回有效问卷 357 份。年龄 12~24 岁。男生 139 名，女生 217 名，一份未注明性别。在预测问卷调查阶段，共发放问卷 450 份，收到有效问卷 412 份。初中生 119 人，高中生 128 人，大学生 165 人。年龄从 11~25 岁。其中男生 192 人，女生 220 人。在正式问卷实施阶段，共发放问卷 1200 份，回收有效问卷 1140 份。再从中剔除无效问卷，共剩余有效问卷 1004 份。其中，初中生 292 人，高中生 305 人，大学生 407 人。

（三）数据管理与统计

本研究的调查问卷数据资料采用 *SPSS*15.0 *for Windows XP* 统计软件包进行分析处理。

二、结果与分析

（一）探索性因素分析

1. 项目筛选

对初测问卷进行探索性因素分析，并根据以下标准删除题项：①因素负荷值大于 0.40；②共同度大于 0.30；③将在两个以上题目的因素负荷均过高且负荷值近似的题目删除；④删除归类不当的题目。

2. 一阶探索性因素分析

经过无数次的探索分析，根据以上标准共删除 29 个题项。最后，对剩余的 31 个题项进行探索性因素分析，并根据以下标准确定因素：①因素的特征值（*Eigenvalue*）大于 1；②因素解符合陡阶检验（*Scree test*）；③根据碎石图拐点（*Scree plot*）；④每个题目至少包含三个题目。对青少年未来取向问卷进行一阶因素分析，结果发现六个因子的结构较为合理，共解释总变异的 52.203%，结果如表 7.16。

表 7.16　一阶探索性因素分析的结果

题号	项目	共同度	因素负荷
	因素 1：密度 （贡献率为 10.58%）		
33	我时常在心中勾勒自己未来的生活。	0.53	0.70
18	对未来美好的想象时常在我的脑海中浮现。	0.53	0.67
28	闲暇时，我喜欢畅想未来。	0.51	0.65
43	我经常思考自己的未来人生之旅。	0.52	0.63
7	我很少思考未来。	0.31	0.51
23	我经常考虑未来要做的一些事情。	0.37	0.50
	因素 2：思虑性 （贡献率为 9.78%）		
49	未来的不确定性让我紧张不安。	0.63	0.77
34	我常常为自己的将来发愁。	0.61	0.75
19	未来的不确定性太多，我害怕走向未来。	0.60	0.70
13	想到未来时，我有点惴惴不安。	0.54	0.69
60	面对未来，我有点手足无措。	0.54	0.68
	因素 3：计划性 （贡献率为 9.47%）		
46	我喜欢有计划地学习。	0.56	0.73
57	我喜欢给自己设定目标，并为之努力。	0.59	0.73
56	我们应该提前规划好每一天的生活。	0.48	0.62
20	在做事情之前，我会制订详细的进度表。	0.37	0.52
52	一旦我决定了做什么事情，我就考虑怎么去完成它。	0.48	0.51
5	我常常结合自己的实际情况制订计划。	0.46	0.48
51	我一直在为自己的将来做准备。	0.45	0.44
	因素 4：乐观性 （贡献率为 8.65%）		
4	我对未来充满了信心。	0.59	0.67
9	我对未来充满了期待。	0.57	0.65

续表

50	我相信我有能力创造美好的明天。	0.59	0.64
30	我对未来生活抱有极大的热情。	0.65	0.60
14	展望未来让我感觉心情舒畅。	0.42	0.49
	因素 5：执行性（贡献率为 7.85%）		
6	对要做的事，我不能持之以恒。	0.63	0.79
31	我的计划常常因为各种原因半途而废。	0.50	0.67
16	我往往在最后时刻才把任务完成。	0.51	0.65
26	对于制订的计划，我会认真执行。	0.56	0.56
11	在完成任务的过程中，我能抵挡住来自外界的各种诱惑。	0.41	0.56
	因素 6：广度（贡献率为 5.87%）		
27	我能想象到自己十年后的生活情境。	0.65	0.76
48	我能想象到若干年后的自己会是什么样子。	0.62	0.73
37	我经常考虑未来五年要做的事。	0.42	0.45

3. 二阶探索性因素分析

根据理论构想，一阶因素之上还应该有二阶因素，因此对得到的六个因子又做了二阶的探索性因素分析。依据以下标准确定因素数目：因素的特征值（*Eigenvalue*）大于 1；因素解符合陡阶检验（*Scree test*）。最后确定了三个因素，见表 7.17。

表 7.17　二阶探索性因素分析的结果

因素名称	共同度	因素负荷
二阶因素 1：未来认知（贡献率为 30.01%）		
密度	0.75	0.85
广度	0.69	0.81
二阶因素 2：未来情感（贡献率为 23.39%）		
思虑性	0.87	0.91
乐观性	0.80	0.71
二阶因素 3：未来意志行动（贡献率为 23.21%）		
执行性	0.83	0.90
计划性	0.67	0.70

从表 7.16 可以看出第一个因子共包含六个题项，是指个体思考未来的程度和频率，命名为"密度"；第二个因子共包含五个题项，是指个体对未来的焦虑、担忧和恐惧，命名为"思虑性"；第三个因子共包含七个题项，是指个体做出计划以实现目标的能力，命名为"计划性"；第四个因子共包含五个题项，是指个体对未来事件的积极期望，命名为"乐观性"；第五个因子包含五

个题项，是指个体为了实现目标而采取的积极行动，命名为"执行性"；第六个因子包含三个题项，是指个体把自己的未来延伸的时间长短范围，命名为"广度"。

从表 7.17 看出，第一个二阶因素包含了两个一阶因素，内容涉及个体对未来的认识和关注，命名为"未来认知"；第二个二阶因素包含两个一阶因素，内容涉及个体对未来的情感体验特点，命名为"未来情感"；第三个二阶因素包含两个一阶因素，内容涉及个体为了实现未来目标而做出的意志努力，命名为"未来意志行动"。

（二）问卷的信度和效度分析

1. 问卷的信度

本研究拟采用两个指标来检验青少年未来取向问卷的信度：内部一致性信度（即 Cronbach α 系数）与重测信度。从表 7.18 可以看出，问卷总体的内部一致性信度为 0.87，各维度内部一致性系数都在 0.75 以上，均为可接受水平；重测信度为 0.92，且达到显著性水平，这些都表明该问卷具有较好的信度，作为青少年未来取向的测量工具是稳定和可信的。

表 7.18 问卷的信度系数

量表名称	Cronbach α 系数	重测信度
未来认知	0.79	0.89
未来情感	0.84	0.95
未来意志	0.79	0.94
总量表	0.87	0.92

2. 问卷的效度

（1）内容效度

本问卷中的项目主要来源于文献综述、开放式问卷调查结果以及相关测验中的一些题项，将初步拟定的条目请有关研究经验的心理学院教授和博士研究生、硕士研究生等对维度构建和题项设置进行评定，通过多次修改和评定，最后形成了 60 个题项的预试问卷。通过以上工作在很大程度上保证了问卷的内容效度。

（2）结构效度

从表 7.19 中可以看出，各分问卷与总分之间的相关在 0.70~0.81 之间，且相关显著；各分问卷之间的相关在 0.33~0.48 之间，相关显著，且相关程度均小于各分问卷与总问卷的相关。这说明各分问卷既有一定的独立性，又有一定的归属性，问卷具有较好的结构效度。

表 7.19　各分问卷间、分问卷与总分间的相关

维度	未来认知	未来情感	未来意志	总分
未来认知	1			
未来情感	0.38**	1		
未来意志	0.33**	0.48**	1	
总分	0.70**	0.81**	0.81**	1

（3）校标效度

采用 *Zimbardo* 时间洞察力量表中的未来分量表作为效表。该量表的克隆巴赫信度系数为 0.77，重测信度为 0.80，表明该量表具有较好的信度。从表 7.20 可以看出青少年未来取向量表各维度和总分与 *Zimbardo* 的未来分量表都具有显著的正相关，且总分之间相关高达 0.57。这说明自编的青少年未来取向问卷较好的体现了未来取向的内容。

表 7.20　效标效度分析结果

维度	未来认知	未来情感	未来意志	总分
未来分量表	0.25**	0.34**	0.65**	0.57**

（三）验证性因素分析结果

本研究采用验证性因素分析对探索性因素分析中抽取的因素结构进行验证，以实施交叉验证。研究采用 *AMOS*7.0 统计软件对模型进行验证性因素分析。

从表 7.21 可以看出，未来认知分量表的 χ^2/df 值为 3.150；*RMR* 为 0.035，小于 1；*RMSEA* 为 0.046，接近 0.05；其余各指标都在 0.90 以上，表明模型的拟合效果比较好。情感分量表的 χ^2/df 值为 4.783，*RMR* 为 0.061，小于 0.10；*RMSEA* 为 0.069，小于 0.08；其余各指标都在 0.90 以上，表明模型的拟合效果较好。未来意志行动分量表的 χ^2/df 值为 4.462；*RMR* 为 0.054，小于 0.10；*RMSEA* 为 0.059，小于 0.08；其余各指标都在 0.90 以上，表明模型的拟合效果比较好。

表 7.21　三个分量表的拟合指标

分量表	χ^2/df	P	AGFI	CFI	GFI	RMR	RMSEA
未来认知	3.15	0.00	0.97	0.97	0.98	0.04	0.05
未来情感	4.78	0.00	0.94	0.94	0.96	0.06	0.07
未来意志	4.46	0.00	0.94	0.92	0.96	0.05	0.06

然后又对整个量表进行了验证性因素分析，即总体是包括六个一阶因素、三个二阶因素的模型，三个二阶因素自由相关。结果模型各拟合指数为 χ^2/df 值为 3.75；*AGFI* 为 0.88；*GFI* 为 0.90；*NFI* 为 0.81；*RMR* 为 0.08；*RMSEA* 为 0.05；这些参数都表明该模型是青少年未来取向较为理想的模型。

三、讨论

对于未来取向的研究，国内外存在明显的差异。国外对于未来取向的研究比较深入，深刻探讨了其心理结构，并编制了许多测量工具，同时也涌现了大量的相关研究。但是，在国内，对于未来取向的研究还相对薄弱，对其含义和心理结构研究相对较少，且还没有开发出具有中国特色的适合中国国情的测量工具。这就使得我们国内的研究都采用外国的测量工具，把国外的测量工具直接拿来测量国内被试，本身就存在一个不适当性。其次，青少年是一个蓬勃向上的群体，研究青少年的未来取向具有重要的意义。因此，本研究在查阅国内外大量的文献的基础上，对青少年开展开放式问卷调查。我们发现中国的青少年的未来取向是由未来认知、未来情感和未来意志行动三个维度构成。其中未来认知又包括广度和密度两个因素；未来情感包括乐观性和思虑性两个因素；未来意志行动包括计划性和执行性两个因素。

在青少年未来取向问卷的编制过程中，我们以大量的文献资料为基础，以中国青少年未来取向的开放式问卷调查为重点，结合两方面的资料来确定青少年学生未来取向的心理结构。其次，在项目来源上，我们以开放式问卷调查所包含的题项为重点，同时借鉴了国内外比较好的测量工具的少量题项。请心理学院的教授、博士生、研究生同学对编制的题项进行了三次修订，保证了题项的质量。对青少年未来取向问卷的探索性因素分析可知，探索性因素分析所得到的维度和先前的理论构想一致，并且构成问卷的条目的因素负荷取值都达到了较高的要求，其中最低负荷为 0.71，最高负荷为 0.91，三个因子的总解释量为 76.61%。三个因子与未来取向总分间的相关分别为 0.70、0.81 和 0.81。各因素之间具有中等偏低的相关。这说明各因素既有一定的独立性，又反映出相应的归属性。探索性因素分析的结果表明理论构想得到了实证研究的支持。为了进一步验证问卷的合理性，我们又对形成的正式问卷进行了验证性因素分析。结果模型各拟合指数为 χ^2/df 值为 3.75；$AGFI$ 为 0.88；GFI 为 0.90；NFI 为 0.81；RMR 为 0.08；$RMSEA$ 为 0.05；这些参数都表明该模型是青少年未来取向较为理想的模型。

本研究还对问卷的信效度进行了检验，采用 $Cronbach\ \alpha$ 信度系数和重测信度来考察问卷的信度。研究结果表明，总问卷和各维度的内部一致性系数分别为 0.79、0.84、0.79 和 0.87；重测信度分别为 0.89、0.95、0.94 和 0.92。各项指标均达到了测量学的基本要求，说明本研究编制的中国青少年学生未来取向问卷比较稳定和可靠，可以作为研究测量工具。本研究还对问卷进行内容效度、结构效度和效标效度的检验，其中内容效度可以通过前面的研究得以保证，而各维度与总问卷的相关系数较高，但各维度之间的相关较低也保证了本问卷的结构效度。本文采用 *Zimbardo* 的未来分量表作为校标考察青少年未来取向问卷，结果显示本研究所编制的问卷与未来分量表的相关达到 0.565，且极其显著。

本研究通过探索性因素分析、验证性因素分析、信效度分析等对青少年未来取向问卷进行了验证，结果都显示本研究所编制的青少年未来取向问卷结构比较合理，且比较稳定和可靠，可以作为广泛使用的测量工具。

合作者：刘霞、毕翠华；原文载于：西南大学学报（社会科学版），2011，37（6）：7~12.

附　　录

青少年时间管理倾向量表

请仔细阅读以下每一个项目，并逐题按照自己的实际情况诚实作答，看懂题目后在后面相对应的空格内打"√"。请注意：答案无对错之分，无需过多思考，根据自己的第一印象选最符合自己的选项即可。

题　项	完全不符合	大部分不符合	部分符合部分不符合	大部分符合	完全符合
1．我认为"一寸光阴一寸金"这句话是正确的。					
2．我通常把每天的活动安排成一个日程表。					
3．"时间就是效益"这句话是正确的。					
4．我每天都给自己定出一个学习目标。					
5．无论做什么事情，我首先要考虑的是时间因素。					
6．我以为将来比现在和过去更重要。					
7．我总是把最重要的工作安排在活动效率最高的时间里去做。					
8．无论做什么事情我总是既有短期安排又有长期计划。					
9．目前我尚年轻，浪费一些时间无所谓。					
10．我通常都能按时完成任务。					
11．对每个人来说，时间就是一切。					
12．在每个学期我都要制订自己的学习计划。					
13．我认为我在学习和课外活动上的时间分配是合理的。					
14．我总是把大量的时间花在做重要的工作上。					
15．在新年开始的时候，我通常都要制订这一年中自己的奋斗目标。					
16．我相信时间就是生命。					
17．我课后复习功课的时间是由老师布置的作业量来决定的。					
18．我认为时间是可以有效地加以管理的。					
19．我通常把重要的任务安排在计划表的重要位置上。					
20．我能够有效地利用自己的时间。					
21．我经常根据实际情况对计划进行调整。					

22. 如果有几件事要同时做，我经常要衡量它们的重要性来安排时间。					
23. 我能够很好地利用课堂上的学习时间。					
24. 我对自己设定的目标充满信心。					
25. 我对每个星期要做的事情都有一个计划安排。					
26. 我经常对自己利用时间的情况进行总结。					
27. 在处理好几件事情的时候，我认为最好是每件事情都做一些。					
28. 利用好时间对我具有重要的意义。					
29. 我对自己浪费掉的时间深感懊悔。					
30. 我确定的目标通常都难以实现。					
31. 世上最宝贵的是时间。					
32. 我的时间大部分都掌握在自己手中。					
33. 我通常根据学习任务的重要性来安排学习的先后次序。					
34. 只要是重要的工作，我一定要挤时间去做。					
35. 我相信我的计划安排通常是合理的。					
36. 我认为我对事情重要性的顺序安排是合理的。					
37. 要做的事情很多，我却能处理好这些事。					
38. 我常常与同学交流合理利用时间的经验。					
39. 我认为时间就是力量。					
40. 我通常都能按时完成老师布置的作业。					
41. 我常常对自己的工作在什么时候完成没有一个期限。					
42. 我每天什么时候学习，什么时候玩都有一个清楚的想法。					
43. 为了提高时间利用效率，我经常学习有关如何有效利用时间的知识。					
44. 我总是根据目标的完成情况来检验自己的计划。					

计分方式

反向计分题为9、17、27、41、30。

正向计分题，完全不符合 =1 分，大部分不符合 =2 分，部分符合部分不符合 =3 分，大部分符合 =4 分，完全符合 =5 分；反向计分题的计分方式相反，即完全不符合 =5 分，……，完全符合 =1 分。

量表说明

时间管理倾向是个体在对待时间功能和价值上，在运用时间方式上所表现出的心理和行为特征，是一种人格倾向，分为三个维度。

时间价值感：指个体对时间的功能和价值的稳定的态度和观念，包括时间对个体人生和社会发展意义的稳定态度和观念，它通常是充满情感，对个体运用时间的方式具有导向作用，具体还包括两个因素，题项如下：

个人取向：5、6、9、16、28；

社会取向：1、3、11、31、39。

时间监控观：是个体利用和运筹时间的观念和能力，它是通过一系列外显的活动来体现，例如计划安排、目标设置、时间分配、结果检查等一系列监控活动，具体还包括五个因素，题项如下：

设置目标：10、4、15、17、40；

计划：12、25、41、8、2；

优先级：33、7、19、22、27；

反馈性：21、44、38、26、43；

时间分配：42、14、34、37。

时间效能感：指个体对自己利用和运筹时间的信念和预期，反映了个体对时间管理的信心以及对时间管理行为能力的估计，它是制约时间监控的一个重要的因素，具体还包括两个因素，题项如下：

时间管理行为效能：24、13、36、35、30；

时间管理效能：18、29、20、23、32。

大学生过去时间洞察力量表

请仔细阅读以下每一个项目，并逐题按照自己的实际情况诚实作答，看懂题目后在后面相对应的空格内打"√"。请注意：答案无对错之分，无需过多思考，根据自己的第一印象选最符合自己的选项即可。

题　项	完全不符合	较不符合	不确定	较符合	完全符合
1．我的过去是一笔令我珍惜的财富。					
2．我过去的生活节奏是紧张的。					
3．我觉得我对过去的时间进行了有效的管理。					
4．我希望回到自己的过去。					
5．我经常总结过去以吸取经验和教训。					
6．我一直是个守时的人。					
7．回想过去我是快乐的。					
8．我过去做事情有计划性。					
9．成为一个有用的人一直是我的人生目标。					
10．过去是我生命中十分重要的一部分。					
11．我过去总觉得时间不够用。					
12．我觉得我过去合理地利用了自己的时间。					
13．我能正确认识过去的成功和失败。					
14．过去我觉得时间大部分掌握在自己手中。					
15．我的过去美好的事比糟糕的事多。					
16．我的过去不堪回首。					
17．过去我做事能拖延就拖延。					
18．我过去每个学期都要制订学习计划。					
19．我以往的目标是争取考出更优异的成绩。					
20．我觉得不必看重自己的过去。					
21．我过去的日子是轻松的。					
22．我是一个容易怀旧的人。					
23．我有时会回顾做过的事情，品味其中的得与失。					
24．想起过去令我振奋。					
25．想起过去未能实现预定目标我感到内疚。					
26．我过去通常能按时完成老师布置的作业。					
27．我过去每个星期都有一个计划安排。					

续表

28. 我过去把学好各门功课作为一个重要的目标。					
29. 过去的时间构成了过去的自我。					
30. 我过去好像一直都有做不完的事情。					
31. 我觉得我过去对时间的分配是合理的。					
32. 我幻想着再过一次小时候的日子。					
33. 我从不反省自己的过去。					
34. 我喜爱我的过去。					
35. 我过去为自己定下的目标基本上都实现了。					
36. 我过去做事情总是既有长期计划又有短期安排。					
37. 随着年龄的增长我的奋斗目标好像越来越模糊了。					
38. 我过去很珍惜时间。					
39. 我觉得我对过去时间的管理使我达到了预定的目标。					
40. 我想到过去忧伤就涌上心头。					
41. 我认为我以往为自己确定的目标是合适的。					
42. 我常常为自己的过去而悔恨。					
43. 我过去会根据目标的执行情况及时地调整目标。					
44. 我从过去积累了很多宝贵的经验。					
45. 我的过去是痛苦的。					
46. 我觉得过去生活未给我任何机会。					
47. 我过去有许多本来可以得到的东西却未得到。					
48. 回顾过去我是满意的。					
49. 我的过去比现在幸福。					
50. 我过去浪费了很多机会。					
51. 我过去曾做出过很多愚蠢的决定。					
52. 我过去惨遭失败的次数太多了。					
53. 我善于从过去的失败中吸取经验。					

计分方式

反向题为：17、20、21、33、37、46、47、50、51。

正向计分题，完全不符合 =1 分，大部分不符合 =2 分，不确定 =3 分，大部分符合 =4 分，完全符合 =5 分；反向计分题的计分方式相反，即完全不

符合 =5 分，……，完全符合 =1 分。

量表说明

过去时间洞察力是指个体对过去时间的认知、情绪体验和行动上所表现出来的相对稳定的心理特征，包括过去时间认知、过去情绪体验、过去行动三个维度。

过去时间认知分量表包括六个因素，分别如下：

过去时间管理评价：指个体对过去时间的管理、利用和控制，是个体对自己过去管理、利用时间的能力具有的某种信念，包含题项有：12、31、39、3、38、14。

反思过去：反映了个体对过去的客体、事件或观念所投注的注意和反应倾向，涉及个体从过去的失败或成功中吸取经验和教训的能力，包含题项有：53、5、44、23、33、13。

时机评价：涉及个体在过去能否有效地抓住各种时机和机会，包含题项有：50、51、47、46。

沉湎过去：反映个人对过去的行为和思想所偏好的方向持有的观念和认识，涉及个体把自我沉溺（或投向）于过去，包含题项有：4、32、20、22。

时间压力评价：涉及个体对过去时间的宽松度、紧迫性的认识和看法，包含题项有：2、30、21、11。

过去时间价值评价：涉及个人对过去时间的价值、重要性和功能所具有的相对稳定的观念，包含题项有：10、29、1

过去情绪体验分量表包括两个因素，分别如下：

负面过去：涉及个体对过去持有一种负面的、悲观的、消极的情绪体验，包含题项有：40、42、45、52、16、25。

正面过去：主要反映个体对过去持有一种正面的、乐观的、积极的情绪体验，包含题项有：34、24、7、48、49、15。

过去行动分量表包括四个因素，分别如下：

行动计划性：涉及个体在行动之前对活动做出的整体部署和安排，包含题项有：27、18、36、8。

制定目标：反映个体能否依据自身的实际情况，设立符合自己的各种目标，包含题项有：19、9、28。

目标合适性：涉及个体的目标是否实现，是否适合自己情况，能否依据现实情况进行调整，包含题项有：35、41、43、37。

行动守时性：反映了个体对过去时间是遵守还是拖延，包含题项有：17、6、26。

青少年未来取向问卷

请仔细阅读以下每一个项目，并逐题按照自己的实际情况诚实作答，看懂题目后在后面相对应的空格内打"√"。请注意：答案无对错之分，无需过多思考，根据自己的第一印象选最符合自己的选项即可。

题　项	完全不符合	较不符合	不确定	比较符合	完全符合
1．我能想象到自己十年后的生活情景。					
2．我很少思考未来。					
3．展望未来让我感觉心情舒畅。					
4．想到未来时，我有点惴惴不安。					
5．我常常结合自己的实际情况制订计划。					
6．对要做的事，我不能持之以恒。					
7．对未来的美好想象时常在我的脑海中浮现。					
8．我对未来充满了期待。					
9．我常常为自己的将来发愁。					
10．在做事情之前，我会制定详细的进度表。					
11．在完成任务的过程中，我能抵挡住来自外界的各种诱惑。					
12．我对未来充满了信心。					
13．我喜欢有计划地学习。					
14．我往往在最后时刻才把任务完成。					
15．我经常考虑未来五年要做的事。					
16．一旦决定了做什么事情，我就考虑怎么去完成。					
17．面对未来，我有点手足无措。					
18．我一直在为自己的将来做准备。					
19．对于制定的计划，我会认真执行。					
20．我时常在心中勾勒自己未来的生活。					
21．我相信我有能力创造美好的明天。					
22．我经常考虑未来要做的一些事情。					
23．我的计划常常因为各种原因半途而废。					
24．闲暇时，我喜欢畅想未来。					
25．我对未来生活抱有极大的热情。					

续表

26. 未来的不确定性太多，我害怕走向未来。					
27. 我喜欢给自己设定目标，并为之努力。					
28. 我经常思考自己的未来人生之路。					
29. 我们应该提前规划好每一天的生活。					
30. 我能想象到若干年后的自己会是什么样子。					
31. 未来的不确定性让我紧张不安。					
32. 我对未来充满了信心。					

计分方式

反向计分题项2、6、14、23。项目12与32是一致的，为测谎题，不计分。

正向计分题，完全不符合 =1 分，大部分不符合 =2 分，不确定 =3 分，大部分符合 =4 分，完全符合 =5 分；反向计分题的计分方式相反，即完全不符合 =5 分，……，完全符合 =1 分。

问卷说明

未来取向是指个体对未来时间的认知偏好和意志行动倾向，同时也包括个体在此基础上形成的主观情感体验，它体现了人类思维和行为指向未来这一重要特征。它可以分为三个维度。

未来认知：内容涉及个体对未来的认识和关注，又包括密度和广度两个维度。

密度：个体思考未来的程度和频率，包含题项有：2、7、20、22、24、28。

广度：个体把自己的未来延伸的时间长短范围，包含题项有：1、15、30。

未来情感：内容涉及个体对未来的情感体验特点，又包括思虑性和乐观性两个维度。

思虑性：个体对未来的焦虑、担忧和恐惧，包含题项有：4、9、17、26、31。

乐观性：个体对未来事件的积极期望，包含题项有：3、8、12、21、25。

未来意志行动：内容涉及个体为了实现未来目标而做出的意志努力，又包括执行性和计划性两个维度。

执行性：个体为了实现目标而采取的积极行动，包含题项有：6、11、14、19、23。

计划性：个体做出计划以实现目标的能力，包含题项有：5、10、13、16、18、27、29。

后　记

　　一日无二晨，时间不重临。回顾这半个世纪我们对心理时间的研究历程，当年的情景仍历历在目。1961~1981 年，我主要做儿童时间信息加工的研究；1987 年发表论文"活动对短时距知觉影响的初步研究"后，开始探讨成人时间信息加工的认知机制问题。1991 年，我以这些研究为前期基础，申请国家自然科学基金项目"时间认知的信息加工研究"，获得批准。1993 年，我对时间信息加工理论模型进行了总结，发表了"时距信息加工的认知研究"，发现记忆的内容和组织方式是影响时间信息加工的重要因素；1995 年，我以时间记忆为主题，申请国家自然科学基金项目"时间记忆的机制研究"，获得批准。之后，我们进行了一系列的研究，着重探讨时距、时序和时点记忆的编码、表征和提取加工的机制。2001 年，我主持了重庆市"十五"社会科学规划重点项目"优差中学生时间管理倾向的特点与培训对策研究"；2003 年，主持了国家自然科学基金项目"时间记忆分段综合模型的实验研究"；2004 年，主持了教育部高等学校博士学科点专项科研基金"时间记忆的模型构建和实验研究"；2011 年，主持了西南大学"211"工程国家重点学科建设项目"时间认知分段综合模型研究"，对时间认知的分段综合模型进行较系统的验证。从2006 年起，我着重将心理时间与人格结合起来研究，主持了西南大学国家重点学科项目"时间与人格的心理学研究"和教育部高等学校博士点专项科研基金"时间知觉的神经加工机制研究"；2008 年主持了西南大学"211"三期工程国家重点学科建设项目"时间与人格的多取向整合研究"，对时间人格的特点有了较多的研究。由于有国家及省、市科研基金的支持，我才能持续不断地对心理时间中的诸课题进行探索。在此谨向支持这些课题的基金评审专家们致以深切的谢意！

　　在完成上述研究课题时我要求我的研究生们积极参加科研工作，他们在参加科研中既完成了学业，同时也成了研究课题的生力军。参加对心理时间研究的是我的博士研究生：郑涌、王振勇、李宏翰、梁建春、周榕、李伯约、张志杰、谈加林、宋其争、凤四海、吕厚超、刘瑞光、陈永进、张永红、陈莹、陈燕、尹华站、张锋、陈有国、何嘉梅、袁宏、罗扬眉、毕翠华、袁祥勇、刘培朵、尹杰；硕士研究生：张庆林、罗鸿飞、梅传强、胡湘明、柳学智、张蜀林、李国军、杜建政、郑云、李树、徐光国、郭召良、覃义贵、王卫红、刘丹福、王亚琴、吴薇莉、余华、杨红升、邓麟、梁秀清、周春燕、阮昆良、尧国靖、邓凌、杨珍、陈本友、张甜、廖婷婷、宋晋、杜李琴、李怀虎、张强、邱成平、张莹、周钦江、尹天子、冻素芳、金泓、李宝林。我贤惠的已故夫人孙承惠女士给予我的关爱帮助和支持，使我能够全心身地投入到教学和科研工作之中。陈有国博士、苏丹讲师协助我整理文稿付出了许多精力。商务印书馆张明帅先生为本选集的出版提出了很好的建议，李静婷为本书的编辑出版付出了大量劳动。本书是集体智慧的结晶。值此书出版之际，谨向他们致以我言轻意重的谢忱！

黄希庭谨记于

2013 年 2 月 23 日